高职高专物流管理类“十三五”规划教材

U0949874

物流企业管理实务

主编　阮喜珍

WUHAN UNIVERSITY PRESS
武汉大学出版社

图书在版编目(CIP)数据

物流企业管理实务/阮喜珍主编．—武汉：武汉大学出版社，2015.8
(2018.10 重印)
高职高专物流管理类"十三五"规划教材
ISBN 978-7-307-15701-9

Ⅰ.物… Ⅱ.阮… Ⅲ.物资企业—企业管理—高等职业教育—教材
Ⅳ.F253

中国版本图书馆 CIP 数据核字(2015)第 093600 号

责任编辑:黄金涛　　责任校对:李孟潇　　版式设计:马　佳

出版发行:**武汉大学出版社**　(430072　武昌　珞珈山)
(电子邮件:cbs22@whu.edu.cn　网址:www.wdp.com.cn)
印刷:北京虎彩文化传播有限公司
开本:787×1092　1/16　印张:19.75　字数:467 千字　插页:1
版次:2015 年 8 月第 1 版　2018 年 10 月第 3 次印刷
ISBN 978-7-307-15701-9　定价:39.80 元

版权所有，不得翻印；凡购我社的图书，如有质量问题，请与当地图书销售部门联系调换。

总　　序

近年来，随着经济的快速发展，现代物流逐渐成为我国经济生活中的热点，社会需求日趋旺盛。与此相适应的，社会对物流人才的需求也逐年增加。基于此，许多高职高专院校作为职业人才的培养基地，纷纷开设了物流管理专业。

从高职高专人才培养方向来看，物流管理专业培养的主要是物流各功能岗位的操作人员，从事运输管理、仓储管理、报关、理货、配送、客户关系管理等方面的工作。这些岗位的人员必须熟悉物流行业，掌握运输、仓储、包装、装卸、流通、加工、商贸等方面的专业技能知识，并能熟练地运用到实际工作中。因此，在教学过程中，需要重点提高学生的动手能力，提升学生的综合素质，以培养适合社会需求的专业人才，使学生能学有所需，学有所用。

然而，在实际应用中，适用于高职高专人才培养目标的精品教材却非常匮乏。因此，探索和编写技能型、实践型、创新型的精品教材以促进高职高专人才培养目标的实现，是目前高职高专物流管理专业教学的当务之急。

针对上述情况，我们从物流管理专业所需的教育教学技能角度出发，结合物流行业的现实需求，紧密围绕培养高等技术应用型专门人才这一目标，编写了本系列教材。本套教材包括物流管理专业基础课与必修课等核心课程，其编写特点如下：

- **理论“够用”**

区别于以往教材理论部分占比较重，本套教材从岗位能力出发，精选“管用”、“够用”、“适用”的理论知识，从而更好地指导学生的学习，提高学习的效率。

- **突出技能**

内容编写上以高职高专学生必备的职业技能为主线，通过“情境设置”、“项目驱动”、“教学做结合”等形式，以便于学生轻松掌握。

- **讲究实践**

按照培养应用型人才的特点，充分考虑行业、企业所要完成的典型任务，在书中安排实训的环节，激发学生参与教学其中，以提高其动手的能力、解决问题的能力。

- **力求创新**

编写理念的滞后、缺乏创新是导致教材不能发挥应有作用的内在原因。本套教材在编写方式上创新使用了“理论+实例+案例”的形式，并且把枯燥的文字表述转换为图、表的形式，使得全书图文并茂，便于教学，学生使用时也能一目了然。同时，教材中尽量吸收最新的发展成果，以保证教材的时代感。

- **服务教学**

本套教材配有辅助教师教学的丰富的教学资源包，包括技能训练指导、课后习题答案及相关教学资源库等，这些配套的资料，将极大方便教师使用这套教材。

本系列教材主要适用于高职高专学校物流管理专业学生的教学，并可供相关从业人员自学使用。

高职高专物流管理类教材编委会

2015年3月

前　言

高职高专院校是培养适应生产、建设、管理、服务第一线需要的高等技术应用型人才的摇篮。目前，物流企业管理方面的教材很多不适合高职高专院校的学生，也不适合高职高专院校的教学模式的改革，特别是对物流管理类专业的针对性不强，要么偏向企业管理，要么偏向企业物流。“物流企业管理”是物流管理类专业的主要专业课程或专业基础课程，为了适应高职高专院校工学结合培养模式，以及信息化教学、微课堂的需要，其教材和教学模式改革迫在眉睫，编写本教材可以解决当务之急，为培养满足社会需要的第一线物流人才作贡献。

考虑到高职教育突出技能性和实用性的特点和要求，本教材围绕现代物流企业管理实务操作的相关知识、技能要求进行编写。突出以管理岗位和物流工作任务所需的知识、技能要求进行教材内容体系的架构，即按现行物流企业相关管理岗位或管理项目所实施的实务操作技能和必备知识要求编写。采用通俗易懂的语言，既注重理论与方法的系统介绍，又穿插一些小案例、知识链接和小思考，增强趣味性。着重介绍怎么做、如何做，力求通俗易懂，注重案例和图表的运用。每章均以物流相关案例引入，后面附有思考题、技能训练和案例分析。

本书既可作为物流管理专业学生的教学用书，同时也可作为物流管理人员培训的参考书。在教学中可以根据实际情况进行取舍。每章都有技能训练和综合实训，相关的习题答案可联系武汉大学出版社获取。

在本书的编写过程中，参考和引用了许多学者的研究成果，在此谨向有关作者表示诚挚的感谢。

本书由阮喜珍教授主编。全教材共分为十一章，其中第一章、第二章、第四章、第六章由武汉职业技术学院阮喜珍编写；第三章、第十一章由武汉铁路职业技术学院邓小红编写；第五章、第七章、第十章由武汉铁路职业技术学院曾毅编写；第八章、第九章由武汉铁路职业技术学院叶清贫编写，由阮喜珍总纂全书。本书得到了武汉大学出版社的大力支持以及同行专家的关心、帮助和指导，在此一并表示感谢！

由于编者水平有限，难免存在欠缺，恳请读者批评指正。

编　者

2015 年 6 月

目　　录

第一章　物流企业和物流企业管理概述…………………………………………… 1
第一节　物流系统及物流企业………………………………………………………… 2
一、物流系统………………………………………………………………………… 2
二、供应链环境下的物流企业及经营模式…………………………………………… 4
三、物流企业的特征………………………………………………………………… 7
四、物流企业的职能和任务…………………………………………………………… 8
五、物流企业的经营模式……………………………………………………………… 9
第二节　物流企业管理概述 ………………………………………………………… 12
一、物流企业管理的含义、性质、职能及工作内容 ………………………………… 12
二、物流企业管理原理、原则及方法 ………………………………………………… 13
三、现代物流企业管理的特征 ………………………………………………………… 14
四、我国现代物流企业管理流程 ……………………………………………………… 14
五、我国物流企业现代化管理模式 …………………………………………………… 15
六、物流企业的文化建设 ……………………………………………………………… 17

第二章　物流企业组织管理 ……………………………………………………… 24
第一节　现代企业的组织结构设计 ………………………………………………… 25
一、组织及组织设计概述 ……………………………………………………………… 25
二、组织结构类型 ……………………………………………………………………… 29
第二节　现代物流企业的组织结构形式 …………………………………………… 34
一、现代物流企业的组织结构类型 …………………………………………………… 34
二、物流企业组织结构模式的创新 …………………………………………………… 37

第三章　物流企业战略管理 ……………………………………………………… 44
第一节　物流企业战略 ……………………………………………………………… 45
一、企业战略概述 ……………………………………………………………………… 45
二、物流企业战略 ……………………………………………………………………… 46
第二节　物流企业战略管理 ………………………………………………………… 51
一、企业战略管理 ……………………………………………………………………… 51
二、物流企业战略管理 ………………………………………………………………… 52
第三节　物流企业战略规划与实施 ………………………………………………… 53

一、物流企业战略的规划 …… 53
二、物流企业战略实施 …… 54
三、物流企业战略优化 …… 56

第四章　物流企业定目标、做决策、定计划 …… 62
第一节　物流企业目标管理 …… 63
一、物流企业目标管理与 KPI 考核内容 …… 63
二、物流企业目标及其制定 …… 67
三、物流企业目标管理的实施 …… 70
第二节　物流企业的经营决策管理 …… 71
一、经营决策的概念与类型 …… 71
二、物流企业经营决策的方法 …… 74
第三节　物流企业的经营计划管理 …… 80
一、物流企业经营计划的种类和内容 …… 80
二、物流企业经营计划的编制与控制 …… 83

第五章　物流企业的作业管理 …… 89
第一节　采购管理 …… 90
一、企业采购的流程 …… 90
二、采购管理概述 …… 92
三、供应商关系管理 …… 93
第二节　运输管理 …… 95
一、运输概述 …… 95
二、物流企业运输系统 …… 96
第三节　仓储管理与库存控制 …… 99
一、仓储管理概述 …… 99
二、库存控制的概述 …… 101
第四节　配送管理 …… 105
一、物流企业配送的概述 …… 105
二、配送合理化 …… 108
第五节　包装、装卸与流通加工 …… 110
一、包装的作用、分类 …… 110
二、装卸的工艺设计 …… 112
三、流通加工的概念、类型、作用、成本构成及合理化 …… 115
第六节　物流企业营销管理 …… 119
一、物流企业的竞争环境 …… 119
二、物流服务的营销定位 …… 120
三、物流销售的人员营销 …… 123

第六章　物流企业的设施设备管理 …… 127
第一节　物流企业设施 …… 128
一、物流企业设施选址 …… 129
二、物流企业设施布置 …… 135
第二节　物流企业设备管理 …… 142
一、物流企业设备及其管理概述 …… 142
二、物流设备的全寿命周期管理 …… 146
三、物流企业设备的使用管理 …… 147
四、物流企业机械设备的更新和技术改造 …… 152

第七章　现代物流企业的人力资源开发与管理 …… 163
第一节　物流企业人力资源管理概述 …… 164
一、我国物流企业人力资源管理状况 …… 164
二、物流企业人力资源规划 …… 165
三、物流企业工作分析 …… 168
第二节　物流企业员工管理 …… 173
一、物流企业员工的招聘 …… 173
二、物流企业员工培训与开发 …… 177
三、物流企业员工绩效考评 …… 179
四、物流企业薪酬与福利管理 …… 182

第八章　物流企业的财务运作 …… 189
第一节　物流企业筹资管理 …… 190
一、物流企业筹资渠道与方式 …… 190
二、物流企业筹资决策分析 …… 194
第二节　物流企业投资管理 …… 195
一、物流企业投资的概念 …… 195
二、物流企业投资的分类 …… 196
三、物流企业投资决策分析的一般方法 …… 197
第三节　物流企业财务分析与评价 …… 200
一、物流企业财务分析与评价的依据 …… 200
二、物流企业财务分析与评价的指标体系 …… 204
三、物流企业财务分析的基本方法 …… 208

第九章　物流企业服务质量管理 …… 214
第一节　物流企业质量管理概述 …… 215
一、物流企业质量及质量管理 …… 215

二、物流企业全面质量管理…………………………………………………………… 222
第二节　物流企业质量管理基本工具及技术介绍……………………………………… 226
一、质量分析与控制方法……………………………………………………………… 226
二、物流企业质量管理统计工具的应用……………………………………………… 227
第三节　质量标准及质量管理体系…………………………………………………… 234
一、质量标准…………………………………………………………………………… 234
二、物流企业的质量管理体系………………………………………………………… 238

第十章　综合类物流企业的信息管理……………………………………………… 246
第一节　物流信息概述………………………………………………………………… 247
一、物流信息的概念及种类…………………………………………………………… 247
二、物流信息系统……………………………………………………………………… 249
三、电子物流…………………………………………………………………………… 250
第二节　物流企业信息技术管理……………………………………………………… 253
一、物流企业信息资源管理…………………………………………………………… 253
二、物流信息技术……………………………………………………………………… 258
三、物流企业管理信息系统…………………………………………………………… 270

第十一章　物流企业创新管理……………………………………………………… 279
第一节　物流企业创新管理概述……………………………………………………… 279
一、创新的基本内涵…………………………………………………………………… 279
二、创新的内容………………………………………………………………………… 280
三、创新的基本类型…………………………………………………………………… 281
四、物流企业创新系统………………………………………………………………… 281
第二节　物流企业创新管理策略……………………………………………………… 285
一、物流企业创新管理概述…………………………………………………………… 285
二、物流企业创新管理思路…………………………………………………………… 286
三、物流企业创新管理策略…………………………………………………………… 287
第三节　物流企业服务创新…………………………………………………………… 295
一、服务理念的创新…………………………………………………………………… 295
二、服务内容的创新…………………………………………………………………… 297
三、服务方式的创新…………………………………………………………………… 299

参考文献……………………………………………………………………………… 305

第一章　物流企业和物流企业管理概述

☞学习目标：

- 知识目标

　◎掌握物流企业的概念、基本职能、任务、分类及经营模式；
　◎了解物流企业的特征；
　◎掌握物流企业管理的含义、性质及职能；
　◎掌握物流企业管理的原理、原则及方法；
　◎了解物流企业管理模式、物流企业文化。

- 技能目标

　◎正确判断物流企业类型及经营模式；
　◎正确运用企业管理原理、原则方法处理实际问题；
　◎分析物流企业管理中存在的问题，指出改进方向；
　◎能针对物流企业问题提出一些措施；
　◎能从物流企业文化的角度分析企业管理问题。

【引例】

争创第三方物流企业排头兵

某储运实业有限公司是一家专业从事运输、仓储、进出口报关、货物配送与物流方案策划为一体的专业物流公司。该公司创立至今已有12年的发展历史，在这12年中，公司不断吸收国际先进物流理念，结合国内物流行业的实际发展状况，集精华所在，补发展中不足，创建了一整套自有的物流管理理念与运作模式。在先后为一批国内、国际知名品牌企业提供物流服务过程中，不断自我改进，不断完善与发展，积累实践经验，结合各有关客户企业的特点与实际情况，拟订了较为合理的物流操作方案，并通过实践证明所提供的物流服务是行之有效的。

物流系统的作用不仅是降低总成本，企业的物流优化已从单一的职能优化转向系统的整体优化。为了实现企业的经济战略目标，他们正使物流供应、产品销售和生产制造同步，形成一体化管理。作为具有物流供应链管理与全方位物流服务功能的公司，他们始终将客户的需要作为提供服务的目标，并通过资源整合加IT技术来提高服务品质，降低物流运作成本。

他们在物流服务中所提供的特色服务主要有以下几个方面：物流咨询；跨省市快运；

建立全国物流网络；承接各类物资的整车、零担运输业务；仓储服务；多式联运；进出口报关业务；为客户提供个性化服务与各类增值服务；物流信息管理系统。

公司目前部署整合的物流信息系统是以生产流程优化为起点，以为大型生产商提供自动生产线补货为核心的，以仓储与运输综合资源优化和控制管理为基础的，仓储、运输及采购补货功能于一体的高度智能化的第三方物流业务解决方案，服务于具有多地分布式采购及销售渠道的大型生产企业，优化其原材料采购端至成品销售供应链组成，可以实现物流管理的信息化、自动化、网络化、智能化、柔性化，缩短与世界上先进的电子物流供应链运作的差距。公司的发展立足于传统的仓储与运输为基点，实现了公司内部即时传输物流信息，加快了货物的中转、集货及配送的流转速度，做到合理配载、及时运送。结合公司的实际情况，决定在公司原有计算机系统及与客户建立客户端管理的基础上，借鉴国际先进物流运作理念与部分合适的操作模式，通过自身的努力，量身订做一套符合国内物流行业发展趋势、符合客户实际需求、符合公司实际操作模式的具有特色的物流信息系统管理软件。公司的物流基地位于西北物流园区，仓库与配套建筑面积达30000余平方米，具有先进装卸设施、现代化储存设备和智能化综合办公楼，单从整体的规划蓝图来看，其不但迎合了国际环保的理念，且由于其优越的地理优势，结合IT技术的应用及完善的管理，成为社会各界客户理想的物流集散基地。

这一案例表明：一个成功的物流企业必须有现代化物流企业管理制度，先进的物流运营管理体系，科学合理的物流业务流程，完备的物流网络，重视物流服务的信息管理、质量管理和人员管理。总之，任何一个物流企业的成功与有效的企业管理是分不开的。

第一节　物流系统及物流企业

一、物流系统

1. 物流系统定义及目标

（1）物流系统定义。

物流系统是指由两个或两个以上的物流功能单元构成，以完成物流服务为目的，在一定的时间和空间里，由所需输送的物料和包括有关设备、输送工具、仓储设备、人员以及通信联系等若干相互制约的动态要素构成的具有特定功能的有机整体。该系统包括功能要素、物质基础要素和支持要素。物流系统的“输入”即指采购、运输、储存、流通加工、装卸、搬运、包装、销售、物流信息处理等物流环节所需的劳务、设备、材料、资源等外部环境要素向系统提供的过程。

物流系统的功能要素：物流系统所具有的基本能力，这些基本能力有效地组合、联结在一起，便成了物流的总功能，便能合理、有效地实现物流系统的总目的。物流系统的功能要素一般认为有运输、储存保管、包装、装卸搬运、流通加工、配送、物流信息等。

物流系统的支撑要素：系统的建立需要有许多支撑手段，尤其是处于复杂的社会经济系统中，要确定物流系统的地位，要协调与其他系统关系，这些要素必不可少。主要包括制度；法律、规章；行政命令和标准化系统。

物流系统的物资基础要素：物流系统的建立和运行需要有大量技术装备手段，这些手段地有机联系对物流系统的运行有决定意义。这些要素对实现物流和某一方面的功能也是必不可少的。要素主要有：物流设施；物流装备；物流工具；信息技术及网络；组织及管理。

（2）物流系统目标。

物流系统是"桥梁、纽带"作用的流通系统的一部分，它具体地联结着生产与再生产、生产与消费，因此要求有很强的服务性。物流系统采取送货、配送等形式，就是其服务性的体现。在技术方面，近年来出现的"准时供货方式"、"柔性供货方式"等，也是其服务性的表现。

快速、及时目标：及时性不但是服务性的延伸，也是流通对物流提出的要求。快速、及时既是一个传统目标，更是一个现代目标。随着社会大生产的发展，这一要求更加强烈了。在物流领域采取的诸如直达物流、联合一贯运输、高速公路、时间表系统等管理和技术，就是这一目标的体现。

节约目标：节约是经济领域的重要规律，在物流领域中除流通时间的节约外，由于流通过程消耗大而又基本上不增加或提高商品使用价值，所以通过节约来降低投入，是提高相对产出的重要手段。

规模化目标：以物流规模作为物流系统的目标，以此来追求"规模效益"。生产领域的规模生产是早已为社会所承认的。由于物流系统比生产系统的稳定性差，因而难以形成标准的规模化格式。在物流领域以分散或集中等不同方式建立物流系统，研究物流集约化的程度，就是规模化这一目标的体现。

库存调节目标：是服务性的延伸，也是宏观调控的要求，当然，也涉及物流系统本身的效益。在物流领域中正确确定库存方式、库存数量、库存结构、库存分布就是这一目标的体现。

2. 物流系统合理化

物流系统合理化是通过建立物流合理化模型来组织实施的。

从生产企业角度看物流合理化模式。企业从事物流活动时，一般是依靠储存、运输专业组织，或由本企业进行储存、运输。当生产企业在委托物流专业储运组织开展物流活动时，必须全盘考察该企业的采购和销售情况。要使物流合理化，要求所委托的各个具体的物流活动的费用最小。要求物流能适应生产和销售发展的需要，要求将品质优良的、数量适当的商品，在适当的地点、适当的时间，通过周到的服务，用最小的费用供应给买主。因此，作为生产企业，在选择专业储运业务时，通常的标准是：在运输上，依靠专业组织比自己运输效益好；在保管上选用专业仓库比自己保管商品效益要高；在费用上选用专业组织，要比自己支出得少；在服务水平上，选用专业组织，要比自己服务的质量佳。

从销售的角度看物流合理化的模式。企业通过利用自有的储运设施或者利用专业储运公司实现商品销售时，企业就处于为销售组织物流的地位。在销售学中，至关重要的是进行调查研究，选择目标市场，制订合理的销售策略。在物流过程中，销售策略往往给物流状况带来决定性的影响，一方面要有效地发挥物流活动的作用，按服务的需要程度，提高物流活动的质量；另一方面又要降低销售费用，以节约物流费用。这两者之间必须不断进行必要的调整。销售物流合理化的形式是多种多样的，一般表现为计划化、大量化、共同化、短距化等类型，它们可以同时在销售物流合理化中得到应用，以获得多重效益。

二、供应链环境下的物流企业及经营模式

1. 物流的四种方式

在供应链管理环境下，物流企业扮演着举足轻重的角色，如果没有物流系统的无缝连接，就会使供应链上企业之间的同步化、并行化运作以及实现快速响应市场的能力大打折扣。在供应链管理这个大环境下非常有必要进行物流企业管理创新，提高物流企业管理水平，从而更加敏捷地应对市场环境和消费者需求的变化。

物流是社会分工日益细化的结果。1991 年，在荷兰乌德勒支市第九届物流国际会议上，人们对现代物流概念与内涵达成共识，认为物流包括生产前和生产过程中的物质、信息流通过程，而且还在向生产之后的市场营销活动、售后服务、市场组织等领域发展。伴随物流理论的发展，物流可分为四种方式：

第一方物流，又称自营物流，即工业企业自身对其产品和物品组织进行物流活动，是一种粗放、绩效低下的物流管理模式。

第二方物流，是指买方或流通企业组织的物流行为，这些物流组织的核心业务是采购并销售商品，生产企业将一部分物流功能委托给物流公司，实现共同配送。

第三方物流，介于供应商和用户之间的专业物流形式，是指由物品供方和需方以外的第三者提供物流服务的业务模式。随着企业竞争的加剧，生产企业开始把包括物流系统设计的整个物流业务外包给第三方物流企业。

第四方物流，第四方物流的概念，是由安盛咨询公司首先提出的，其主要定义为一个供应链集成商，这个集成商既能调配和管理组织自身，又能给客户提供物流增值及互补性服务，利用资源、能力与技术，为客户提供全面的供应链解决方案。第四方物流也可以理解为是在第三方物流的基础上对管理和技术等物流资源作进一步的整合，并为客户提供全面供应链物流的解决方案的集成商。本书中所指的现代物流企业主要是指第三方物流企业。

第三方物流与第一方物流、第二方物流的关系如图 1-1 所示。

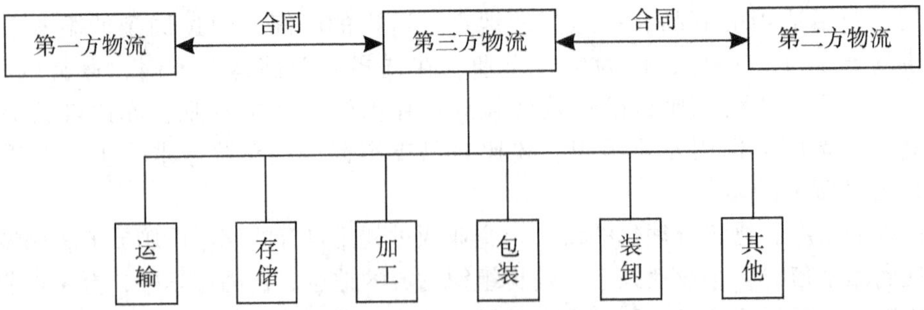

图 1-1 第三方物流与第一方物流、第二方物流的关系

2. 第三方物流和物流企业

第三方物流（third party logistics）的概念源自于管理学，意指企业动态地配置自身和其他企业的功能和服务，利用外部的资源为企业内部的生产经营服务。将外部资源（outsouring）引入物流管理领域，就产生了第三方物流的概念。所谓第三方物流是指生产经营企业为集中精力搞好主业，把原来属于自己运作的物流活动，以合同方式委托给专业物流服务企业，同时通过信息系统与物流服务企业保持密切联系，以达到对物流全程管理和控制的一种物流运作与管理方式。因此第三方物流又叫合同制物流（contract logistics）。提供第三方物流服务的企业，其前身一般是运输业、仓储业等从事物流活动及相关的行业。从事第三方物流的企业在委托方物流需求的推动下，从简单的存储、运输等单项活动转为提供全面的物流服务，其中包括物流活动的组织、协调和管理、设计建议最优物流方案、物流全程的信息搜集、管理等。目前第三方物流的概念已广泛地被西方流通行业所接受。

中国国家标准《物流术语》中，将第三方物流定义为："由供方与需方以外的物流企业提供物流服务的业务模式"。这一定义明确了"第三方"的内涵，即物流服务提供者作为发货人（甲方）和收货人（乙方）之间的第三方，代表甲方或乙方来执行物流功能。在美国的有关著作中，第三方物流的定义是：非货主企业通过合同的方式确定回报，承担货主企业全部或一部分物流活动。与《物流术语》相比，这一定义除了强调"第三方"不拥有货物所有权外，特别突出了第三方物流企业与传统仓储业的重要区别，即管理功能和契约式共同利益。日本对于第三方物流的理解是：供方和需方以外不拥有商品所有权的从业者为第三方，向货主企业提供物流系统，为货主企业全方位代理物流业务，即物流的外部委托方式。

广义的第三方物流概念，是相对于自营物流而言的。凡是由社会化的专业物流企业按照货主的要求，所从事的物流活动都可以包含在第三方物流范围之内，至于第三方物流是从事哪一个阶段的物流、物流服务的内容和服务水平，这与货主的要求有密切关系。

狭义的第三方物流概念，主要是指能够提供现代化的、系统的物流服务的第三方的物流活动。其具体标志是：有提供现代化的、系统物流服务的企业素质；可以向货主提供包括供应链物流在内的全程物流服务和特定的、定制化服务的物流活动；不是货主与物流服务提供商偶然的、一次性的物流服务活动，而是采取委托—承包形式的长期业务外包形式的物流活动；不是向货主提供一般性物流服务，而是提供增值物流服务的现代化物流活动。

【小思考 1-1】

如何理解《物流术语》的第三方物流定义呢?

我们至少可以这样理解：第一，第三方物流是一种物流服务，这种物流服务是"由供方与需方以外的物流企业提供"的。第二，第三方物流是一种业务模式，这种业务模式是指"由供方与需方以外的物流企业提供物流服务的业务模式"。

3. 物流企业的概念

物流企业是为各类用户从事各种后勤保障活动的经营者，是一种自我经营、自我发展、自我积累、自我约束的盈利性经济组织，它追求利润最大化。而第三方物流企业区别于其他提供单一物流服务性业务的企业，它致力于提供物流综合业务，及专业化的服务。物流企业相对单一运输的企业来说，服务更加多样化，经营范围更广。

一般情况下，物流企业等同于第三方物流企业。物流企业（logistics enterprise）具体可定义为至少从事运输（含运输代理、货物快递）或仓储中的一种经营业务，并能够按照客户物流需求对运输、储存、装卸、包装、流通加工、配送等基本功能进行组织和管理，具有与自身业务相适应的信息管理系统，实行独立核算、独立承担民事责任的经济组织。

【知识链接 1-1】

物流企业的范畴

物流企业的范畴较广，其中包括经营货运站（中转站）、集装箱码头（多式联运中转站）、车站、港口、机场、各种物流设施、配送中心、仓库、各种货物运输方式及多式联运、各个物流要素以及货运代理、配载服务、物流信息服务等企业。从事第三方物流的企业在委托方物流需求的推动下，从简单的存储、运输等单项活动转为提供全面的物流服务，其中包括物流活动的组织、协调和管理，设计、建议最优物流方案，全程的信息搜集、管理等。现有的第三方物流公司中的大多数并不是一开始就是第三方物流公司，而是以传统的“类物流”业为起点（如仓储业、运输业、空运、海运、货代、公司物流部等）逐渐发展成为第三方物流企业的。

4. 物流企业类型

按照企业经营业务的不同，物流企业可分为下面几种类型：

运输型物流企业。运输型物流企业应同时符合以下要求：以从事货物运输业务为主，包括货物快递服务或运输代理服务，具备一定规模；可以提供门到门运输、门到站运输、站到门运输、站到站运输服务和其他物流服务；企业自有一定数量的运输设备；具备网络化信息服务功能，应用信息系统可对运输货场进行状态查询、监控。

仓储型物流企业。仓储型物流企业应同时符合以下要求：以从事仓储业务为主，为客户提供货物储存、保管、中转等仓储服务，具备一定规模；企业能为客户提供配送服务以及商品经销、流通加工等其他服务；企业自有一定规模的仓储设施、设备，自有或租用必要的货运车辆；具备网络化信息服务功能，应用信息系统可对货物进行状态查询、监控。

综合服务型物流企业。综合服务型物流企业应同时符合以下要求：从事多种物流服务业务，可以为客户提供运输、货运代理、仓储、配送等多种物流服务，具备一定规模；根据客户的需求，为客户制订整合物流资源的运作方案，为客户提供契约性的综合物流服务；按照业务要求，企业自有或租用必要的运输设备、仓储设施及设备；企业具有一定运营范围的货物集散、分拨网络；企业配置专门的机构和人员，建立完备的客户服务体系，能及时、有效地提供客户服务；具备网络化信息服务功能，应用信息系统可对物流服务全过程进行状态查询和监控。

按照物流企业的产生缘由的不同，目前我国的物流企业类型主要有：

大型外资跨区域物流企业。目前，这类物流企业在绝对数量上不多，但是他们在物流行业中极具影响力。这些公司在新设备投资、资金实力、人才、观念、经验和管理方法上，都具有很大的优势。他们往往能提供较为全面的、跨地区的服务。这类企业大多集中于东部沿海大城市，且服务对象主要是三资企业。他们之中部分企业并不拥有车辆、仓库等物流设施，主要是提供代理服务，通过转租、联营等方式寻求中方物流企业的合作。一方面，可以充分利用国内的闲置资源，降低其固定资产的投入，从而可以降低运营成本；另一方面，因其中方合作伙伴的能力、收费以及双方的沟通，也会给外资物流企业的服务质量和收费水平造成影响。

由国有企业演变成的物流企业。这些公司规模都比较大，资金实力较雄厚，物流设施相对先进，在各自行业中处于领先或垄断地位。他们大多是全国性的公司，但地方的子公司都是独立核算，因此除非是很大的用户，多数客户很难享受到全面配合和统一协调的物流服务。

新兴内资跨区域的物流企业。新兴物流企业的定位一般都比较高，专业化程度强。为了能在短期内打入市场，回避物流设施投资大、回收期长的风险，很多新兴物流企业都采取了非资产型的第三方物流代理模式。

【知识链接 1-2】

综合信兴物流

综合信兴物流由马来西亚综合物流集团和香港信兴集团共同投资，于 1995 年注册成立。综合物流成立于 1973 年，是马来西亚久负盛名的集团上市公司；信兴集团成立于 1953 年，为 Panasonic 电器产业株式会社在中国香港、中国澳门的产品总代理。综合信兴物流以仓储、配送、运输为业务主干并为客户提供全球供应链整合物流方案及物流服务。经过 10 余年的业务发展与稳健经营，公司已成长为深圳市实力雄厚的大型第三方物流企业。综合信兴物流将先进的信息技术与现代化的物流设备紧密结合，依托完善的服务网络、专业的服务能力等为客户提供综合物流服务，公司已与国内外多家知名企业结成长期战略合作联盟，为其提供高效优质的物流服务。目前公司在深圳和上海拥有 17 万平方米设计先进、安全可靠的仓库。仓库内均设有高速的装载电梯、卸货平台及自动化消防系统，运用先进的 SSA EXCEED3.7 仓库管理系统，实施 EDI 电子报关，全面采用 CCTV、CAS 门禁管理系统并根据 TAPA A 级要求进行管理。

三、物流企业的特征

概括而言，物流企业具有以下几个方面的特征。

1. 关系契约化

物流企业与货主企业间需要信息共享，要求互相信任，且共同承担风险、共享收益，因此需要用契约的形式约束双方的行为。根据契约的条款，第三方物流企业提供规定的物流服务，并管理其物流活动及其过程，而不是按照客户的临时要求提供服务；根据契约的条款，明确各物流联盟企业间的责、权、利关系。

2. 服务个性化

物流企业需要对客户具有深度了解，从而提供针对性的定制化服务和增值服务。物流服务从产品推销发展到市场营销阶段，物流企业也从面向社会提供服务的传统外包进化到面向企业的个性化服务阶段。物流企业因市场竞争、物流资源、物流能力等的影响需要形成核心业务，不断强化所提供物流服务的个性化，以增强自身竞争力。

3. 规模化功能专业化

物流公司一般要求承包很多客户的业务。实际上是面对整个物流市场提供服务。因此能够容易达到较大的业务规模，取得规模效应。第三方物流与一般的物流相比，从物流设计、物流操作过程、物流技术工具、物流设施到物流管理，必须体现出专门化和专业水平，并且能够提供增值服务。这既是货主企业的需要，也是第三方物流企业自身发展的需要。

4. 管理系统化

第三方物流应具有系统的物流功能，能为客户企业提供多功能甚至全方位的物流服务，它可以有效地整合运输、仓储等资源要素，利用物流网络要素，提供运输、储存、包装、装卸搬运、流通加工、信息处理、增值服务等部分或全部的物流功能。

5. 信息网络化

信息技术是第三方物流发展的基础。信息技术可以使数据快速、准确传递，使订货、仓储、运输、流通加工实现一体化，促进了相关企业间的交流和协作。用于支撑第三方物流的信息技术包括电子数据交换技术、电子支付技术、条形码技术和电子商务技术等。在网络经济时代和信息技术高度发达的今天，市场竞争非常激烈，第三方物流企业只有运用现代信息技术及时地与客户交流协作，才能赢得市场，才能生存和发展。

四、物流企业的职能和任务

1. 物流企业的职能

物流企业是物流服务的供应商，其职能就是围绕如何为其顾客提供完整的以供应链组织协调为核心的整套服务。即物流企业在整个供应链中具有承上启下的作用，通过物流企业可以将生产企业、流通企业和最终消费用户联系起来。物流企业的职能分宏观职能和微观职能。

物流企业的宏观职能：解决生产与消费之间在数量、质量、时间和空间上的矛盾，实现生产与消费的供求结合，保证社会再生产的良性循环。

物流企业的微观职能：物流企业的微观职能具体地讲可从资源的购买职能、销售职能、储存职能、实体输送职能、信息流通职能五个方面去考虑，具体表现为以下几个方面。

（1）物流企业的购买职能：用货币购买生产企业的产品（产成品或原辅材料等），进入流通，实现从货币到商品。

（2）物流企业的销售职能：实现从商品到货币。

（3）物流企业的储存职能：解决生产与消费之间的时间阻碍。

（4）物流企业的实体输送职能：解决生产与消费之间的空间阻碍。

（5）物流企业的信息流通职能：信息流。

物流企业的宏观职能是通过微观职能的具体实施来完成的，宏观职能为微观职能指明方向，微观职能又是实现宏观职能的具体体现。

2. 物流企业的任务

物流企业的任务具体体现在：促进引导生产、积极组织进货；搞好销售工作、满足市场需要；加速商品流转、缩短流通时间；实现商品实物上的节约；创造自己的品牌，加快现代化建设。

在现实状况下，物流企业要苦练内功，加快自己的发展。主要是从单功能向多功能发展，从小打小闹向规模发展，从小整合向大整合发展，从区域性向全国性发展，从不规范向规范发展。要用供应链管理的理念与发展模式把自己融入供应链。在供应链中扮演好自己的角色，发挥自己的作用。凡有条件的物流企业，要有提供解决方案的能力。要创自己的品牌。品牌在某种意义上是一个企业的生命。物流企业一定要瞄准品牌这一目标，创企业业务品牌，创客户服务品牌，创信息网络品牌，一定要有自己的特色。要培养人才，要有自己的团队，物流业是一个复合型产业，物流企业要有复合型的人才结构。物流企业家要敢于、善于在人才培养与人本管理上下工夫。要建立企业自身的与为客户服务的绩效考量指标，一切都要体现在财务的指标上。物流服务的最终目的，对国家来讲是提高经济运行质量与效率，对企业来讲，就是降低物流成本，提高市场竞争能力。

五、物流企业的经营模式

目前，以中远物流、中外运物流、招商局物流为代表的一批中国先进物流企业，积极适应市场需求变化和应对国外企业的冲击，结合自身优势，在开展现代物流服务的过程中探索出了很多具有代表性的经营模式。

1. 物流服务延伸模式

所谓物流服务延伸模式，是指在现有物流服务的基础上，通过向两端延伸，向客户提供更加完善和全面的物流服务，从而提高物流服务的附加价值，满足客户高层次物流需求的经营模式。例如，仓储企业利用掌握的货源，通过购买部分车辆或者整合社会车辆从事配送服务，运输企业在完成货物的线路运输之后，根据客户的要求从事货物的临时保管和配送。这种模式对于从事单一功能物流服务的传统物流企业来说，不仅可以拓展物流服务的范围，而且可以达到提高物流服务层次的目的。发展物流服务延伸是物流企业拓展新业务很好的方法，而如何做好物流服务延伸，物流服务向哪个方向延伸，跟物流企业的服务定位以及经营战略息息相关。

物流企业在供应链中的服务定位主要取决于资源配置所具有的比较优势，因此物流企业必须实行服务专业化，必须抓产品，必须掌握不同的货品具有不同的物流特性，适时地推出个性化服务。而围绕产品的物流特性所进行的服务技术开发，将为物流企业创新服务并形成核心服务能力提供强大的动力。只有具备核心服务能力，第三方物流企业才可能真正融入一体化供应链中。需要说明的是，核心服务能力并不神秘，强调的是“比竞争对手略胜一筹”，就是特色服务。物流技术的不断创新和服务品种的不断创新将为物流企业的发展提供永恒的动力。同时需要留意的是，物流是一个操作性很强的行业。企业在经营管理活动过程中，如果经常变动服务定位，过于强调标新立异，脱离了自身能力，忽视外部环境等客观因素，那企业所作出的尝试通常只能面临失败。就像现在部分的物流服务企业对自己所服务的客户的类型或运作的基本能力缺乏清楚的认识，总是认为这也能做那也能做，花费大量时间和精力在市场营销却无视运作能力的滞后，最后却发现企业本身根本不具备某类客户的物流服务能力。譬如医药行业对卫生要求很严格，要求物流服务企业要经过 GMP 认证，而危险品储运也有特别的要求。同样道理作为供应链上的服务延伸，对企业的服务能力提出了更高的要求，除了对物流运作需要有了解以外，还需要对供应链的含义和内容有深层次的认识和理解。只有将链条上的各个环节有效串联起来才有可能发挥供应链管理最大效用。

2. 行业物流服务模式

行业物流服务模式是通过运用现代技术手段和专业化的经营管理方式，在拥有丰富目标行业经验和对客户需求深度理解的基础上，在某一行业领域内，提供全程或部分专业化物流服务的模式。这种经营模式主要特点是将物流服务的对象分为几个特定的行业领域，然后对这个行业进行深入细致的研究，掌握该行业的物流运作特性，提供具有特色的专业服务。在国内，行业物流服务是近年来我国物流市场发展的一个趋势，服装、家电、医药、书籍、日用品、汽车、电子产品等行业或领域纷纷释放物流需求，极大地丰富了物流市场。

3. 项目物流服务模式

项目物流是指为具体的项目提供全程物流服务的模式。这类需求主要集中在我国一些重大的基础设施建设项目和综合性的展会、运动会中，如三峡水电站、秦山核电站、国家体育馆等基建项目，实施这种模式的物流企业必须具备丰富的物流运作经验和强大的企业实力。

4. 定制式物流服务模式

定制物流服务是指将物流服务具体到某个客户，为该客户提供从原材料采购到产成品销售过程中各个环节的全程物流服务模式，涉及储存、运输、加工、包装、配送、咨询等全部业务，甚至还包括订单管理、库存管理、供应商协调等在内的其他服务。

【案例分析 1-1】

北京星网物流中心的定制式物流服务模式

北京星网物流中心是由“金鹰公司”（MSAS 和 Sinotrans 在 1996 年成立的合资公司）专门为诺基亚公司兴建的物流设施，它坐落在诺基亚星网工业园内，将园区内诺基亚的区域供应商和制造厂商紧密地连接在一起，通过“金鹰公司”提供的无缝隙供应链解决方案，降低整个园区内企业的供应链成本，实现低成本运营目标。

5. 物流咨询服务模式

物流咨询服务模式是指利用专业人才优势，深入企业内部，为其提供市场调查分析，物流系统规划、成本控制、企业流程再造等相关服务的经营模式。企业在为客户提供物流咨询服务的同时，帮助企业整合业务流程与供应链上下游关系，进而提供全套的物流解决方案。企业通过物流咨询带动其他物流服务的销售，区别于一般仓储、运输企业的简单化服务，有助于增强企业的竞争力。

6. 物流管理输出模式

物流管理输出模式是指物流企业在拓展国内企业市场时，强调自己为客户企业提供物流管理与运作的技术指导，由物流企业接管客户企业的物流设施或者成立合资公司承担物流具体运作任务的服务模式。采用管理输出方式时，可有效减少客户企业内部物流运作与管理人员的抵制，使双方更好地开展合作。

【案例分析 1-2】

招商局物流集团与青岛啤酒股份有限公司的物流管理输出模式

招商局物流集团与青岛啤酒股份有限公司的合作便是物流管理输出模式的一个成功案例，招商局物流集团通过对青啤发展现状和其他多方信息的分析，结合青啤自身拥有大量物流设施、设备与人员的实际情况，提出与青啤成立合资物流公司，购买或租赁青啤原有物流设施、设备，并接收青啤原有运作和管理人员。这种模式确保了招商局物流能够将其较为先进的现代物流理念、员工分配制度、操作流程的再造方法，渐进地、完整地灌输到合资公司的物流管理中。合资公司开始运作的三周时间内，青啤原有车辆利用率就提高了60%，每年仅公路运输就将为青啤节省物流成本近700万元。

7. 物流连锁经营模式

物流连锁经营是指特许者将自己所拥有的商标（包括服务商标）、商号、产品、专利和专有技术、经营方式等以特许经营合同的形式授予被特许者使用；被特许者按合同的规定，在特许者统一的业务模式下从事经营活动，并向特许者支付相应费用的物流经营形式。

【案例分析 1-3】

锦程国际物流集团的加盟连锁

锦程国际物流集团从2000年开始物流连锁经营的尝试，将商业中加盟连锁的经营理念引入物流业，创造出了以现代网络技术为支持，以加盟连锁的形式进行物理网络扩张的经营模式，使公司迅速汇集了资金、人才和客户资源，扩大了企业规模。

8. 物流战略联盟模式

物流联盟模式是指物流企业为了达到比单独从事物流服务更好的效果，相互之间形成互相信任、共担风险、共享收益的物流伙伴关系的经营模式。

第二节 物流企业管理概述

一、物流企业管理的含义、性质、职能及工作内容

1. 物流企业管理的含义

物流企业是从事商品实体流通活动的经济组织。作为企业，物流企业同其他企业一样通过为社会提供相应的商品或服务，实现价值增值。但关键的是企业能否如其所愿地实现价值增值，这就需要管理。企业管理是使组织有效运作的活动和手段。物流企业管理就是指根据商品流通的客观规律要求，应用管理的基本原则和方法，对物流企业的资源进行计划、组织、控制和协调，使物流企业能够以最小的投入，为社会提供最优质的物流服务，实现最好经济效益的活动过程。

2. 物流企业管理的性质

物流企业管理的二重性，就是物流企业管理一方面与流通和生产力相联系，表现为劳动者同一定的物质技术条件相符合，为组织社会商品流通进行共同劳动，由此产生的自然属性；另一方面同商品流通中一定的生产关系相联系，表现为企业内部人与人之间，部门与部门之间，企业与企业之间，企业与国家之间的经济关系，因此产生了社会属性。

3. 物流企业管理的职能

物流企业管理的职能有计划与预测、组织与指挥、协调与控制、教育与激励计划，其中计划是物流企业管理所有职能中的首要职能。

4. 物流企业管理的内容

具体来说，物流企业管理内容有四个方面：人际关系方面的管理；经营决策方面的管理；经营活动方面的管理；物流技术管理。

人际关系方面的管理。它包括物流企业领导体制的确定，企业领导班子的建立，领导权威的发挥，改进领导作风和工作方法，建立合理的管理体制、组织机构和规章制度，职工录用的考核，干部的配备、选拔，职工培训等，另外还有物流企业文化的培育、精神激励和物质利益等。

经营决策方面的管理。根据国家政策和市场需求、确定经营目标，制订经营计划，组织力量实施经营计划。它包括物流企业内部条件分析、经营管理的外部环境分析、经营的预测与决策、经营的计划工作、财务决策与计划等。

经营活动方面的管理。主要是对物流活动进行管理，通过计划、组织与控制，保证企业按规定的物流品种、数量、质量、期限、成本进行物流服务经营。具体内容包括：物流技术准备、物流组织、劳动组织、物流作业的动作研究、时间研究、物流计划与物流作业计划、在库品管理、物料控制、物料管理的安全、文明经营，质量管理等。

物流技术管理。物流企业经营活动的正常运行及物流运输、搬运、仓储、流通加工、

包装、配送、信息处理等功能的实现需要现代物流技术的支持，包括：物流信息处理技术；现代物流仓储与自动识别技术；现代物流运输与配送技术、物流安全技术等。

二、物流企业管理原理、原则及方法

物流企业管理是一门科学，具有广泛适用性，下面普遍的原理与原则适用于任何性质的物流企业。

1. 系统管理原理

系统具有目的性、整体性、层次性及相关性，社会上任何组织都是以系统的形式存在的，物流企业也如此。物流企业作为一个系统，其系统管理的基本原则如下。

（1）目标明确原则。物流企业管理必须要有明确的管理目标，要具有方向性。

（2）整合分工原则。物流企业中各部门、各要素都有不同的区别与功用，因而是可以分解的。但各部门、各要素间又有密切的联系，因此又是可以综合的。在物流企业各部门职责分工中，强调的“分工合作”即是最好的证明。

（3）层次清晰原则。物流企业在管理活动中，必须明确组织层次，明确企业中各部门、人员在整体中的地位、作用及从属关系，在实际工作中，逐层汇报、逐层指挥，只有这样，才能保证物流企业管理活动的有序进行。

2. 能级管理原理

组织能级要求管理系统中的各个要素都要各在其位、各谋其政、各司其职，以保证该能级目标的实现。物流企业能级管理的基本原则如下。

（1）稳定性原则。物流企业各要素的能级确定必须保证组织结构的稳定性。

（2）责权利原则。物流企业中不同能级的要素应授予不同的权力与责任，给予不同的利益，使其责任、权力、利益与该能级相对应。责任能使该能级的工作目标与企业的整体目标相联系；权力能保证该能级正常履行职责，完成工作任务；利益能激励该能级发挥最大的能量。

（3）能级对应原则。物流企业应使具有相应才能的人处于相应的岗位上。

3. 效益管理原理

管理的根本目的是利用有限的资源，通过科学的方法和手段，取得尽可能多的效益。在物流企业管理中，必须讲求管理的效益，时时以效益为出发点，加强管理，提升效率，更好地实现物流企业的管理目标。效益管理的基本原则如下。

（1）价值原则。在物流企业管理活动中，必须合理利用各种资源，努力追求以最小的耗费，取得更多的价值。

（2）有效原则。物流企业要进行有效的管理必须确定管理绩效，用以全面衡量管理的总效果，若总体效果很差，则是管理的失败。

（3）定量分析原则。对现代管理的有效性评价，在很多方面要求用数量化来表示，因此要求物流企业管理者必须重视和运用定量分析原则。

以上管理原理与原则普遍适用于任何类型的物流企业，物流企业管理，具有普遍的实践指导意义。如果不承认管理的科学性，不按规律办事，违反管理的原理与原则，随心所欲的指挥，一意孤行的蛮干，就一定会导致管理的失败。

物流企业管理的主要方法有经济、行政、法律现代化管理方法，其中现代化管理方法是指运用现代社会科学、自然科学与技术科学的理论、方法和手段，以达到管理高效率、高质量的一种管理方法。现代管理方法的主要特征是对物流企业的经营业务活动进行定量分析决策，使物流企业管理达到科学、合理、有效的目的。

三、现代物流企业管理的特征

物流企业管理的最终目的是满足客户与企业战略目标的需要，包括整个供应链（从供应商开始，一直到客户）的物流成本、客户服务水平和企业投资收益的权衡取舍。物流企业管理表现出如下特征。

1. 现代物流企业管理具有系统整合性

供应链环境下物流企业管理以企业整体最优为目的，从商品供应体系的角度来看，现代物流不是单个生产、销售部门或企业的事，而是包括供应商、批发商、零售商等有关联企业在内的整个统一体的共同活动，从而也使第三方物流企业管理成为一种供应链管理。

2. 现代物流企业是为客户提供物流服务

客户服务是物流企业管理创新的原动力，其服务对象是组织体外的顾客，与此相适应，企业经营理念的核心是市场营销和为客户服务。企业的物流活动也以客户服务为价值取向，通过提供顾客所期望的服务，在积极追求自身交易扩大的同时，强调实现与竞争者服务的差别化。

3. 信息已成为物流企业管理的核心

现代物流企业管理依靠高度发达的信息网络和全面、准确的市场信息，来实现企业各自的经营目标和实现整个供应链的效率化。信息已成为物流企业管理的核心，现代物流活动必须及时了解和反映市场的需求，并将之反馈到供应链的各个环节，才能保证生产经营决策的正确和再生产的顺利进行。

四、我国现代物流企业管理流程

1. 全面计划管理

物流企业的全面计划管理是一项综合性的全面管理工作，它是通过计划把企业的各项工作全面地组织与协调起来。物流企业全面计划管理的内容有许多方面，其中最基本的是商品供求调查、产需预测与经营决策、计划体系与计划指标体系的确立、制订计划的主要方法、计划管理的基础工作等五大方面。

2. 目标实现管理

目标实现管理是围绕确定目标和实现目标而开展的一系列管理活动，是企业运用“激励理论”和系统工程原理，充分依靠和调动全体员工的热情和智慧，对确定和实现企业目标的计划、实施、检查和处理等四个阶段的全部活动的管理。

3. 顾客服务导向管理

现代物流管理以顾客满意为第一目标，只有在很好地服务顾客的基础之上，物流企业才能进一步谋求自身的发展。建立顾客服务导向管理关键在于以下几个方面。

（1）确定顾客服务的目标；
（2）构建顾客服务信息系统；
（3）制定多物流服务组合；
（4）不断对物流服务绩效进行评价。

4. 全面质量管理

全面质量管理是企业为保证最经济地生产用户满意的产品所做的全部组织管理工作。全面质量管理的特点是全面性和科学性相结合，其全面性体现在对全面质量、全过程和全面参加的管理，其科学性体现在以科学的思想为指导，综合、灵活运用科学方法。

五、我国物流企业现代化管理模式

物流企业的现代化管理是为了满足消费者需要而对企业的原材料中间库存、最后产品和相关信息有效流动和储存计划及实施进行更科学有效地控制管理的过程。

1. 即时化物流管理

当前市场竞争日趋激烈，企业的管理逐渐向精细化和柔性化发展，即时化管理（just-in-time）已得到企业的广泛应用。即时化物流管理主要是指在必要的时间里，对必要的产品进行必要量的流通，从而达到零库存的目的。它主要包括即时采购和即时销售两个环节。即时采购是一种较先进的商品采购模式。

2. 一体化物流管理

随着消费者消费个性化、多样化的发展趋势，要求企业在商品供应和配送上能够满足消费者多品种、小批量、多频度的配送需求，而对于构筑自己物流体系的企业而言，由于即时配送的能力有限或处于经济上考虑，难以满足多频度小批量配送的要求，面对这些问题，作为企业物流管理新的发展方向，一体化物流应运而生。一体化物流是打破单个企业的物流界限，通过相互协调和统一，创造出最适宜的运行模式，它有横向一体化物流和纵向一体化物流两种形式。

【知识链接 1-3】

横向一体化物流与纵向一体化物流

所谓横向一体化物流是指同行业或不同行业企业之间通过相互协调而形成的一种合作性的物流管理系统。同行业内不同的企业之间为了更有效地开展物流服务，降低由于多样化和即时配送导致的高额物流成本，而相互之间形成的一种通过物流中心集中处理和配送，实现低成本物流的系统。不同行业的企业生产经营的商品集中起来，通过物流或配送中心达到企业间物流管理的协调与规模效益性。通常后一种物流一体化模式更容易被接受，因为同行业内不同企业间的物流一体化容易造成一定程度的“企业机密的泄漏”，而不利于企业经营战略的实现。而不同行业的企业间的物流一体化，由于不存在直接的产品竞争，因而既能保证物流集中处理的规模经济性，又能有效地维护各企业的利益以及经营战略的有效实施。纵向一体化物流是指处于流通渠道不同阶段的企业之间进行合作的一种物流运行机制。生产企业与批发商之间的物流合作就是一种典型的纵向一体化物流方式。

这种物流合作有两种形式：对于力量较强的生产商，为实现批发中心的效率性，生产商可自己进行商品批发，或充分利用自己的信息或技术优势，对批发企业多频度、小单位的配送服务提供支援；若生产商的力量弱而批发商的力量强，可由批发商集中处理生产商的物流活动。

3. 社会配送化物流管理

社会配送化物流管理是通过一定的运作方式，把企业的物流业务外包给专门的物流管理部门来承担，产品从生产方到销售方的环节不是由生产方自身的物流部门来承担，而是交由其他的物流企业来完成。这种物流管理模式既可以减少生产企业对物流方面资金投入，同时由于借助专业化的物流企业物流服务而达到更快捷、安全、高效的目的，也对增加生产企业经营柔性，提高其生产效率，集中其主业，改进其服务质量方面有显著效用。

【案例分析 1-4】

社会配送物流模式的应用

产品畅销全国的强生公司通过 S-TAnda 公司（中国和新加坡合资的专业第三方物流企业，总部位于深圳）来组织产品分销，把产品从上海的合资工厂运到地区的仓库和经销商手中。通用汽车公司也高度认同第三方物流的作用，通过利用一流的专业物流公司管理自己的供应链，通用汽车比其他竞争对手更迅速地实现了预定的市场占有率。社会配送物流模式在我国将有较大的发展空间。

4. 电子商务物流管理

现代信息技术的迅猛发展，特别是互联网技术迅速向市场渗透，使电子商务成为企业物流的第二拓展空间。第二空间是指物流的第二空间，其具有相对体制无关性、相对物理无关性的显著特征。电子商务为企业提供了更加详尽的信息资源，使企业对消费者需要把握地更加准确和全面，能更迅速地对市场变化作出反应，并及时作出相应的调整，同时电子商务可以简化传统物流繁琐的环节和手续，大幅度降低交流沟通成本和顾客支持成本。

【知识链接 1-4】

电子商务物流的两种发展模式

电子商务有两种发展模式，一是生产企业向电子商务延伸，二是生产企业与电子商务合作，进行现货仓单交易。具有资金和技术实力的企业可以采用前一种模式。如海尔公司“一流三网”、订单式生产模式，就是一个成功的范例；而后一种模式则更有实际意义，它适用于大多数企业，两者相互合作，形成一种紧密结合的供应生态链。但由于我国的电子商务企业都是新发展起来的，并不拥有庞大的物流网络，所以生产企业与电子商务企业合作式的物流模式还有一个逐渐发展的过程。这里需要指出的是，实施电子商务并不是彻底否定传统的物流模式，相反，它们是相互依存的，这是因为虚拟化企业之间的合作必然产生大量的实体商品的配送和处理，而这些活动必须以发达的物流网络为基础才能实现，或者说电子商务是建立在发达的实体物流网络基础上的，企业应积极地探索将这两者的优势有机地结合在一起。

六、物流企业的文化建设

1. 物流企业文化的含义

企业文化是企业竞争的利器，优秀的企业文化是物流企业领先于竞争对手的关键性力量。物流企业文化是指物流企业在市场经济的实践中，逐步形成的为全体员工所认同、遵守、带有本企业特色的价值观念、经营准则、经营作风、企业精神、道德规范、发展目标的总和。

物流企业文化的三大结构要素即企业物质文化要素、企业制度文化要素、企业精神文化要素。从企业文化的层次结构看，企业制度属中间层次，它是精神文化的表现形式，是物质文化实现的保证。企业制度作为职工行为规范的模式，使个人的活动得以合理进行，内外人际关系得以协调，员工的共同利益受到保护，从而使企业有序地组织起来为实现企业目标而努力。

【知识链接 1-5】

企业文化理论系统的 5 个要素

迪尔和肯尼迪把企业文化理论系统概述为 5 个要素，即企业环境、价值观、英雄人物、文化仪式和文化网络。企业环境是指企业的性质、经营方向、外部环境、社会形象、与外界的联系等方面。它往往决定企业的行为。价值观是指企业内成员对某个事件或某种行为好与坏、善与恶、正确与错误、是否值得仿效的一致认识。价值观是企业文化的核心，统一的价值观使企业内成员在判断自己行为时具有统一的标准，并以此来选择自己的行为。英雄人物是指企业文化的核心人物或企业文化的人格化，其作用在于作为一种活的样板，给企业中其他员工提供可供仿效的榜样，对企业文化的形成和强化起着极为重要的作用。文化仪式是指企业内的各种表彰、奖励活动、聚会以及文娱活动等，它可以把企业中发生的某些事情戏剧化和形象化，生动地宣传和体现本企业的价值观，使人们通过这些生动活泼的活动领会企业文化的内涵，使企业文化“寓教于乐”。文化网络是指非正式的信息传递渠道，主要是传播文化信息。它是由某种非正式的组织和人群，以及某一特定场合所组成，它所传递出的信息往往能反映出职工的愿望和心态。

2. 物流企业文化的作用

由于物流企业文化是企业员工群体共同认可的员工行为道德规范和追求，是以该企业拥有的其他物质生产要素为基础的员工世界观、价值观和人生观在企业活动中的具体表现。物流企业中的员工是企业的第一生产要素，因此在既定的科学技术装备水平下，物流企业员工的劳动质量和效率决定了物流企业服务的质量，也决定了物流企业的生命力。物流企业文化是影响员工行为的决定因素，因而企业文化是物流企业健康持续发展的魅力和源泉。

物流企业文化不是孤立的某个企业的文化，它受社会文化和社会道德影响，与社会文化交融，符合先进社会文化发展的要求；同时，企业文化又是促进物流企业健康发展的文化，一个不能代表企业总体共同发展愿望的文化，不会得到企业员工的认可；物流企业文化存在的另一关键是该文化可以促进员工自身发展和福利的提高，给企业员工个体带来发展的机会和希望，因而具有很强的凝聚力、向心力、号召力、激发力。物流企业文化虽然是包罗员工各种行为思想的大系统，但在实践中它的主要表述形式和层次可以提炼为物流企业宗旨、企业核心价值观、企业精神、企业经营理念、企业人才观、企业职工行为规范等。

【案例分析 1-5】

爱普司的企业文化

在爱普司这块沃土上，系统地运用了之前在大企业从事高层管理的专业经验与认识，建立起一套完善的企业文化体系。爱普司提出“以人为本，爱心管理”的企业文化核心，为了营造这片肥沃的企业文化的土壤，爱普司投入大量的资本，做培训、办报纸、办刊物，使企业文化能够深入人心，催人奋进。随着时间的推移，它给予爱普司的回馈也是无与伦比的。爱普司在广东省一年内完成自己的品牌建设，同时向其他领域拓展。不仅在运输业发展顺利，在教育产业也取得了较好的成绩。爱普司的企业文化深入人心，企业上下一心，逐步形成了爱普司的企业人格。爱普司的每一个员工都深刻地理解了爱普司的企业人格，并如一地执行着；培训让他们充满自信，再加上合理的约束与激励机制，让爱普司充满活力，使爱普司的利润倍增。可以说，建立具有在物流行业内“异质优势”的企业文化，是爱普司成功的关键。

分析：爱普司成功的例子生动地说明了企业文化是企业生存与发展的内在制约。因此，我们说企业文化就是现代物流的灵魂！随着商品经济的发展，西方国家的连锁物流、配送制和代理制等形式已几近成熟，物流企业文化也渗透在每一个角落。毫不夸张地说，一个没有良好文化的物流企业肯定是永远长不大的物流企业，一个长大了没有健康文化的物流企业，不但营养不良，而且风雨飘摇。有文化的企业未必都能成功，但没有文化的企业注定不会成功。

【思考与练习】

• 基本训练

□知识题

一、阅读理解

1. “物流企业”是如何定义的？有哪些类型？
2. 简述物流企业的特征。
3. 举例说明物流企业管理的涵义。

4. 物流企业管理有哪些性质、职能及内容？

5. 什么是物流企业文化？物流企业文化有何作用？

二、知识应用

1. 判断题

（1）通常物流企业指的是第一方物流。（　）

（2）物流企业专门从事物流活动并且追求盈利，是享有合法权益的法人。（　）

（3）物流企业文化的三大结构要素即企业物质文化要素、企业制度文化要素、企业精神文化要素。（　）

（4）物流企业有其独特的特点，所以物流企业管理不同于一般企业管理，因而物流企业管理不具二重性。（　）

（5）信息已成为物流企业管理的核心。（　）

2. 选择题

（1）介于供应商和用户之间的专业物流形式是（　）

A. 第一方物流　　B. 第二方物流　　C. 第三方物流

（2）从事多种物流服务业务，可以为客户提供运输、货运代理、仓储、配送等多种物流服务，具备一定规模的是（　）

A. 仓储型物流企业　　B. 运输型物流企业　　C. 综合服务型物流企业

（3）系统管理的基本原则如下（　）

A. 目标明确原则、整合分工原则和层次清晰原则

B. 稳定性原则、责权利原则和能级对应原则

C. 价值原则、有效原则和定量分析原则

（4）从企业文化的层次结构看，属中间层次的是（　）

A. 企业物质文化要素　　B. 企业制度文化要素　　C. 企业精神文化要素

（5）要求物流企业应使具有相应才能的人处于相应的岗位上的是（　）

A. 稳定性原则　　B. 责权利原则　　C. 能级对应原则

□技能题

1. 参观1~2家物流企业，要求学生写一份参观报告，报告内容包括所参观物流企业的类型、经营范围、经营内容和经营方法以及企业管理的状况。

实训目的：要求学生了解典型物流企业类型、把所学的物流企业管理方面的理论知识应用于实践。

实训要求：仔细观察，认真听讲解；结合所学知识。

2. 查阅大型物流企业的知名网站，写出3~4个网址，对某一自己感兴趣的网页栏目的话题写一篇1000字左右物流企业管理的体会。

实训目的：对物流企业的含义以及物流企业管理的重要性有进一步认识。掌握一些物流企业管理的经验。

实训要求：认真思考，结合所学知识，用自己的语言写出自己关于物流企业管理的体会。

● **案例分析**

京远达物流的企业管理

北京京远达物流有限公司是一家集航空公路、包装、仓储为一体的第三方物流服务性企业，公司坐落于北京海淀区上地物流中心院内，占地一千平方米，紧依联想集团总部、中关村软件园、中国航天城，优越的地理环境注定了该公司与中关村科技园区高新技术公司的紧密合作；京远达物流全力提升服务品质，积极培育优秀企业文化，倾力打造属于自己的精品物流品牌，在公司全体员工的共同努力下，经过十余年的磨练，积累了丰富的管理模式和运输经验，逐渐转变了服务理念，建立起完整的管理机构和服务体系，并以“优质、安全、高效”的服务使公司迅速被社会各界广泛认可。

单一分散的物流服务早已不是市场的宠儿，一体化、专业化、网络化和信息化才是市场的趋势所在，而这也是北京京远达物流全程控制和一体化的物流服务的理论根基。现代物流业的崛起，深刻地影响着中国传统的企业经营模式，通过社会分工，部分业务外包，集中发展自己有核心竞争力的产品，成为企业家的共识，这种共识也给物流企业带来了广阔的市场前景。京远达物流拥有一批年轻、充满朝气与活力的精通信息化管理的员工队伍。为打造“年轻化、信息化、品牌化”物流服务提供了智力支持，公司一直以科学的管理、专业的规范化服务，合理的运输价位、良好的企业信誉活跃于我国物流行业之林。同时，率先在行业中通过了ISO9001：2000质量管理体系，分别为客户建立了档案，开通了4008免费电话和接受客户电话来访、业务咨询、跟踪回访，接受客户反馈的意见和建议。并且引入计算机管理和自动化库存管理等系统。现拥有客户数量2000多家，签订长期合作协议的客户500余家。目前，北京京远达物流可以做到，接到客户委托后一小时内上门取货；所有货物均当天上站、当天发车；货到之后立即通报收货人、按时送货上门；严格遵照外包装图标要求进行包装、整理。

主打“北京—上海城际专线物流”物流牌。公司开通了北京—上海城际班车专线货物运输。并利用信息化、网络化实现人性化、科学化的管理。实现以合理的价格、稳定的时间和优质的服务完成与新老客户的每一次合作。在2008年，京远达更是获得了一次绝佳的机会，独揽了上海—北京城际专线，实现了北京至上海、上海至北京全部采用豪华集装箱货运车辆，全程运行时间28小时。无障碍货物运输，周一至周六，定点发车。上海可延伸至虹桥、青浦、松江、南汇区、徐汇、浦东、闵行、闸北、静安、卢湾、高架桥、奉贤、宝山、嘉定、普陀。这也坚定了只做航空运输和汽车运输的路线，让公司在极短时间内获得一定积累。立足现在、着眼未来、京远达物流将全面实现北京—上海城际班车专线货物运输第一物流品牌战略。

专注于“优质、安全、高效”的城际专线物流服务，京远达跨出了从“企业物流”向“物流企业”的重要一步。而这也是北京京远达物流“主业尤强，相关多元”战略的具体实施。公司目前已形成集公路运输、航空货运、仓储理货、包装加工于一体的第三方物流企业。“自成立以来，北京京远达物流就组织人员奔赴全国各地展开市场调查，搜集第一手材料。“在充分借鉴业内领先物流企业成功经验的基础上，公司确定了‘构建现代物流网络体系’，为企业、社会提供‘第三方现代物流服务’的企业运作模式，强调的是系统化经营管理服务及信息化服务。这也是现代物流与传统物流的根本区别。京远达承揽全国公路货物运输，借助于强大的信息服务平台和网络优势，形成以北京为中心，辐射全国，业务覆盖西南、华南、华中、华东、东北等地区的大中城市的发展路线。目前公司业务范围已拓展到全国三十多个省会城市，完成排兵布阵第一步。同时，在上海、广州、成都和其他省会城市以及环渤海地区、长三角地区、珠三角地区分别建立了分公司和办事处，迅速搭建起了一、二级城市货物运输市场，实现了全国城市之间纵横交错、真正立体化货物快运，可为客户提供直接的门到站、门到门配送业务。立足于北京市，辐射全国，京远达以自己独特的发展模式正一天天地强大起来！"

与中小型物流企业强强联手发展战略联盟。我国的物流企业正在成长过程之中，相互间的战略联盟还不普遍，但是在经济全球化和 WTO 的市场格局下，结为战略联盟将是物流企业组织模式发展的必然趋势。从现状上看我国中小型的物流企业又何去何从呢？毫无疑问：战略联盟、强强联手、优势互补、携手共鸣、相互合作、共同应对市场变化，是走出传统物流困境的有效途径。为此京远达人树立了长期战略目标，强化行业间的合作意识，积极与国内外物流企业结盟，充分利用国内外物流资源，强化联盟中的组织学习，增强自身竞争优势，开拓中国物流行业多元化合作的模式，加强物流企业之间的密切合作、加强物流企业与制造业的合作、打破行政干预、加强区域间物流合作，从而使企业不断发展壮大！目前，京远达物流已与国内外近百家著名大型工商企业结成战略联盟（其中部分合作单位为中国国家地震局、联想集团、北京神州数码、北京金远见电脑技术有限公司、韩国爱莱莉化妆品公司、LG 公司、香港远达集团、清华大学出版社等知名企业以及国内一批社会团体、大学学生以及中关村大多数大、中、小型企业等），为他们提供商品以及原辅材料、零部件的采购、储存、包装、配送、信息服务、系统规划设计等供应链一体化的综合物流服务。运输的产品涉及电子产品、健身器材、化工原料、报刊杂志、电脑零配件、化妆品、办公用品、家具以及机器设备、植物种子等的货运运输、仓储理货、包装加工。公司与铁路部门签订了合作协议，同样跟国航、海航、东航、厦航、南方航空公司也建立了合作机制。通过整合物流资源，分别与其他专线货运公司建立了长期的合作关系，在上海、广州、成都有分公司，将新老客户的货物"安全、快捷"地运送到全国各地，为新老客户提供安全、迅捷、周到的服务。

独具魅力的企业标示。京远达 Logo 标志以"年轻、热情、优质、高效"为设计宗旨，突出年轻的京远达人热情似火的心情和优质高效的服务，蕴涵企业以优质的服务为根基，以完美安全的空间转换为职责的行业理念。字母组合设计的灵感来自道家"天人合一"的哲学理念，寓意着水与火的交融，也凸显充满激情、富有张力、拼搏个性的京远达人不断取得新的成绩，切实为客户服务的理念。整观标志刚柔并进、水火相融、蒸蒸日上，实现了现代物流业蓬勃发展的前景如这熊熊燃烧的烈火势不可挡，同时表现了企业员工对这一行业充满动感的力量和诚信、务实、稳健的经营作风。

用爱心做事业、用感恩的心做人，公司内部建立起了京远达基金，每个月都会在中高层以及全体员工中按不同比例交纳基金，用于看望"昌平流村"孤残老人和脑瘫儿童。京远达物流不止于做行业的先锋，也培养了一批拥有梦想与激情的员工，21 世纪最有发展力的团队就是学习型组织，为此，公司定期发动员工进行培训和学习，特别是中高层人员，将定期进行管理培训，同时每月还会定期办黑板报，以促进企业文化建设。公司也组织全体员工春、秋游和拓展训练，提高大家的团队凝聚力！培养员工对企业的认同感、归属感、荣誉感和自豪感！如今，规范化的服务、完美化运作、强烈的社会责任感已经成为京远达物流的符号！未来公司还将主办《京远达杂志》月刊，宣传公司的企业文化和员工的工作实践。

开展“四纵四横”的管理模式。为了提高各部门各层级之间的衔接与配合，公司开展“四纵四横”的管理模式，四纵指：营销部、营运部、办公室、财务部；四横指：高层、中层、基层干部、基层员工，使各个环节实现了无缝衔接，管理水到渠成。一个优秀的企业必然有属于自己的一套严谨而分工明确的管理模式，“四纵四横”的管理模式清除了管理漏洞与隐患，实现企业内部运作无障碍、无隐患，与此同时公司也将组建高效的精英业务团队，实施富于创造力的激励机制和规范化、系统化、流程化、网络化、现代化的运作系统。以此更好地提供安全、快捷、优质、高效、差异、统一、规范的物流服务！

专业决定永恒，服务成就未来！让物质像信息一样便捷、迅速流动！让客户的货物准时、准确、安全地到达！满足客户个性化、与众不同的物流需求！培养一支超级物流人才、激发张扬个性、开创行业典范！成为中小型企业提升核心竞争力的主导和助推器！京远达物流选择了自己要走的方向，而这条路还很漫长，但是京远达物流会闯出属于自己的一片天地！

资料来源：http：//www. jydwl. com/templates/T_yestem_second/index. aspx？ nodeid = 4&page = Content Page&contentid = 142

问题：

1. 京远达物流的企业管理是如何进行的？

2. 京远达企业文化建设是如何实施的？有哪些特色？

● 综合实训

一、实训目的

正确认识物流及物流企业，掌握现代物流企业管理的基本理论及物流企业的发展趋势，提高对物流企业管理职能分析的能力，以及在此基础上进一步掌握物流企业管理的内容。了解物流企业管理合理化目标，理解影响物流企业管理的相关因素，掌握物流企业管理主要职能，熟悉物流企业文化的建设。

二、实训项目安排

实训项目 1：以佳怡物流企业发展为案例，分组进行讨论。通过近年来佳怡企业从运输公司转型为物流公司的发展历程，从小到大的发展，使学生正确认识什么是物流企业，物流系统的构成，树立正确的物流意识。

实训项目 2：随机访察有关物流企业，以观察者身份观察物流企业管理状况，也可事先预约或直接访问企业管理者，以对话者身份了解物流企业管理现状。然后写出报告，指出管理优劣，并提出解决问题的办法。有计划地安排学生轮流到共建企业实践，在企业管理人员的直接指导下亲自体验并处理管理工作。

实训项目 3：分组模拟一家物流企业，结合所学物流企业及物流企业管理的知识，形成对物流企业管理影响因素的判断力，对物流企业管理的决策力和实际操作能力，并总结出物流企业管理的现实做法。结束后，对比、讨论各自优劣，分析物流企业管理的措施。

三、实训纪律与实训守则

以班级为单位组织教学，地点选择一般有三个：教室、实训室、企业现场。人员安排一般为临时团队(4~5组，每组8~10人)。以学生主动学习为特征，教师只是引导者。

四、实训要求

通过对实训项目的组织实施，使学生正确认识物流企业，掌握有关物流企业管理的基本概念与基本理论，能够根据市场营销、管理学知识对物流企业环境、经营状况进行客观分析，并能基本运用有关工具制定物流企业管理规范。使学生们的企业管理综合技能有较大的提高。

第二章　物流企业组织管理

☞学习目标：

- 知识目标

  ◎了解组织设计的任务和影响因素；

  ◎明确组织设计的基本步骤和组织结构的基本类型；

  ◎熟知不同类型物流企业的组织结构；

  ◎掌握物流企业组织结构的创新模式。

- 技能目标

  ◎能够履行各物流岗位的工作内容和职责；

  ◎能够根据物流企业的类型和特点选择和设计合适的组织结构。

【引例】

某物流公司的组织变革

某物流公司于2004年7月在广州注册，是经广州市工商、税务和运输部门核准注册成立，具有独立法人资格的专业性物流公司。该公司成立之初，主营业务为公路汽车货物运输，并提供仓储、中转配送等服务。由于经营规模较小，业务范围主要集中在广东省内，该公司采取了简单的直线职能制组织结构，公司设物流经理一名，全面负责业务部、运输部、仓储部和配送部四个业务部门。同时，公司还设有行政事务处、财务处、人事处和信息管理部四个职能部门。该公司省外业务发展迅速，海运和空运业务得到较大发展，但由于组织不善，经常出现送货不准时、货物出错和货物损坏等现象，接到了客户大量的投诉，给公司经营和声誉都带来了较大的负面影响。为了提高服务质量，公司首先在武汉和上海两个地区设立了分公司，组织结构开始由直线职能制向事业部制转型。成立武汉和上海分公司后，公司的物流运作状况有了显著改善，客户投诉大量减少。武汉和上海分公司的成功运营给了公司极大的信心，随着公司业务规模和服务区域的不断扩大，公司又先后在北京、成都、长沙、沈阳和南宁等地区成立了分公司，目前已发展成物流网络遍布全国的大型物流公司。公司通过总公司与分公司相配合的物流组织结构，采取总部集权式物流运作模式，实现了物流一体化管理。

这一案例表明：物流企业的组织结构要与其发展状况相适应。随着物流企业经营规模的扩大，企业的组织结构也要相应地进行调整。由于物流业务的复杂性，物流企业应具有更灵活的组织结构，因此，如何设计合适的组织结构是物流企业普遍关注的问题。

第一节　现代企业的组织结构设计

一、组织及组织设计概述

根据组织的词性，组织一词有两种含义：其一指社会单位。组织是为了实现既定目标，通过人与人、人与物以及信息的有机结合所形成的社会系统。企业、银行、学校、医院、政府机关、军队等都是组织的具体形式。其二指组织职能。它是为了完成计划和实现组织目标，将组织资源进行有效组合的过程，具体包括对组织活动的分类组合，划分组织部门和管理层次，以及进行职权的划分和协调工作。从本质上讲，组织是人们为了实现共同的目标而采用的一种手段或工具。

组织有正式组织和非正式组织之分。正式组织是为了实现一定的目标，依据一定的规则和程序建立的组织。非正式组织是伴随着正式组织而生的，它是由兴趣、爱好、观念等大体一致或相似的组织成员自发形成的松散群体。正式组织与非正式组织之间的主要区别如表 2-1 所示。

表 2-1　　**正式组织与非正式组织的区别**

比较项目	正式组织	非正式组织
存在形态	正式（官方）	非正式（民间）
形成机制	自觉组建	自发形成
运作基础	制度与规范	共同兴趣与情感上的一致
领导权力来源	由管理当局授予	由群体授予
组织结构	相对稳定	不稳定
目标	利润或服务社会	成员满意
影响力的基础	职位	个性
控制机制	解雇或降级的威胁	物质或社会方面的制裁
沟通	正式渠道	小道消息

1. 组织设计的定义

组织设计是指管理者将组织内各要素进行合理组合，建立和实施一种特定组织结构的过程。组织设计可能有三种情况：新建的企业需要进行组织结构设计、原有组织的目标发生变化致使组织结构需要进行重新评价和设计、组织结构需要进行局部的调整和完善。

企业的组织结构设计是这样的一项工作：在企业的组织中，对构成企业组织的各要素进行排列、组合，明确管理层次，分清各部门、各岗位之间的职责和相互协作关系，并使其在企业的战略目标过程中，获得最佳的工作业绩，从最新的观念来看，企业的组织结构设计实质上是一个组织变革的过程，它是把企业的任务、流程、权利和责任重新进行有效组合和协调的一种活动。根据时代和市场的变化，进行组织结构设计或组织结构变革（再设计）的结果是大幅度地提高了企业的运行效率和经济效益。

2. 组织设计的任务

组织设计的任务是设计清晰的组织结构，规划和设计组织中各部门的职能和职权，提供组织结构系统图和编制职务说明书。组织结构系统图的基本形状如图 2-1 所示。

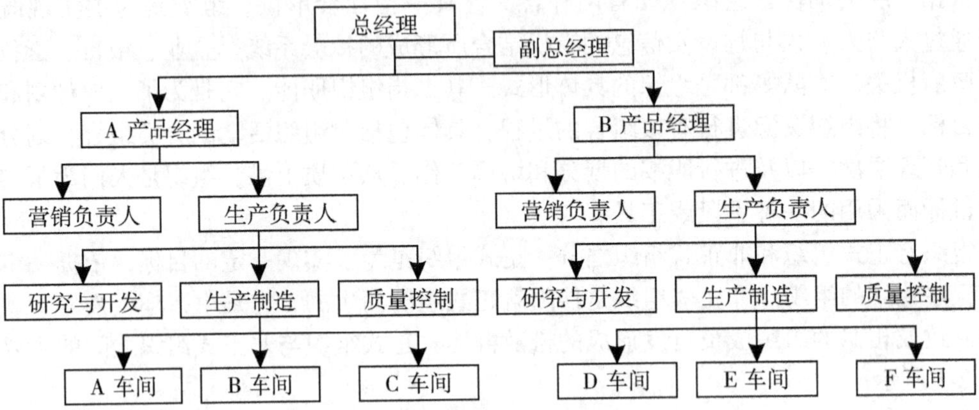

图 2-1　组织结构系统图

职务说明书是对每个人应当做些什么工作以及任职者雇佣规范的规定，它要求能简单明确地指出各管理职务的工作内容、职责与权力、与组织中其他部门和职务的关系，担任该项职务者所需拥有的基本素质、技术知识、工作经验、处理问题的能力等条件。

为了提供组织结构系统图和职务说明书，组织设计者要完成以下三个步骤的工作。

（1）职务设计与分析。设计组织结构时，要从最基层开始，自下而上地划分各个部门的职责。

（2）部门划分。根据各个职务的工作性质以及职务之间的关系将各个职务组合成相应部门。

（3）结构的形成。在职务设计和部门划分的基础上，根据组织内外能够获取的资源，对初步设计的部门和职务进行调整，平衡各部门、各职务的工作量，以使组织机构合理。然后，根据各自工作的性质和内容，规定各管理机构之间的职责、权限以及义务关系，使各管理部门和职务形成一个严密的网络。

【知识链接 2-1】

物流系统的基本框架

辨别物流系统最直观的方法就是认识这个系统的框架图。因为物流系统的框架图包含物流系统的功能要素及其位置关系。很多人都提出了物流系统的框架，其中比较典型的是鲍尔索克斯的物流系统框架，如图 2-2 所示。

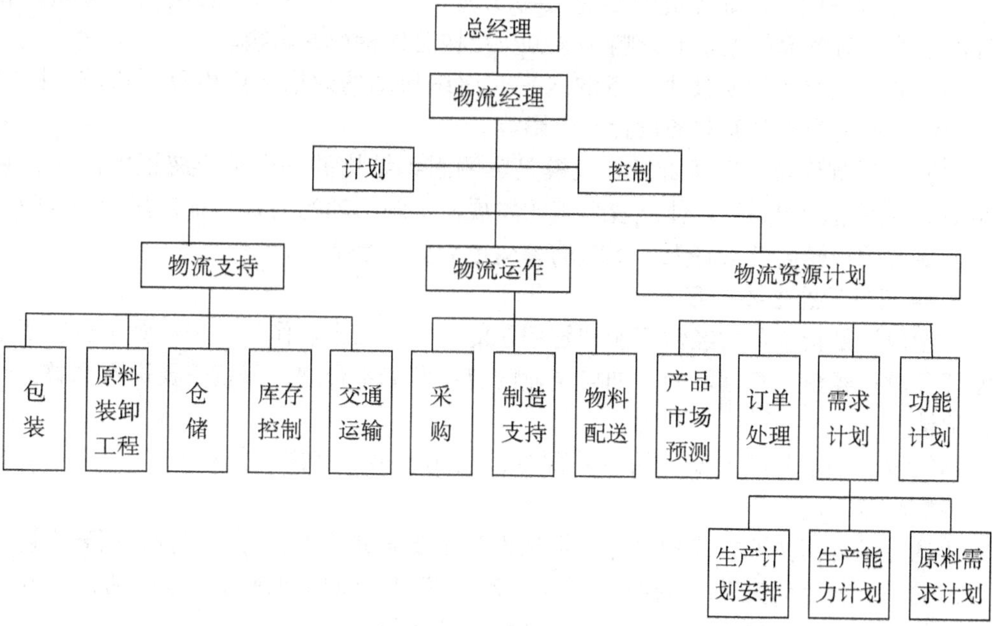

图 2-2　物流系统基本框架

鲍尔索克斯提出的是经过内部整合的企业物流机构。在其物流系统框架中，企业需要建立统一的物流部门，管理企业内部所有的物流资源、计划与运作。物流经理的管理范围包括计划、控制、物流支持、物流运作、物流资源计划等方面。原材料采购、需求预测计划、生产计划等属于生产领域的活动也被包括在物流框架中。

3. 组织设计的影响因素

组织活动是在一定的环境中利用一定的技术条件，并在组织总体战略的指导下进行的。组织结构的确定和变化通常都受到以下因素的影响。

（1）经营战略。战略在两个方面影响组织结构的设计：一方面，不同的战略要求不同的业务活动，从而影响职务的设计；另一方面，战略重点的改变会导致组织工作重心的转移，从而要求对职务及部门之间的关系进行相应的调整。按企业对竞争的方式和态度可以将经营战略分为保守型战略、风险型战略和分析型战略，这三种战略对组织设计的影响如表 2-2 所示。

表 2-2　**经营战略对组织设计的影响**

结构特征	保守型战略	风险型战略	分析型战略
集权与分权	集权为主	分权为主	适当结合
计划管理	严格	粗放	严格与粗放结合
高层管理人员构成	工程师、成本专家	营销、研究开发专家	联合组成
信息沟通	纵向为主	横向为主	网络结构

（2）外部环境。外部环境的影响主要表现在以下三个不同的层次上：对职务和部门设计的影响；对各部门关系的影响；对组织结构总体特征的影响。

（3）技术。技术以及技术设备的水平对组织活动的效果会产生重要影响，同时也会对组织活动的内容划分和职务设置产生影响。

（4）组织规模及其发展阶段。规模是影响组织结构的一个不容忽视的因素，它往往与组织的发展阶段相联系。伴随着组织的发展，组织活动的内容会日趋复杂，人数会逐渐增多，活动的规模会越来越大，组织的结构也会更加复杂。

4. 组织设计的主要内容

职能设计是指企业的经营职能和管理职能的设计。企业作为一个经营单位，要根据其战略任务设计经营、管理职能。如果企业的有些职能不合理，那就需要进行调整，将其弱化或取消。

框架设计是企业组织设计的主要部分，运用较多。其内容简单来说就是纵向的分层次、横向的分部门。

协调设计是指协调方式的设计。框架设计主要研究分工，有分工就必须要有协作。协调方式的设计就是研究分工的各个层次、各个部门之间如何进行合理的协调、联系、配合，以保证其高效率的配合，发挥管理系统的整体效应。

规范设计就是管理规范的设计。管理规范就是企业的规章制度，它是管理的规范和准则。结构本身设计最后要落实并体现为规章制度。管理规范保证了各个层次、部门和岗位，按照统一的要求和标准进行配合和行动。

人员设计就是管理人员的设计。企业结构本身设计和规范设计，都要以管理者为依托，并由管理者来执行。因此，按照组织设计的要求，必须进行人员设计，配备相应数量和质量的人员。

5. 组织设计的步骤

组织设计是指对物流企业的结构进行规划、构造或再构造，以便在物流企业的结构上确保其目标的有效实现。具体而言，物流企业组织结构的设计需要以下几个基本步骤。

（1）物流企业目标的确定。通过收集及分析资料，进行设计前的评估，以确定物流企业的服务目标和成本目标。

（2）整合物流活动，划分物流部门。列出物流企业所从事的所有物流活动，根据物流的内容和性质对物流活动进行整合，成立物流部门，并确定各物流部门的业务范围和工作量。

（3）确定物流企业组织结构的基本框架。根据划分的物流部门及各物流部门之间的关系，设计物流企业的层次及部门结构，形成物流企业的基本框架。

（4）确定物流职责和权限。根据初步确定的组织结构，对物流企业各层次、各部门以及每一职位的权限和职责进行分析，并以职位说明书或岗位职责等文件形式予以明确规定。

（5）物流企业运作方式的设计。物流企业运行方式的设计主要包括各物流部门之间的协调方式和控制手段的设计、管理规范的设计以及各类运行制度的设计三个方面的内容。

（6）配备人员，授予职权。根据工作和人员相称的原则为各物流职位配备合适的人员，并确定每个职务所拥有的职责和权限。

（7）物流企业组织结构的形成。对物流企业组织设计进行审查、评价及修改，并确定其运作程序。

（8）物流企业组织结构的调整。根据物流企业的实际运行情况及内外部环境的变化，对其组织结构进行调整，使之不断完善。

【小思考 2-1】

物流组织的发展周期经历了哪几个基本过程？

物流组织经历了从物流的分离、物流的职能整合到物流的过程整合三个基本过程，它包含的基本阶段如图 2-3 所示。

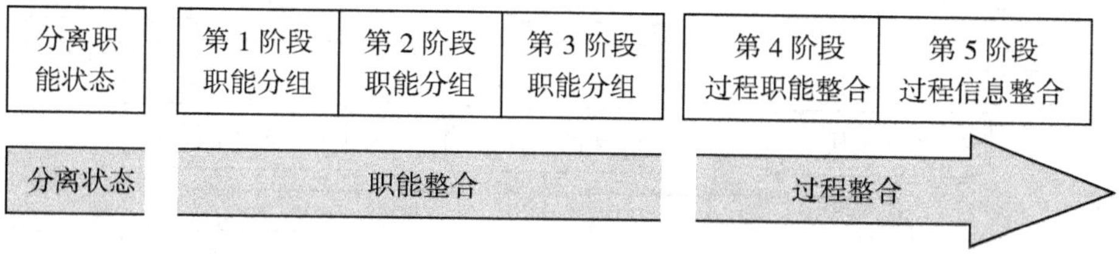

图 2-3 物流组织的发展周期

二、组织结构类型

组织结构是在组织内部分工协作的基础上，由部门职责职权及相互关系所构成的结构体系。它是指构成组织的各要素的排列组合方式，是组织各要素之间排列顺序、空间位置、聚集状态、联系方式及其相互关系的一种模式，是人们实现组织目标的手段。组织结构犹如人体的骨架，起着支撑、保护的作用。迄今为止，企业组织结构的形式主要有：直线制、职能制、直线—职能制、事业部制和矩阵结构等。

1. 直线制

直线制是一种最早也是最简单的组织形式，最初广泛应用于军事系统中，后来推广到企业管理中。直线制组织结构如图 2-4 所示，它具有以下基本特点。

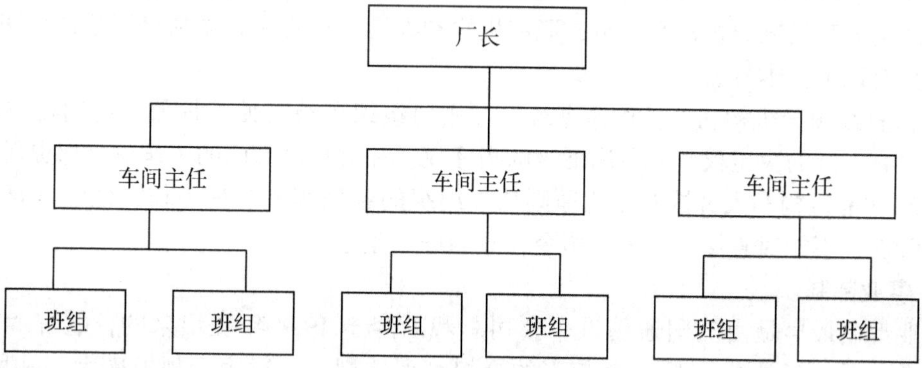

图 2-4 直线制组织结构

（1）企业各级行政单位从上至下实行垂直领导，下属部门只接受一个上级的指令，各级主管负责人对所属单位的一切问题负责。

（2）不设专门的职能机构，一切管理职能基本上都由行政主管执行。

2. 职能制

职能制组织结构，又称多线型或“U”型组织结构，它是按管理职能专业化的要求设计的组织结构形式。在职能制组织结构下，各级行政单位除主管负责人外，还相应地设立一些职能机构，如在厂长下面设立职能机构和人员，以协助厂长从事职能管理工作。职能制组织结构如图 2-5 所示，它具有以下基本特点。

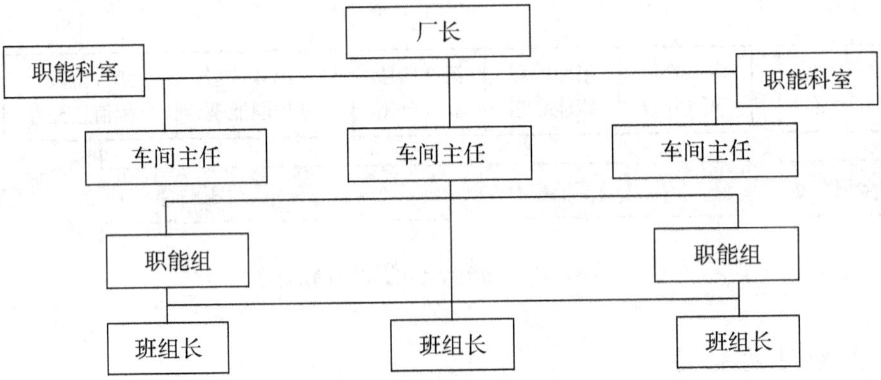

图 2-5　职能制组织结构

（1）专业分工的管理者代替直线型组织中的全能型管理者。

（2）组织内设立了职能机构来分担职能管理的业务。

（3）下级直线主管除了接受上级直线主管的领导外，还必须接受上级各职能机构在其专业领域的领导和指示。

3. 直线—职能制

直线—职能制，也叫生产区域制，或直线参谋制。它是在直线制和职能制的基础上，取长补短，吸取这两种形式的优点而建立起来的。这种组织结构形式把企业管理机构和人员分为两类：直线领导机构和人员、职能机构和人员。直线—职能制组织结构如图 2-6 所示，它具有以下基本特点。

（1）直线领导机构和人员按命令统一原则对组织各级行使指挥权。他们在自己的职责范围内有一定的决定权和对所属下级的指挥权，并对自己部门的工作负全部责任。

（2）职能机构和人员按专业化原则从事组织的各项职能管理工作，他们是直线指挥人员的参谋，不能对直接部门发号施令，只能进行业务指导。

4. 事业部制

事业部制最早是由美国通用汽车公司总裁斯隆于 1924 年提出来的，故有“斯隆模型”之称，是一种高度（层）集权下的分权管理体制。它适用于规模庞大、品种繁多、技术复杂的大型企业，是国外较大的联合公司所采用的一种组织形式。事业部制是分级管

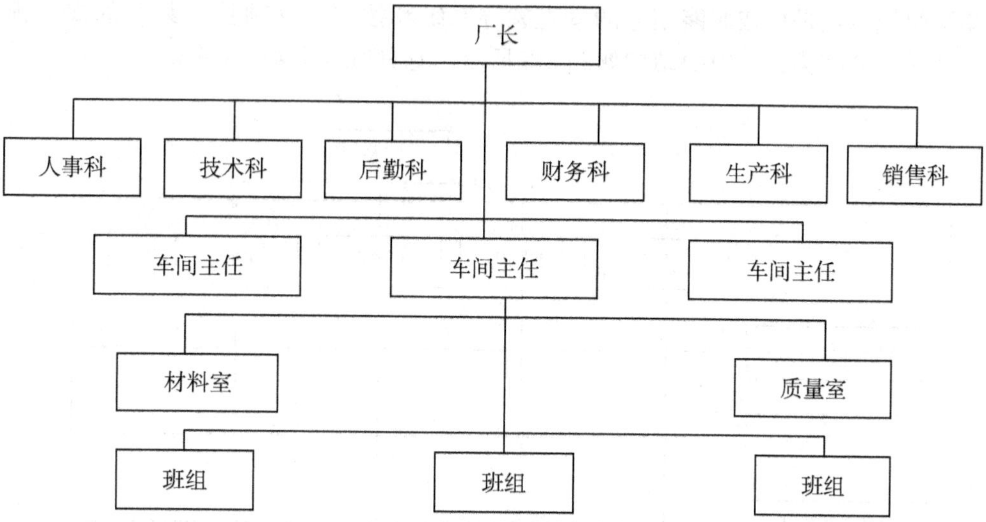

图 2-6　直线—职能制组织结构

理、分级核算和自负盈亏的一种形式，即一个公司按地区或按产品类别分成若干个事业部，从产品的设计、原料采购、成本核算、产品制造，一直到产品销售，均由事业部及所属工厂负责，实行单独核算，独立经营，公司总部只保留人事决策、预算控制和监督大权，并通过利润等指标对事业部进行控制。事业部制组织结构如图 2-7 所示。

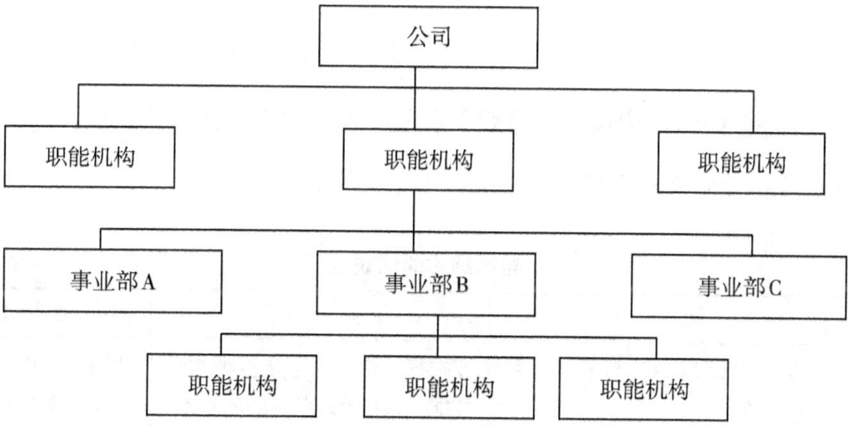

图 2-7　事业部制组织结构

它具有以下基本特征。

（1）有独立的产品或市场，是产品责任或市场责任单位。

（2）有独立的利益，实行独立核算，是一个利益责任单位。

（3）是一个分权单位，拥有足够的权力，能自主经营。

5. 矩阵制

矩阵组织结构是把按职能划分的垂直领导系统和按产品（项目）划分的横向领导关系组合在一起的结构，其组织结构如图 2-8 所示，它具有以下基本特征。

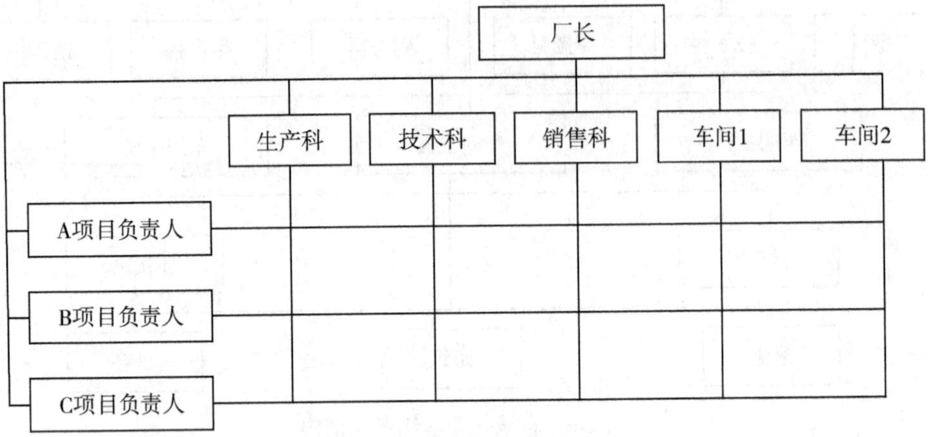

图 2-8　矩阵制组织结构示意图

（1）它打破了传统的一个员工只有一个上级的统一命令原则，使一个员工受两个甚至两个以上上级的领导。

（2）它是为了完成某一项目，由各职能部门临时抽调相应人员组成的项目小组。当项目完成后，各类人员另派工作，项目小组即不复存在。

【小思考 2-2】

各类组织结构有何优缺点？各适用于哪种类型的物流企业？

各类组织结构的优缺点及其适用情况如表 2-3 所示。

表 2-3　**组织结构的优缺点**

类　型	优　点	缺　点	适用情况
直线制	结构比较简单，责任分明，命令统一	要求行政负责人通晓多种物流技能，亲自处理各项物流业务	适用于规模较小，技术比较简单的物流企业
职能制	能充分发挥物流职能部门的作用，减轻直线领导人员的工作负担	多头领导，有碍集中领导和统一指挥；不利于物流责任制的建立和健全	适用于中、小型物流企业
直线—职能制	既保证了物流企业管理的集中统一，又能充分发挥各物流管理部门的作用	物流职能部门之间的协作和配合性较差；上层领导的工作负担重；办事效率低	比较适用于大中型物流企业，但不适合规模很大的物流企业

续表

类　型	优　点	缺　点	适用情况
事业部制	物流领导能集中精力于战略决策；能较好地调动物流管理人员的积极性，提高物流管理的灵活性和适应性	物流机构重复造成人员的浪费；事业部之间相互间竞争激烈，支援较差，协调困难	适用于规模庞大，服务区域广的物流企业
矩阵制	机动、灵活；物流人员和设备得到充分利用；有利于人才培养，克服“近亲繁殖”	物流项目负责人的责任大于权力，对项目参与人员管理困难；物流员工容易产生临时观念，对工作有一定影响	适用于一些重大攻关物流项目，特别适合于第四方物流企业

【案例分析 2-1】

××物流有限公司的组织结构

××物流有限公司总部位于××市经济开发区，成立于2003年7月，公司注册资金1000万元，其组织结构如图2-9所示。

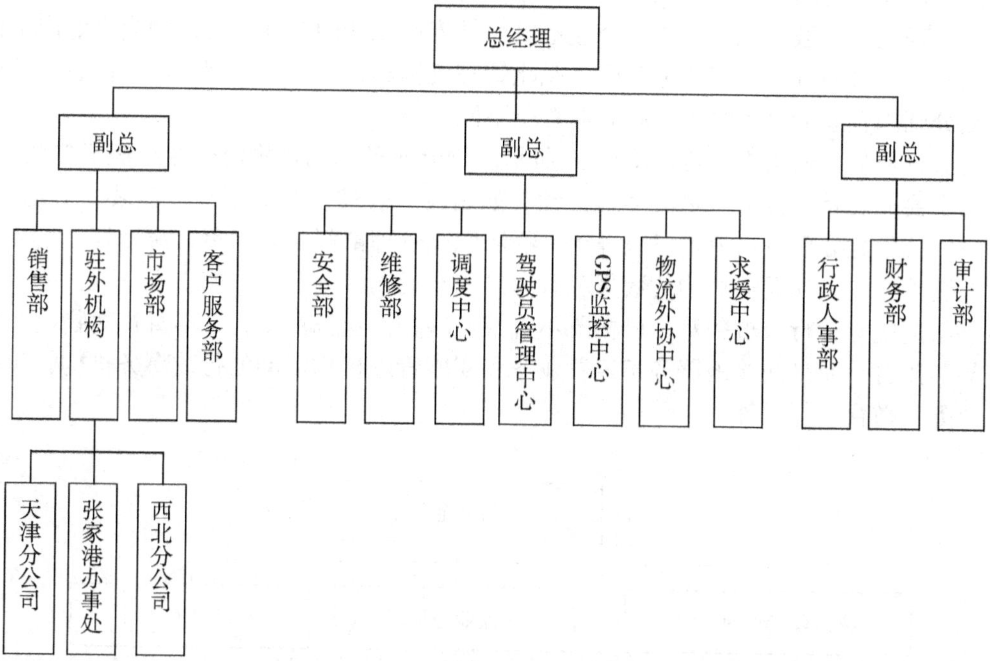

图2-9　××物流有限公司组织结构图

××物流有限公司主要以危险化学品运输和仓储业务为主，自有危化品运输槽罐车辆

260部，拥有危险品铁路专运线一条，具备20000立方米的仓储能力，年液体危化产品运输量达85万吨，覆盖国内20多个省、市、自治区，全部车辆安装GPS全球卫星定位系统，对公司所有运输车辆实行24小时监控，公司拥有行业内的信息门户类支持平台——中国化工物流网。2010年5月公司一次性通过了ISO9001国际质量体系认证、ISO14001国际环境管理体系认证和OHSAS18001职业安全健康管理体系认证。该公司是省市交通部门树立的危化品物流行业标杆企业和物流龙头企业，中国危化品物流行业三大品牌企业之一。

资料来源：http：//www. rate56. com.

分析：××物流有限公司采用了典型的直线—职能制组织结构。公司总体实行直线管理，同时设立了许多平行的职能部门。从物流职能来看，该公司是运输类物流企业，每个职能部门的职责很明确。为了适应企业的发展，公司组织结构在逐步向"总公司+分公司"模式转变。

第二节　现代物流企业的组织结构形式

一、现代物流企业的组织结构类型

物流企业内部的组织机构，从纵向看可划分为若干不同部门。物流组织机构应该服从各自经营管理活动的需要，根据各自经营分工的专业、经营对象的技术复杂程度及其品种、经营操作的物质技术装配先进程度、经营的规模等具体因素加以权衡，从经营管理的水平加以确定。一般来说，从物流企业担负商品流通职能的共性出发，物流企业内部的组织机构基本上可划分为物流业务部门、职能管理机构和行政事务管理机构，而各部门的进一步划分则因企业的具体情况的不同而有所不同。

物流企业的一般组织结构如图2-10所示。物流业务部门是物流企业组织机构的主体，它们的主要职责是直接从事物流经营活动，如运输、仓储、装卸搬运、包装、流通加工、配送、物流信息处理及物流增值服务等。物流职能管理部门主要担负物流计划、指挥、监督和控制等职能，如运输货物的数量和时间是否与运输计划一致，如果不一致，应该采取什么补救措施等。行政事务管理机构既不直接从事物流业务活动，又不直接对物流业务进行指导和监督，而是间接地服务于经营业务和职能管理机构活动的行政事务机构，包括秘书、总务、教育、保卫等。

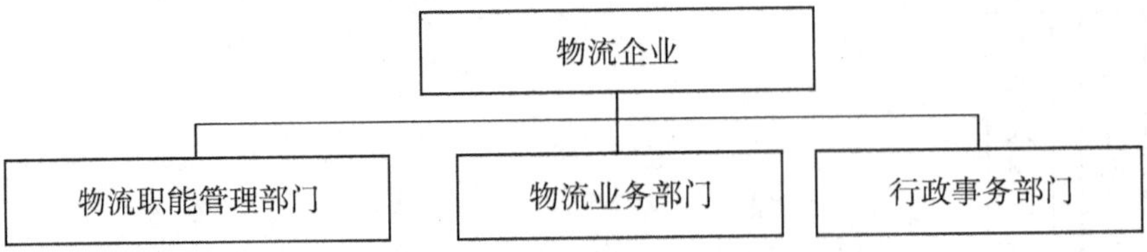

图2-10　物流企业的一般组织结构

上述只是物流企业组织机构设置的一般模式，它并不是永久不变的，应当随着企业自身条件和内外部环境条件的变动加以必要的调整和充实，以保证企业目标的顺利实现。

1. 中小型物流企业的组织结构

目前我国物流企业中，90%左右都是市场份额低于1%的中小型物流公司。对于规模非常小的物流企业，由于业务相对较简单（往往只有运输和/或仓储业务），通常会采用直线制组织结构，如图2-11所示。

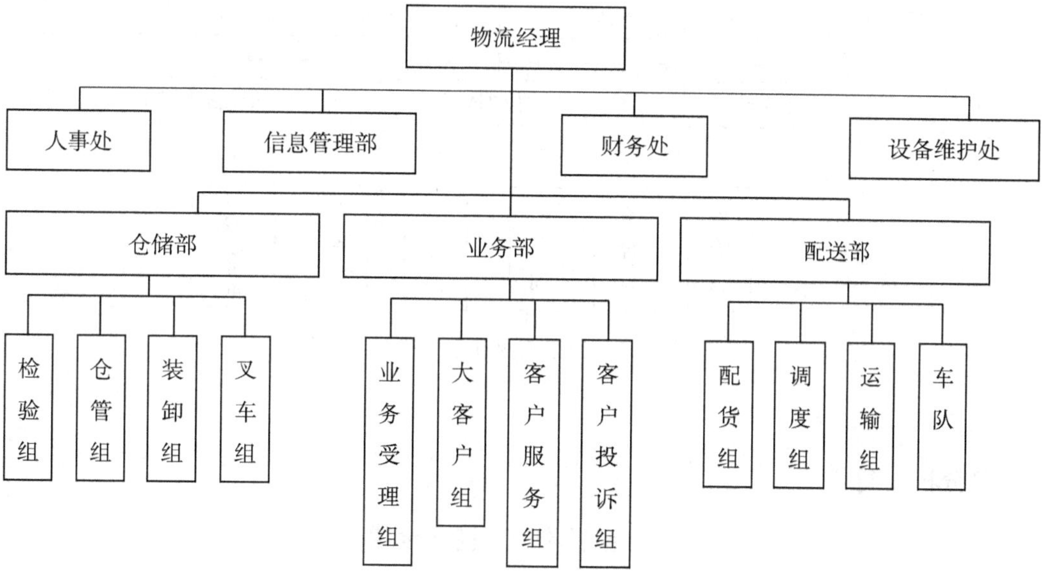

图2-11　物流企业直线—职能制组织结构

2. 大型物流企业的组织结构

大型物流企业的市场覆盖面非常广，地理位置会跨越整个国家甚至全球。从物流业务的内容来看，每项内容并不复杂，但协调整个过程的服务必须建立一个权威而又高效的组织系统，以控制物流实施状态和未来运作情况，并及时有效地处理衔接中出现的各种疑难问题和突发事件。为了加强对物流过程的控制，大型物流企业通常采用图2-12所示的组织结构。

在该组织结构模式下，运营的关键在于集权和分权的度的把握。有效控制是现代物流的保证，需要一个能力很强、指挥很灵的总部（指挥中心）来对整个物流业务进行控制和协调。一方面，总部必须具有强大的指挥、设计、市场把握和风险控制的能力。要求分部坚决服从总部，总部对分部有高度的控制力。另一方面，各分部必须拥有一定的决策权，以调动各部门的积极性。各分部实行专业化，发挥各自优势，使统一管理和专业化分工有机结合，提高管理的灵活性和对市场的适应性。另外，在现代物流的管理与运作中，信息技术与信息网络扮演着一个十分重要的角色，甚至是公司形象和核心竞争力的标志。因此，大型的专业物流企业通常都设有运作管理系统、质量保证系统、信息管理系统和客户管理系统。

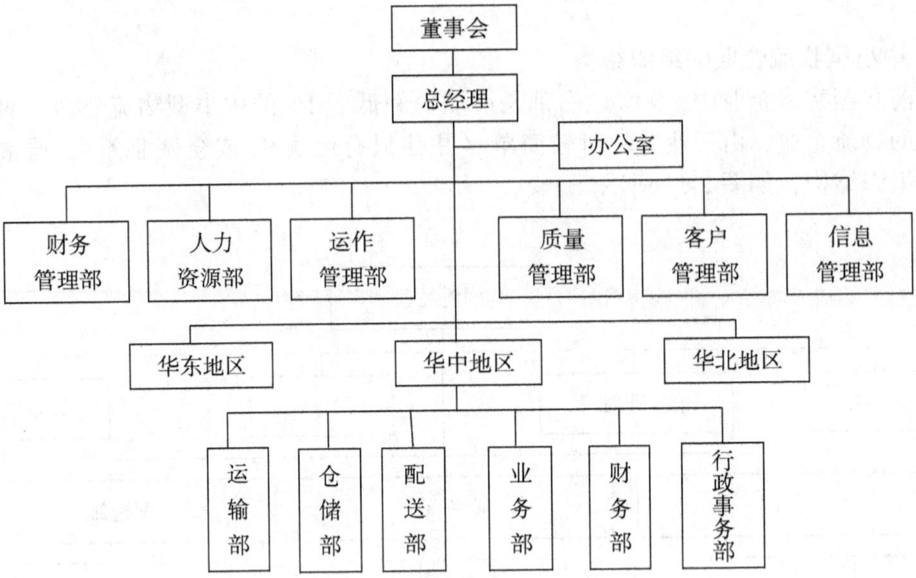

图 2-12　物流企业事业部制组织结构

【案例分析 2-2】

宝供物流，链接全球

宝供物流企业集团有限公司创建于 1994 年，总部设在广州，是国内第一家经国家工商总局批准以物流名称注册的企业集团，是中国最早运用现代物流理念为客户提供物流一体化服务的专业公司，也是目前我国最具规模、最具影响力、最领先的第三方物流企业。

当前，宝供已在全国 65 个城市设有 7 个分公司、8 个子公司和 50 多个办事处，形成了一个覆盖全国并开始向美国、澳大利亚、泰国、中国香港等地延伸的国际化物流运作网络和信息网络，与国内外近百家著名企业结成战略联盟（其中包括宝洁、飞利浦、联合利华、安利、通用电器、松下、三星、东芝、LG、壳牌、丰田汽车、雀巢、卡夫等 52 家世界 500 强企业），为他们提供商品以及原辅材料、零部件的采购、储存、分销、加工、包装、配送、信息处理、信息服务、系统规划设计等供应链一体化的综合物流服务。2002 年 12 月宝供集团被中国物流与采购联合会命名为“中国物流示范基地”，成为入选的唯一一家第三方物流企业。同时也是中国物流百强企业、中国 5A 级物流企业。宝供发起设立了中国第一个公益性的“宝供物流奖励基金”，每年斥资 100 万元人民币表彰在物流领域有突出贡献的人士；宝供还获得了国际间的好评和认可，国际著名的企业管理咨询机构麦肯锡及国际著名投资机构摩根斯坦利评价宝供物流集团是中国目前“最领先”的和“最具价值”的第三方物流企业。

资料来源　http：//www. pgl-world. cn/About. asp.

分析：宝供物流从成立之初的宝供储运有限公司发展到现在规模庞大的物流网络，其物流组织结构也在不断变化。当前，宝供采用总部与分部相结合的组织结构，实施总部集权式物流运作、业务垂直管理的一体化经营管理模式。

二、物流企业组织结构模式的创新

我国现代物流发展起步较晚，呈现出物流成本高、反应灵敏度差、物流效益低下等问题，严重削弱了物流企业市场竞争的能力，物流组织创新势在必行。目前物流企业组织结构的创新模式主要有以下几种。

1. 基于流程的物流组织结构

流程型组织就是围绕一系列核心流程进行工作、配置人员的一种组织模式。它打破了传统的主要着眼于任务分工的组织结构，着重于流程的一体化整合，如图 2-13 所示。在基于流程型的物流组织中，流程经理负责整个物流流程的协调与控制。每项物流活动均有专人负责，上、下环节彼此相互配合、相互促进，确保整个物流流程顺利进行。在整个物流流程中，订单是贯穿整个物流活动的主线，所有的活动都依靠订单信息完成，围绕订单的是一系列具体的操作活动，如运输、仓储、装卸搬运、包装、流通加工等。每个流程有一个流程经理来负责整个物流过程的计划、组织和协调。

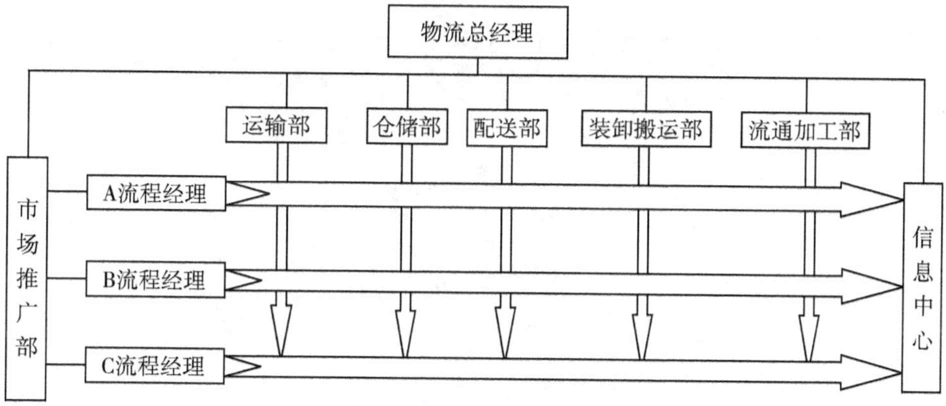

图 2-13　基于流程的物流组织结构示意图

【知识链接 2-2】

新型组织运行的方式

仅仅靠减小规模并没有带来许多公司所期待的生产的巨大提高，要在绩效方面取得大的飞跃，需要重新思考完成工作的方式。为了达到这个目的，一些企业采用了一种新的组织模式，以下是这种模式可能运行的方式：

（1）根据过程，而不是任务进行组织。

（2）取消等级。

（3）使用小组管理一切事务。

（4）让客户驱动绩效。

（5）对小组的绩效予以酬劳。

（6）增加供应商和客户的接触。

（7）培训所有的雇员。

以职能为导向到以过程为导向的根本改变，已经将物流经理脑中的信息混杂在一起。从积极方面讲，采纳过程导向的是以系统整合的基本原则为基础的。将物流作为一个过程来整合的重大变革，扩展了物流运作的潜力和影响。

资料来源：Donald J. Bowersox，David J. Closs，M. Bixby Cooper：《供应链物流管理》，李习文、王增东译，北京：机械工业出版社，2004年版。

2. 物流企业联盟网络组织结构

物流企业联盟是物流企业为了扩大自身业务能力和市场覆盖范围而与其他物流企业建立的稳定的、长期的合作关系。它是通过各种协议、契约而结成的优势互补、风险共担、利益共享的松散型网络组织，是介于独立企业与市场交易关系之间的一种组织形态。对第三方物流企业的服务而言，物流企业联盟主要由物流盟主企业和物流成员企业构成，其组织结构和工作流程分别如图2-14和图2-15所示。

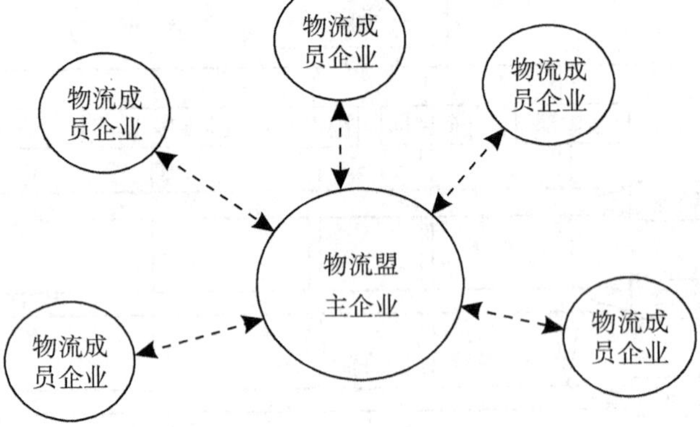

图2-14　物流联盟网络组织结构

【小思考2-3】

物流联盟有利于提高服务水平，能有效降低物流成本和企业风险，但是既然收益这么明显，为什么物流联盟仍然为数不多呢？

答：原因在于当供应链合并时，潜在的合作伙伴有所顾虑。这些顾虑主要有：失去对物流渠道的控制能力、担心被“置于物流管理之外”、不能直接为客户管理物流、无法判断是否进行了充分的检查和平衡，以使合作伙伴满意、很难判断是否实现了成本约束、难以衡量共同获得的利益、合作各方相互信任不够、不知道如何成功实现物流联盟等。

资料来源：Ronald H. Ballou：《企业物流管理》，王晓东、胡瑞娟等译，北京：机械工业出版社，2002年版。

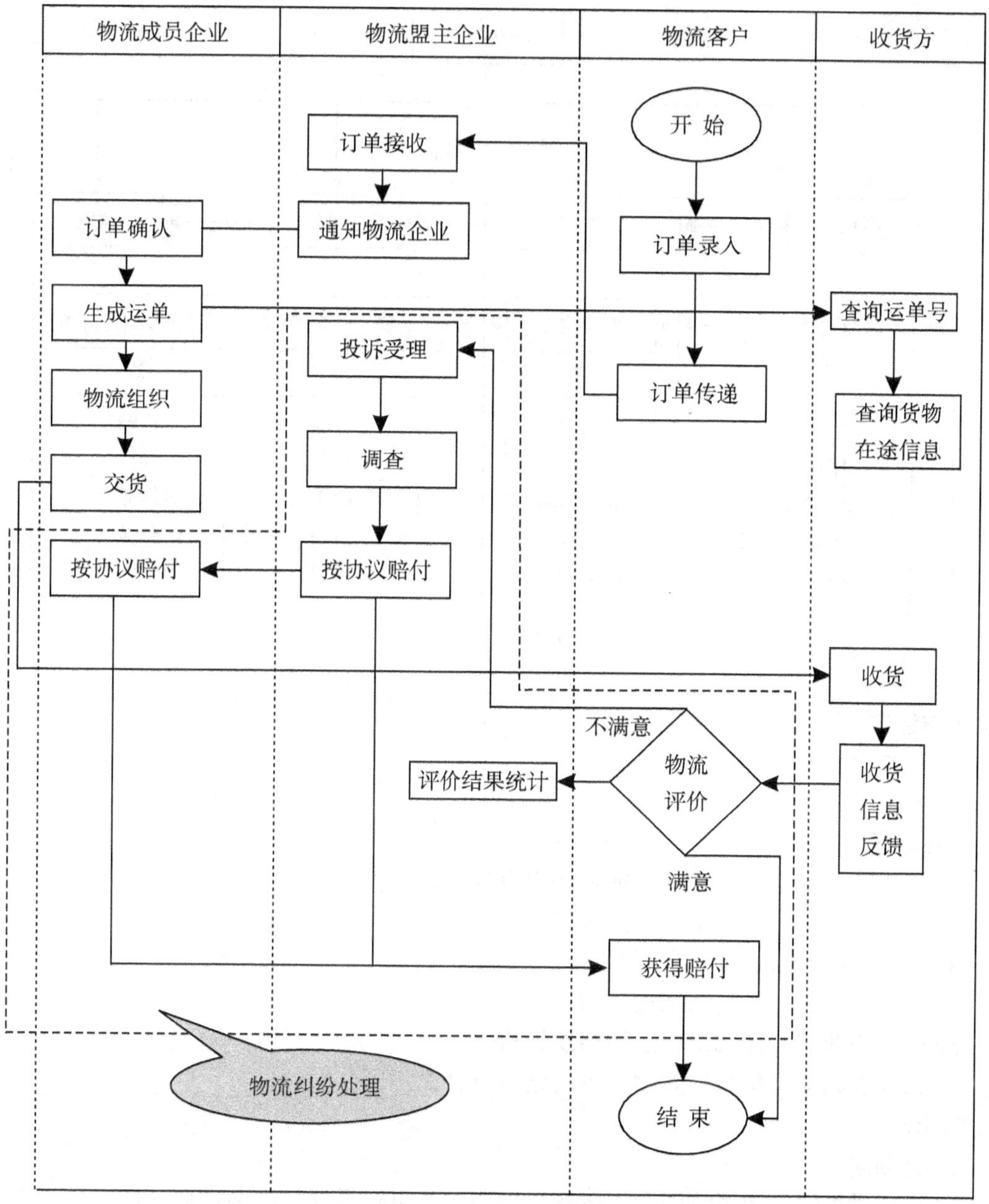

图 2-15 物流企业联盟网络组织的工作流程

3. 供应链物流结构

供应链由原材料供应、生产、流通和消费四个基本环节组成，每一环节都需要物流系统的支持。因此，供应链物流系统就是由原材料供应物流系统、生产物流系统、流通物流系统和消费物流系统组成。完整的供应链物流系统结构如图 2-16 所示。

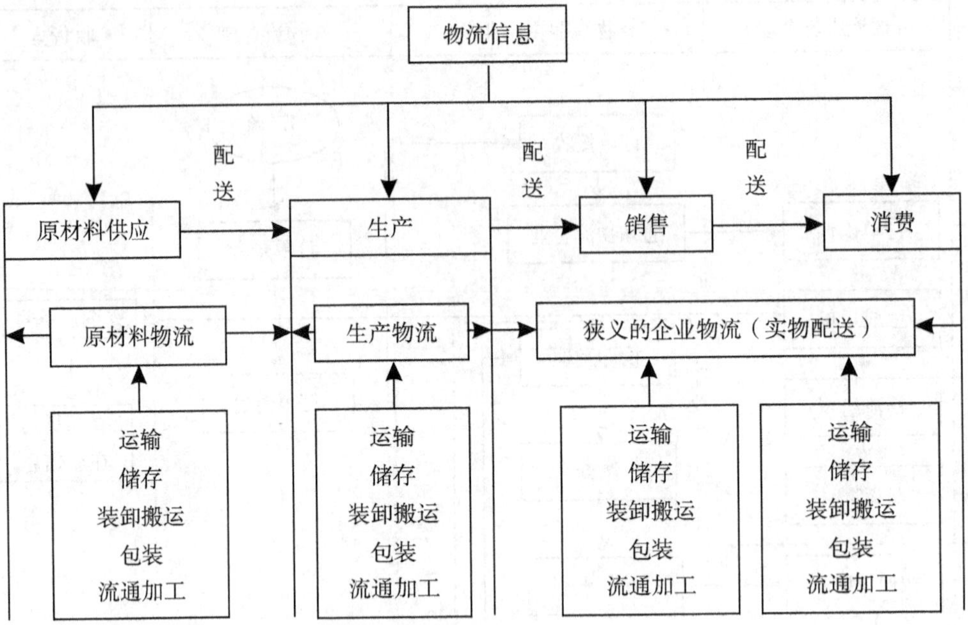

图 2-16　供应链物流结构

【思考与练习】

● **基本训练**

□知识题

一、阅读理解

1. 组织的涵义是什么？怎样理解组织设计的概念？
2. 正式组织与非正式组织有何区别？
3. 组织结构的基本类型有哪些？
4. 物流企业的一般组织结构是怎样的？
5. 物流企业应如何选择合适的组织结构？
6. 供应链物流结构与一般物流系统结构有什么不同？

二、知识应用

1. 判断题

（1）提供组织结构系统图和编制职务说明书是组织设计的主要任务。（　）

（2）直线制组织结构是适合于大型物流企业的组织结构形式。（　）

（3）从职能结构向流程结构转化是现代物流企业组织结构变化的趋势。（　）

（4）物流联盟能够给物流企业带来很多的利益，它是现代物流企业的主流模式。（　）

（5）第三方物流公司要依靠各物流职能来实现物流过程，所以职能制组织结构比较适合第三方物流公司。（　）

2. 选择题

（1）下列不是直线—职能制组织结构缺点的是（　）

A. 机构人员重复浪费　　B. 协作和配合性较差　　C. 上层领导的工作负担重

（2）与第三方物流共同开发市场，在开发的过程中向第三方物流提供技术支持、供应链管理决策的第四方物流模式是（　）

A. 行业创新者模式　　B. 协同运作模式　　C. 方案集成商模式

（3）专门为其他企业提供物流规划、咨询、物流信息系统、供应链管理等活动的是（　）

A. 企业物流　　B. 第三方物流　　C. 第四方物流

（4）我国物流企业采用最多的组织结构类型是（　）

A. 直线制　　B. 直线—职能制　　C. 物流联盟

（5）下列选项中，适用采用矩阵制组织结构的是（　）

A. 中百物流　　B. 轮胎制造厂　　C. 物流规划设计院

□技能题

1. 参观1~2家物流企业，要求学生写一份参观报告，报告内容包括物流企业的组织结构形式、物流企业各部门的职责以及物流企业运作模式。

实训目的：要求学生了解物流企业的运作方式，分析物流企业组织结构与其运作模式之间的适应性。

实训要求：仔细观察，认真听讲解；结合所学知识。

2. 查阅大、中、小物流企业的知名网站，分析各种类型物流企业采取的组织结构形式。根据物流企业网站上介绍的物流业务及其发展方向，分析物流企业组织结构的变化趋势。

实训目的：进一步了解物流企业的组织结构，熟悉在各类组织结构下的物流运作方式。

实训要求：认真思考，结合所学知识，能够根据物流企业的发展状况设计其组织结构。

• 案例分析

海尔物流的组织创新

2000年，海尔提出了三个战略转移：一是企业内部组织要适应外部组织变化，从原本直线职能式的管理转移到市场链的管理；二是从国内市场向国外市场转移；三是要有一套网上销售策略，实现制造业向服务业的转移。为了适应这三个转移，海尔开始进行以"市场链"为纽带的业务流程再造，创造了富有海尔特色的同步物流模式。2000年海尔对企业内部组织结构进行了调整，成立了物流、商流、资金流和海外推进本部四个新部门。物流、商流推进本部从原来十几个产品事业部的职能部门中剥离出来，由集团统一运作管理。海尔物流同步化模式的基本框架是国际物流中心和"一流三网"管理。"一流"是以订单信息网为中心；"三网"分别是全球供应资源网络、全球配送资源网络和计算机网络。"同步"即"三网"同步运行，为订单信息流的增值提供支持。海尔进行的以"一流三网"为主要标志的物流革命，其核心就是以订单信息流为中心对仓库进行革命，通过同步模式以高效物流运作实现"与用户零距离"的战略目标，使海尔通过现代物流一只手抓住用户的需求，另一只手抓住满足用户需求的全球供应链，获得企业核心竞争力。

三个战略转移对海尔物流提出了更高的要求，“市场链”要求物流推进本部成为集团的第三方，市场要求其服务对象从集团内向集团外转移，产业转移要求其从企业物流向物流企业转移，即海尔物流不能再仅仅是企业物流，而必须走向市场，发展成为第三方物流。由于企业内部物流和社会化物流区别很大，按原有模式已不能满足海尔集团的全球化扩张，这就要把原来直线职能式的组织结构改革为扁平化的组织结构。为此，海尔专门成立了独具特色的物流推进本部。成立集团统一的物流推进本部，意味着将传统的直线职能制组织结构中的分散采购转变成集中采购，将传统的分散物流转变成由物流推进本部控制的网络式物流。海尔在物流本部分设了采购、配送和储运三个事业部，统一实施对集团内部物流的运作管理，统一采购、统一材料配送、统一成品配送，通过整合内部的资源，优化外部资源，实现了材料采购、生产支持和物资配送战略一体化的目的。

海尔物流的组织结构随着海尔战略的转移和市场环境的变化而创新。从实现海尔名牌战略的职能式结构、实现海尔多元化战略的事业本部结构到实现海尔国际化战略的流程型网络结构，体现了海尔物流组织结构创新之路。流程型物流网络结构是对传统组织结构的彻底创新，达到了世界大型物流企业组织结构创新的尖端水平，为国际化企业提供了业务流程再造的成功经验和模式，实现了由传统的功能性组织向流程性组织的转变。

目前，海尔物流根据海尔集团流程再造的经验可以提供整个供应链管理专家咨询及服务，包含诸如物流网络策略、运输设计、库存分析、仓储设计和模拟等。海尔物流能够结合自身的优势特点以及每个行业不同的特性，为客户量身定制个性化的物流解决方案，目前已经在汽车行业、快速消费品行业、家具行业、IT 行业、电子电器行业和石化行业等多个领域开展了个性化物流方案设计，为 GE、SGMW、IKEA、FOXCONN、DOW、AVAYA、伊利和张裕等国内外知名企业提供物流供应链服务。

资料来源：本案例根据以下资料整理整成。邓爱民、沈文：《国内外物流经典案例》，北京：人民交通出版社，2001 年版；郜振廷：《海尔物流创新模式：一流三网》，北京：中国时代经济出版社，2003 年版。

问题：

1. 海尔物流为什么要实现组织变革？
2. 海尔物流的组织创新主要表现在哪里？

● 综合实训

实训项目：物流企业的组织结构设计

1. 实训目的

（1）通过本项目实训，使学生了解物流企业的组织结构。

（2）结合企业的实际运作情况分析组织结构的合理性。

（3）分析企业在实际运作中出现的问题，并从组织结构角度分析问题产生的原因。

2. 实训要求

（1）在企业实习期间遵守各项规章制度，注意劳动安全。

（2）物流企业工作繁忙，实习时不得影响工作人员工作。

（3）要虚心好学，多向工作人员请教。

3. 实训内容

（1）在第三方物流企业实习。

（2）熟悉第三方物流企业的组织结构。

（3）根据第三方物流企业的发展状况，对组织结构进行分析，找出问题，并提出优化与改进方案。

4. 具体安排

（1）对实习物流企业的各个部门进行考察，了解各部门的职责。

（2）认真分析物流企业各个部门之间的关系，编制物流企业的组织结构。

（3）与物流企业的实际组织结构进行比较，分析所编制组织结构存在的问题。

（4）结合物流企业存在的问题分析物流企业当前组织结构中的问题，并进一步对其组织结构进行优化。

（5）撰写实践报告和实训报告幻灯片。五到六人为一组，相互讨论。

（6）最后开设课堂讨论课，各个小组展示自己实习成果，相互交流实训经验。

第三章　物流企业战略管理

☞学习目标：

• 知识目标

◎了解物流企业战略涵义、类型和构成；

◎物流企业战略管理的内容以及物流企业战略管理的过程；

◎掌握物流企业战略环境分析，以及行业竞争力分析的方法；

◎现代物流企业战略管理的理论与方法。

• 技能目标

◎能针对不同类型的物流企业合理选择物流战略模式；

◎能对不同类型的物流企业做相应的战略规划设计。

【引例】

战略定位模糊与核心竞争力的缺失

张总是AB物流公司的老板，在该市航空物流市场拼搏多年，最近这几年也是心力憔悴。看着电脑屏幕上汇总的AB公司历年销售数据的平缓上升和该市一国际机场统计的历年货物空运吨量呈几何级数放大，他知道这家在该地区早期成立的航空物流公司正面临着市场份额的大幅丢失。自2004年4月民航总局出台了《关于加快中国航空货运若干政策措施的意见》以来，该地区从事航空物流的公司如雨后春笋般冒出来，这使得他领导的AB物流在早期保持的公司优势面临巨大的挑战。

但有一点张总心里非常清楚，那就是航空物流是一个充满前景的行业。因此，他面临的问题是如何在一个充满希望和机遇，同时又布满竞争“荆棘”的行业里生存下去，在他脑海里不停闪现的是一句话——“正确地做正确的事”！

任何一部商业史都是一部讲述在充满机遇的年代里，商业巨人们如何凭借自己的战略眼光击败竞争对手的故事。对于张总，属于他的“神话”将同样是为AB公司确定公司下一步的发展方向。他反复思忖着AB公司成立以来的发展历程，开始意识到，其实自公司成立以来就从来没有一个明确的战略，而公司早期的成功可能只能归功于“敢吃螃蟹”的勇气和国家的行业垄断政策而已。2002年以前，由于国家政策限制，市场几乎还没有几家从事航空物流的公司。公司完成了一些积累，但涉及公司长远的发展目标时，公司的管理层没有对此作过深入的思考，认为只要有赚钱的机会就可以继续做下去，公司虽然基本形成了一套业务办法，但管理水平很是一般。也正是因为如此，公司才会遇到现在的问题——当激烈竞争来临时，发现自己原来没有什么比对手强的地方。

另外一个困扰张总的问题是核心竞争力。张总反复思量着公司具备的那些竞争对手们无法模仿的能力：是公司的大客户关系、拥有几家大的航空公司的战略合作伙伴关系；还是相对好的服务质量，或地理位置的优势和业务布局。张总一次又一次地否定自己的答案，现在他开始怀疑是否真的具备某些其他公司短期内无法模仿的能力。

这一案例表明：物流战略的选择是物流企业成败的关键。物流企业取得成功，必须有正确的战略定位和独特的竞争优势。

第一节　物流企业战略

一、企业战略概述

企业战略是指企业按照长期经营管理中确立的企业发展目标，根据企业的外部环境和内部条件制定出企业实现经营目标所需要遵循的方针和政策，做出资源分配的决策，提出实现目标的经营途径和手段。概括来讲，是企业为实现长期经营目标，适应经营环境变化而制定的一种具有长期性、指导性的经营策略。

企业战略是设立远景目标并对实现目标的轨迹进行的总体性、指导性谋划，属宏观管理范畴，具有指导性、全局性、长远性、竞争性、系统性、风险性等六大主要特征。

（1）指导性。企业战略界定了企业的经营方向、远景目标，明确了企业的经营方针和行动指南，并筹划了实现目标的发展轨迹及指导性的措施、对策，在企业经营管理活动中起着导向的作用。

（2）全局性。企业战略立足于未来，通过对国际、国家的政治、经济、文化及行业等经营环境的深入分析，结合自身资源，站在系统管理高度，对企业的远景发展轨迹进行了全面的规划。

（3）长远性。兼顾短期利益，企业战略着眼于长期生存和长远发展的思考，确立了远景目标，并谋划了实现远景目标的发展轨迹及宏观管理的措施、对策。此外，围绕远景目标，企业战略必须经历一个持续、长远的奋斗过程，除根据市场变化进行必要的调整外，制定的战略通常不能朝令夕改，具有长效的稳定性。

（4）竞争性。竞争是市场经济不可回避的现实，也正是因为有了竞争才确立了“战略”在经营管理中的主导地位。面对竞争，企业战略需要进行内外环境分析，明确自身的资源优势所在，通过设计合适的经营模式，形成特色经营，增强企业的核心竞争力与对抗性，推动企业长远、健康的发展。

（5）系统性。立足长远发展，企业战略确立了远景目标，并需围绕远景目标设立阶段目标及各阶段目标实现的经营策略，以构成一个环环相扣的战略目标体系。同时，根据组织关系，企业战略一般需由决策层指导战略、事业单位谋划战略、职能部门支持战略三个层级构成一体。

（6）风险性。企业做出任何一项决策都存在风险，战略决策也不例外。市场研究深入，行业发展趋势预测准确，设立的远景目标客观，各战略阶段人、财、物等资源调配得当，战略形态选择科学，制定的战略才能引导企业健康、快速的发展。反之，仅凭个人主观判断市场，设立目标过于理想或对行业的发展趋势预测有偏差，制定的战略就会产生管理误导，甚至给企业带来破产的风险。

【知识链接 3-1】

“战略”的由来

战略（strategy）一词最早是军事方面的概念。战略的特征是发现智谋的纲领。在西方，“strategy”一词源于希腊语“strategos”，意为军事将领、地方行政长官。后来演变成军事术语，指军事将领指挥军队作战的谋略，即“将军指挥军队的艺术”。在中国，战略一词历史久远，“战”指战争，略指“谋略”。春秋时期孙武的《孙子兵法》被认为是中国最早对战略进行全局筹划的著作。在现代“战略”一词被引申至政治和经济领域，其涵义演变为泛指统领性的、全局性的、左右胜败的谋略、方案和对策。战略强调要做对的事情，不仅仅把事情做对。因为“把事情做对”只是“效率”的好坏而已，惟有“做对的事情”才会产生长远的效果。

资料来源：蔡树棠：《企业战略管理》，北京：石油工业出版社，2000 年版。

二、物流企业战略

1. 物流企业的战略目标

战略目标是企业战略的核心，它反映了企业的经营经营思想，明确了企业的努力方向，体现了企业的具体期望，表明了企业的行动纲领。企业战略目标是多元化的，既包括经济性目标，也包括非经济性目标。具体来说，包括利润目标、产品目标、市场目标、竞争目标、发展目标、职工福利目标、社会责任目标等。战略目标的制定应遵循关键性、平衡性、权变性等原则。一般来说，企业的战略目标制定过程包括如下几个步骤。

（1）企业最高管理层宣布企业使命，开始战略目标制定过程。（2）确定达到企业使命的长期战略目标。（3）把长期战略目标分解，建立整个企业的短期执行性战术目标。（4）不同战略业务单位、事业部或经营单位建立自己的长期或短期目标。（5）每个战略业务单位或主要事业部内的职能部门制定自己的长期和短期目标。（6）这个战略目标的制定过程是通过组织结构层次由上至下层层进行的，由企业整体直至个人。

2. 物流企业战略的构成要素

企业战略一般由四种要素构成，即产品与市场范围、增长向量、竞争优势和协同作用。服务与市场范围说明物流企业属于什么特定的服务领域，因为对于物流企业而言，其产品就是物流服务。按照物流企业服务的功能领域可以划分为：国际物流服务、区域物流服务和市域物流服务。按照其核心业务能力大致可以分为：综合物流管理服务、商品配送服务、区域性时效性运输、快递服务、现代仓储、传统物流服务以及其他物流服务。

增长向量又称为成长方向，它说明物流企业从现有服务与市场相结合向未来服务与市场组合移动的方向。市场渗透是通过目前的物流服务与市场的市场份额增长达到企业成长的目的。市场开发是为企业物流服务寻找新的消费群，使物流服务承担新的使命，以此作为企业成长的方向。服务创新是创造新的物流服务项目，包括一些物流增值服务等，以逐步提升或替代现有的物流服务，从而保持企业成长的态势。多种经营则独具特色，对于物流企业来讲，它的服务与使命都是新的，换言之，企业步入了一个新的经营领域。

竞争优势说明了企业所寻求的、表明企业某一服务类型与市场组合的特殊属性，凭借这种属性可以给物流企业带来强有力的竞争地位。

协同作用通常又被描述为1+1>2的效果，也就是说企业内各经营单位联合起来所产生的效益要大于各个经营单位各自努力所创造的效益总和，这也是现代物流业发展的共同化趋势的根本原因之所在。

3. 物流企业战略框架

企业战略目标是多元化的，既包括经济性目标，也包括非经济性目标。具体来说，包括利润目标、产品目标、市场目标、竞争目标、发展目标、职工福利目标、社会责任目标等。制定物流企业战略目标的有效方法是构造战略目标体系，物流企业战略目标体系一般由企业总体战略目标和主要的职能目标所组成，如图3-1所示。

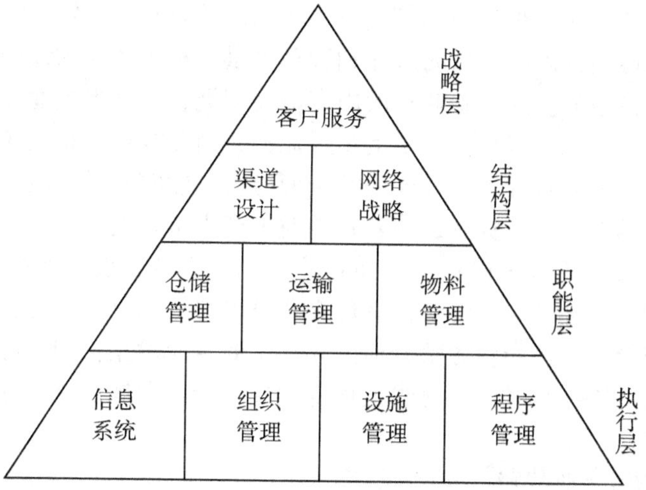

图3-1　物流企业战略金字塔结构图

客户服务是物流管理的最终目标，是全局性的战略层目标。

结构层战略主要包括物流渠道设计和网络分析。

职能层战略包括运输与配送管理、仓储与库存管理、物料管理等。

执行层战略属于基础性的战略，是为保证物流系统正常运行提供基础性的保障，包括物流组织管理、物流信息系统、物流程序管理、物流基础设施管理等。

4. 物流企业战略类型

制定切实可行的物流经营计划和战略是物流企业有效开展物流服务业务，突出核心竞争力的关键。从企业发展的战略角度来对物流企业进行分析，可以从企业的资产规模和信息整合能力两个方面入手，将物流企业划分为资产型、管理型、优化型和边缘型四种类型。资产规模包括物流企业自身拥有的投资，含有形资产和无形资产。信息整合能力，主要指物流企业运用现代化管理水平和技术高效率、低成本整合供应链资源的能力。

（1）资产型物流企业战略。

这类物流企业的主要特点资产雄厚，拥有机械、装备、运输工具、仓库、港口、车站等实物物流功能的资产，但对信息网络及相关人才等信息资产，以及社会资源的整合能力相对较弱。它们主要由传统的仓储企业、运输企业发展而来，对客户提供的服务功能单一，服务种类少，大量的是提供运输、仓储服务。在对客户服务上一般是对传统运输仓储业务进行拓展，提供增值服务，比如再包装、贴标签、拣选、回收物流等逐步向物流过程管理、库存控制、订货方向发展。这类物流企业的明显缺陷是信息化程度不高，缺乏专业的物流人才，对社会物流资源的整合能力差。因此，资产型物流企业应加强信息整合能力，培养专业物流人才，不断引进现代电子信息技术，提升信息处理能力，扩展服务种类，向综合性物流企业发展。

（2）管理型物流企业战略。

管理型物流企业不把拥有实物资产作为向客户服务的手段，而是以本身的管理、信息、人才等优势作为物流服务的核心竞争能力。这种类型的物流企业，不是没有资产，而主要是拥有信息资产。在网络经济时代，实际是以“知识”作为核心竞争能力，通过网络信息技术的深入运用，以高素质的人才和管理力量，利用社会的设施、装备等劳动手段最终向客户提供优良服务。这类企业一般由咨询管理类、货代类企业经过业务拓展转变而来，它们在过去广泛的客户资源基础之上拓展业务，因此客户分布比较广泛，服务层次相对较低，但它具有很强的管理整合社会公共资源能力，能够实现物流服务供给社会资源的共有化，充分利用闲置的社会资源，使其在效益上产生乘数效应。其特征是通过系统化提高信息整合度来充分发挥竞争优势。这类企业对固定设备、设施的投资少，以其业务灵活，服务范围广和服务种类多等优势使其他企业难以与之竞争。因此，管理型物流企业应不断提升信息处理能力与社会资源整合能力，与工商企业建立长期友好的伙伴关系，并与其他类型的物流企业协作与联盟，适当增加专用性资产，向规模化、深层次的综合物流服务集成商方向发展。

（3）优化型物流企业战略。

优化型物流企业应该是完全拥有管理型物流企业在信息、组织、管理的优势，同时建立必要的物流设施装备系统，而不是全面建设这种系统。以此不但获得上述两种物流企业的优点，同时又避免了过大投资、系统不灵活、服务水平不足的缺点。这类物流企业一般资金雄厚、规模庞大、设备比较先进、运输网络发达，具有高水平的物流人才和很强的资源整合能力。它能在全球及区域范围内开展国际物流服务，能应对不同的客户需求提供差异化服务。优化型物流企业通过不断引进学习国内外先进的管理、信息技术与最新成果，巩固资产专用性，加强其社会资源的整合能力，注重规模优势，提升规模经济壁垒，确立行业寡头地位。

（4）边缘型物流企业战略。

这类企业的主要特点是机能整合度低、资产专用性低。伴随电子商务出现而发展起来的小型物流企业，起步晚、规模小、物流服务范围窄，在经营资源数量和质量方面都受到限制，通常是以局部市场为对象、将特定的物流服务活动集中于特定的顾客群，严格来说不属于专业的第三方物流企业，是一些从事边缘型流通业务的小型物流公司。如搬家综合服务、会展服务、代收商品服务、网上订书、鲜花递送等个性化消费品的配送服务等。因此，这类物流企业必须发挥其在特定机能或特定物流服务方面的优势，在战略上实现物流服务的差别化、个性化、便捷化和低成本化。

【案例分析 3-1】

管理型物流企业——海渤物流

上海海渤物流软件有限公司是上海港集装箱股份有限公司旗下的一大合资公司，是为物流业提供应用系统服务和整体解决方案的高科技企业。为用户开发灵活适用的软件系统，并提供配套的不断优化方案，从而提升用户在科学化、自动化等方面的管理水平，使用户以最小的投资得到最大的回报。

凭借多年的行业知识和经验，公司整合了现代物流管理模式、先进理念和电脑应用技术等多方优势，致力于交通运输、港口、仓储物流等企业 ERP 和 MIS 软件的开发、无线数据传输系统的建设和小型机网络系统的集成服务等，并以此为基础，提供在线数据信息交易的电子商务平台。

资料来源：张红星：《论第三方物流企业的战略选择》，《商品储运与养护》，2005 年第 2 期。

分析：上海海渤物流软件有限公司属于典型的管理型第三方物流企业，这类企业应不断提升信息处理能力，集中有限的资源，整合社会公共资源，与工商企业结成联盟关系，增加专用性资产，向规模化、深层次的综合第三方物流方向发展。

5. 现代物流企业发展战略

现代物流企业可选择的企业发展战略主要包括以下几个方面。

着力培养核心竞争力对于物流企业来说，要确立整合还是分化，选择合并或分离战略，就必须区分核心专长和非核心专长。核心专长主要满足以下条件：为用户提供核心价值；具有独特型；具有延展性。

在战略思维的层面上，资源整合就是要通过组织和协调，把企业内部彼此相关但却彼此分离的职能及企业外部既参与共同的使命又拥有独立经济利益的合作伙伴整合成一个为客户服务的系统。在战术选择的层面上，资源整合就是根据企业的发展战略和市场需求对有关的资源进行重新配置，以凸显企业的核心竞争力，并寻求资源配置与客户需求的最佳结合点。

战略伙伴关系的建立，不仅发生在企业之间，更多的将发生在联盟之间。合作不再局限于供应商和顾客之间，而且扩展到竞争者之间，以及所有企业之间。

信息技术与管理技术的运用信息是物流系统不可或缺的组成部分，诸如条形码（BC）、电子数据交换（EDI）、管理信息系统（MIS）、射频技术（RF）、地理信息系统（GIS）和全球定位系统（GPS）等在大型第三方物流企业中已得到广泛应用。

6. 物流企业战略环境分析

战略分析的主要目的是评价影响企业目前和今后发展的关键因素，并确定在战略选择步骤中的具体影响因素。战略环境分析包括外部环境分析和内部条件分析两个主要方面。

（1）物流企业战略外部环境分析。

经济环境分析。经济环境是指构成企业生存和发展的社会经济状况和国家经济政策。具体来讲，影响我国物流企业战略决策的宏观经济环境因素主要有：经济全球化与加入WTO对转型中的物流企业的挑战；我国经济持续快速发展，为物流企业快速成长提供了重要的机遇；西部大开发和振兴东北老工业基地战略促进了物流市场的进一步繁荣。

科学技术环境分析。企业的科技环境，大体包括四个基本要素：社会科技水平、社会科技力量、国家科技体制、国家科技政策和科技立法。

社会文化环境分析。物流企业社会文化环境涉及社会文化的各个层面，其中影响较大的有企业的社会责任和人口、文化等。

行业环境分析包括行业竞争力分析、竞争地位分析、竞争对手分析、行业竞争群分析等。

外部环境分析如图3-2所示。

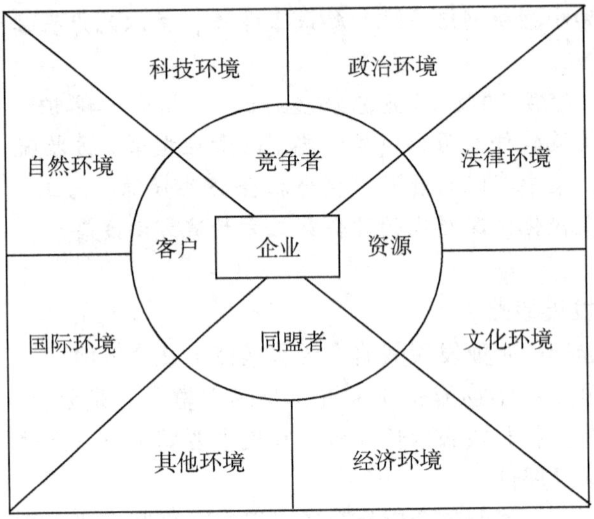

图3-2　企业外部环境分析

（2）物流企业内部条件分析。

人员因素在物流企业内部的诸要素中，最重要的是人员要素。人员是物流企业战略的制定者和经营管理活动的决策者和执行者，是物流企业最重要的资源。

文化因素物流企业的文化因素越来越受到企业的重视，它是指物流企业的管理人员与职工拥有的一系列思想理念和管理风貌，包括价值标准、经营哲学、管理制度、行为准则等。物流企业文化在调动物流企业员工的积极性，发挥员工的主动性和创造力，提高物流企业的凝聚力等方面有重要作用。

组织结构另一个对物流企业产生重要影响的内部因素是物流企业的组织结构。这主要是物流企业组织内部能否充分协调，达成互动的相互关系。

【知识链接 3-2】

SWOT 分析法

SWOT（Strengths Weakness Opportunity Threats）分析法，又称为态势分析法或优劣势分析法，用来确定企业自身的竞争优势（strength）、竞争劣势（weakness）、机会（opportunity）和威胁（threat），从而将企业的战略与企业内部资源、外部环境有机地结合起来。SWOT 分析法又称为态势分析法，它是由旧金山大学的管理学教授于 20 世纪 80 年代初提出来的，SWOT 四个英文字母分别代表：优势（Strength）、劣势（Weakness）、机会（Opportunity）、威胁（Threat）。SWOT 分析法常常被用于制定集团发展战略和分析竞争对手情况，在战略分析中，它是最常用的方法之一。进行 SWOT 分析时，主要有以下几个方面的内容：

优势，是组织机构的内部因素，具体包括：有利的竞争态势；充足的财政来源；良好的企业形象；技术力量；规模经济；产品质量；市场份额；成本优势；广告攻势等。

劣势，也是组织机构的内部因素，具体包括：设备老化；管理混乱；缺少关键技术；研究开发落后；资金短缺；经营不善；产品积压；竞争力差等。

机会，是组织机构的外部因素，具体包括：新产品；新市场；新需求；外国市场壁垒解除；竞争对手失误等。

威胁，也是组织机构的外部因素，具体包括：新的竞争对手；替代产品增多；市场紧缩；行业政策变化；经济衰退；客户偏好改变；突发事件等。

第二节 物流企业战略管理

一、企业战略管理

战略管理（Strategy Management）一词最早由美国学者安索夫（H. I. Ansoff）于 1976 年在其所著的《从战略计划走向战略管理》一书中提出的。安索夫认为企业战略管理是指将企业日常业务决策同长期计划决策相结合而形成的一系列经营管理业务。

企业经营战略是一个分层次的逻辑结构，它至少可分为三个层次：公司层总体战略、事业（经营）单位层战略、职能单位层战略，它们分别与从事多元化经营的公司组织机构相对应，如图 3-3 所示。

公司层战略又称总体战略，主要回答公司的使命与方针、总体目标、战略态势、事业组合与地位等问题。

事业层战略属支持战略，即在公司层战略指导下，为保证完成公司的总体战略而制定的本事业单位的战略计划，主要回答为完成公司总体目标，本事业部门应该采取什么样的

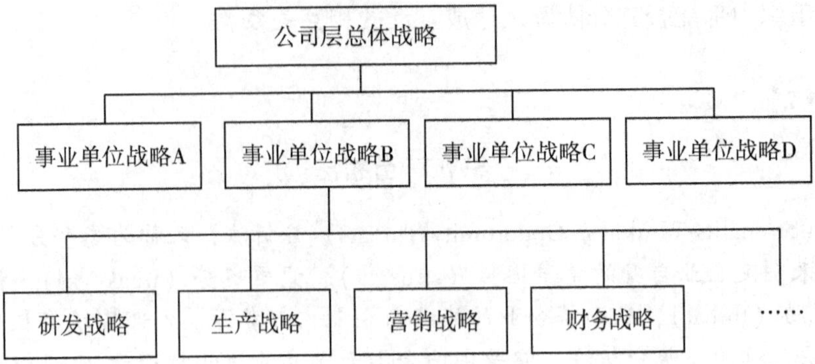

图 3-3 战略管理层次示意图

行动的问题。

职能层战略是各职能部门为支撑事业层战略而制定的本职能部门的战略计划，主要回答为支持和配合事业层战略，本部门应该采取什么行动的问题。

二、物流企业战略管理

1. 物流企业战略管理的涵义

物流企业战略管理是指物流企业管理者在对企业外部环境和内部条件分析的基础上，为求得企业生存与发展而进行的长远谋划。它是物流企业战略思想的集中体现，是确定物流企业规划的基础。

2. 物流企业战略管理过程

一般来说，企业战略管理包含三个关键环节：战略分析——了解组织所处的环境和相对竞争地位；战略规划——战略制订、评价和选择；战略实施——采取措施使战略发挥作用。

（1）战略分析。战略分析的主要目的是评价影响企业目前和今后发展的关键因素，并确定在战略选择步骤中的具体影响因素。战略分析包括三个主要方面：① 确定企业的使命和目标。企业使命和目标为企业战略的制定和评估提供依据；② 外部环境分析。战略分析要了解企业所处的环境正在发生哪些变化，这些变化给企业将带来更多的机会还是更多的威胁。外部环境分析包括宏观环境和微观环境两个层次；③ 内部条件分析。战略分析还要了解企业自身所处的相对地位，具有哪些资源以及战略能力；还需要了解与企业有关的利益相关者的利益期望，在战略制订、评价和实施过程中，这些战略相关者会有哪些反应，这些反应能够又会对组织行为产生怎样的影响和制约。

（2）战略规划。战略分析阶段明确了企业目前处于什么位置，战略规划阶段所要回答的问题是企业发展的方向和深度。约翰逊和施乐斯（C. Johnson & K. Scholes）在 1989 年提出战略规划过程的四个组成部分：制定战略选择方案、评估战略备选方案、选择战略、战略政策和计划。

（3）战略实施。战略实施就是将战略转化为行动。主要涉及以下一些问题：如何在企业内部各部门和各层次间分配及使用现有的资源；为了实现企业目标，还需要获得哪些外部资源以及如何使用；为了实现既定的战略目标，需要对组织结构做哪些调整；如何处理可能出现的利益再分配与企业文化的适应问题；如何进行企业文化管理，以保证企业战略的成功实施等。

企业战略的实践表明，战略制订固然重要，战略实施同样重要。一个良好的战略仅仅是战略成功的一部分，如果又能保证有效地实施这一战略，企业的战略目标就能够顺利实现。

物流企业战略管理是指物流企业管理者在对企业外部环境和内部条件分析的基础上，为求得企业生存与发展而进行的长远谋划。它是物流企业战略思想的集中体现，是确定物流企业规划的基础。

第三节　物流企业战略规划与实施

一、物流企业战略的规划

美国的威廉·高柏斯劳（Willian Copacino）设计了一个物流规划流程，给我们很大启发，物流系统中每一个环节都要进行规划，且要与整个规划过程中的其他组织部分相互协调，如图 3-4 所示。

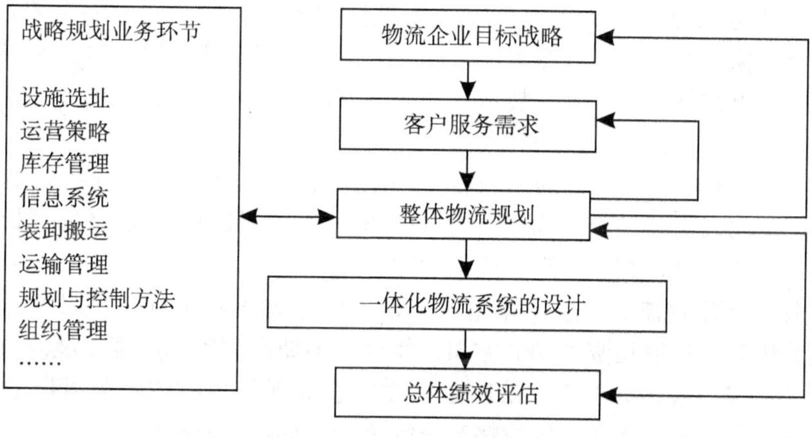

图 3-4　物流企业战略规划流程图

规划要点包括：

分析物流发展条件和制约因素，提出物流发展路线；

确定规划目标；

确定物流系统的规模结构、职能分工与空间布局；

确定重点发展的物流中心；

确定物流流通渠道策略；

确定仓储与运输策略；

确定物流信息系统的规划；

综合技术论证，提出规划实施的步骤、措施和方法建议。

1. 物流企业战略规划的特征

企业战略管理是依据企业外部环境和自身条件的状况及其变化来制定和实施战略，并根据对实施过程与结果的评价和反馈来调整、制定新战略的过程。物流企业战略规划是物流企业在分析经营管理环境和自身资源条件的基础上，从整个供应链的角度，挖掘企业内部和物流服务在供应链中所创造的市场价值和企业的竞争优势，拟订物流企业战略规划，选择和实施适当的战略行动，保证物流企业可以持续获得长期竞争优势。

物流企业战略规划的特征：（1）要反映企业文化中蕴含的经营理念、企业精神与价值观念，体现和贯彻物流企业的经营宗旨。（2）战略目标的制定要有前瞻性，要预测到未来规划期内社会、经济、科技、环境、人口、市场诸多方面的重大变化及其影响，考虑相应对策，从而使战略有相当的适应性。（3）企业战略规划要适应企业发展的规律性，在战略实施的不同阶段设定渐进的战略目标，把企业短期利益与长远利益结合起来，并通过有效的战略管理和战术措施，保证战略规划的落实。

2. 物流企业战略规划的制定

（1）成本领先战略。成本领先战略，是形成企业核心竞争力的有效途径之一，是物流企业通过寻求并形成成本优势，成为物流产业中低成本经营，提供低成本物流服务的企业所采取的相关战略。

（2）优先服务战略。优先服务战略随着市场竞争的加剧，服务的重要性日益突出，它已经逐渐成为物流企业在市场竞争中取胜的关键。物流企业可以通过优质服务吸引市场上更多的顾客，以弥补自身资金、技术或功能等方面的缺陷，在竞争中占一席之地，并在今后的经营过程中不断完善，发展壮大。

（3）集中化战略。集中化战略也称为聚焦战略，是指企业的经营活动集中于某一特定的顾客群、产品线的某一部分或某一地域市场上的一种战略。这种战略的核心是瞄准某个特定的用户群体，某种细分的产品或某个细分市场。

（4）一体化战略物流。企业一体化战略是指企业先发利用自己在服务公共、技术设备和市场上的优势，根据物资流动的方向，使企业不断向深度和广度发展的一种战略。

（5）柔性战略。物流企业柔性战略是指物流企业所提供物流服务可以适应市场的激烈竞争和客户需求的不断变化，以战略涉及的灵活性创造经营机会。

（6）网络化战略。服务经营网络化战略就是物流企业之间进行横向纵向整合，结合集团化战略，努力拓展自己的经营网络和服务网络，使物流业涵盖的领域尽量扩大，使物流服务延伸到社会生活的各个方面。

二、物流企业战略实施

战略实施是一个自上而下的动态管理过程。所谓“自上而下”主要是指战略目标在公司高层达成一致后，再向中下层传达，并在各项工作中得以分解、落实。所谓“动态”主要是指战略实施的过程中，常常需要在“分析–决策–执行–反馈–再分析–再决策–再执行”的不断循环中达成战略目标。

物流企业战略一旦确定，为实现企业的战略目标就必须进行有效的实施。物流战略实施必须按照既定的战略实施方案循序推进、逐步落实，具体包括：物流经营战略实施行动的制定、物流企业组织架构及物流资源配置等实施准备；建立物流战略实施的内部管理支持系统，发挥物流战略实施的领导作用等战略实施推进；建立物流战略实施的评审系统与监控系统；对物流战略实施进行评审与控制。

物流战略的设计与实施是一个完整的过程，应按物流战略规划的内容和步骤进行。通常可供采用的物流战略推进方式有如下几种。

（1）逻辑渐进式推进。按物流战略的主导逻辑推进，在实施的过程中可能对物流战略某些部分作必要的修正。

（2）技术跃跳式推进。采用先进的物流核心技术，以物流核心技术作指导。在物流战略组织实施中，能直接在一个较高水平上进行。

（3）分步迂回推进。主要是按物流战略实施的难易程度，由易到难地进行。

（4）全面综合推进。涉及各个方面，按照即定战略内容要求全面展开，同时推进。

根据我国物流企业战略活动的水平与现状，一般采用前三种方法作为推进物流战略的主要途径。

【案例分析 3-2】

浦运战略的成功实施

上海浦东汽车运输总公司（以下简称浦运）的战略规划实施过程中，快步易捷公司全程参与了浦运公司的企业变革。双方的合作集中在三个方面：一是企业战略规划，包括市场战略、内部运作体系战略；二是开放应用一套可适应多种业务模式和多种调度模式的一体化运输管理系统；三是物流战略实施。

要保证物流系统达到预期目标，实施步骤是关键。第一阶段，快步易捷在对浦运实际运作情况和业务流程进行分析的基础上，提出了详尽的企业变革计划。在变革计划实施过程中，快步易捷的物流顾问团队直接参与了浦运营销中心的建立，领导和完成了 SOP 和 KPI 体系的设计。

第二阶段，快步易捷为浦运设计了未来业务模式的核心目标，目标之一就是：建立起一个支持浦运快速业务发展、适应多种业务类型和运作方式的一体化运输管理系统。快步易捷在对系统进行全面设计和开发过程中，融合了国际先进物流管理理念和深厚的本土行业经验，以及跨系统、跨平台的集成方案，协助浦运建立起基于客户业务模式的，跨部门的、动态实时配置的流程管理平台，从而最终做到：

（1）成为在全国范围内提供多种增值服务、处于领导者地位的资产型专业运输公司；

（2）通过运输管理系统，将托运单调度作业流程统一化、规范化和高效化，实现最优的客户服务和最大的资源利用；

（3）使所有运作成本透明化，帮助浦运进行成本控制的集中管理。

经过一段时间的上线运作，上海浦运基本做到了从收到订单开始到货物准时、安全抵达客户手中为止的运作过程的全程可视性，达到了战略预期的效果。

分析：上海浦运通过准确的战略定位，科学规划，稳步实施，通过一体化物流信息平台的接入，再加上良好的管理制度，轻松地实现了企业间物流流程电子化连接、集成和整合，实现了最大化资源的利用。

物流企业战略实施的原则如下。

（1）战略协同原则。战略协同是实现战略规划的首要原则。物流企业战略实施应将企业使命、战略目标、战略优势协调起来，同时也应将企业发展战略、经营战略、竞争战略等协调起来，以实现企业系统的协同效应。

（2）寻求优势原则。企业战略的核心是获得竞争优势。物流企业战略实施过程就是通过企业外部环境分析和内部资源评价，在企业战略思想指导下，寻求和建立在物流市场上有竞争优势的过程。

（3）资源均衡原则。企业战略的实施是资源投入效益产出过程。在这一过程中，由于企业系统运作的要求，资源的类型、投入的方式、资源投入之间的比例必须均衡，只有这样才能保证企业战略实施的有效性。

（4）相对满意原则。由于战略规划是在一定资源限制和非完全信息条件下制定的，其本身即为相对满意的一种选择。

（5）阶段发展原则。物流企业发展战略是企业长期发展蓝图和战略实施指南。在实施过程中，必须根据战略规划中阶段性目标的要求分阶段组织实施。

（6）系统优化原则物流企业本身是社会再生产系统中的一个子系统。物流企业战略规定了企业的使命和经营宗旨，并具体分解成一系列的经营发展目标。

物流企业战略实施要点如下。

（1）构建高效的组织；（2）重视人力资源开发；（3）选择适当的协调控制系统；（4）培养企业文化；（5）制订计划，落实战略。

三、物流企业战略优化

对于大多数的物流企业来说，物流战略优化是其降低供应链运营总成本的最显著的商机所在。但是，物流战略优化过程不仅要投入大量的资源，而且是一项需要付出巨大努力、克服困难和精心管理的过程。

物流企业实现战略优化升级要遵循几项基本的原则：第一，应该考虑自己所掌握的资源（各类资产和技术专长）及其特点；第二，应该考虑公司在发展与重组过程中的优势与存在的危机；第三，应充分考虑公司的内外部环境；第四，公司如何制定独特的战略？对公司作为一个整体如何创造价值的远见，指导着公司战略的制定；第五，公司战略是由各自相互独立的各个部分组成的系统；第六，公司战略必须顺应并利用公司以外的各种机遇；第七，各个子公司的收益必须高于成本，公司的大部分优势必须依赖业务部门提高业绩来实现。战略升级必须作为决策层的首要任务，责成专门机构或部门负责落实。

【知识链接 3-3】

物流优化的 10 项基本原则

美国领先的货运计划解决方案供应商 Velant 公司的总裁和 CEO-DonRatliff 博士集 30 余年为企业提供货运决策优化解决方案的经验，在 2002 年美国物流管理协会（CLM）年会上提出了“物流优化的 10 项基本原则”，并认为通过物流决策和运营过程的优化，企业可以获得降低物流成本 10%~40%的商业机会。这种成本的节约必然转化为企业投资回报率的提高。这些原则可以借鉴到物流企业战略优化的过程中。

（1）目标（Objectives）：设定物流战略目标必须是定量的和可测评的。

（2）模型（Models）：物流决策模型必须忠实地反映实际的物流过程。

（3）数据（Data）：物流数据必须准确、及时和全面。

（4）集成（Integration）：物流系统集成必须全面支持数据的自动传递。

（5）表述（Delivery）：物流战略实施方案必须以一种便于执行、管理和控制的形式来表述。

（6）算法（Algorithms）：算法必须灵活地利用独特的问题结构。

（7）计算（Computing）：计算平台必须具有足够的容量在可接受的时间段内给出优化方案。

（8）人员（People）：负责物流战略设计、实施和优化的人员必须具备支持建模、数据收集和优化方案所需的领导和技术专长。

（9）过程（Process）：物流商务过程必须支持优化并具有持续的改进能力。

（10）回报（ROI）：投资回报必须是可以证实的，必须考虑技术、人员和操作的总成本。

资料来源：中华物流论坛。

常用的物流战略优化方法有：（1）数学规划法。包括静态优化和动态优化规划法。主要运用线性规划解决物流企业运输管理、物流资源分配和人员分派的优化问题；运用整数规划法选择适当的仓库地址和配送中心位置；采用扫描法对配送路线进行扫描求优。（2）动态规划法；（3）探索法；（4）分割法。另外，运筹学中的博弈论和统计决策也是较好的优化方法。

【思考与练习】

• 基本训练

□知识题

一、阅读理解

1. 简述物流战略的要点。
2. 可供物流企业选择的基本战略模式主要有哪些？
3. 物流企业战略的一般目标是什么？
4. 物流企业战略的构成要素有哪些？

5. 分析几种不同类型物流企业的战略特点。

6. 简述物流企业战略规划的一般过程。

二、知识应用

1. 判断题

(1) 物流企业间竞争加剧，更加突出了物流战略的重要性。( )

(2) 差异化战略就是物流企业向客户提供的物流服务具有一致性。( )

(3) 物流企业把战略转化为实际操作的过程就是物流战略计划。( )

2. 选择题

(1) 物流战略的一般目标是成本最低、投资最少、( )

A. 库存最低 B. 流通最快

C. 结构最优 D. 服务优化

(2) 企业战略的基本要素应包括( )

A. 经营范围 B. 成长方向

C. 竞争优势 D. 协同作用

(3) 以下不属于功能性物流战略层次的有( )

A. 运输与配送管理 B. 仓储与库存管理

C. 基础设施管理 D. 信息系统管理

□技能题

1. 一家大型钢铁国有企业的物流运输部门经股份制改造成立新的物流运输企业，请为该物流企业选择战略发展模式。

实训目的；通过对不同类型的物流企业的特点和环境分析，明确企业的战略目标，并选择适合该企业业务发展的战略模式。

实训要求：可通过网上资料收集，了解钢铁行业物流运输的主要职能和经营范围，然后有针对性地提出可供企业选择的物流战略模式。

2. 通过企业实地考察或网上调研了解一家典型的物流企业的战略规划、实施的全过程，并进行分析，撰写调研报告。

实训目的：分析该物流企业战略规划的背景，实施方案以及实施效果，并提出自己的改进建议。

实训要求：制定调研计划，分阶段按步骤展开调研工作，重点关注物流企业战略规划、实施的实际进展，找出问题所在，思考优化方案，提出合理化建议。

• 案例分析

中国航空物流企业的战略选择

20 世纪的航空公司一定想不到中国当前在航空物流方面的广阔前景。然而，这一产业却实实在在地发展起来了。在 1980 年，中国航空货邮总运输量仅为 8.8 万吨，而 2003 年已经达到 219 万吨；国际航线的货邮运输量也从 1980 年的 1.4 万吨增长到 2003 年的 51.4 万吨。当时民航总局预测，到 2010 年，航空货运量将增加到 470 万吨，平均年增幅为10%。波音公司《中国市场预测》报告指出，中国航空运输市场将以每年7.6%的速度增长，成为仅次于美国的世界第二大民用航空市场。如此光明的市场前景，自然会留给人无限的遐想空间。

这当然是中国高速成长的经济所创造的又一个奇迹。尽管经历了911和SARS等种种冲击，中国的航空物流都以一往无前的态势迅猛发展。随着中国成为世界制造中心的趋势渐趋明显，已经有越来越多的鲜活产品（如水果、鲜花、海鲜等）、精密机械产品（如医疗器械）、电子产品（如计算机）、商务文件、通讯产品（如手机）需要通过飞机来进行运送。目前，在苏州、无锡，有80%的IT产品都通过飞机在48小时或者72小时之内被运到世界各地。在越来越讲求速度的趋势下，书籍、药品、软件、玩具等都将逐渐会成为航空物流的服务行业。

这样的发展趋势当然能够给人以足够的信心，但也引来了为数众多的逐利者。重组后组建的四大航空集团都不约而同地加大了货运业务的投入，组建专业的航空货运公司，将航空货运作为新的经济增长点。随着跨国企业大批进入中国，它们的航空物流外包商也随之跟进，并积极拓展中国市场。与此同时，航空货运已成为国内资本投资的热点。除已有的中货航、国货航、扬子江快运外，民航总局近来又相继批准筹建翡翠国际货运航空有限公司和珠海捷晖货运有限公司。去年我国新批的一类货运代理公司更是多达306家，同比增长了128家。今天的中国航空物流市场，已经逐渐呈现出群雄逐鹿，硝烟四起的局面。谁才能够成为最后的胜者？在国外航空巨头的竞争压力之下，中国的航空企业应该如何寻找自身的发展机遇？

航空物流企业SWOT分析：

平心而论，相对于已有多年成熟运作经验的外国公司来说，国内的航空业仍然显得准备不足。和美利坚航空公司、汉莎航空公司、英国航空公司等国际航空公司，国内的航空公司无论是在货物运价、航油成本还是运力水平等方面，都处于相对劣势。但是，如果我们从更广阔的视野出发，航空物流企业仍然可以利用自己的相对优势，取得市场竞争中的有利地位。

如果运用著名的战略分析工具SWOT分析法，我国航空物流业的现状如下：

竞争优势（S）、市场机会（O）：

庞大的航线和销售网络；较强的综合运输服务能力；良好的国内客户资源；政府部门的政策支持；我国国民经济持续、健康、稳定的增长使市场需求稳定增长；在电子商务日益普及的今天，航空物流市场的技术壁垒在下降；国内企业对航空物流的需求越来越强烈。

竞争劣势（W）、潜在威胁（T）：

缺少现代专业货运及工业加工型机场；管理手段和管理方法与世界发达国家相比还存在着很大差距；信息技术还比较落后，没有统一的航空物流信息平台；从业人员的业务素质水平普遍不是很高；缺乏良好的发展航空物流的运营环境；外资企业已在国内展开全国性的业务布点；其他运输方式的替代性威胁；民间资本大量进入航空物流市场，容易造成暂时性的无序竞争。

如上所示，在中国市场上，国内的航空物流企业同时具备网络、客户和政府资源等方面的独特竞争优势，这一点是国外的航空公司所无法比拟的。航空物流业不同于其他的行业，它的充分发展需要相关的产业如公路运输业、快递业、机场等的积极支持。在这方面，国内的航空公司无疑具有相当的优势。根据SWOT分析结果，可以采取以下四种类型的战略：

(1) SO战略。即：加强市场开拓能力，利用优势实行多式联运。

(2) ST战略。即：利用优势创建核心竞争力，了解竞争对手市场技术，发展规划等情况，以规避威胁。

(3) WO战略。即：稳定目前业务，加强企业管理机制改革，健全内部经营制度，加快设备更新与设施改造，建立物流配送中心，改善物流市场服务结构，调整物流网络分布结构，建立信息系统，提高物流服务质量，增加增值服务，创建核心竞争力。

(4) WT战略。即：稳定现有市场份额，健全企业经营机制，不断提高企业管理水平。

航空物流业的成功要素分析：

航空物流既不是传统意义上的航空货运企业，也不是一般人简单理解的传统航空货运服务的延伸，它是现代信息时代的新兴行业，其运营模式也不仅仅是“飞机+卡车”的简单加法，而是以信息技术为基础，以客户需求为中心，结合生产企业的供应链管理，配合生产厂商设计出以“一站式”、“门到门”服务为特征的一体化物流解决方案，为客户企业提供原料和产品的供应、生产、运输、仓储、销售等环节结合成有机整体的优质高效的个性化综合物流服务。

从我国航空物流业的发展现状来看，大部分企业仍然停留在运输合同和分销阶段。我们认为，借助于信息技术的发展，我国航空企业要越过物流外包，直接走向供应链管理集团也是很有可能的。成功的关键在于抓住一些成功的关键要素。如果将航空物流业务细分为航空货运和航空快递两大类，根据著名物流管理专家宋杨先生的观点，航空物流业的成功关键要素有如下几种：

航空货运企业的关键成功要素：

地面运输能力（二级城市的快运的货运网络，在其余城市代理的规模，以及能否提供城际货运）；

客户关系（是否建立全国性的货代网络、有无对客户进行分级管理、是否能培养客户的忠诚度）；

提供增值服务的能力（仓储、包装、装配等供应链管理的能力）；

信息技术（货运管理能力、CRM系统、知识管理系统）；

航线覆盖面（增加全货机、利用已有腹舱、利用其他国内外的航空公司的航线）。

航空快递企业的关键成功要素：

多种模式的运输能力（提供航线齐全的全货机和腹舱，公路运输的能力）；

流程效率（全货机航线、分拣中心、全天候24小时运作）；

品牌（品牌宣传、统一的服务模式、统一的价格策略）；

IT系统（统一规划的信息系统，具有标准化、可靠性、兼容性和可扩展性）；

服务质量（完善的绩效考核及质量监控体系、质量管理认证）；

地面运输网络（建立同城网络、建立若干城市的市内投递站）；

能否抓住这些关键的成功要素，是国内航空企业能否取得市场竞争优势的关键所在。

问题：结合以上案例材料分析，你认为我国的航空物流企业可以采取什么样的业务发展模式？

• 综合实训

实训项目：虚拟物流企业的战略规划设计

1. 实训目的

（1）使学生熟悉物流企业的基本类型与相应的业务范围；

（2）结合不同类型的物流企业选择不同的物流发展模式；

（3）站在企业物流发展的战略高度思考物流企业的战略实践；

（4）训练学生的战略管理思想与实践能力，为今后自主创业或物流企业高端管理打好基础。

2. 实训内容

（1）几个同学一起，以兴趣小组的形式虚拟注册一家典型的物流企业，并给该企业合理配置各种物流资源（虚拟）；

（2）运用 SWOT 法分析该物流企业所处的环境与地位，机遇与挑战；

（3）模拟董事会议讨论企业的发展战略问题；

（4）拟定几套企业的战略规划设计方案，并举行论证会，选出最优方案；

（5）制定具体的战略实施方案，分工合作，落实责任，按计划有步骤的开展实施工作；

（6）请相关负责人陈述战略实施进展情况，并提出下一步的改进措施与设想。

3. 实训要求

（1）4~5 人一组，确定组长一人，负责协调统筹工作；

（2）请不同战略规划方案设计者做 3~5 分钟的方案陈述；

（3）召开 2~3 次虚拟董事会；

（4）撰写实践报告。

4. 注意事项

（1）兴趣小组先开会讨论，明确实训目标与任务；

（2）最后阶段可邀请专业教师做点评指导。

第四章　物流企业定目标、做决策、定计划

☞学习目标：

- 知识目标

◎了解物流企业的目标管理、经营决策的类型、经营计划的种类与内容；

◎明确物流企业KPI考核内容、物流企业目标制定的方法；

◎熟知物流企业经营决策的方法；

◎掌握物流企业经营计划编制的方法。

- 技能目标

◎分析物流企业的决策问题，灵活运用决策方法进行经营决策；

◎根据决策结果，编制物流企业经营计划。

【引例】

青岛啤酒的物流系统目标和决策

青岛啤酒集团提出了以“新鲜度管理”为目标的物流管理系统思路，开始建立新的物流管理系统。当时青岛啤酒的年产量不过三十多万吨，但是库存就高达十分之一。这么高的库存，引发了以下几个问题：占用了相当大的流动资金，资金运作的效率低；需要有相当数量的仓库来储存这么多的库存。当时的仓库面积有7万多平方米；库存数量大，库存分散，部分啤酒储存期过长，新鲜度下降甚至变质。

青岛啤酒集团并没有把压缩库存作为物流系统的直接目标，而是把“新鲜度管理”作为物流系统的直接目标：“让青岛人民喝上当周酒，让全国人民喝上当月酒”。基于此，青岛啤酒集团实施了以提高供应链运行效率为目标的物流管理改革，建立了集团与各销售点物流、信息流和资金流全部由计算机网络管理的快速信息通道和智能化配送系统。

青岛啤酒集团在确定了合理的目标之后，作出了一系列决策：成立了仓储调度中心，重新规划全国的分销系统和仓储活动，实行统一管理和控制；进行市场区域分布、流通时间等全面的调整和平衡，成立独立法人资格的物流有限公司，以保证按规定的要求、最短时间、最少环节和最经济的运行方式将产品送至目的地。实现了全国的订货，产品从生产厂直接运往港、站；省内的订货，从生产厂直接运到客户仓库。

这一案例表明：“新鲜度管理”物流系统目标的提出，不但达到了降低库存、降低流动资金、降低损耗的目的，而且能面向消费者的实际需求，在实现消费者满意新鲜度目标

的同时，达到了解决库存问题的目的。因此，在制定物流系统目标时，要考虑物流系统的方方面面，综合分析物流系统存在的主要问题，以保证目标的合理性，同时，为了实现目标，必须作出正确的决策。

第一节　物流企业目标管理

一、物流企业目标管理与KPI考核内容

自“管理大师”德鲁克在《管理的实践》中提出目标管理的概念后，目标管理在不断的完善中得到了长足的发展，现已成为企业管理的重要组成部分。由于这种管理制度在美国应用得非常广泛，而且特别适用于对主管人员的管理，所以被称为“管理中的管理”。目标管理已经在全世界为数众多的公司中得到了成功的应用。在我国引进先进的管理理论与经验中，其中重要的一项内容就是目标管理。

1. 目标管理的含义

目标管理是企业根据所处的环境，为了实现自身的任务与目的，从全局出发，在一定时期内，为企业组织各层“从上至下”制定切实可行的目标，并且让他们必须在规定时间内完成的一种管理方法。与传统的目标设定方法不同，目标管理的具体绩效目标由下级与上司共同决定。目标转化过程既是“自上而下”的，又是“自下而上”的，最终结果是一个目标的层级结构，如图4-1所示。在此结构中，某一层的目标与下一层的目标连接在一起，而且对每一位员工，MBO都提供了具体的个人绩效目标。另外，这里的目标不是用来控制下级，而是用来激励下级。

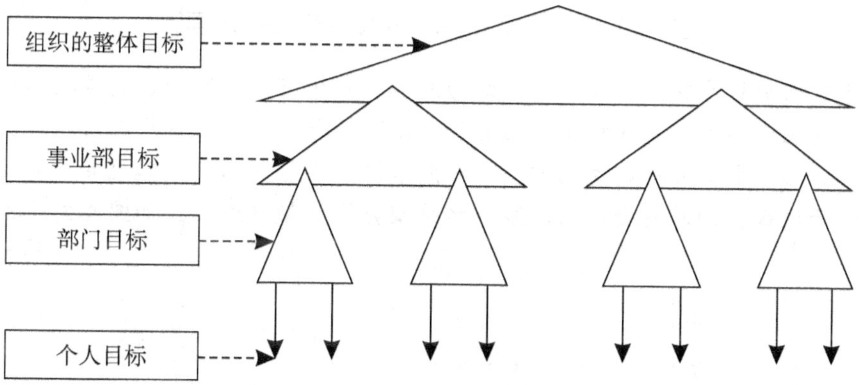

图4-1　目标的层级结构

2. 物流企业目标管理

物流企业目标管理是指围绕实现物流企业的服务目标和成本目标而开展的一系列管理活动，是物流企业为充分调动全体员工的积极性和创造性，运用管理学中的激励理论和系统工程原理来实现企业目标的一种管理方法。

物流系统有很多的要素，系统要素的层次也很多，每个层次系统及其要素都有各自的目标。对于复杂的物流系统来说，目标优化管理是一件很难的事情。物流系统的基本功能要素包括运输功能、储存功能、装卸搬运功能、包装功能、流通加工功能和物流信息处理功能等。当这些功能要素独立存在时，各自的目标存在着互相冲突。例如物流成本目标、运输成本目标和储存成本目标之间就存在着明显的冲突，如表 4-1 所示。物流系统内其他功能要素之间也存在着类似的冲突，例如包装与运输存在着目标矛盾。物流包装的目标是保护商品在物流过程中免于损坏，同时要降低包装成本。因此在包装材料的强度、内装容量的大小等方面就会考虑以能够确保商品安全为第一目标；但这常常会导致“过度包装”，结果不仅增加了商品物流包装的成本，同时由于物流包装过大、过重，增加了无效运输的比重。

表 4-1　　**物流、运输与储存成本目标之间的冲突**

运输成本目标	储存成本目标	物流成本目标
运输最经济 运费最低	储存量最低 储存费用最低	物流总成本最低 运输、储存的成本不一定最低

物流企业实行目标管理是十分必要的。物流企业是为其他企业提供服务的，无论是仓储、运输，还是其他业务，都必须按客户的要求进行。物流企业进行目标管理的过程就是开展目标管理活动的步骤和工作内容，是一个围绕制定目标和实现目标进行管理活动的系统过程。

【小思考 4-1】

物流系统的目标冲突主要表现在哪些方面？

物流系统的目标冲突主要表现为两种形式：一是物流系统的功能要素之间的冲突，如运输、储存、装卸搬运、流通加工、配送和增值服务等之间往往都存在着冲突；二是物流系统的服务目标和成本目标之间的冲突。一般来说，要降低物流成本就会影响物流服务水平的提高，反过来，如果要提高物流服务水平就会增加物流成本，如图 4-2 所示。

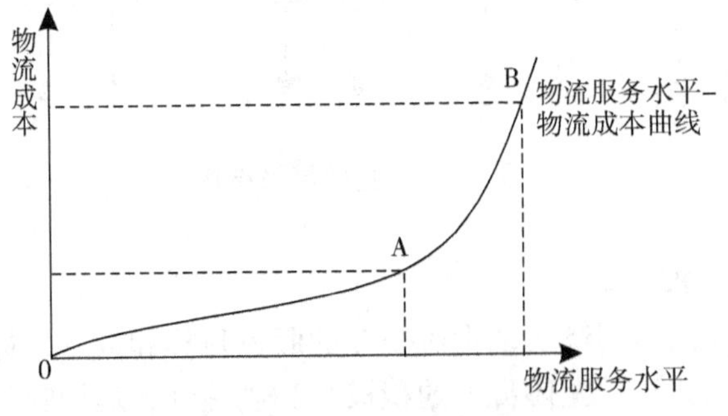

图 4-2　物流服务与物流成本之间的关系

3. 物流企业的 KPI 考核内容

物流企业要提高客户服务质量，最有效的方式是建立科学可行的 KPI 绩效考评指标，建立物流服务质量指标体系。物流企业考核的难点在于确定物流服务目标。服务目标不能太多，少数几个目标应该能够反映物流服务水平。

马丁 · 克里斯多夫教授将物流服务指标分成交易前、交易中和交易后三个方面。基于此，何明珂教授构建了物流服务 KPI 指标，如表 4-2 所示。

表 4-2　　**物流服务业绩衡量指标**

交易阶段	交易前	交易中	交易后
具体指标	库存可供率 送货日期报告 查询答复期	订单完成率 准时送货率 退单期 交货延迟率 产品替代率	首次报修修复率 客户投诉率 退货率/索赔率 发标差错率

鲍尔索克斯等人从物流职能角度对物流企业绩效加以评估，具体的 KPI 指标包括成本管理、客户服务、质量、生产率和资产管理五个方面，如表 4-3 所示。

表 4-3　　**基于职能的物流绩效评估**

成本管理	客户服务	质量	生产率	资产管理
总成本、单位产品成本 成本占销售额百分比 运入/运出运费率 行政管理 仓库订单处理 直接劳动 实际与预算比较 成本趋势分析 直接产品利益率 客户部分利益率 库存持有成本 退回商品成本 损坏/延迟交货成本 无效服务成本	完成比率 缺货率 运输误差 准时交货 延迟交货 周转时间 交货一致性 询价反应时间 反应准确性 完成订单 客户投诉 销售人员投诉 整体可靠性 整体满意度	损坏频率 订单准确性 运输准确性 票据准确性 信息可用性 信息准确性 信息索求次数 客户退货数量	运送产品数量 产品数量 订单数量 与历史水平比较 目标程序计划 生产力指数 设备停工期 订单输入生产率 仓库劳动生产率 运输劳动生产率	库存周转 库存水平 供应天数 陈旧库存 净资产回报 投资回报率 库存分类 经济价值增值

罗杰 · 山德森从供应链的角度设计了物流服务 KPI 指标，如表 4-4 所示。

表 4-4　　供应链物流业绩衡量指标

	衡量频率	客户服务	资产管理	运作效率
主要业绩指标	按年或按月	客户服务水平	原材料库存 产成品库存 当地送货车辆利用率	
计划与控制	按月或按周	订单完成率 预测准确率	库存损失 运输车辆利用率 仓库利用率 装卸搬运设备利用率	仓库劳动生产率 送货人员劳动生产率 客户服务生产率
团队业绩	按月或周	完成的订单送货率	送货车队劳动生产率	拣货人员劳动生产率

【知识链接 4-1】

我国物流企业分类与评估指标

2005 年 4 月 27 日，国家质量监督检验检疫总局、国家标准化管理委员会召开新闻发布会，向社会公布了 GB/T19680—2005《物流企业分类与评估指标》推荐性国家标准。该项国家标准由国家质量监督检验检疫总局、国家标准化管理委员会于 2005 年 3 月 24 日批准发布，于 2005 年 5 月 1 日起实施。《物流企业分类与评估指标》明确了物流企业的基本范围和类型，提出了不同类型和档次物流企业需要达到的规模和水平，制定了评估各类物流企业综合能力的指标。标准规定了物流企业的三种类型：运输型、仓储型和综合服务型。为了能够全面、系统地反映物流企业的综合能力，标准规定了物流企业的五个等级（从 5A 至 1A 依次降低），以及不同类型、不同级别企业的具体指标。评估指标包括三种不同类型企业经营状况、资产、设施设备、管理及服务、人员素质、信息化水平六个方面的 16~18 项具体内容，使标准更具有指导性、实用性和可操作性。标准规定的物流企业主要评估指标如表 4-5 所示。

表 4-5　　我国物流企业评价指标体系

总目标	第一层指标	第二层指标
物流企业经营等级	企业经营状况	年营业收入、营业时间、资产总额、资产负债率
	物流技术与装备	物流设施能力、物流设备能力、物流设备先进程度、运营网点
	管理及服务水平	管理制度、质量管理、业务辐射面、物流服务方案与实施能力、顾客投诉率（或顾客满意度）
	人员素质	中高层管理人员素质、基层管理人员素质、操作人员素质
	信息化水平	网络系统、电子单证管理、货物跟踪、客户查询

资料来源：沙丁：《“物流企业分类与评估指标”国家标准五月起实施》，《中国储运》2005 年第 6 期。

二、物流企业目标及其制定

1. 物流企业目标制定的要求

为了更好地发挥目标管理的作用，物流企业在制定企业目标时要做好以下几点。

（1）明确目标。物流目标应当简明扼要，仅仅说希望降低物流成本、改善物流服务或提高质量是不恰当的，这些期望必须转换成定量的目标，以便于度量和评价。例如明确的目标应该是这样的——降低物流成本7%。

（2）参与决策。用参与的方式决定目标，上级和下级共同参与物流目标的选择，对如何实现物流目标达到一致意见。

（3）规定期限。每一个物流目标的完成都有一个简单明确的时间期限，如3个月、6个月或者1年。

（4）反馈绩效。目标管理寻求不断地将实现目标的进展情况反馈给个人，以便他们能够调整自己的行动。这种不断的反馈还包含不定期举行正式的评估会议。在会上，上下级共同回顾和检查进展情况。

2. 物流企业管理的目标种类

目标是物流企业的灵魂和核心。一般来说，目标可分为长期、中期、短期、每天的目标和需要立即执行的目标。从目标内容来看，物流企业的目标主要包括物流服务目标和物流成本目标两大类。物流企业有一个总目标，该总目标规定了物流企业的总体客户服务水平和总物流成本。然后将物流企业的总目标逐层分解至各部门，如运输部门有运输服务目标和运输成本目标，仓储部门有仓储服务目标和仓储成本目标，管理部门有管理服务目标和管理成本目标等，如图4-3所示。

3. 物流成本目标的制定

物流成本目标是指物流企业在其生产经营活动开始前，根据预定的目标所预先制定的提供物流服务所需各种耗费的标准，是物流成本责任单位和成本责任人为之努力的方向与目标。物流成本目标可以通过以下方法来制定。

（1）倒扣测算法。

倒扣测算法是通过物流市场调查确定的顾客或服务对象可接收的目标售价，扣除企业预期达到的目标利润而倒算出物流成本目标的方法。

物流成本目标＝物流目标售价－物流目标利润

【案例分析4-1】

某物流企业制定的目标售价为2200元，目标利润为500元，确定其物流成本目标。

分析：根据物流成本目标＝物流目标售价－物流目标利润

则其物流成本目标为：2200－500＝1700（元）。

（2）比价测算法。

将新物流服务与基本物流服务进行对比。相同的物流作业，按基本物流服务成本目标来测定；不同的物流作业，按预计的各项费用标准加以估价测定。

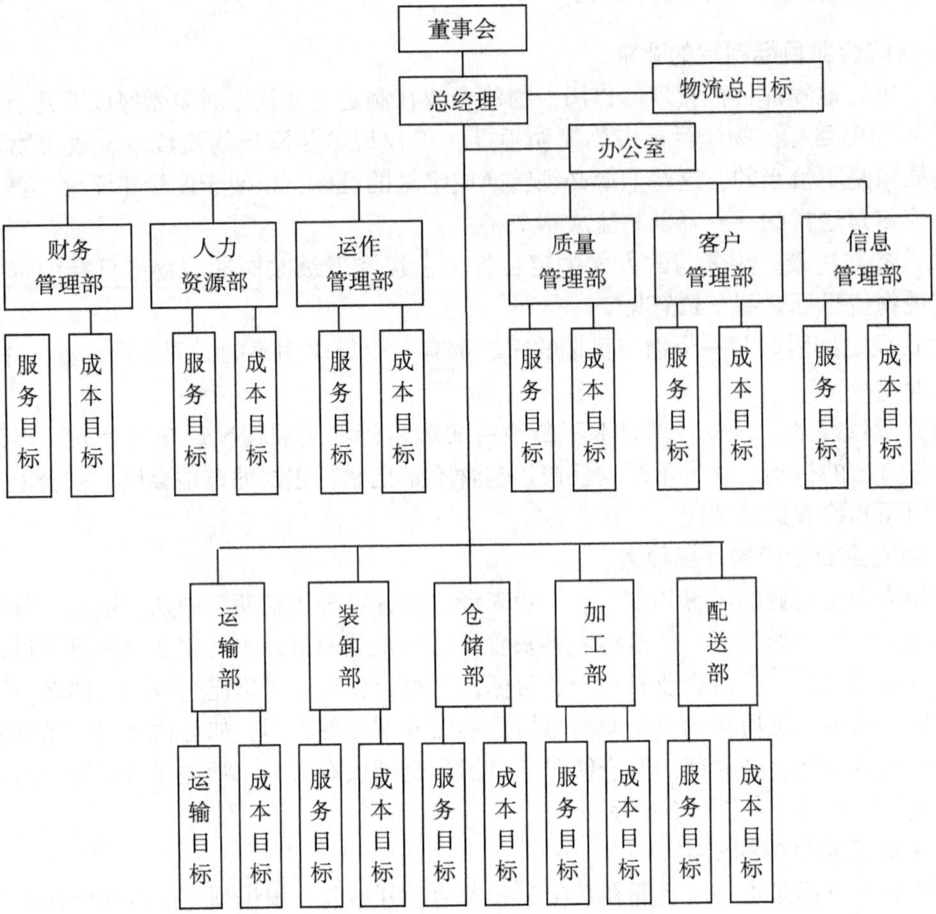

图 4-3　物流企业目标示意图

【案例分析 4-2】

A 物流企业接到一项新业务，新业务物流服务内容以及基本物流服务成本目标如表 4-6 所示，试计算新业务物流服务成本目标。

表 4-6　**物流服务内容**

物流作业	新业务物流服务内容	基本物流服务成本目标
运输	500 公里	0.6 元/公里
储存	200 件，1 月	5 元/月·件
包装	200 件	2 元/件
流通加工	200 件	3 元/件
替客户收费	300 元	—

分析：由于运输、储存、包装和流通加工属于A物流企业的基本物流服务，故这些物流作业的成本目标直接按基本物流服务成本目标算，而替客户收费不在基本物流服务成本目标之列，所以要另外确定其成本目标。假设其成本目标为300元，则新业务物流服务成本目标为：$500\times0.6+1\times5\times200+200\times2+200\times3+300=2600$（元）。

（3）本·量·利分析法。

本·量·利分析法指在利润目标、物流固定成本目标和物流作业量目标既定的前提下，对单位变动成本目标进行运算的方式。

利润=单位售价×物流作业量-单位变动成本×物流作业量-固定成本

$$单位变动成本目标=单价售价-\frac{利润目标+固定成本}{物流作业量目标}$$

【案例分析4-3】

某铁路物流中心的周转量目标为100万吨，物流中心提供物流服务的单位产品目标费用为5元/吨，物流中心固定成本为100万元，目标利润为200万元，求单位产品物流服务目标成本。

分析：单位产品物流服务变动成本目标为：$5-\frac{200+100}{100}=2$（元）。

单位产品物流服务成本目标为：$2+\frac{100}{100}=3$（元）。

4. 物流服务目标的制定

相对物流成本目标而言，物流服务目标比较模糊。对于物流企业而言，首先要确定企业的总体服务目标，然后将总体服务目标分解到部门，最后将部门服务目标分解到个人。物流企业不同层次的服务目标不一样，从高层到低层，物流服务目标会越来越具体，越来越详细。例如：物流企业的服务目标是提供使 客户满意的物流服务，而将这一目标逐步分解，到最底层的运输作业环节，其服务目标可能为：降低发货品种、规格、数量、地点、时间和单证等方面的差错；缩短集货、组配、装货、填制和签发有关发货凭证的时间；及时与客户联系等等。

物流企业的总体服务目标通常可以通过标杆法来制定。以竞争对象为基准，与有着相同市场的企业在物流服务和工作流程等方面的绩效与实践进行比较，制定合适的物流服务目标。从一些物流公司的实践中，可以总结出标杆管理的基本步骤如下。

（1）由物流企业的主要领导负责组建标杆管理团队。

（2）确立标杆管理的目标和准则。根据自身物流业务能力和企业发展状况，选择合适的物流企业作为标杆管理的目标，并通过系统的现场参观和访谈，仔细研究本企业的实践和进步情况，然后对结果进行分析并提出一系列改进建议，并付诸实施。

（3）收集与分析数据。这项工作比较繁琐，需要开发一套研究策略。其中包括：其一，实地考察，搜集标杆数据；其二，处理、加工标杆数据并进行分析；其三，与企业同组数据进行比较，进一步确立企业应该改进的地方。必要时还需要借助外部咨询和外部专门数据库。通过比较找出差距，确定标杆管理指标。分析流程，自我剖析，找出企业自身业务流程中的缺陷。

（4）实施和系统学习。实施阶段通常是标杆管理过程中最困难的。在这个阶段，物流经理要充分调动各物流部门人员积极参与，克服畏惧变革的心理障碍，谨慎地、巧妙地将参与和竞争文化相结合。同时，物流企业必须随时准备与其他物流企业相比较，向优胜者学习。学习的对象一定要与自己的物流服务方式有关，应在公司内制定明确的考核标准，真正评估、吸收和运用这些知识，达到学习的目的。

（5）评价与提高。实施标杆管理是一个长期而渐进的过程。在每一轮学习完成时，都需要重新检查和审视标杆管理的目标，以不断提升实施效果。

三、物流企业目标管理的实施

1. 物流企业目标管理实施原则

目标管理是物流企业管理模式中比较流行、比较实用的管理方式之一。它的最大特征就是方向明确，非常有利于把整个团队的思想、行动统一到同一个目标、同一个理想上来，是物流企业提高工作效率、实现快速发展的有效手段之一。它必须遵循以下四个基本原则。

（1）目标制定必须科学合理。科学合理的目标是目标管理的前提和基础，脱离了实际的工作目标，轻则影响工作进程和成效，重则使目标管理失去实际意义，影响企业发展大局。目标的制定一般应该注意以下几个方面：难易适中、时间紧凑、大小统一、方向一致。

（2）督促检查必须贯穿始终。物流企业必须随时跟踪每一个目标的进展，发现问题及时协商、及时处理、及时采取正确的补救措施，确保目标运行方向正确、进展顺利。

（3）目标控制必须严肃认真。物流管理者，在督促检查的过程当中，必须对物流运行目标严格控制，既要保证物流服务目标的顺利实现，又要把物流成本控制在合理的范围内。

（4）考核评估必须执行到位。必须严格按照目标管理方案，逐项进行考核并得出结论。对目标完成度高、成效显著的团队或个人予以奖励，对绩效差、影响整体工作的团队或个人按章处罚。

2. 物流企业目标管理实施过程

目标管理的具体做法分三个阶段：第一阶段为目标的设置；第二阶段为实现目标过程的管理；第三阶段为测定与评价所取得的成果。针对物流企业而言，实施目标管理的典型步骤为：

（1）制定物流企业的总体目标。

（2）在物流企业的各部门之间分配主要的目标。

（3）各物流部门的管理者与他们的上级一起设定本部门的具体目标。

（4）物流部门的所有成员参与设定自己的具体目标。

（5）管理者与下级共同商定实现目标的行动计划。

（6）所有成员实施行动计划。

（7）定期检查目标的进展情况，并反馈给各物流部门及个人。

（8）基于绩效的奖励，促进目标的成功实现。

【小思考 4-2】

我国物流企业应如何提高目标管理在物流管理中的作用？

与国外大型物流企业相比，我国物流企业在管理能力和严格程度上都有明显差距。要提高目标管理的作用，我国物流企业应做好以下几方面的工作：设定有效的工作目标、构建快速准确的绩效反馈系统、提高物流管理人员的素质、使用有效的激励手段与方法等。

【案例分析 4-4】

DELL 的“零库存”目标

DELL 供应链高度集成，上游或下游联系紧密，成为捆绑的联合体，其整个供应链最关键的地方在于整个供应链物流的控制。IT 行业有它的特殊性，电脑配件放在仓库里一个月，价格就要下降 1 到 2 个百分点。由此，DELL 设立了“零库存”库存控制目标，并创立了在业界号称“零库存高周转”的直销营运方式。在直销模式下，要真正按顾客需求定制生产，这需要在极短的时间内完成，速度和精度是考验 DELL 的两大难题。DELL 的做法是，利用信息技术全面管理供应链过程，通过明确具体的目标管理来控制供应链运作。供应链过程控制经过优化后，DELL 供应链每 20 秒钟汇集一次订单。而 DELL 的供应商仅需要 90 分钟的时间用来准备所需要的原材料并将他们运送到 DELL 的工厂，DELL 再花 30 分钟时间卸载货物，并严格按照制造订单的要求将原材料放到组装线上。由于 DELL 仅需要准备手头订单所需要的原材料，因此工厂的库存时间仅有 7 个小时。这一切取决于 DELL 的雄厚技术基础——装配线由计算机控制，条形码技术使工厂可以跟踪每一个部件和产品。在 DELL 内部，信息流通过自己开发的信息系统，和企业的运营过程及资金流同步，信息极为通畅。精密的直接结果是用户的体验，正如一位 DELL 员工所说：“我们跟用户说的不是‘机器可能周二或者周三到你们那里’，我们说的是‘周二上午 9 点到’。”

分析：DELL 为了实现“零库存”目标，采取了合适的直销经营方法。在目标管理过程中，将总体目标分解到供应链物流的每个过程中，对每个物流过程都设立了明确具体的目标，这和目标管理的要求是一致的。

第二节　物流企业的经营决策管理

一、经营决策的概念与类型

1. 物流企业经营决策的概念

经营决策就是企业等经济组织决定企业的生产经营目标和为达到生产经营目标的战略

和策略，即决定做什么和如何去做的过程。物流企业的经营决策是指物流企业在组织商品流通和提供服务的过程中，对企业活动的重大问题，例如经营方向、经营目标、经营范围，以及对销售、运输、存储、价格、服务等经营要素的合理组织所做出的系列决策。物流企业经营决策应具有以下基本特征。

（1）有明确的目标。物流企业管理者应明确为什么要进行决策，决策最终要达到的目标是什么。

（2）有若干个可供选择的可行性方案。可行性方案是指能够解决经营决策问题和实现经营决策目标、在现有条件下能够得以实施的方案。物流决策时必须要提出多个可行性方案，以便于物流管理者对方案进行比较和选择，只有一个方案而无从比较和选择的决策不是科学的决策。

（3）经营决策是一个发现问题、分析问题和解决问题的过程。在物流服务过程中，通常会出现各种各样的问题，例如运输时间太长、储存产品变质等，物流经营决策者要认真分析运营过程中出现的问题，提出有效解决问题的方案，以改善物流服务。

（4）经营决策是一项有组织的集体活动。物流运作需要物流企业各个部门的有机配合，因此物流经营决策问题涉及物流企业的各个部门，具有信息量大、涉及面广、变化快的特点，这就增加了决策的复杂性和艰巨性，因此，物流经营决策需要各个部门人员的共同参与，以提高决策的效用。

物流企业经营决策的一般过程如图 4-4 所示。

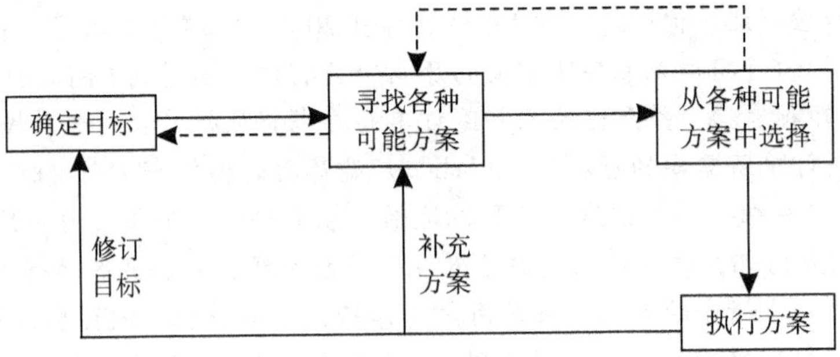

图 4-4 经营决策的过程

2. 物流企业经营决策的类型

物流企业决策包括的内容很多，依据不同的参照标准可以划分为不同的类型。

（1）从决策主体来看，可以分为组织决策与个人决策。

组织决策是物流企业或物流部门对未来一定时期活动的选择或调整；个人决策是指个人在参与物流活动中的各种决策。例如：物流企业的配送计划就是由配送部门共同制定的，这是组织决策。车辆在运行过程中遇到特殊情况不能按原计划路线行驶，车辆驾驶员根据实际情况重新规划行驶路线，这就是个人决策。

（2）从决策需要解决的问题来看，可分为初始决策和追踪决策。

初始决策是指物流企业对从事某种活动或从事该种活动的方案所进行的初次选择；追

踪决策则是在初始决策的基础上对物流企业活动方向、内容或方式的重新调整。

（3）从决策所要解决问题的地位或重要程度的不同来看，可分为战略决策、战术决策和业务决策。

物流企业战略决策、战术决策及业务决策的不同点如表 4-7 所示。战略决策面对的是物流企业高层在未来较长一段时期内（一般 1 年到 5 年）的活动，它旨在调整物流企业的活动方向和内容。战术决策需要解决的是物流企业组织的某个或某些具体部门在某段时期内（一般半年到 1 年）的行动方案，它调整在既定方向和内容下的活动方式。业务决策是物流企业各个职能部门在短期内的作业决策，它旨在提出物流企业战术决策的具体实施方案。

表 4-7　**战略、战术与业务决策的特点**

特　点	战略决策	战术决策	业务决策
时期	长	中	短
层次	高层	中层	基层
复杂性	复杂	比较复杂	比较简单
主要内容	物流经营方向	物流运作方案	物流作业方案

（4）从环境因素的可控程度来看，可分为确定型决策、风险型决策和非确定型决策。

确定型决策，是指在对物流决策问题的未来情况拥有完整的信息，没有不确定因素时的决策。在这种情况下，每个决策方案只产生一种确定的结果。根据决策目标可以作出肯定的抉择。

风险型决策，是指影响物流决策的主要因素在客观上存在几种可能情况，这些可能情况事先虽可知道，但决策后出现什么样的结局，决策者事先却不能完全知道。

非确定型决策，是指物流决策方案面临多种自然状态，而决策者难于确定其出现的概率，需要进行综合分析，作出决策。

（5）从决策目标的层次性来看，可分为单目标决策与多目标决策。

单目标决策是指只就物流企业的某个问题的决策，而多目标决策是指决策中包含两个或两个以上的问题的决策。例如：物流企业对物流系统进行库存运输集成优化时，就要考虑库存目标和运输目标两个基本目标，而单独进行运输或库存优化时，就只需考虑其中一个目标。前者属于多目标决策，后者属于单目标决策。

【案例分析 4-5】

美国通用汽车的物流决策

美国通用汽车在美国的 14 个州中，大约有 400 个供应商负责把各自的产品送到 30 个装配工厂进行组装，由于卡车满载率很低，使得库存和配送成本急剧上升，为了降低成本，改进内部物流管理，提高信息处理能力，委托 Penske 专业物流公司为它提供第三方物流服务。

调查了解半成品的配送路线之后，Penske 公司建议通用汽车公司在 Cleveland 使用一家有战略意义的配送中心。配送中心负责接收、处理和组配半成品，由 Penske 派员工管理，同时 Penske 也提供 60 辆卡车和 72 辆拖车。除此之外，还通过 EDI 系统帮助通用汽车公司调度供应商的运输车辆以便实现 JIT 送货。为此，Penske 设计了一套最优送货路线，增加供应商的送货频率，减少库存水平，改进外部物流活动，运用全球卫星定位技术，使供应商随时了解行驶中的送货车辆的方位。与此同时，Penske 通过在配送中心组配半成品后，对装配工厂实施共同配送的方式，既降低了卡车空载率，也减少了通用汽车公司的运输车辆，只保留了一些对 Penske 所提供的车队有必要补充作用的车辆，这样也减少了通用汽车公司的运输单据处理费用。

另外，美国通用汽车公司还选择第三方物流公司 Ryder 负责其土星和凯迪拉克两个事业部的全部物流业务，选择 Allied Holdings 负责北美陆上车辆运输任务，选择 APL 公司、WWL 公司负责产品的洲际运输。

分析：物流决策广泛存在于物流活动中。在本案例中包含的物流决策有：物流外包决策、第三方物流公司选择决策、增设配送中心决策、配送中心经营管理方法决策、送货路线决策和共同配送方法决策。

二、物流企业经营决策的方法

物流企业经营决策的方法分为两大类：定性决策方法和定量决策方法。

1. 定性决策方法

定性决策方法是在社会学、心理学、行为学、政治学和经济学等基础上的“专家法”，是一种直接利用决策者本人或者有关专家的智慧来进行决策的方法。下面介绍两种常用的方法。

（1）头脑风暴法。头脑风暴法是比较常用的集体决策方法，是通过专家们的相互交流，在头脑中进行智力碰撞，使专家们的讨论不断集中和精化。

头脑风暴法的实施应遵循以下四项原则：对别人的建议不作任何评价，将相互讨论限制在最低限度之内；建议越多越好，参与者不要考虑自己建议的质量，想到什么就说出来；鼓励每个人独立思考，广开思路，想法越新颖、越奇异越好；可以补充和完善已有的建议，使他们更具说服力。

头脑风暴法的目的在于通过创造一种畅所欲言、自由思考的环境来诱发创造性思维的共振和连锁反应，产生更多的创造性思维。这种方法的时间一般为 20～60 分钟，参与者以 10～15 人为宜。

（2）德尔菲法。德尔菲法是美国兰德公司于 20 世纪 50 年代初发明的，它最早用于预测，后来推广应用到决策中来。德尔菲是古希腊传说中的神谕之地，城中有座阿波罗神殿可以预测未来，因而借用其名。

德尔菲法是一种向专家进行调查研究的集体判断方法。它以匿名方式通过几轮函询征求专家们的意见，组织决策小组对每一轮的意见都进行汇总整理，将本轮所有专家的意见整理后作为参考资料反馈给每一个专家，供他们分析判断，提出新的意见。如此反复，专家们的意见渐趋一致，最后得出最终结论。这种决策方法的大体过程如图 4-5 所示。

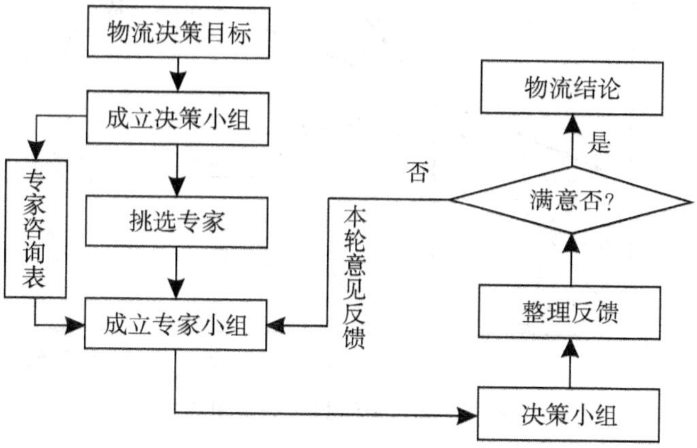

图 4-5 德尔菲法决策过程

2. 定量决策方法

定量决策方法的核心是通过建立数学模型来表示经营决策相关变量与目标之间的关系，然后对数学模型加以求解，得出供决策者参考的结论。

（1）确定型决策方法。

它主要适用于影响决策的因素或自然状态是明确的、肯定的情况。盈亏平衡分析法是最基本的确定型决策方法。它是研究物流企业或其部门的经营规模至少应该达到什么程度的决策问题。物流经营者必须要知道，自己的企业最少完成多少业务量才不会亏损，这就是盈亏平衡分析的基本目的。它通过盈亏计算公式或盈亏平衡图（如图 4-6），对产品或服务的可变成本和固定成本进行分析，确定物流经营收入和支出相等时的物流量。这一物流量称为盈亏平衡点或保本点。

设单位物流量的物流收入为 I，物流固定成本为 C，单位物流量变动成本为 v，则盈亏平衡点的物流量为：

$$Q=\frac{C}{I-v}$$

设目标利润为 p，则完成目标利润所需完成的物流量为：

$$Q^{*}=\frac{C+p}{I-v}$$

盈亏平衡分析法把十分复杂的物流企业经济活动作了理想化的处理，使问题变得简单明了。对于物流企业来说，问题显得复杂一些，如何使用盈亏平衡分析，则要作技术性处理。如果每个品种的物流处理系统基本独立，那么只要把物流企业管理费用合理地分摊到每个品种，就可以对每个品种分别作盈亏平衡分析。要注意的是，物流企业管理费用分摊的方法一定要科学合理。

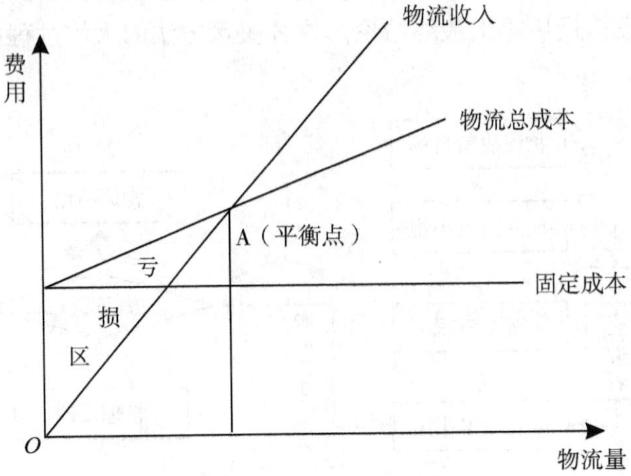

图 4-6　物流盈亏平衡图

【案例分析 4-6】

深圳某运输公司的单位运价为 200 元/千吨·公里，单位变动成本为 150 元/千吨·公里，每月固定成本为 20 万元。

求：(1) 该运输公司实现盈亏平衡的运输量应为多少？

(2) 如果该运输公司 10 月份运输目标利润为 30 万元，至少应完成多少运输量？

分析：(1) $Q=\frac{C}{I-v}=\frac{20\times10^4}{200-150}=4000$（千吨·公里）

即该运输公司每月完成 4000 千吨·公里运输量时，正好处于盈亏平衡点上。

(2) $Q^*=\frac{C+p}{I-v}=\frac{20\times10^4+30\times10^4}{200-150}=10000$（千吨·公里）

即该运输公司每月完成 10000 千吨·公里运输量时，可获得利润 30 万元。

(2) 风险型决策方法。

在实际物流企业运营决策过程中会碰到这样的情况，对问题的未来情况不能事先确定，但对未来发生情况的可能性（即概率）是可以知道的，这时的决策就被称为风险型决策。一般来讲，风险型决策应具备这样的条件：有明确的目标，如物流成本最小、物流利润最大等；有两个以上的可选方案；自然状态无法控制；不同行动方案在不同自然状态下的损益值可以计算出来；对自然状态的出现事先不肯定，但概率可以知道。

决策树是处理风险型决策问题的最常用方法。它把方案的一连串因素，按照它们的相互关系用树状结构图表示出来，然后再按照决策原则和顺序进行优选。它具有层次清晰、一目了然和计算简便等特点。决策树的一般模型如图 4-7 所示。

从图 4-7 可知，决策树由决策结点、方案结点、方案枝、状态枝等要素组成。决策结点用来表示决策的结果；方案结点用来表示各种方案，方案枝是由决策点引出的若干枝条，每一枝条代表一种方案；每个状态枝代表一种自然状态；状态末端用来表示不同状态

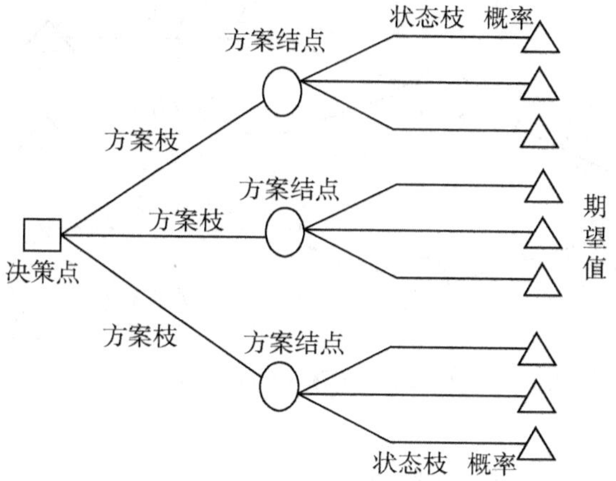

图 4-7　决策树的一般模型

下的期望值。

利用决策树法进行决策的步骤：首先，根据可替换经营方案的数目和对未来市场状况的了解，画出决策树的图形；其次，计算各方案的期望值，这包括：计算各概率枝的期望值，将方案在各自然状态下的收益值分别乘以各自然状态出现的概率，把各概率枝的期望值相加，并将数字记在相应的自然状态结点上；再次，考虑各方案所需的投资，用收益减去投资，比较不同方案的期望收益值；最后，剪去期望收益值较小的方案枝，保留下来的方案枝就是决策选用的经营方案。

【案例分析 4-7】

某物流企业为了适应市场发展的需要，拟在汉阳沌口扩建一个仓库，提出了两种建设方案。第一种方案是建大仓库，第二方案是建小仓库。建大仓库需要投资 800 万元，建小仓库需要投资 320 万元，两种方案的使用期均为 10 年。两种方案的收益及自然状态的概率如表 4-8 所示。试用决策树法选出合理的决策方案。

表 4-8　**方案收益及自然状态**

自然状态	概　率	建大规模仓库	建小仓库
物流业务发展好	0. 75	280 万元	130 万元
物流业务发展差	0. 25	−50 万元	10 万元

解：首先画出决策树，如图 4-8 所示。

根据图 4-8 计算两种方案的期望值：

建大仓库的期望收益：280×0. 7×10+(−50)×0. 3×10−800＝1010(万元)

建小仓库的期望收益：130×0. 7×10+10×0. 3×10−320＝560(万元)

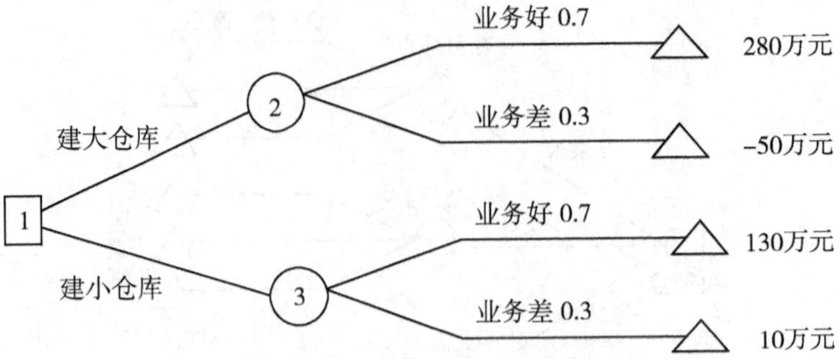

图 4-8　例题 4-5 的决策树

由此可见，建大仓库的方案较好。

(3) 不确定型决策方法。

在风险型决策方法中，计算期望值的前提是能够判断各种状况出现的概率。如果出现的概率不清楚，就需要用不确定型方法。不确定型决策方法主要依据决策者对待风险的态度来选择不同的决策原则。决策原则主要有乐观原则、悲观原则、折衷原则和最小最大后悔值原则等。

①乐观原则。如果决策者比较乐观，认为未来会出现最好的自然状态，那么决策者就可以首先找出各方案在各种自然状态下的最大收益值。然后进行比较，找出在最好自然状态下能够带来最大收益的方案作为决策实施方案。

②悲观原则。持悲观原则的决策者对未来预期比较悲观，认为未来会出现最差的自然状态。与乐观原则相反，决策者会计算在各种自然状态下最小收益值，然后进行比较，选择在最差自然状态下仍能带来最大收益的方案作为实施方案。

③折衷原则。持折衷原则的决策者希望在乐观和悲观两种极端状态中求得平衡。决策者认为最好和最差的自然状态都有可能出现。决策时，决策者给最好自然状态一个乐观系数，给最差自然状态一个悲观系数，两者之和为 1。然后计算每一种方案的决策值。计算方法是：用某方案最好自然状态下的收益值与乐观系数之积加上该方案在最差自然状态下的收益值与悲观系数之积。最后比较各方案的期望收益值，选择期望收益值最大方案。

④最小最大后悔值原则。该原则力求使决策者后悔值最小。根据这个原则，决策者应先计算出各方案在各自然状态下的后悔值，然后找出每一种方案的最大后悔值，选择最大后悔值最小的方案作为实施方案。最大后悔值的方法是：用某自然状态下的最大收益值减去各方案在该自然状态下的收益值。

【案例分析 4-8】

某物流企业由于业务量扩大，考虑构建一套物流信息系统以提高物流效率。关于物流信息系统的构建方案主要有三个：租用物流信息系统管理平台、自己开发物流信息系统、与专业公司联合开发。各种方案的相关资料如表 4-9 所示，表格中的数字表示各方案在不同业务量下的收益，现要决策选择哪种方案较好？

表 4-9　　　　　　　　　　**物流信息系统构建方案资料**

方　　案	物流业务量大	物流业务量中	物流业务量小
1. 租用物流信息系统管理平台	70 万元	60 万元	50 万元
2. 自己开发物流信息系统	150 万元	75 万元	10 万元
3. 与专业公司联合开发	180 万元	70 万元	−20 万元

分析：下面分别选择不同决策原则下的决策方案。

（1）乐观原则。在乐观原则下，决策者认为会出现最好的自然状态即物流业务量会很大，此时，方案 3 的收益最大，因此，方案 3 是要选择的方案。

（2）悲观原则。在悲观原则下，决策者认为未来的物流业务量会较小，因此，此时选择的方案是方案 1。因为方案 1 在物流业务量小的情况下收益最大。

（3）折衷原则。设乐观系数为 0.4，悲观系数为 0.6。首先计算各方案在折衷原则下的收益值：

方案 1 的折衷收益为：$70\times0.4+50\times0.6=58$（万）；

方案 2 的折衷收益为：$150\times0.4+10\times0.6=66$（万）；

方案 3 的折衷收益为：$180\times0.4+(-20)\times0.6=60$（万）；

由于方案 2 的折衷收益最大，按折衷原则，决策者应选择方案 2。

（4）最小最大后悔值规则。首先计算各方案在各种自然状态下的后悔值，如表 4-10 所示。

表 4-10　　　　　　　　　　**各种自然状态下的后悔值**

方　　案	物流业务量大	物流业务量中	物流业务量小
1. 租用物流信息系统管理平台	110 万元	15 万元	0 万元
2. 自己开发物流信息系统	30 万元	0 万元	40 万元
3. 与专业公司联合开发	0 万元	5 万元	70 万元

由表 4-10 可知，方案 1 的最大后悔值为 110 万元，方案 2 的最大后悔值为 40 万元，方案 3 的最大后悔值是 70 万元。经过比较，方案 2 的最大后悔值最小，所以选择方案 2。

【小思考 4-3】

定性和定量决策方法在物流企业决策中的适用场合

一般而言，定性决策方法用于物流战略决策，而定量决策方法用于物流战术决策和物流作业决策。对比较复杂的物流战术和作业决策问题，可以采用定性和定量相结合的混合决策方法。一般运用头脑风暴等方法确定几种较好的备选方案，然后再运用定量决策方法从这几种备选方案中选择最优的方案。

第三节　物流企业的经营计划管理

一、物流企业经营计划的种类和内容

计划过程是决策的组织落实过程。决策是计划的前提，计划是决策的逻辑延续。经营计划是在经营决策基础上，根据经营目标对企业的生产经营活动和所需要的各项资源，从时间和空间上进行具体统筹安排所形成的计划体系。物流企业经营计划是按照物流经营决策所确定的方案，对物流企业生产经营活动及其所需各种资源，从时间上和空间上做出统筹安排的工作。

1. 物流企业计划的类型

按照不同的标准，可将物流企业计划分为不同的类型，如表 4-11 所示。

表 4-11　**物流企业计划的类型**

分类标准	类　型
物流计划期限	长期计划、年度计划和短期计划
物流计划所涉及的活动范围	战略计划、战术计划和作业计划
物流活动的职能	运输计划、库存计划、包装计划、流通加工计划、装卸搬运计划、配送计划

（1）按计划期的长短分类，把物流企业计划分为长期计划、年度计划和短期计划。

长期计划通常也称为规划或战略计划，计划期一般为 3～5 年，有时更长。长期计划的内容主要是选择、改变或调整物流企业的经营服务领域，确定企业的发展方向和目标，确定实现目标的最佳途径和方法。长期经营计划具有明确的方向性和指导性，具有统率全局的作用。

年度计划的计划期一般为一年，它是依据长期计划制定出来的，是长期计划的细化，是保证长期计划得以实现的重要手段。由于年度计划以自然年为计划期，时间不太长，而且在一个自然年内，内外部条件的变化有较强的规律性，因而计划的内容相对比较具体。它是物流企业组织商品流通活动的主要计划。

短期计划也称作业计划或进度计划，一般以季度、月、旬为计划周期。短期计划是依据年度计划对商品流转活动制定的，它的主要内容是具体的进、销、运、存的工作计划，是年度计划实现的保证。

（2）按计划所涉及的活动范围分，可分为战略计划、战术计划和作业计划。

战略计划是由高层管理者制定的，对物流企业的全部活动所作的战略安排。它通常具

有长远性、计划期限较长等特点。

战术计划是依据战略计划而制定的，同时它也是战略计划得以实现的保证。它是由物流企业的中层管理者制定的，一般是阶段性的计划，用于指导物流企业各部门的共同行动，以完成具体的任务。

作业计划是基层管理者制定的细节计划，是物流企业各部门或更小生产单位的具体行动计划，如某车队的具体送货计划、流通加工部门的加工计划等。

（3）按物流活动的职能分，可分为运输计划、库存计划、包装计划、流通加工计划、装卸搬运计划、配送计划等。这些计划都是以物流的基本活动为内容，如运输计划是运输部门制定的如何实现运输活动目标的行动指南。

以上各种类型的计划不是彼此割裂的，它们之间往往存在着内在的联系，是分别适用于不同条件下的计划所组成的一个计划体系。

2. 物流企业计划的内容

一般来说，物流企业计划应由计划目标、任务、方针措施、实施者、实施步骤和预算等要素构成。计划目标是物流企业通过该计划的实施所期望获得的总体效果或解决的问题。它通常由一系列具体指标构成，如运输时间、库存周转率、库存天数等。计划任务表明物流企业在计划期内要开展的具体物流活动。方针措施规定了物流企业开展物流活动应遵循的方针政策、行动方案以及各种应急措施等。物流企业计划要明确规定计划的具体执行者，它可以是一个部门如运输部，也可以是一个人如运输经理。计划步骤说明了各项物流活动之间的关系，并确定了每项物流活动的开始时间和结束时间。预算用来明确物流企业计划实施所需要的各种耗费。

从物流企业经营的角度而言，物流企业计划的内容主要包括商品流转计划、财务计划、劳动工资计划、基本建设计划和职工培训计划 5 个方面。

（1）商品流转计划。商品流转计划是物流企业的基本计划，是企业对计划期内商品流通规模的具体规定。它主要包括商品销售计划、购进计划和库存计划等。

商品销售计划是以市场需求为依据编制的。销售计划指标包括销售量、销售额、销售结构、市场定位、市场占有率等。

商品购进计划是以商品销售计划为依据编制的，是商品销售计划的资源保证。商品购进计划指标包括购进数量和金额、购进品种、购进时间、供货厂商等。

商品库存计划是为衔接商品销售和购进而制定的计划，是由商品销售规律、库存政策与运输条件等所决定的。库存计划指标主要有库存量、库存金额、库存结构和库存控制策略等。

（2）财务计划。财务计划包括流动资金计划、商品流通费用计划和利润计划三部分，它是物流企业资金运动和经济效益的综合性计划的反映。财务计划的编制要以商品流转计划为依据，它要明确规定商品流转顺利进行所需的资金来源、商品流转所必须支出的费用、企业完成商品流转计划形成的盈利及分配政策。

财务计划的指标主要通过物流企业的现金计划、预期损益表和预期资产负债表等表示出来。因此，财务计划的编制主要是计算现金流量，确定借款数额和借款时间，编制预期损益表和资产负债表。

（3）劳动工资计划。劳动工资计划是对完成物流企业计划所需劳动力和劳动报酬数额的规定。同时，它还要确定在保证服务质量的前提下不断提高劳动生产率的策略。劳动工资计划的主要指标有职工人数、人员结构、工资总额和劳动效率等。

（4）基本建设计划。基本建设计划是物流企业为了扩大经营规模或提高经营效率，在物流固定资产投资项目方面的建设计划。如：扩大物流中心的覆盖范围、提高物流自动化程度、改善物流信息交流手段等。基本建设计划的编制要以物流企业发展目标和商品流转计划为依据，同时要充分考虑物流企业自身的投资能力和投资效果。基本建设计划的指标主要有：建设项目、建设规模、投资额和投资效果等。

（5）职工培训计划。它是物流企业为提高职工素质而进行智力投资的计划。其计划指标的内容主要包括培训方式、培训内容、培训人数和培训时间等。

【知识链接 4-2】

物流企业计划书

物流企业计划书一般由计划导入、计划概要、计划背景、计划意图、计划方针、计划构想、计划设计和附录 8 个部分组成。物流企业在制定计划书时，要根据物流企业的实际情况、所制定计划的类型和目标来设计计划书的具体内容。一般地，物流企业计划书的构成及其内容如表 4-12 所示。

表 4-12 **物流企业计划的构成**

构　成	内　容	说　明
计划导入	封面	物流企业计划书的脸面，应充满魅力
	前言	阐述物流企业计划实施的必要性和作用
	目录	反映物流企业计划书的总体结构
计划概要	计划概要	简要简述物流计划书的总体思路和内容
计划背景	物流现状分析	重点分析物流企业的实际状况，充分说明物流企业计划的实施对当前状况的改善
计划意图	物流目标设定	确定物流企业计划的目的、目标和意义
计划方针	物流总体计划	从总体上明确物流计划的方向、原则，规定计划的内容
计划构想	物流实施策略	明确物流计划实施的具体策略，提高计划的效果
	物流实施计划	细化物流实施策略，将实现物流目标的方法具体化
计划设计	物流计划资源	确定实施物流计划所需的运输、仓储、包装、费用等资源，预测物流实施的总体效果
附录	参考资料	与物流计划相关的补充资料

二、物流企业经营计划的编制与控制

1. 计划编制的工作程序

物流活动的任务始于计划，其实质是对物流活动要达到的目标及途径进行事先规定。虽然计划的类型和表现形式各种各样，但科学地制订计划所遵循的步骤却具有普遍性。完整的计划工作程序如图 4-9 所示。

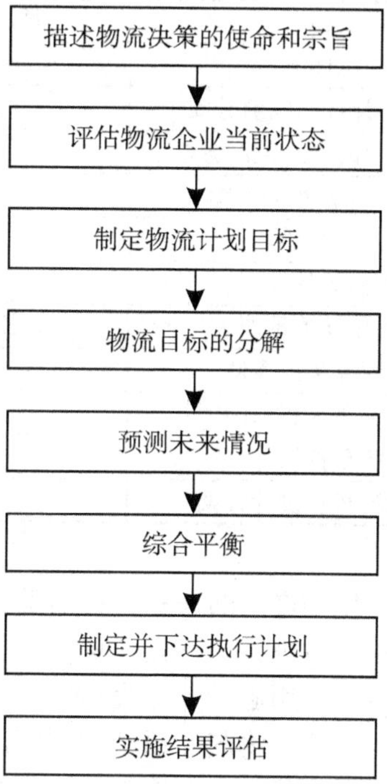

图 4-9　计划制定的工作程序

2. 计划编制的方法

随着现代物流的发展，物流网络越来越复杂，物流活动非常多，如何确保各项物流活动有条不紊地进行是非常困难的。网络计划方法能够有效地对物流活动之间的关系进行有效控制。因此这里主要介绍网络计划方法。

网络计划技术于 20 世纪 50 年代后期在美国产生和发展，目前在组织活动的进度管理、特别是企业管理中得到了广泛应用。它是用网络图来表示活动之间的关系和进度，最著名的两种网络模型是关键路线法和计划评审法。这两种方法的目标和分析方法十分相近。主要的不同是关键路线法假定项目中各项活动的时间预测准确并且固定不变，而计划评审法对各项活动的不确定时间进行三点估计，计算每项活动的期望值和标准差。

网络计划方法能够反映整个物流网络中各项活动的逻辑性，清晰地显示关键物流活动，有利于对整个物流网络活动进行优化。网络计划方法的基本步骤如下。

（1）物流任务分解，即把整个物流任务分解成具体的物流活动。

（2）确定各项物流活动之间的先后关系，绘制网络图。

网络图有节点型和箭线型两种绘制方法。在节点型网络图中，节点表示作业；在箭线型网络图中，节点表示作业开始时间和结束的时间。相对箭线型网络图而言，节点型网络图更容易构建和修改，因而得到了更广泛的应用。下面以表4-13中的资料来说明节点型网络图的绘制方法。

表4-13　**某物流企业物流系统布置设计的活动清单**

活动代号	活动描述	紧前活动	活动所需时间
A	物流系统总体分析	——	1
B	当量物流量的计算与物料分类	A	3
C	物流各部门之间的相互关系分析	A	2
D	绘制物流-作业相互关系图	B，C	1
E	必要面积的计算	D	1
F	可用面积的计算	D	0.5
G	绘制面积相互关系图	E，F	1
H	确定物流系统修正条件	G	0.5
I	确定物流系统实际制约因素	G	0.5
J	确定物流系统布置设计方案	H，I	3
K	评价物流系统布置设计方案	J	3

根据活动清单中规定的物流活动之间的关系，将活动代号栏中所有的活动逐项画在网络图上，绘制网络图时应该从左至右进行。首先，从活动代号栏中找出没有紧前活动的活动，它是要进行的第一项物流活动。用起始节点表示第一项活动，画在最左边。然后找出并用节点起始活动的紧后活动，用箭头将起始活动和其紧后活动连起来。接着，再找出当前活动的紧后活动，并用箭头将它与紧前作业连起来。依此类推，直到所有作业都在网络图上表示出来，如图4-10所示。

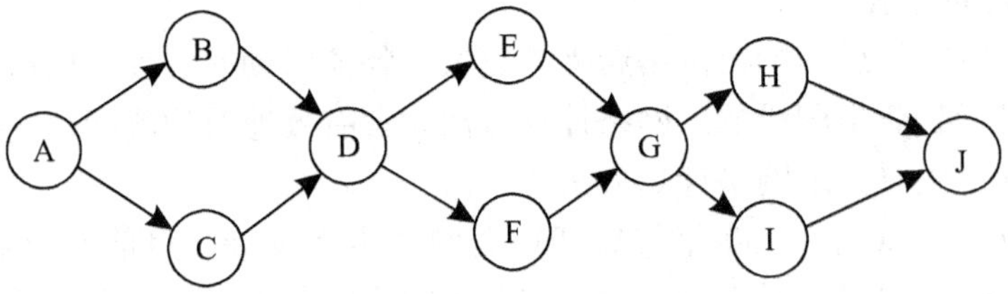

图4-10　物流系统布置设计网络图

值得注意的是，在节点型网络图中，只有唯一的起始节点和唯一的终止节点。如果有多个起始节点，必须增加一个“虚”的起始活动，所有的起始活动是该虚活动的紧后活动。同样地，如果有多个终止活动，则必然增加一个“虚”的结束活动，所有结束活动都是该虚活动的紧前活动。

（3）估计各项物流活动所需的时间。关键路线法采用单点时间估计法，而计划评审技术采用三点时间估计法。

单点时间估计法是用一个时间来表示活动的时间。活动时间可采用类比法、定额法和统计法确定。三点时间估计法用最乐观时间 a、最可能时间 m 和最悲观时间 b 三个时间参数来表示活动的时间。用三个时间参数表示作业时间时，需要按以下公式计算活动的期望值和方差：

期望值：$t=\dfrac{a+4m+b}{6}$

方差：$\sigma^2=\left(\dfrac{b-a}{6}\right)^2$

（4）计算网络参数，确定关键物流活动的路线。对于节点型网络图而言，需要计算每个活动的两种开始和结束时间：最早开始时间、最早结束时间、最迟开始时间和最迟结束时间。同时，要确定关键的物流活动路线，以便于对物流活动网络进行优化。

（5）网络计划的优化。为了加快物流系统运作的进度、减少成本和平衡资源的利用率，需要对网络图进行优化，主要包括时间优化、时间-成本优化和时间-资源优化。

（6）网络计划的控制。网络计划制定后，就需要下达网络计划，并对计划执行进行控制，包括严格监控资源、成本、质量和预算。

3. 计划控制

控制是监视物流企业各项活动以保证它们按计划进行并纠正各种重要偏差的过程。控制过程可以划分为三个步骤：衡量实际绩效；比较实际绩效与标准；采取管理行动来纠正偏差或不适当的标准，如图 4-11 所示。

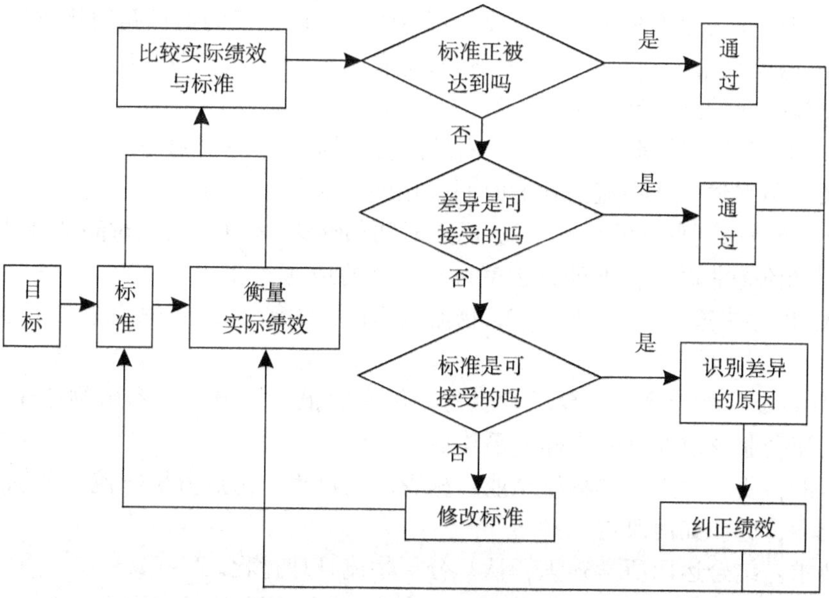

图 4-11 计划控制过程图

【思考与练习】

•基本训练

□知识题

一、阅读理解

1. 物流企业 KPI 考核内容有哪些?

2. 物流企业的目标有哪些?

3. 如何制定物流企业目标?

4. 物流企业经营决策的方法有哪些?

5. 物流企业经营计划有哪些种类?

6. 如何编制物流企业的经营计划?

二、知识应用

1. 判断题

(1) 目标管理方法中的目标主要用于激励下级努力工作。( )

(2) 物流企业的目标主要分为服务目标和成本目标两大类。( )

(3) 物流企业对物流决策问题的未来情况拥有完整的信息、没有不确定因素时的决策是风险型决策。( )

(4) 根据计划所涉及的活动范围,可将物流计划分为运输计划、仓储计划、装卸计划和配送计划等。( )

(5) 在不确定性决策中,采用乐观原则时的决策结果最优。( )

2. 选择题

(1) 下面属于定量决策方法的是( )

A. 头脑风暴法　　B. 德尔菲法　　C. 盈亏平衡法

(2) 物流企业的运输车队为了完成一项运输任务而进行的运输路线优化决策是( )

A. 战略决策　　B. 战术决策　　C. 业务决策

(3) 物流企业的基本计划是( )

A. 职工培训计划　　B. 商品流转计划　　C. 财务计划

(4) 关键路线法估计物流活动的时间采用的方法是( )

A. 单点时间估计法　　B. 两点时间估计法　　C. 三点时间估计法

(5) 对物流企业而言,下列属于多目标决策的是( )

A. 库存决策　　B. 物流网络优化决策　　C. 运输决策

□技能题

1. 参观 1~2 家物流企业,要求学生写一份参观报告,报告内容由物流企业目标管理的方法、物流企业绩效评价的指标体系构成。

实训目的:要求学生了解物流企业目标管理的过程,重点分析物流企业绩效评价指标包含哪些内容,应该如何改进。

实训要求:结合运用所学知识,认真分析物流管理过程。

2. 查阅国内外知名物流企业的网站和相关资料,分析国内外物流企业的决策方法和计划制订的方法。

实训目的：了解物流企业常用的决策方法，分析不同物流计划制订的方法。比较物流企业在决策和计划方面有什么异同点？

实训要求：根据本章所讲的决策方法和计划制订的方法，认真思考物流企业如何更好地作决策、订计划？

• 案例分析

英国零售大佬仓库运作准确率达 99.7% 仍不满意

桑斯博里（Sainsbury's）公司成立于1869年，是英国最大的零售连锁商，主要经营食品及药品业务，曾连续多年现身《财富》杂志全球500强企业榜单，2009年居榜单261位。桑斯博里的供应链团队在过去的几年中一直将重点聚焦在提高商品现货率问题上，当时较差的现货率迫使零售商花费巨额费用安装自动上货系统。当King于2004年接替Davis成为执行官后，将提高商品现货率从供应链诸多问题中单独筛选出来，将其列为重点改进环节。

桑斯博里已经完全革新了货物处理的整个进程。供应链的工作很大一部分精力都花在人力上，包括货仓收货和运输车的司机，桑斯博里改善了他们的合同福利，革新物流进程，改变了很多员工的工作岗位。除了圣诞节都实行一周七天，每天24小时的工作制。为了迎合消费者的需求，在很多层面上都进行了灵活的调整，这意味着公司将工作的步伐与顾客的节奏保持一致。桑斯博里试图更好地培训员工，帮助他们降低日常工作中的出错率。尤其在粘贴产品标签、包装环节上。通常员工会定期审核，其成绩常常是100%无差错。桑斯博里引进了集成运输管理系统（ITMS），其优势是能准确地传输即时商品信息，有效地降低货架空置率。其技术整合了车载电脑和卫星跟踪，将整个运输流程变得更加透明。

目前桑斯博里已经基本解决了仓库取货准确性问题，与前几年不同的是，目前取货准确率已经达到99.6%。而位于Rye公园的仓库运作准确率更是高达99.7%。听起来似乎很不错，但物流主管King认为0.3%～0.4%的出错率对于公司超大的业务量而言依旧不是一个小数字。杂货店能否真正实现100%的商品现货率？整合所有使用中的工具、器械，能否做到100%的准确率？这个世上没有不可能，永远不要轻易地降低要求。

资料来源：http：//www.chinawuliu.com.cn/cflp/newss/content1/201007/772_33229.html.

问题：桑斯博里采取了哪些措施来提高仓库运作准确率？

• 综合实训

实训项目：物流企业经营决策与计划

1. 实训目的

(1)通过本项目实训，使学生了解物流企业经营决策的内容。

(2)运用本章所讲的方法对物流企业的实际问题进行决策。

(3)熟悉物流企业计划制定的方法。

2. 实训要求

(1)在企业期间遵守各项规章制度，注意劳动安全。

(2)物流企业工作繁忙，实习时不得妨碍工作人员工作。

(3)要虚心好学，多向工作人员请教。

3. 实训内容

(1)在大、中和小型物流企业实习。

(2)学习不同类型物流企业的决策方式。

(3)学习物流企业如何制订计划，如何保证计划的顺利实施。

4. 具体安排

(1)深入实习物流企业的各个部门，了解各物流部门的日常决策问题。

(2)认真分析物流企业针对不同问题所采用的决策方法。

(3)从整体上分析物流企业计划制订的过程与方法。

(4)结合物流企业计划执行情况，分析如何能够更好地保证计划顺利实施。

(5)撰写实践报告和实训报告幻灯片。五到六人为一组，相互讨论。

(6)最后开设课堂讨论课，各个小组展示自己实际成果，相互交流实训经验。

第五章　物流企业的作业管理

☞**学习目标：**

- 知识目标

◎了解采购的含义及分类，运输的功能及原理，配送的类型，包装的作用和分类；

◎明确企业采购的流程，仓储的基本概念，配送的流程，流通加工的概念及作用；

◎熟知采购管理的内容，物流企业运输系统的基本要素，仓储的基本作业过程，配送合理化的判断标志，典型的装卸工艺流程；

◎掌握运输作业管理的内容，库存控制的方法，配送合理化的实现方法。

- 技能目标

◎能够参与物流企业的作业管理；

◎能够参与设计仓储的作业流程。

【引例】

海尔集团的物流改革

海尔集团从1999年初年开始物流改革，首先海尔物流整合了采购系统，将集团的采购活动全部集中，在全球范围内采购质优价廉的零部件。海尔一年的采购费用约150多亿元，有1.5万种品种，供应商2000多家。2001年，海尔通过物流整合采购，加强采购管理，全球集合竞价，使供应商的数目减少到900多家，集团采购人员优化后，减少1/3，成本每年降低4.5%以上。因为零部件库的管理不太先进，库存资金占用比较大，甚至有些呆滞，所以海尔物流首先选择零部件作为首要的突破点。建立了现代化的立体库，开发了库存管理软件，使其达到最先进水平。之后，发现车间、分货方和经销商的管理水平跟不上，于是又向他们推荐先进的作业方法。立体库带动了机械化搬运和标准化包装，采用标准的托盘和塑料周转箱，都符合国际标准。因海尔生产的零部件种类繁多，所以就用标准的容器将其规范化，便于机械化搬运，便于管理。把检验集中起来，尽量分散到分供方和第三方仓库去检验。这样减少了大量的库存，目前只有3天的库存量，库存资金也大大减少。同时，海尔也利用第三方物流进行内部配送。海尔成立了物流推进本部，下属采购、配送、运输三个事业部，专业从事海尔全集团的物流活动，使得采购、生产支持、物资配送从战略上一体化。

这一案例表明：采购、运输、仓储、配送、流通加工等活动是物流企业管理的重要内容。加强上述各个物流环节的管理，并且使之协调一致地运作，是物流企业作业管理的目标。提升物流企业的作业管理水平，可以降低成本，提高效率，从而向顾客提供高质量、个性化的和快捷、周到的服务。

第一节　采购管理

一、企业采购的流程

1. 采购的含义及分类

采购是指企业在一定的条件下从供应市场获取产品或服务作为企业资源，以保证企业生产及经营活动正常开展的一项企业经营活动。

根据不同的分类依据，采购有不同的类型。

（1）按采购方式分。

招标采购。即将某种需要采购的商品的所有条件详细列明，公开招徕商品供应商投标竞争售卖，从而购进商品的采购方法。商品采购的条件一般包括：商品品名、规格、数量、交货期、运输方式、付款方式、罚则、投标押金、投标商资格、公证、开标日期等内容。

询价采购。询价采购也称货比三家，是指采购单位向有关供应商（通常不少于 3 家）发出询价单，然后对供应商提供的报价进行比较，并确定中标供应商的采购方式。

比价采购。比价采购又称为限定厂商公开招标，即已知少数厂商有供应能力，事先拟定有关政策和条款并通知其参加投标和竞标。

议价采购。议价采购通常基于货物专利或特定条件，与个别供应商进行接触洽谈。不公开当众竞标，买卖双方面对面就货物价格讨价还价，最终确定货物供应商。

定价采购。定价采购是指拥有定价权的大采购商采用定价的方式，不定期通过媒体渠道向社会发布包括商品价格、商品质量等要求的采购信息，有意愿合作的供应商根据本企业的情况与采购商进一步洽谈。

（2）按采购组织分。

集中采购。集中采购是指将采购工作集中于一个部门办理，一般情况下，企业其他各部门不拥有采购权。

分散采购。分散采购是指将采购工作分散给各需求部门自行办理。此种采购制度通常适用于规模比较大、分布比较广的企业。

（3）按采购环节分。

直接采购。企业直接从制造商或原料企业进行采购。

调拨采购。在制造商与客户之间，对货物进行调拨以满足需要。

委托采购。通过委托采购代理商向制造商进行商品采购的方式。

（4）按采购时间分。

固定采购。采购时间固定，基本保持不变。

非固定采购。采购不定时，按需进行。

紧急采购。由于某种缘故而做出的超出计划之外的采购行为。

【知识链接 5-1】

传统采购与科学采购

传统采购的一般模式是，每个采购周期的期末，企业各个单位报下期的采购申请单，列出需要采购的物资的品种数量，制订出统一的采购计划并实施采购。这种采购以采购申请单为依据，以填充库存为目的，管理比较简单、粗糙，市场响应不灵敏，库存量大，资金积压多，库存风险大。

科学采购包括以下几种方法。

①订货点采购。订货点采购是由采购人员根据各个品种需求量和订货提前期的大小，确定每个品种的订货点、订货批量或订货周期、最高库存水准等，然后建立起一种库存检查机制，当发现库存量到达订货点时，就检查库存、发出订货单，订货批量的大小由规定的标准确定。

②MRP 采购。MRP 采购，即物料需求计划，主要应用于生产企业。它是由企业采购人员使用 MRP 应用软件，制订采购计划而进行采购的。

③JIT 采购。JIT 采购，也叫准时化采购，是一种完全以满足需求为依据的采购方法。需求方根据自己的需要，对供应商下达订货指令，需求供应商在指定的时间，将指定的品种、指定的数量送到指定的地点。

④供应链采购。供应链采购是一种供应链机制下的采购模式。在供应链机制下，采购不再由采购者操作，而是由供应商操作，叫做供应商管理库存（VMI）。

⑤电子商务采购。电子商务采购也就是网上采购，是在电子商务环境下的采购模式。

2. 企业采购的流程

任何企业都需要规定采购的一般流程，规范采购作业的行为模式，以保证工作质量，防止资金不必要的流失，这样才能做到采购管理的科学化。

（1）提出采购需求计划。

采购需求计划必须严格地按照销售和生产部门的需要以及现有的库存量，对品种、数量、保险库存量等因素做出科学的计算后才能提出，并且要有审核制度，采购的数量、种类、价格等必须是经过主管部门的批准才有效。通过对采购需求计划的控制，可以防止随意和盲目采购。

（2）认证供应商。

在买方市场中，由于供大于求，市场上往往有众多的供应商可以选择，此时买方处于有利地位，可以货比多家。选择供应商是企业采购过程中的重要环节，应该尽可能地列出所有的供应商清单，采用科学的方法挑选合适的供应商。

（3）发出采购订单。

采购订单相当于合同文本，具有法律效力。签发采购订单必须十分仔细，每项条款都要认真填写，关键处用词须反复推敲，表达要简洁，含义要明确。对于采购的每项物品的规格、数量、价格、质量标准、交货时间与地点、包装标准、运输方式、检验形式、索赔条件与标准等都应该认真进行审核。

(4) 跟踪订单。

采购订单签发后，并不是采购工作就此结束，必须对订单的执行情况进行跟踪，防止对方违约；为保证订单顺利执行，货物按时进库，对订单实施跟踪还可以使企业随时掌握货物的动向，万一发生意外事件，可及时采取措施，避免不必要的损失或将损失降低到最低。

(5) 接受货物。

货物运到自己的仓库后必须马上组织人员对货物进行验收。验收是按订单上的条款进行的，应该逐条进行，仔细查对。除此之外，还要查对货损情况，检查货损是否超标。对发现的问题，要查明原因，分析责任，为提出索赔提供证据。货物验收完毕才能签字认可。

(6) 评估采购工作。

对于采购工作的总结评价才是一次采购工作的完整结束。评估的目的是为管理供应商提供实际操作的表现数据，使得订单操作更加畅通。评估的主要内容可以包括：供应的及时状况；紧急订单的完成情况；组织效率；采购人员的能力及责任心；供应商的质量、成本、供应能力、服务能力等内容。

二、采购管理概述

1. 采购管理的含义

采购管理是对整个企业采购活动的计划、组织、指挥、协调和控制活动。采购管理是管理活动，是面向整个企业的。而采购只是指具体的采购业务活动，是作业活动，一般是由采购人员承担工作，只涉及采购人员个人。

2. 采购管理的目标

(1) 提供企业所需的物资和服务。

这是采购管理最基本的目标。最初，采购部门就是为此目标而设的，提供不间断的物料和服务，以便使整个组织正常运转，这是采购部门的第一要务。

(2) 努力降低成本。

当质量、发送和服务方面的要求得到满足时，采购部门还是应该全力以赴地以最低的价格获取所需物料和服务。

(3) 使存货和损失降到最低。

保证物料供应不间断的一个方法是保持大量的库存，但保持库存必然占用资金，这些资金再不能用于其他方面。

(4) 保持并提高自己的产品或服务质量。

为了生产产品或提供服务，每一种物料的投入都要达到一定的质量要求，否则最终产品或服务将达不到期望的要求，或是其生产成本远远超过可以接受的程度。

3. 采购管理的内容

采购管理包括以下内容。

(1) 采购管理组织。

采购管理组织，是采购管理最基本的组成部分，为了搞好企业复杂繁多的采购管理工作，需要有一个合理的管理机制和一个精干的管理组织机构，还要有一些能干的管理人员和操作人员。

（2）需求分析。

需求分析，就是要弄清楚企业需要采购一些什么原料，需要采购多少，什么时候需要什么原料，需要多少等问题。

（3）资源市场分析。

资源市场分析，就是根据企业所需求的物资品种，分析资源市场的情况，包括资源分配情况、供应商情况、品种质量、价格情况、交通运输情况等。

（4）制订采购订货计划。

制订采购订货计划，是根据需求品种情况和供应商的情况，制订出切实可行的采购订货计划，包括选定供应商、供应品种、具体的订货策略、运输进货策略以及具体的实施进度计划等，具体地解决什么时候订货、订购什么、订多少、向谁订、怎样进货、怎样支付等这样一些具体的计划问题，为整个采购订货进货规划一个蓝图。

（5）采购计划实施。

采购计划实施，就是把上面制订的采购订货计划分配落实到人，根据既定的进度实施。

（6）采购评价与分析。

采购评价与分析，就是在一次采购完成以后对这次采购的评估，或月末、季末、年末对一定时期内的采购活动的总结评估。

（7）采购监控。

采购监控，是指对采购活动进行的监控活动，包括对有关采购人员、采购资金、采购活动的监控。

（8）采购基础工作。

采购基础工作，是指为建立科学、有效的采购系统，需要建立的一些基础建设工作，包括管理基础工作、软件基础工作和硬件基础工作。

三、供应商关系管理

1. 供应商关系管理的含义

企业生产经营所需的产品与服务大部分要通过对外采购获得，所以企业对供应商具有很强的依赖性。因此，如何全面地管理与供应商之间的关系，以此减少成本、增加利润，便成为企业相当重要的一个环节。

正如当今流行的客户关系管理（CRM）是用来改善与客户的关系一样，供应商关系管理（Suppliers Relationship Management，SRM）是用来改善与供应链上游供应商的关系的，它是一种致力于实现与供应商建立和维持长久、紧密伙伴关系的管理思想，旨在改善企业与供应商之间关系的新型管理机制。它通过对双方资源和竞争优势的整合来共同开拓市场，扩大市场需求和份额，降低产品前期的高额成本，实现双赢。

企业采用供应商关系管理能带来如下好处。

（1）优化供应商关系，企业可以依据供应商的性质以及其对企业的战略价值，对不同供应商采取不同的对待方式。

（2）建立竞争优势，并通过合作，快速地引入更新、更好、以顾客为中心的解决方案，来增加营业额。

（3）扩展、加强与重要供应商的关系——把供应商集成到企业流程中。

（4）在维持产品质量的前提下，通过降低供应链与运营成本来促进利润提升。

2. 供应商关系管理思想的演变

从传统的供应商关系管理发展到现代的供应商关系管理，企业在供应商管理方面有很大的创新。通过表5-1的比较可以看出，两种管理模式有着根本的区别。在对物流管理在企业中的地位与作用有了更加清醒的认识之后，许多企业已将供应商关系管理提高到公司战略的高度来对待，并且在实践中继续不断探求供应商关系管理的合适方法与途径。

表5-1　**传统的供应商管理与现代的供应商管理的区别**

比较项目	传统的供应商管理	现代的供应商管理
供应商数目	多数	少数
与供应商关系	短期、买卖关系	长期合作、伙伴关系
企业与供应商的沟通	仅限于采购部与供应商的销售部之间	多方多个部门之间
信息交流	仅限订货收货信息	多项信息共享
价格谈判	尽可能低的价格	互惠的价格、双赢
供应商选择	凭采购员经验	完善的程序
供应商对企业的支持	无	提出建议
企业对供应商的支持	无	技术支持

【案例分析5-1】

波音公司的供应商关系管理

通过考察波音公司商用飞机的业务情况，可以发现供应商关系在其全盘业务中的重要性。该公司多年来一直把重点放在性能卓越的喷气机系列747、757、767、777机型上，尽管每一架飞机都是由波音公司设计和制造的，但实际上全球的供应商们都为之作出了重要的贡献。长期以来，波音公司与日本的4家飞机制造公司建立了良好的供应商关系。为了解波音公司与上述日本供应商的关系，需要退回到几十年前。当时，波音公司在日本第一次试销飞机，为了成功地向日本航空公司推销自己的产品，附加条件是波音公司必须把某些有关的零件制造业务承包给日本的公司。为了打开和占领日本市场，波音公司的管理者接受了这种条件。

这就使双方开始了一个动态的策略变化过程，最终导致了二者目前重大的相互依赖关系。到20世纪90年代末，部件外购的成分占了一架飞机总价值的50%。事实上，日本这

4家公司在宽体喷气式飞机的机体中贡献了近40%的价值，使用的专业技术和工具在许多方面都是全球最领先的。

分析：波音公司与供应商建立和维持长久、紧密伙伴关系，通过对双方资源和竞争优势的整合来共同开拓市场，扩大市场需求和份额，最终实现双赢。

第二节 运输管理

一、运输概述

1. 运输的概念

运输是指用交通工具把人或物资从一个地方运到另一地方。物流的运输则专指“物”的载运及输送。运输是物流企业的重要职能。不论是运输型物流企业、综合服务型物流企业，还是仓储型物流企业，运输活动都居于特殊地位。因此，如何抓好物流企业的运输管理，是物流企业作业管理的关键环节。

2. 运输的功能

运输是物流作业中最直观的要素之一。运输提供两大功能：产品转移和产品短期储存。

（1）产品转移。

运输实现了产品在空间上的转移。通常情况下，产品在生产与需求之间存在着空间和时间上的差异，运输的作用即是克服这种差异。

（2）产品短期存储。

将运输工具作为暂时储存的场所。当交付的货物处在转移之中而原始的装运目的地被改变时，产品也需要临时的储存。另外，在仓库空间有限的情况下，利用运输工具储存也不失为一种可行的选择。

3. 运输的原理

运输管理的两条基本原理是规模经济和距离经济。

（1）规模经济。

规模经济的特点是随着装运规模的增长，每单位重量的运输成本下降。例如，整车装运（即车辆满载装运）的单位成本低于零担装运（即利用部分车辆能力进行装运）。铁路或水路之类运输能力较大的运输工具其每单位重量的费用要低于诸如汽车或飞机之类运输能力较小的运输工具。运输规模经济之所以存在，是因为有关的固定费用可以按整批货物的重量分摊。规模经济使得货物的批量运输显得合理。

（2）距离经济。

距离经济的特点是每单位距离的运输成本随运输距离的增加而减少。距离经济的合理性类似于规模经济，尤其体现在运输装卸的费用上的分摊。距离越长，可使固定费用分摊后的值越小，导致每单位距离支付的总费用很小。

二、物流企业运输系统

1. 运输系统的基本要素

运输系统的基本要素包括运输对象、运输手段和运输参与者。

(1) 运输对象。

运输对象统称为货物。货物可以分为成件物品、液态物品、散碎物品、集装箱、危险物品、易腐物品、超长超重物品等几大类。

(2) 运输手段。

运输手段是指物质手段，主要包括运输工具、运输线路（通道）、运输站点及配套设施等。运输工具是运输的主要手段，包括铁路机车和车辆、公路机动车辆、船舶、飞机等。运输线路和通道是运输的基础设施，例如铁路线路、公路、水运航道和空运航线等。运输站点及配套设施。运输站点就是运输网络的节点，例如铁路车站、汽车站、货场、转运站、港口、机场等。

(3) 运输参与者。

这里所说的运输参与者是指货主和承担运输任务的人员。他们是运输活动的主体。

货主是货物的所有者，包括委托人（或托运人）和收货人。

承运人是运输活动的承担者，他们可能是运输企业或个体运输业者。承运人受托运人或收货人的委托，按委托人的意愿以最低的成本完成委托人委托的运输任务，同时获得运输收入。

货运代理人是根据客户的指示，并为客户的利益而揽取货物运输的人，其本人不是承运人。货运代理人把来自各种客户手中的小批量货物整合成大批量货物，然后利用承运人进行运输。送达目的地后，货运代理人再把该大批量装载拆分为原先的较小的装载量，送往收货人。

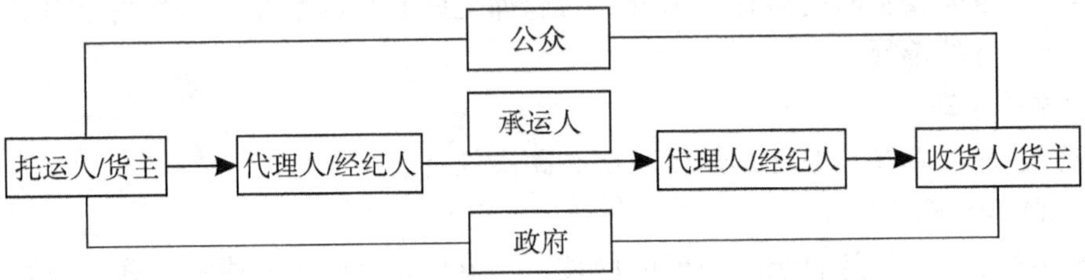

图 5-1 运输参与者

(4) 其他资源要素。

运输的资源要素除上述的人力、运输工具、运输线路（通道）、运输站点及配套设施外，还有信息、资金和时间等，运输管理就是有效利用这些资源，提高运输效率，降低运输成本，满足用户要求。

2. 运输作业管理

运输作业是指通过各种运输方式实现物品实体在空间位置上的转移过程。在商品流通的过程中，伴随着每一次的交易活动，几乎都有相应的物品运输过程。

（1）运输方式的选择。

基本的运输方式有五种：铁路运输、公路运输、水路运输、航空运输和管道运输。五种运输方式各有特色，适合于运输不同距离、不同形式、不同运费负担能力和不同时间需求的物品。

选择运输方式主要考虑如下因素：运输的安全性和准确性、物品的性质、运输时间、交付时间、运输成本、批量的适应性、运输的机动性和便利性等。

①铁路运输。主要承担长距离、大批量的货运。也较适合运输散装、罐装货物；运费负担能力小，货物批量大的货物。

优点：运行速度快；运输能力较大；运输连续性强，由于运输过程受自然条件限制较小，所以可提供全天候的运行；安全性高，运行较平稳；通用性好，可以运送各类货物；运输成本较低；能耗低。

缺点：设备和站台等限制使得铁路运输的固定成本高，建设周期较长，占地也多；近距离的运费较高；长距离运输情况下需要进行货车配车，其中途停留时间较长；装卸次数较多，货物破损通常也比其他运输方式多。

②公路运输。一般指汽车运输，主要承担近距离、小批量的货运，以及水运、铁路运输难以到达地区的长途、大批量货运。由于高速公路的迅猛发展，较远距离的大批量运输也开始使用公路运输。

优点：灵活性强，可实现“门到门”运输；装卸方便，运输速度快，物品损耗少；不仅承担着为铁路、水路和航空运输进行集疏运的任务，而且还在一些缺乏铁路和水路航线的地区承担着干线运输的任务。

缺点：与铁路、水路运输相比，公路运输能力较低；运输成本和能耗高，劳动生产率低；不适宜大宗物资运输和长距离运输。

③水路运输。适合于承担运量大、运距长，对时间要求不太紧，运费负担能力相对较弱的货运任务。

优点：几种运输方式中，水路运输的运输能力最大；运输成本低，能以最低的单位运输成本提供最大的货运量，尤其在运输大宗货物或散装货物时，采用专用的船舶运输，可以取得更好的技术经济效果；劳动生产率高；平均运距长。

缺点：运送速度慢，准时性差；受自然气象条件因素影响大；航行风险大，安全性略差；搬运成本与装卸费用高。

④航空运输。目前运输速度最快的运输方式，适合于运输价值高、运费承担能力很强的货物，如贵重设备的零部件、高档产品等的运输，以及紧急需要的物资，如抢险救灾物资等的运输。

优点：高速直达，较少受自然地理条件限制；安全性能高，事故率低；经济性良好，使用年限较长，包装要求低。

缺点：运输能力小，能耗高；设施成本高，维护费用高；受气候条件的影响大；需要航空设施，所以可达性差；运输技术要求高，人员（飞行员、空勤人员）培训费用高。所以航空运输的单位成本在几种运输方式中是最高的。

⑤管道运输。利用管道输送货物，和其他运输方式的重要区别在于管道设备是静止不动的。承担着很大比例的能源物资运输，包括原油、成品油、天然气、煤浆等。

优点：运输效率高，适合于自动化管理；运输费用低；能耗少、成本低；运量大、连续性强；安全可靠、运行稳定、不会受恶劣多变的气候条件影响。

缺点：运输对象受到限制，承运的货物比较单一；灵活性差，不易随便扩展管道，管线往往完全固定，服务区域有限；仅提供单向服务；运速较慢。

（2）承运人的选择。

物流企业有时需要向其他运输企业购买运输服务。此时，物流企业必须根据确定的运输方式选择合适的承运人。虽然某一运输方式的大多数承运人的运价和服务是相似的，但其服务水平存在很大的差异，比如运输时间与可靠性、运输能力与可接近性以及安全性等方面。

运输时间包括接货与送货、中转搬运和起讫点之间运输所需要的时间。可靠性指承运人运送时间的稳定性及诚信度。运输时间与可靠性影响着企业的库存和缺货损失。运输时间越短，可靠性越高，所需的库存水平越低。

运输能力是指承运人提供运输货物所拥有的运输工具与设备的能力。可接近性则是指承运人为企业运输网络提供服务的能力，即承运人接近企业物流节点的能力。运输能力与可接近性直接决定着一个特定的承运人能否提供理想的运输服务。

安全性是指物品在到达目的地的状态与开始托运时的状态应无变化。安全性是选择承运人的必备条件。

（3）单证的管理。

物流企业涉及的运输单证主要包括：提单、运费清单和货运清单。

提单是购买运输服务所使用的基本单证，由承运人开出。它对所装运的物品和数量起着收据和证明文件的作用。在货物发生丢失、损坏或延误的情况下，提单又是索赔的最基本证据。另外，提单上所指定的人是物品唯一真实的受领人。

运费清单是承运人收取其所提供运输服务费用的一种明细方式。运费可以是预付的，也可以是到达后再付的，一切取决于承、托双方事先的协商。

货运清单是当一辆运输工具装运多票货物时，能列明每票货物的停靠站点、收货人、提单、重量，以及每票货物的清点数。其作用是通过提供一份单独的文件，用于明确总货载中的具体内容，而无需检查个别的提单。对于一站到底的托运货物来说，货运清单的作用与提单基本相同。

（4）运输成本与定价。

运输成本包括固定成本、变动成本、联合成本、公共成本等，了解运输成本的构成对物流企业而言是很有必要的。影响运输成本的因素有运距、运量、产品密度、空间利用率、搬运难易度、责任以及市场竞争等。

在确定运费时，往往利用两种方法：一是服务成本定价，二是服务价值定价。前者是从承运人角度出发的，包括承运人的固定成本和可变成本，再加上一定的利润。后者是从托运人的角度出发的，是基于市场承受能力收取费用，并以运输服务方面的需求和竞争环境为基础。在多数情况下，竞争决定价格的制定。

费率是特定的产品在两点之间运输时，单位重量产品的运输价格。费率一般都会罗列在价格单上。承运人为了定价的方便，通常将产品进行分类定价。制定分类费率，第一步是按照一定的规则将运输的产品进行分类，第二步是基于产品的分类和起点站及终点站的位置来确定精确的费率。

第三节　仓储管理与库存控制

一、仓储管理概述

仓储是物流活动的重要环节之一。从物流管理的角度看，仓储是指根据客户的要求，为调节生产、销售和消费活动以及确保社会生产、生活的连续性，避免物品损耗、变质和灭失，而对物品进行储存、保管、管理、供给的作业活动。仓储管理的核心目标是提高仓库的运作效率。

1. 仓储的基本概念

（1）仓库。

仓库是保管、存储物品的建筑物和场所的总称。仓库作为物流服务的据点，在物流作业中发挥着重要的作用，它不仅具有储存、保管等传统功能，还包括拣选、配货、检验、分类等作业功能，并具有多品种小批量、多批次小批量等配送功能及附加标签、重新包装等流通加工功能。

（2）仓库的种类。

仓库可按不同的标准进行分类。

按社会性质分为：自有仓库、营业仓库、公共仓库、保税仓库。

按仓库功能分为：储备仓库、周转仓库。

按保管形态分为：普通仓库、冷藏仓库、恒温仓库、危险品仓库。

按结构和构造分为：平房仓库、多层仓库、高层货架仓库（立体仓库）、散装仓库、罐式仓库。

按仓库地址分为：港口仓库、车站仓库、工厂仓库等。

（3）仓库的设施和设备。

仓库设施或设备是指除主体建筑（库房、货棚、货场）之外，仓储业务所需的所有技术装置与机具。仓库设施或设备是提高劳动效率、缩短商品进出库时间、提高仓储服务质量、充分利用仓容和降低仓库费用的必要条件。

【小思考 5-1】

仓库的设施和设备按照用途可以分为几类？

仓库设施及设备按主要用途和特征，可划分为装卸搬运设备和保管设备。具体包括：

（1）装卸搬运设备。

装卸堆码设备。包括各种起重机、吊车、叉车、堆码机等。

搬运传送设备。包括手推车、搬运车、拉车、运货卡车、各式平面和垂直传送装置等。

(2) 保管设备。

苫垫用品。主要包括苫布、垫垛用品等。

存货用具。包括各种货架、货橱等。

计量设备。从计量方法角度可以分为：重量计量设备，包括各种磅秤、地下及轨道衡器、电子秤等；流体容积计量设备，包括流量计、液面液位计等；长度计量设备，包括检尺器、自动长度计量仪等；个数计量装置，如自动计数器及自动计数显示装置等；还有综合的多功能计量设备等。

养护检验设备。主要有测湿仪、红外线装置、空气调节器以及测试、化验使用的部分仪器和工具。

通风、照明、保暖设备。这是商品养护工作和库内作业使用的设备。

安全设备。包括保障消防安全和劳动安全的必要设备，例如，各种报警器、灭火器材、劳动保护用品等。

其他用品及工具。如小型打包机、标号打印机等。

2. 仓储运作

仓储的基本作业过程可以分为三个阶段，即货物入库阶段、货物保管阶段和货物出库阶段，如图5-2所示为仓储运作流程。

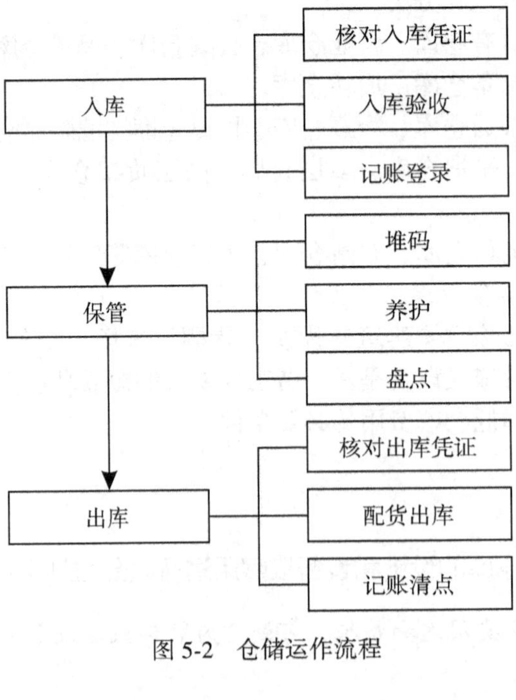

图5-2　仓储运作流程

（1）入库阶段。

①核对入库凭证。根据货物运输部门开出的入库单核对收货仓库的名称、印章是否有误；商品的名称、代号、规格和数量等是否一致；有无更改的痕迹等。只有经过仔细的核对无误后才能确定是否收货。

②入库验收。货物的验收包括对货物规格、数量、质量和包装方面的验收。对货物规格的验收主要是对货物品名、代号、规格等方面的验收；对货物数量的验收主要有对散装货物进行称量，对整件货物进行数目清点，对贵重物品进行仔细的查收等；对货物质量的验收主要有货物是否符合仓库质量管理的要求，产品的质量是否达到规定的标准等；对货物包装方面的验收主要有核对货物的包装是否完好无损，包装标志是否达到规定的要求等。

③记账登录。如果货物的验收准确无误，则应该在入库单上签字，以确定收货，安排货物存放的库位和编号，并登记仓库保管账务。如果发现货物有问题，则应另行做好记录，交付有关部门处理。

（2）保管阶段。

货物进入仓库进行保管，需要安全地、经济地保持好货物原有的质量水平和使用价值，防止由于不合理的保管措施所引起的货物磨损、变质或者流失等现象，具体步骤如下：

①堆码。由于仓库一般实行按区分类的库位管理制度，因而仓库管理员应当按照货物的存贮特性和入库单上指定的货区及库位进行综合的考虑和堆码，做到既能够充分利用仓库的库位空间，又能够满足货物保管的要求。

②养护。仓库管理员应当经常或定期对仓储货物进行检查和养护。检查工作的主要目的是尽早发现潜在的问题，养护工作主要是以预防为主。在仓库管理过程中，采取适当的温度、湿度和防护措施，预防破损、腐烂或失窃等，达到存储货物的安全。

③盘点。对仓库中贵重的和易变质的货物，应经常盘点，其余的货物应当定期进行盘点（例如每年盘点一次或两次）。盘点时应当做好记录，与仓库账务核对。如果出现问题，应当尽快查出原因，及时处理。

（3）出库阶段。

仓库管理员根据提货清单，在保证货物原先的质量和价值的情况下，进行货物的搬运和简易包装，然后发货。

①核对出库凭证。仓库管理员根据提货单，核对无误后才能发货，除了保证出库货物的品名、规格和编号与提货单一致外，还必须在提货单上注明货物所处的货区和库位编号，以便能够比较轻松地找出所需的货物。

②配货出库。凡是需要发运的货物，仓库管理员应当在货物的包装上做好标记，而且可以对出库货物进行简易的包装，在填写有关的出库手续后，可以放行。

③记账清点。每次发货完毕之后，仓库管理员应该做好仓库发货的详细记录，并与仓库的盘点工作结合在一起，以便于以后的仓库管理工作。

二、库存控制的概述

库存控制又称库存管理，即对生产、经营过程的各种物品，产成品进行管理和控制，使其储备保持在经济合理的水平上。库存水平和库存周转速度的高低会直接影响物流成本的高低。库存量过少，会影响到生产经营，还可能失去市场机会；库存量过多，不仅会占压大量资金，增加商品保管费用支出，而且还会加大市场风险。因此，在物流管理中，必须采用科学的方法管理和控制库存。

1. 库存的概念和类型

凡是处在储存状态的物资，都可以称作库存物资，简称库存。按照不同的分类标准，库存可分为以下几种。

按生产过程分类，有原材料库存、在制品库存、产成品库存。

按库存所处状态分类，有在库库存、在途库存。

按存货目的分类，有周转库存、安全库存、促销库存、投机性库存、季节性库存。

2. 库存管理的评价指标

考核库存管理的主要指标是库存周转率。库存周转率是指一定时期（一般为一年或半年）库存周转的速度。库存周转率是衡量库存管理水平的重要指标。在一定意义上，企业的效益由库存周转率所左右。这是因为企业的生产过程实际上是由资金变为存货，经过销售又由存货变为资金，并从中获得利益的过程。在这一循环过程中，库存周转率越高，资金占用越少，资金利用率也就越高，这就意味着在资金相同的情况下，可以获得更高的利润。库存周转率可以用以下公式进行计算：

年库存周转率＝该期间的出库总金额÷该期间的平均库存金额

＝（该期间出库总金额×2）÷（期初库存额＋期末库存额）

提高库存周转率对于加快资金周转，提高资金利用率和变现能力有积极作用，而提高资金库存周转率可以通过合理确定进货批量、削减滞销存货、控制耗用金额高的物品和及时清理过剩物品等措施来实现。但是，库存周转率并不是越高越好。由于库存成本与订货成本、采购成本、缺货成本和相关的风险成本之间有一定的效益悖反现象，因此，库存周转率过高，会造成发生缺货的机会增加以及由于采购次数增加导致采购费用上升等问题。

3. 库存控制方法

（1）ABC 分类管理法

库存商品品种繁多、数量巨大，有的商品品种数量不多但市值很大，有的商品品种数量多但市值却不大；由于企业的资源有限，不能对所有库存商品都同样的重视，因此，要将企业有限的资源用在需要重点管理的库存上，按库存商品重要程度的不同，进行不同的分类管理和控制。

将库存物品按品种和占用资金的多少分为特别重要的库存（A 类）、一般重要的库存（B 类）、不重要的库存（C 类）三个等级，然后针对不同等级分别进行管理和控制。

ABC 分类的依据是库存中各物品每年消耗的金额（该品种的年消耗量乘以其平均单价）占年消耗的总金额的比例。对于怎样划分各物品在每年消耗的总金额的比例，ABC 分类没有一个统一的标准，一般是遵循下面的规律（见表 5-2）：

A 类物品，品种比例在 5%～15%，平均为 10%，品种比重非常小；年消耗的金额比例在 60%～80%，平均为 70%，占用了大部分的年消耗的金额，是关键的少数，是需要重点管理的库存。

B类物品，品种比例在15%～25%，平均为20%；年消耗的金额比例在15%～25%，平均为20%，可以发现其品种比例和金额比例大体上相近，是需要常规管理的库存。

表5-2　　**ABC库存分类比重表**

类　别	品种比例（%）	年消耗的金额比例（%）
A类	10	70
B类	20	20
C类	70	10

C类物品，品种比例在60%～80%，平均为70%，品种比重非常大；年消耗的金额比例在5%～15%，平均为10%，虽然表面上只占用了非常小的年消耗的金额，但是由于数量巨大，实际上占用了大量的管理成本，属于只需要一般管理的库存。

ABC三类货物在管理上的区别如表5-3所示。

表5-3　　**ABC三类货物在管理上的区别**

项　　目	A类货物	B类货物	C类货物
控制程度	严格	一般	简单
库存量计算	按模型计算	一般计算	简单或不计算
进出记录	详细	一般	简单
检查次数	多	一般	少
安全库存量	低	较大	大

（2）定量控制法。

定量控制法也称为连续检查控制法或订货点法。它是在连续不断地检查库存余量的变化，当库存余量下降到订货点 R 时，便提出订购，且订购量是固定的。经过一段订货时间 L，货物到达后补充库存。定量控制法的库存变化如图5-3所示。

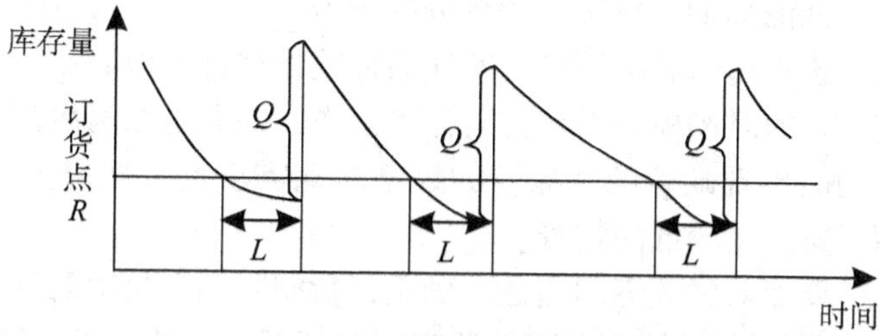

图5-3　定量控制法的库存变化图

图5-3中 R 点为补充库存的重新订货点，每次订货量为 Q，订货提前期为 L。

这种库存控制的特点如下。

①每次的订货批量通常是固定的，批量大小的确定主要考虑库存总成本最低的原则；

②每两次订货的时间间隔通常是变化的，其大小主要取决于需求的变化情况，需求大则时间间隔短，需求小则时间间隔长；

③订货提前期基本不变，订货提前期是由供应商的生产与运输能力等外界因素决定的，与物资的需求没有直接的联系，故通常被认为是一个常数。

这种方法主要通过建立一些存储模型，以求解决库存降到什么水平订购，订购量应该多大，才能使总费用最低这两大问题。

（3）定期控制法。

定期控制法也称周期检查控制法或订货间隔期法，是一种定期盘点库存的控制方法。它的特点是：

①每两次订货的时间间隔是固定的，以固定的间隔周期 T 提出订货。

②每次订货批量是不确定的。管理人员按规定时间检查库存量，并对未来一段时间内的需求情况做出预测，若当前库存量较少，预计的需求量将增加时，则可以增加订货批量，反之则可以减少订货批量。并据此确定的订货量、发出订单。

③订货提前期基本不变。

定期控制法的库存变化如图 5-4 所示。

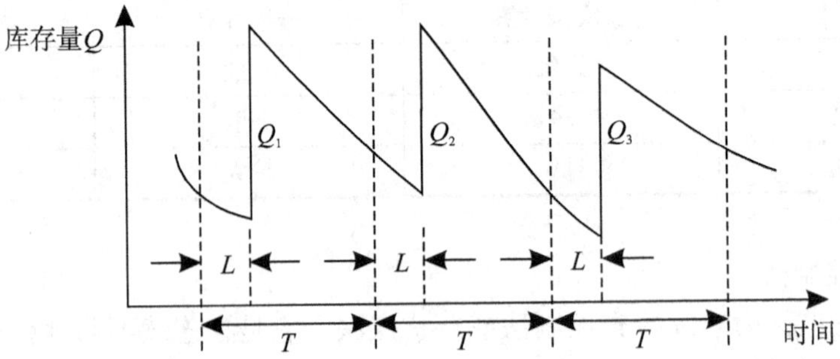

图 5-4　定期控制法的库存变化图

上图中 T 为订货间隔周期，每次订货量分别为 Q_1、Q_2、Q_3，订货提前期为 L。

这种控制方式当物资出库后不需要对库存品种数量进行实地清点，可以省去许多库存检查工作，在规定订货的时候检查库存，简化了工作，缺点是在两次订货之间没有库存记账，则有可能在此期间出现缺货的现象。如果某时期需求量突然增大，也有可能发生缺货，所以一般适用于重要性较低的物资。

这种控制方式主要面对的关键问题是：确定订货间隔期和每次的订购量。

一般来说，其订货间隔周期 T 由存储物资性质而定。对存储费用高、缺货损失大的物资，T 可以定得短一点。反之可定得长一点。

每次订购量可由下式确定：

订购量=平均日需用量×订货间隔周期+保险储备量−现有库存量−已订货未交量

保险储备量=保险储备天数×平均日需用量

保险储备天数可由以往统计资料中平均误期天数来定。

第四节　配送管理

一、物流企业配送的概述

1. 配送的概念

配送是物流活动中一种特殊的、综合的具有商流特征的形式。配送是在经济合理区域范围内，根据用户的要求，对物品进行拣选、加工、包装、分割、组配等作业，并按时送达指定地点的物流活动。

配送是以用户为出发点，用户处于主导地位，配送处于服务地位。因此，配送在观念上必须明确“用户第一”、“质量第一”。配送实质是送货，但与一般的送货有区别。一般的送货可以是一种偶然行为；而配送是一种固定的形态，有确定组织、确定渠道，有一套设施、装备和管理力量、技术力量，有一套规范的制度和体制。

【知识链接 5-2】

配送与运输的区别

配送不同于运输，两者的区别如表 5-4 所示。

表 5-4　**配送与运输的区别**

	配　送	运　输
运输性质	地区内的支线运输	地区间的干线运输
运输工具	汽车为主	各种交通工具
供应链位置	前端或末端运输	中间运输
距 离	短距离	中长距离
物流特点	多品种、小批量、多批次	少品种、大批量、少批次
运输周期	短周期	长周期
功能类型	综合功能，几乎包括物流的所有功能要素	单一功能，货物位置转移

2. 配送的分类

配送可以进行不同的分类。

（1）按实施配送的结点不同分类。

配送中心配送。这种配送的组织者是配送中心，配送专业性较强，配送品种多、数量大一般和用户有固定的配送关系，配送设施及工艺是按用户专门设计的。但由于服务对象固定，其灵活机动性较差；而且由于规模大，要有一套配套设施、设备，使其投资较高。

仓库配送。它一般是以仓库为据点进行的配送，也可以是以原仓库在保持储存保管功能前提下，增加一部分配送职能，或经对原仓库的改造，使其成为专业的配送中心。

商店配送。这种配送的组织者是商业或物资的门市网点。商店配送形式是除自身日常的零售业务外，按用户的要求将商店经营的品种配齐后送达用户。

生产企业配送。配送业务的组织者是生产企业。一般认为，这类生产企业具有生产地方性较强的产品的特点，如食品、饮料、百货等。

(2) 按配送商品的种类和数量分类。

单（少）品种大批量配送。适用于那些需要量大、品种单一的生产企业，可以实行整车运输，有利于车辆满载和采用大吨位车辆运送。

多品种少批量配送。用户所需的物品数量不大、品种多，因此在配送时，要按用户的要求，将所需的各种物品配备齐全，凑整装车后送达用户。

配套成套配送。用户所需的物品是成套性的。例如，装配性的生产企业，需要将所需的全部零部件配齐，按生产节奏定时送达生产企业，生产企业随即将此成套零部件送入生产线装配产品。

(3) 按配送时间和数量分类。

定时配送。按规定的时间间隔进行配送，每次配送的品种、数量可按计划执行，也可以在配送之前以商定的联络方式通知配送时间和数量。

定量配送。按规定的批量在一个指定的时间范围内进行配送。由于配送数量固定，备货较为简单，可以通过与用户的协商，按托盘、集装箱及车辆的装载能力确定配送数量，这样可以提高配送效率。

定时定量配送。按照规定的配送时间和配送数量进行配送，兼有定时配送和定量配送的特点，要求配送管理水平较高。

定时定路线配送。在规定的运行路线上制订到达时间表，按运行时间表进行配送，用户可按规定路线和规定时间接货，或提出其他配送要求。

即时配送。完全按用户提出的配送时间和数量进行配送，是一种灵活性很高的应急配送方式。采用这种方式配送的物品，用户可以实现保险储备为零的零库存，即以即时配送代替了保险储备。

(4) 按经营形式不同分类。

销售配送。配送的主体是销售企业，配送的对象一般是不固定的，因此配送的随机性较强，大部分商店配送就属于这一类。

供应配送。用户为了自己的供应需要而采取的配送方式，它往往是由用户或用户集团组建的配送据点，集中组织大批量进货，然后向本企业或企业集团内若干企业配送。商业中的连锁商店广泛采用这种方式。这种方式可以提高供应水平和供应能力，可以通过大批量进货取得价格折扣的优惠，达到降低供应成本的目的。

销售—供应一体化配送。销售企业对于那些基本固定的用户及其所需的物品，在进行销售的同时还承担着用户有计划的供应职能，既是销售者，同时又是用户的供应代理人。这种配送有利于形成稳定的供需关系，有利于采取先进的计划手段和技术，有利于保持流通渠道的稳定等。

代存代供配送。用户把属于自己的货物委托配送企业代存、代供，或委托代订，然后组织对本身的配送。特点是货物所有权不发生变化，只是货物的位置发生转移，配送企业仅从代存、代供中获取收益，而不能获得商业利润。

（5）按加工程度的不同分类。

加工配送。与流通加工相结合，在配送据点设置流通加工，或是流通加工与配送据点组建共同体实施配送业务。流通加工与配送的结合，可以使流通加工更具有针对性，并且配送企业不但可以依靠送货服务、销售经营取得收益，还可以通过流通加工增值取得收益，如木料的流通加工，使之成为门或窗。

集疏配送。这种配送只改变产品数量的组成形式，而不改变产品本身的物理、化学性质，并与干线运输相配合，如大批量进货后小批量多批次发货，或零星集货后形成一定批量再送货等。

（6）按配送企业专业化程度分类。

综合配送。这种配送的特点是配送的商品种类较多，且来源渠道不同，是在一个配送据点中组织对用户的配送，因此综合性强。它可以减少用户为组织所需全部商品进货的负担，只需和少数配送企业联系，便可以解决多种需求。

专业配送。它是按产品性质和状态划分专业领域的配送方式。这种配送方式可以优化配送设施，合理配备配送机械、车辆，并能制订适用合理的工艺流程，以提高配送效率。诸如中、小件杂货配送，金属材料配送，燃料煤、水泥、木材、平板玻璃、化工产品、生鲜食品等的配送，都属于专业配送。

【知识链接 5-3】

共同配送

共同配送是为了提高物流效益，对许多用户实施一起配送，以追求配送合理化为目的的一种配送形式。共同配送可分为以下几种形式：

（1）由一个配送企业综合各用户的要求，在配送时间、数量、次数、路线等方面的安排上，在用户可以接受的前提下，做出全面规划和合理计划，以便实现配送的优化。

（2）由一辆配送车辆混载多货主货物的配送，是一种较为简单易行的共同配送方式。

（3）在用户集中的地区，由于交通拥挤，各用户按货场或处置场单独进行配置有困难，而设置的多用户联合配送的接收点或处置点。

（4）在同一城市或同一地区中有数个不同的配送企业，各配送企业可以共同利用配送中心、配送机械装备或设施，对不同配送企业的用户实行共同配送。

3. 配送流程

从总体上讲，配送是由备货、理货和送货三个基本环节组成的。

（1）备货。

备货是准备货物的一系列活动，是配送的基础环节。物流企业在组织货源和筹集货物时往往采用两种方法：一是直接向生产企业订货或购货完成此项工作。二是选择商流和物流分开的模式，由货主自己去完成订货、购货等工作，物流企业只负责进货和集货等工作，货物所有权属于货主。

备货环节不仅要筹集货物，而且还承担着存储货物的职能。存储货物是购货、进货活动的延续。在配送作业中，货物存储有两种表现形态：一种是暂存形态，为了适应按日配送或即时配送的需要，在理货场地储存的少量货物；一种是储备形态，储备状态的存储是按照一定时期的配送活动要求和根据货源的到货情况（到货周期）依计划确定的，是使配送持续运作的资源保证。

（2）理货。

理货是配送的一项重要内容，也是配送区别于一般送货的重要标志。理货包括货物拣选、配货和包装等具体活动。货物拣选就是采用适当的方式和手段，从储存的货物中选出用户所需的货物。为了确保经过拣选、配备好的货物的运送质量，有时需要对货物重新包装，并且要在包装物上贴上标签，记载货物的品种、数量、收货人的姓名、地址及运抵时间等。

（3）送货。

送货是备货和理货工序的延伸，是配送活动的末端。在物流活动中，送货实际上就是货物的运输。但是，组成配送活动的运输与通常所讲的干线运输是有很大差别的。前者多表现为用户的末端运输和短距离运输，并且运输的次数比较多；后者多为长距离运输。

二、配送合理化

1. 影响物流配送的因素

物流配送像其他经济活动一样，受到众多因素的影响，概括起来主要有：

（1）人。

人是影响物流配送的核心因素，所以，物流配送一定要坚持“以人为本”的创新理念。事实上，不论是物流配送方案的设计，还是物流配送作业的实施，都是靠人来实现的。

（2）时间。

时间是影响物流配送的重要因素。物流配送中的准时制原则十分重要，物资必须按照计划准时送达目的地。物流配送效率的提高在很大程度上取决于物流配送方案中对时间的合理安排。严格控制物流配送时间是实现准确配送的前提条件。

（3）车辆。

车辆是物流配送的主要工具。配送通过车辆将物资在空间上进行移动，使物资能够送达消费者手中，实现其空间价值。车辆的状况，在很大程度上影响到物流配送的效率和物流配送的成本。

（4）配送路线。

配送路线是影响物流配送的又一重要因素。配送路线的设计取决于配送网点的布局和可供选择的线路交通状况。配送路线是否恰当，将影响到物流配送的时间和成本。

（5）物流节点。

物流节点在物流配送中发挥着衔接作用和信息处理作用。物流节点的衔接作用表现在它将各个物流线路连接成一个系统，使各个线路通过节点变得更加通畅。如轮船的大量运输和短途汽车的少量运输之间的转接有时会出现停滞，物流节点则利用各种技术（如托盘、集装箱等）使之通畅。另外，物流节点也是整个物流配送系统的信息传递、收集、处理、发送的集中地。

2. 配送合理化的判断标志

配送合理化是配送决策系统的重要内容。配送合理化的判断标志，可概括为以下几个方面。

（1）库存标志。

库存是判断物流配送合理与否的重要标志。其具体指标有两个：库存总量和库存周转。

在一个配送系统中，库存量从各个分散的用户转移给配送中心后，配送中心库存量加上各用户在实行配送后的库存量之和应低于实行配送前各用户库存量之和。此外各个用户在实行配送前后的库存量比较，也是判断合理与否的标准，某个用户库存量上升而总量下降，也属于一种不合理现象。

在库存周转方面，合理的物流配送可以加快库存周转速度，使得用户能够以较低库存来保持较高供应能力。此外，从各个用户角度进行判断，各用户在实行配送前后的库存周转比较，也是判断合理与否的标志。

（2）资金标志。

一是资金总量，即用于资源筹措所占用的流动资金总量，随储备总量的下降及供应方式的改变必然有一个较大的降低；二是资金周转，同样数量资金，过去需要较长时期才能满足一定供应要求，配送之后，在较短时期内就能达到此目的；三是资金投向的改变，实行配送后，资金必然从分散投入改为集中投入，能增强资金调控能力。

（3）成本与效益标志。

总效益、宏观效益、微观效益、资源筹措成本都是判断配送合理化的重要标志。成本及效益对合理化的衡量，还可以具体到储存、运输等具体配送环节，使合理化判断更为精细。

（4）供应保证标志。

实行配送，用户最大的担心是害怕供应保证程度降低，所以必须提高而不是降低对用户的供应保证能力。即时配送的能力及速度是用户出现应急情况下的特殊供应保障方式，这一能力必须高于未实行配送前用户的紧急进货能力及速度才算合理。

（5）物流合理化标志。

物流配送必须有利于物流合理化。要看物流配送是否合理化就必须判断物流配送过程中是否降低了物流费用；是否减少了物流损失；是否加快了物流速度；是否发挥了各种物流方式的最优效果；是否有效衔接了干线运输与末端运输；是否不增加实际的物流中转次数；是否采用了先进的技术手段。物流合理化问题是物流配送要解决的大问题，也是衡量物流配送本身的重要标志。

3. 实现配送合理化的主要方法

要实现配送合理化，可采取以下做法。

（1）推行专业性独立配送或综合配送。

专业性独立配送是指根据产品的性质将其分类，由各专业经销组织分别、独立地进行配送。其优点是可以充分发挥各专业组织的优势，便于用户根据自身的利益选择配送企业，从而有利于形成竞争机制。这类配送主要适宜于小杂货配送、生产资料配送、食品配送、服装配送等。

专业综合配送是指将若干种相关的产品汇集在一起，由某一个专业组织进行配送。这是一种向用户提供比较全面服务的配送方式，可以很快备齐用户所需的各种物资，从而减轻用户的进货负担。

（2）推行加工配送。

通过加工和配送结合，在充分利用本来应有的中转，而不增加新的中转的情况下求得配送合理化。同时，加工借助于配送，加工目的更明确，和用户联系更紧密，避免了盲目性。

（3）推行共同配送。

共同配送是指对某一地区的用户进行配送不是由一个企业独自完成，而是由若干个配送企业联合在一起共同去完成。通过共同配送，可以以最近的路程、最低的配送成本去完成配送，从而达到配送合理化效果。

（4）推行送取结合。

配送企业与用户建立稳定、密切的协作关系，它不仅是用户的供应代理人，而且又是用户的储存据点，甚至变成用户的产品代销人。在配送时，将用户所需的物资送到，再将该用户生产的产品用同一车辆运回，这种产品也成了配送中心的配送产品之一，或者作为代存代储，免去了生产企业的库存包袱。这种送取结合，使运力充分利用，也使配送企业功能得到更大的发挥，从而趋向合理化。

（5）推行准时配送。

准时配送是配送合理化的重要内容。只有将配送做到了准时，用户才可以放心地实施低库存或零库存，才可以有效地安排接货的人力、物力，以追求最高效率的工作。另外，保证供应能力，也取决于准时供应。从国外的物流企业的管理经验看，准时供应配送系统是现在许多配送企业追求配送合理化的重要手段。

第五节 包装、装卸与流通加工

一、包装的作用、分类

包装是在物流过程中为保护物品、方便储运、促进销售、按一定技术方法采用材料或容器，对物品进行包封并加以适当的装潢和标识工作的总称。

1. 包装的作用

（1）保护物品。

保护物品不受损伤，这是包装的主要目的。要防止物品在运输、装卸过程中受到各种冲击、振动、压缩、摩擦等外力的损害，并要防止物品在运输，特别是保管过程中发生受潮、发霉、生锈、变质等化学变化，还要防止有害生物对物品的破坏。

（2）方便流通、方便消费。

商品经过包装，特别是推行包装标准化，能够为商品的流转提供许多方便。例如，将液态产品（硫酸、盐酸等）盛桶封装，小件异形产品装入规则箱体，零售小件商品集装成箱，为产品的装卸、搬运、储存提供方便；同时，推行包装标准化，能够提高仓库的利用率，提高运输工具的装载能力。此外，产品包装容器上标有鲜明的标记，以指导产品的装卸和运输，便于商品的识别、清点和验收入库，有利于减少货损和货差，减少各流通环节的作业时间，加快商品流转，降低流通费用。

（3）刺激消费、促进销售。

在商品质量相同的条件下，精致、美观、大方的包装可以增强商品的美感，引起消费者注意，诱导消费者的购买欲望和购买动机，从而产生购买行为。包装的销售功能在出口商品中更加重要，而且要求也更高。

2. 包装的分类

按照包装在流通中的作用，将包装分为运输包装和销售包装两大类。

（1）运输包装。

运输包装又称工业包装或外包装，它是以保护商品安全输送、提高运输效率为目的的包装。物资的销售量较大，采用适合于大批量高效率的运输包装是非常必要的。

【知识链接 5-4】

商品流通中对运输包装的基本要求

商品流通中，对运输包装的基本要求如下：

确保商品运输安全。运输包装的外径尺寸和外部结构必须具有抵抗外界因素损害的能力，一般采用瓦楞纸箱、木箱、托盘、集装箱等容器，其构成材料强度要高，容器的结构要坚固结实，外部进行捆扎包裹。在包装外形设计及包装材料的选择上，要考虑商品的物理化学性质、物态、外型、体积、重量、结构，流通过程中的冲击、震动负荷，装卸中的强度和次数，贮存中的耐压、防雨、防潮等因素，确保商品在运输过程中不损坏、不变质、不变形、不变色、不污染，安全地到达消费者手中。

要有明确的包装标志。运输包装的外形上一般都标有“小心轻放”、“切勿倒置”等储运标志以及易燃易爆等危险品标志，同时还标有如发运地、到达地以及商品品名、规格、件数、号码、重量、体积、生产厂家等标志，便于商品的识别，加速流转，使商品正确无误地运往目的地。

运输包装要采用先进的包装技术和包装材料。随着新技术、新材料的不断出现，运输包装必须进行革新，逐步实现包装的标准化、规格化；特别是要大力开展集装箱运输，提高运输效率，节约流通费用。

(2) 销售包装。

销售包装又称商品包装，它是以促进商品销售为主要目的的包装。在商品流通中，越接近用户，就越要求包装具有促进销售的功能及鲜明的特性。为了发挥包装对商品销售的促进作用，对销售包装的基本要求如下：

包装的外形要美观大方、醒目新颖。要突出商品的形象和特点，并选择符合市场习惯和用户心理因素的造型、图案和色彩，以增强商品的感染力和吸引力。

突出商标。商标是消费者选购商品的主要依据之一，商标应设计在包装容器最显眼的位置，并且要简单明了，便于用户识别商品。

要有简单和必要的文字说明，如实地介绍商品的性能和使用方法，方便用户携带和使用。

在包装材料的选用及包装设计上要尽量降低包装成本，减轻用户负担。

二、装卸的工艺设计

1. 装卸工艺设计的步骤

(1) 分析整理资料。初步设计时应根据设计任务书及搜集的有关资料，进行分析整理，包括分析整理已落实的设计货运任务资料，做出设计货运量及设计操作过程的汇总表；分析整理设计船型、车型、货物特性及运输生产组织要求，作为装卸工艺设计的重要依据等。

(2) 确定装卸工艺流程。它是指根据货运任务、特点以及船型、车型等确定装卸工艺流程，选择装卸机械设备的类型，确定装卸作业线中主机的生产效率和数量。

(3) 计算确定装卸搬运规模。即计算所需车辆数、库场面积、装卸机械数、装卸人员和机械驾驶人数、铁路装卸线的最小有效长度等。

(4) 计算有关技术经济指标。它主要指计算机械设备投资费、劳动生产率、车船停留时间、装卸机械化程度、装机总容量、单位装卸成本等。

(5) 进行方案比选。装卸工艺设计时，应事先做出两个以上的方案进行比较，择优推荐。比较内容既有定性比较也有定量比较，定性比较主要是使用条件比较，其项目见表5-5，定量比较即主要技术经济指标比较。

表 5-5　**使用条件比较表**

序号	使用条件	方案		
		Ⅰ	Ⅱ	Ⅲ
1	技术的先进性与可能性			
2	工艺流程的合理性			
3	人员的劳动条件和劳动强度			
4	对作业的适应性			
5	设备安装、保修、使用的难易程度			
6	工程上马的快慢			
7	预留发展的余地等			

（6）编制设计文件。其内容一般应包括概述、货运量的分配、装卸搬运工艺、主要建设规模、方案比选及推荐意见。

2. 几种典型的装卸工艺流程

完整的装卸搬运工艺除装卸搬运工艺过程、流程外还应包括具体的装卸搬运操作方法、作业技术标准和生产组织三部分内容。物流过程中的装卸搬运工艺过程通常是指将货物从某种运输工具转移到库、场等的作业过程和范围。它由一个或一个以上的操作过程组成，常见的货物装卸搬运工艺过程有车（火车或汽车）→库（场）→车（汽车或火车）→库（场）→船等。

装卸搬运工艺流程是指各作业工序的连续。如在“火车→库”这一工艺过程中的工艺流程，如图 5-5 所示。

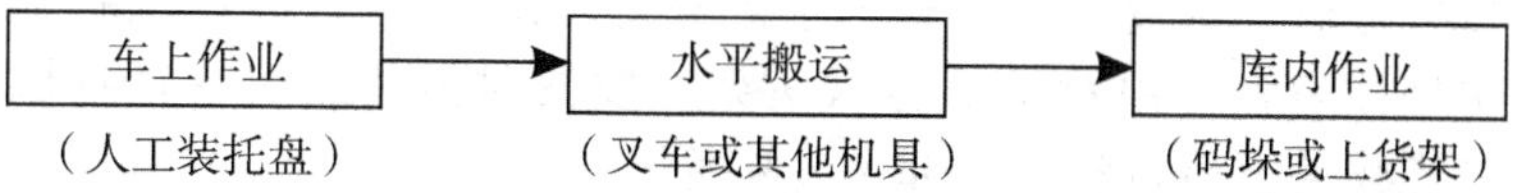

图 5-5　车→库工艺流程

以下介绍几种典型的工艺流程。

（1）平库或楼库底层。

平板车、堆垛机系统。载货汽车将货物运至货场，入库后由人工卸到平板车上，再推进库房，使用升降堆垛机提升到一定高度后用人工堆码，如图 5-6 所示。

图 5-6　平板车、堆垛机工艺流程

它的特点是：人工、无动力、半动力机具结合作业，主要靠人工搬、推、堆，是目前一般仓库常见的作业流程；通道一般为 1.2 米，仓库间的面积利用率高；堆垛机提升后人工堆垛，有一定的劳动强度。

库内叉车托盘化系统。货物由载货汽车入库，小件货物用人工码放在托盘上，较重货物用小型吊车码放在托盘上，然后叉车入库作业，如图 5-7 所示。

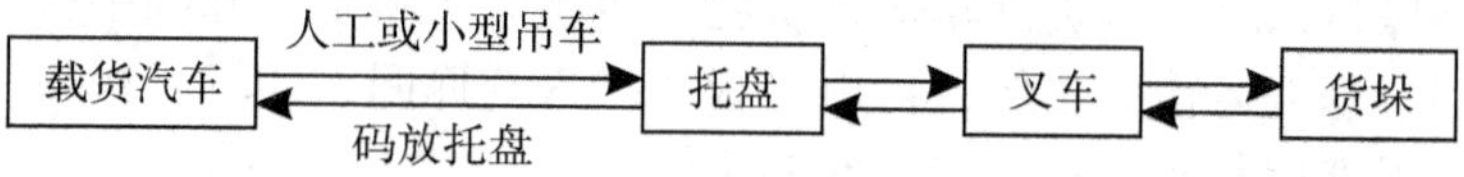

图 5-7　库内叉车托盘工艺流程

它的特点是：机械化作业，大大减轻劳动强度；使用叉车、托盘，加快装卸搬运速度；减少了货物的装卸搬运环节，降低了货损，提高了货物的保管质量。

厂、库“一条龙”系统。工厂生产的成品，置于托盘上，进成品库。出厂时由叉车将货物连托盘装上载货汽车，运到仓库，再用叉车将货物连托盘一起卸入仓库堆垛。发货时由叉车从货垛把货物取出装车，如图 5-8 所示。

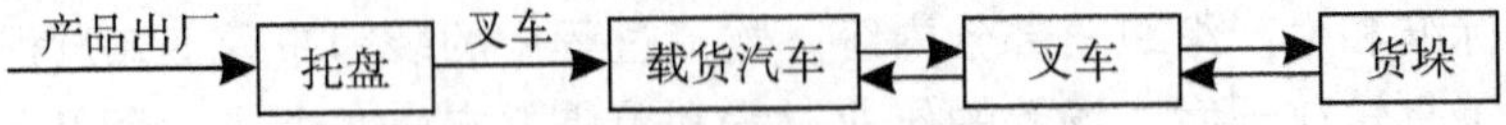

图 5-8　厂、库“一条龙”工艺流程

它的特点是：(1) 效率高；(2) 减少环节，原来产品出厂要由人工搬上载货汽车，到库后还需人工卸到托盘上，现在由叉车作业减少两道环节，做到货物不下地；减少货损；只有在厂、库协作条件较好时才能使用这一方式。

巷道机、货架作业。送货时，载货汽车将货物运到仓库，由人工将其码放到托盘上，叉车再将托盘送到载货台，由巷道机送入货架。发货时由巷道机将货物取出，送到载货台，再由叉车将货物装上载货汽车，如图 5-9 所示。

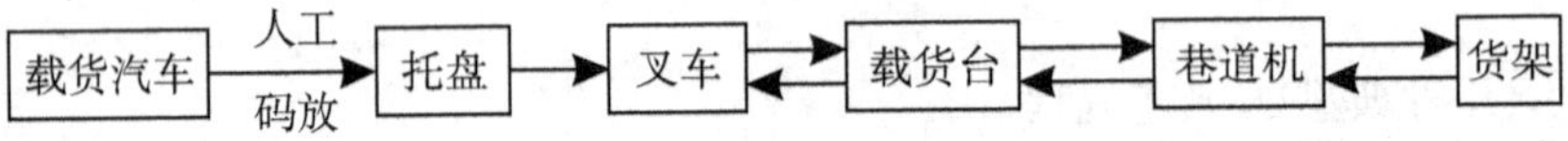

图 5-9　巷道机、货架工艺流程

它的特点是：提高了空间利用率，增加了货物储存量，普通仓库高度一般为 5 米左右，实际堆放低于 5 米（如人工堆垛高度 2 米左右，叉车堆垛 3~4 米），而巷道机货架仓库高度可提高至 6~8 米以上；货物可实现先进先出；工效高；便于管理、计数。

桥式起重机系统。卡车直接进入仓库通道，由桥式起重机将货物吊起直接卸至货位。一般适用于质重、体大的货物，如五金商品、钢材、夹板纸等，如图 5-10 所示。

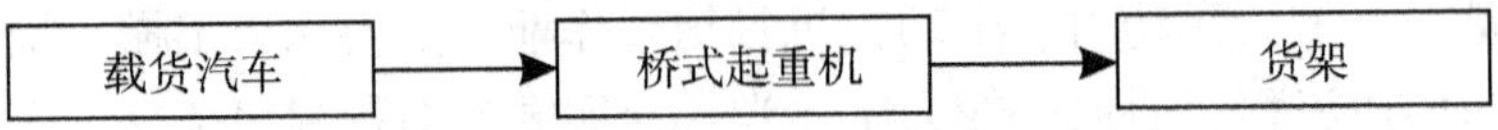

图 5-10　桥式起重机工艺流程

它的特点是：工序简单，一次完成；提高了仓库面积利用率；提高了工作效率。

(2) 楼库。

平板车、堆垛机系统。载货汽车运送货物，再由人工将货物卸到平板车上，由平板车将货物送入电梯，垂直运输到楼层，再由平板车推入仓库间，用堆垛机将货物提升到所需高度，最后由人工堆垛码放整齐，如图 5-11 所示。

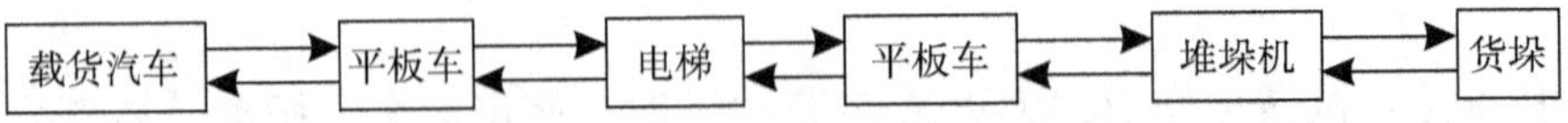

图 5-11　平板车、堆垛机工艺流程

这种方式适于楼板承载力较小的楼层库，货物质量较小的轻泡货、零星存放。

叉车、托盘系统。货物入库，人工卸至托盘，叉车将托盘货物铲入电梯内，垂直运输到楼层，再由楼层上的叉车将货物运至仓库间堆垛。这种方式适用于楼板承载能力较大的楼层库存放轻而批量大的货物，如图 5-12 所示。

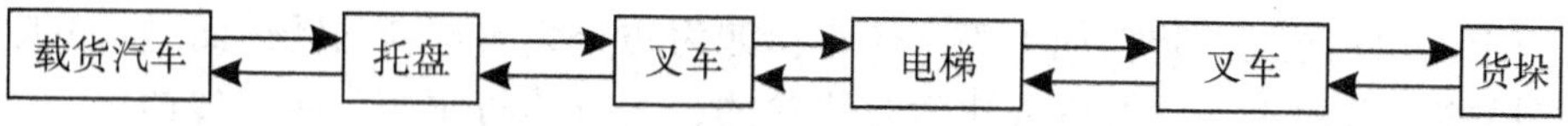

图 5-12　叉车、托盘工艺流程

三、流通加工的概念、类型、作用、成本构成及合理化

1. 流通加工的概念

流通加工是物品在生产地到使用地的过程中，根据需要施加包装、分割、计量、分拣、刷标志、拴标签、组装等简单作业的总称。一般来说，生产是创造产品的价值和使用价值，而流通则是保持物资的原有形式和性质。但是，有时为了提高物流速度和物资利用率，物资进入流通领域后，还需要根据用户的要求进行一定的加工，即流通加工。

流通加工和一般的生产加工不同，虽然二者在加工方法、加工组织、生产管理方面并无显著区别，但在加工对象、加工程度方面差别较大，其差别如表 5-6 所示。

表 5-6　**流通加工和生产加工的区别**

项　　目	生 产 加 工	流 通 加 工
加工对象	零部件、原材料、半成品等	进入流通过程的产品
加工程度	复杂的生产加工过程	简单加工，是生产加工的一种辅助及补充
加工目的	创造产品的价值及使用价值	完善产品的使用价值，并不在于提高价值
加工的组织者	生产制造企业	商业或物资流通企业

2. 流通加工的类型

（1）为弥补生产领域加工不足的深加工。

由于受到各种因素的限制，许多产品在生产领域的加工只能到一定程度，而不能完全实现终极的加工。例如，木材如果在产地完成成材加工或制成木制品的话，就会给运输带来极大的困难，所以，在生产领域只能加工到圆木、板、方材这个程度，进一步的下料、切裁、处理等加工则由流通加工完成；钢铁厂大规模的生产只能按规格生产，以使产品有较强的通用性，从而使生产能有较高的效率，取得较好的效益。

（2）为满足需求多样化进行的服务性加工。

生产部门为了实现高效率、大批量的生产，其产品往往不能完全满足用户的要求。这样，为了满足用户对产品多样化的需要，同时又要保证高效率的大生产，可将生产出来的单一化、标准化的产品进行多样化的改制加工。例如，对钢材卷板的舒展、剪切加工；平板玻璃按需要规格的开片加工；木材改制成枕木、板材、方材等加工。

(3) 为保护产品所进行的加工。

在物流过程中，为了保护商品的使用价值，延长商品在生产和使用期间的寿命，防止商品在运输、储存、装卸搬运、包装等过程中遭受损失，可以采取稳固、改装、保鲜、冷冻、涂油等方式。例如，水产品、肉类、蛋类的保鲜、保质的冷冻加工、防腐加工等；丝、麻、棉织品的防虫、防霉加工等。还有，如为防止金属材料的锈蚀而进行的喷漆、涂防锈油等措施，运用手工、机械或化学方法除锈；木材的防腐朽、防干裂加工；煤炭的防高温自燃加工；水泥的防潮、防湿加工等。

(4) 为提高物流效率，方便的加工。

有些商品本身的形态使之难以进行物流操作，而且商品在运输、装卸搬运过程中极易受损，因此需要进行适当的流通加工加以弥补，从而使物流各环节易于操作，提高物流效率，降低物流损失。例如，造纸用的木材磨成木屑的流通加工，可以极大地提高运输工具的装载效率；自行车在消费地区的装配加工可以提高运输效率，降低损失；石油气的液化加工，使很难输送的气态物转变为容易输送的液态物，也可以提高物流效率。

(5) 为促进销售的流通加工。

流通加工也可以起到促进销售的作用。比如，将过大包装或散装物分装成适合依次销售的小包装的分装加工；将以保护商品为主的运输包装改换成以促进销售为主的销售包装，以起到吸引消费者、促进销售的作用；将蔬菜、肉类洗净切块以满足消费者要求等。

(6) 为提高加工效率的流通加工。

许多生产企业的初级加工由于数量有限，加工效率不高。而流通加工以集中加工的形式，解决了单个企业加工效率不高的弊病。它以一家流通加工企业的集中加工代替了若干家生产企业的初级加工，促使生产水平有一定的提高。

(7) 为方便消费、省力的流通加工。

根据下游生产的需要将商品加工成生产直接可用的状态。例如，根据需要将钢材定尺、定型，按要求下料；将木材制成可直接投入使用的各种型材；将水泥制成混凝土拌和料，使用时只需稍加搅拌即可使用等。

(8) 衔接不同运输方式，使物流合理化的流通加工。

在干线运输和支线运输的结点设置流通加工环节，可以有效解决大批量、低成本、长距离的干线运输与多品种、少批量、多批次的末端运输和集货运输之间的衔接问题。在流通加工点与大生产企业间形成大批量、定点运输的渠道，以流通加工中心为核心，组织对多个用户的配送，也可以在流通加工点将运输包装转换为销售包装，从而有效衔接不同目的的运输方式。比如，散装水泥中转仓库把散装水泥装袋、将大规模散装水泥转化为小规模散装水泥的流通加工，就衔接了水泥厂大批量运输和工地小批量装运的需要。

(9) 生产流通一体化的流通加工形式 。

依靠生产企业和流通企业的联合，或者生产企业涉足流通，或者流通企业涉足生产，形成的对生产与流通加工进行合理分工、合理规划、合理组织，统筹进行生产与流通加工的安排，这就是生产—流通一体化的流通加工形式。这种形式可以促成产品结构及产业结构的调整，充分发挥企业集团的经济技术优势，是目前流通加工领域的新形式。

3. 流通加工的主要作用

流通加工的主要作用有以下几方面。

（1）提高原材料的利用率。

利用流通加工环节进行集中下料，可将生产厂家直接运来的较大规格的产品，按使用部门的要求下料。如钢板、玻璃、木材等均可进行集中下料，这样可以优材优用、小材大用、合理套裁，减少边角余料，节约材料，降低使用部门的成本，取得很好的技术经济效果。

（2）进行初级加工，方便用户。

对某种物料需求量小或临时需要的用户，可省去进行初级加工的投资，减少工序，缩短生产周期，降低生产成本。

（3）提高加工效率及设备利用率。

建立集中加工点，采用效率高、技术先进、加工量大的专门机具和设备，可提高加工效率，从而降低加工费用及原材料成本。同时，流通加工面向全社会，加工的数量，加工对象的范围都得到大幅度的提高，所以设备的利用率将大大提高。

（4）充分发挥各种输送方式的优势。

流通加工环节将实物的流通分成两个阶段。一般来说，从生产地到流通加工点的输送距离长，从流通加工点到消费地的距离短。第一阶段是在数量有限的生产地与流通加工点之间进行定点、直达、大批量的远距离输送，可以采用船舶、火车等工具运输；第二阶段则是利用汽车和其他小型车辆来输送经过流通加工后的多规格、小批量、多用户的产品。这样可以充分发挥各种运输方式的优势，加快运输速度，节省运力运费。

（5）提高产品的附加值，创造收益。

在流通过程中可以进行一些简单加工，增加产品的附加值。例如内地生产用于出口的玩具、时装等制成品进行简单的装潢加工，改变了产品外观，可使产品售价提高。所以，在物流领域中，这种高附加值的形成，主要着眼于满足用户的需要，提高服务功能而取得的，是一种低投入、高产出的加工形式。

4. 流通加工的成本构成

在物流系统中进行流通加工所消耗的物化劳动和活动的货币表现，即为流通加工成本。流通加工成本由以下几个方面构成。

（1）流通加工设备费用。

流通加工设备因流通加工形式、服务对象的不同而不同。物流中心常见的流通加工设备有数种设备项目，如剪板加工需要的剪板机，木材加工需要电锯，印刷标签条码的喷印机，拆箱需要的拆箱机等。购置这些设备需支出的费用，以流通加工费的形式转移到被加工的商品中去。

（2）流通加工材料费用。

产品进入流通领域后，在进行流通加工的过程中根据加工措施的不同，需要消耗不同的材料，例如包装材料、辅助材料等，流通加工材料费用就是指这些被消耗的材料的费用。

(3) 流通加工劳务费用。

流通加工劳务费用指对从事流通加工活动的管理人员、工人以及相关人员的工资、奖金等费用。

(4) 流通加工其他费用。

除上述费用外，在流通加工的过程中耗用电力、燃料、油料等费用，也是流通加工成本的构成费用。

5. 流通加工的合理化

流通加工合理化的含义是实现流通加工的最优资源配置，不仅要做到避免各种不合理、使流通加工有存在的价值，而且做到争取最优的选择。

各种不合理的流通加工都会产生抵消效益的负效应。

(1) 流通加工地点设置得不合理。

流通加工地点设置即布局状况是决定整个流通加工是否有效的重要因素。一般来说，为衔接单品种大批量生产与多样化需求的流通加工，加工地点设置在需求地区，才能实现大批量的干线运输与多品种末端配送的物流优势。

一般来说，为方便物流的流通加工环节应该设置在产出地，设置在进入社会物流之前。

(2) 流通加工方式选择不当。

流通加工方式的确定实际上是与生产加工的合理分工。分工不合理，把本来应由生产加工完成的作业错误地交给流通加工来完成，或者把本来应由流通加工完成的作业错误地交给生产过程去完成，都会造成不合理。

一般来说，如果工艺复杂，技术装备要求较高，或加工可以由生产过程延续或轻易解决的，都不宜再设置流通加工。如果流通加工方式选择不当，就可能会出现生产争利的恶果。

(3) 流通加工作用不大，形成多余环节。

有的流通加工过于简单，或者对生产和消费的作用都不大，甚至有时由于流通加工的盲目性，同样未能解决品种、规格、包装等问题，相反却增加了作业环节，这也是流通加工不合理的重要表现形式。

(4) 流通加工成本过高，效益不好。

流通加工的一个重要优势就是它有较大的投入产出比，因而能有效地起到补充、完善的作用。如果流通加工成本过高，则不能实现以较低投入实现更高使用价值的目的，势必会影响它的经济效益。

实现流通加工合理化主要考虑以下几个方面。

(1) 加工和配送结合。

这是将流通加工设置在配送点中，一方面按配送的需要进行加工，另一方面加工又是配送业务流程中分货、拣货、配货之一环，加工后的产品直接投入配货作业，这就无需单独设置一个加工的中间环节，使流通加工有别于独立的生产，而使流通加工与中转流通巧妙结合在一起。同时，由于配送之前有加工，可使配送服务水平大大提高。

(2) 加工的配套结合。

在对配套要求较高的流通中，配套的主体来自各个不同的生产单位，但是，完全配套有时无法全部依靠现有的生产单位，进行适当流通加工可以有效促成配套，大大提高流通能力。

（3）加工和合理运输结合。

流通加工能有效衔接干线运输和支线运输，促进两种运输形式的合理化。利用流通加工，在支线运输转干线运输或干线运输转支线运输这本来就必须停顿的环节，不进行一般的支转干或干转支，而是按干线或支线运输合理的要求进行适当加工，从而大大提高运输及转载水平。

（4）加工和合理商流结合。

通过加工有效促进销售，使商流合理化，也是流通加工合理化的考虑方向之一。加工和配送的结合，通过加工提高配送水平，强化销售，是加工与合理商流相结合的一个成功的例证。

第六节　物流企业营销管理

一、物流企业的竞争环境

1. 物流企业竞争环境分析

一个企业的成功与否取决于其所处的外部环境和企业对外部环境的适应能力或企业对其外部环境做出的正确反应能力。外部环境的构成因素主要包括产业政策、客户需求、竞争者、替代产品或服务、行业进入门槛、供应商影响等。

国家相关部门已经明确表示了对物流行业的鼓励政策，但在解决税收、条块分割、地区保护等对第三方物流最关键的问题方面都在酝酿过程中，相关政策的制定还需要一定的时间。

2. 物流企业的需求

（1）物流企业的内部需求。

物流企业的内部需求是指企业内部运作及管理所产生的需求，如信息化需求、物流人才需求、管理创新等。

物流信息系统不仅是供应链的血液循环系统，也是中枢神经系统。物流企业在利益机制的驱动下，应该不断追求降低成本和加快资金周转，将系统论和优化技术用于物流的流程设计和改造，融入新的管理制度之中，把物流信息系统的建设作为固化企业新的流程或新的管理制度贯彻执行的具体手段。

（2）物流企业的外部需求。

物流企业的外部需求是指企业的市场物流需求，是指一定时期内，社会经济活动对生产、流通、消费领域的原材料、成品和产成品、商品以及废旧物品、废旧材料等的配置作用而产生的对物品在空间、时间、作业量和费用方面的要求，它涉及运输、库存、包装、装卸、流通加工以及与之相关的信息需求等物流活动的诸方面。具体如下：

①生产企业物流需求。这也是通常所说的制造企业为了销售生产出来的商品所需要的物流服务，即把商品运输到分销商、零售商及最终消费者手中。

②商贸企业物流需求。即中间商为了获得商品的差价派生的物流需求。比如零售巨头沃尔玛公司为了商品的及时率而设立了配送中心。

③家庭及个人物流需求。

即消费者为了自己的衣食住行所需要的物流服务。目前，牛奶、水果、蔬菜等食品以及书籍、报纸等生活用品已经逐步以配送的方式走进了家庭。另外，B2C 迅速成为了中国人的重要生活消费方式之一。

3. 物流产业的现状及趋势分析

我国物流服务需求主要来自于生产企业和商贸企业，在物流服务上存在自营物流服务和把物流服务外包给第三方物流公司两种形式。我国企业主要采取的是自营物流的方式。2005 年统计数据显示，我国制造企业原材料物流的执行主体主要是供货商占 56%，需求方占 25%，第三方物流仅占 19%。

随着物流业的发展，越来越多的企业选择了把其物流服务外包给第三方物流企业，以期达到优化产业链的效果。对第三方物流的需求主要来自于外资企业，其次是民营企业和少数国有企业。

企业选择将物流外包出去的主要原因有以下三个。

(1) 物流是该企业的战略核心，但企业自身的物流管理能力很低，因此要寻找物流服务商。

(2) 物流服务商拥有先进的物流设施，可以向该企业提供自营物流无法获得的物流专业化管理。

(3) 通过将物流业务外包，可以使企业专注于其核心业务，从而提高其企业的竞争力。

二、物流服务的营销定位

1. 营销与物流的关系

营销和物流两种活动关注的侧重点有很大的不同。营销活动主要关注的是怎样在有限的时间内，把生产的商品销售出去，它重点关注的是“把商品卖给谁”，营销活动的终极目标是找准目标市场。一般来说，是先有营销活动，然后才有物流活动。因为物流活动的前提是，在已经有了明确的投递对象的情况下，考虑如何方便、快捷、准确、经济地把商品运输到目的地。所以，物流活动的实质是“怎样运送商品”的问题。

实际营销中，物流企业根据本身具有的明显优势来进行目标市场选择，选出一个准确的细分市场作为目标市场。通常，在采用目标集聚战略或差异化战略时，物流企业应该把有行业倾向的细分市场或者有业务倾向的细分市场作为自己的目标市场。定位在有行业倾向的细分市场，需要具有该行业稳定的客户群体，也需要具有满足该行业物流服务需求的专门设施和资源。

以我国物流市场为例，珠三角、长三角物流市场成熟度比较高，所以对物流企业的要求比较高，市场竞争激烈。而西部市场则属于进入成长期的市场，在今后一段时间增长幅度会加大，同时因为其成长特性，会对基础物流服务有一定的依赖，并且由于西部地区收入相对较低，因而该市场的进入者必须以实现规模经济、成本领先来取胜。

2. 营销策略

（1）产品和物流组合策略。

产品策略是指与物流企业提供的服务或产品有关的决策。它包括了若干子因素：产品或服务的设计、包装、品牌、组合等。而物流企业作为服务行业，最为注重的是客户的利益，应事事站在客户的角度去考虑提供什么样的服务。物流服务主要是通过物流设施、设备和信息技术去实现商品在时间和空间上的转移以及流通加工上的大功效，要注意的是，不同种类、品种、规格、包装的商品以及产品生命周期的不同阶段，需要提供不同的物流服务。

物流组合服务（logistics complex combined services）是指提供由不同物流服务所构成的服务集合，例如采购、运输、仓储、包装、流通加工、装卸搬运、逆向物流以及信息处理等服务功能。物流企业必须依据一定的标准将目标市场进行细分，根据自身的条件来选择一部分客户作为目标市场，为了更好地满足客户的需求来确定适当的物流组合服务策略，使企业在激烈的市场竞争中得以生存并不断发展壮大。

（2）价格策略。

价格策略是指企业如何根据客户的需求与成本提供一种合适的价格来吸引客户。它包括了基本价格、价格的折扣与折让、付款方式等。只要物流企业的价格低于竞争对手，那么企业的市场占有率就高，利润就更大。因而，量入为出就是最好的方法。即一方面降低生产成本，另一方面合理控制物流费用支出，因为物流费用在成本中占有较大比重。实际上很多物流货代企业也是热衷于打价格战的，这对于小的物流企业和货代企业来说较为实用。但是，仍然要注意不要陷于价格战的漩涡，长久的价格战只会最终损害整个物流行业的利益。

（3）分销渠道策略。

分销渠道策略是指物流企业如何选择将自己的服务或产品顺利转移给客户的最佳途径。物流服务一般多采用直销的方式，有时也会采用中介机构，常见的有代理、代销、经纪等形式。

（4）促销策略。

促销策略是指物流企业利用各种方式与客户实现有效的沟通，向客户介绍自己的产品或服务，以引起客户的兴趣，提高企业知名度的各种措施。它包括了广告、人员推销、营业推广、公关等各种营销沟通方式。但要注意的是促销策略是有时间限制的，在适当的时期提出优惠措施，就能很大程度地招揽业务。而促销策略最为关键的就是“特色”两字。

3. 物流营销的4C以及物流营销的侧重点

为了满足客户需求为核心，需要贯彻4C营销组合策略，即客户需求（consumption）、价格（cost）、便利性（convenience）、沟通（communication），其主要内容包括以下四个方面：

（1）掌握客户需求。

物流企业首先要做市场调查，了解、研究、分析客户的需求，而不是先考虑企业能提供什么样的物流服务。现在有许多企业开始大规模兴建自己的物流中心、配送中心等，然而一些较成功的物流企业却不愿意过多地把资金和精力放在物流设施的建设上，它们主要致力于对物流市场的分析和开发，力图做到有的放矢。

（2）客户愿意支付的价格。

这就是要求物流企业首先要了解物流需求企业为了满足物流需要而愿意付出多少成本，而不是先给自己的物流服务定价，即向客户要多少钱。因为物流是个服务性的行业，物流企业要价过高，只会使客户流失。因此只有在分析目标客户需求的基础上，为目标客户量体裁衣，实施一套个性化的物流方案才能吸引客户，争取回头客。

（3）客户的便利性。

此策略要求物流企业要始终从客户的角度出发，考虑为客户提供物流服务时能给客户带来什么样的效益。客户最为关心的是价格和速度，只有实实在在地为客户考虑，为其带来效益和便利，他们才会接受物流企业提供的服务。

（4）与客户沟通。

与客户沟通即以客户为中心，实施营销策略，通过互动、沟通等方式，将物流企业的服务与客户的物流需求进行整合，从而把客户和物流企业双方的利益无形地整合在一起，为用户提供一体化、系统化的物流解决方案，建立有机联系，形成互相需求、利益共享的关系，共同发展。现今社会，物流企业和客户的关系已经不仅仅是短期利益，而更多的是伙伴关系。用在良好的客户服务基础上，物流企业就可以争取到更多的物流市场份额，从而形成一定的物流服务规模，取得规模效益。例如，宝供物流公司就是在为宝洁公司服务中不断改进其服务质量而发展壮大起来的。

4. 物流营销中的客户分类策略与方法

客户细分是指将一个大的消费群体划分成一个一个细分群的动作，同属一个细分群的消费者彼此相似，属于不同细分群的消费者被视为不同的消费群。客户细分的具体步骤如下：

（1）客户价值排序。按照客户终身价值的大小对客户进行排序。

（2）客户细分。根据客户的终身价值评价结果划分客户群。

具体方法是将客户的当前价值（购买价值）和潜在价值（除购买价值以外的四种价值形式之和）作为两个维度，每个维度分成高低两档，由此将整个客户群划分为四组，细分的结果用一个矩阵表示，称为客户价值矩阵（customer value matrix），如图 5-13 所示。

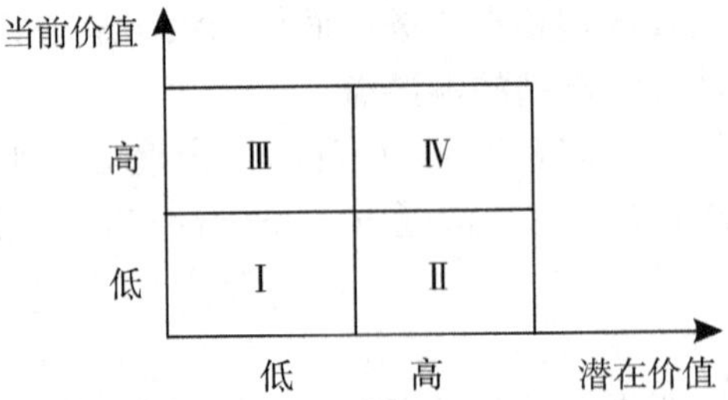

图 5-13　客户价值矩阵

在图 5-13 所示的四类客户中，Ⅳ 类客户对公司最有价值，为公司创造的利润最多，称为“白金客户”；Ⅲ类客户对公司的利润次之，也是公司的利润大户，称为“黄金客户”。根据 Pareto 原理，Ⅳ、Ⅲ两类客户在数额上不大，约占 20%，但为公司创造的利润却占公司总利润的 80%，常说的“最有价值的客户”指的就是这两类客户。Ⅱ类客户属于有潜力的客户，未来有可能转化为Ⅲ类或Ⅳ类客户，但就当前来说带给公司的利润很薄，称为“铁质客户”；Ⅰ类客户对公司的价值最小，是公司的微利或无利客户，称为“铅质客户”。Ⅱ、Ⅰ两类客户在数量上占了绝大多数，约占公司客户总数的 80%，但他们为公司创造的利润大约只占公司总利润的 20%。

三、物流销售的人员营销

（1）市场营销准备。

没有妥善的准备，就无法有效地进行物流服务介绍，以及销售区域规划的工作。在市场营销准备的步骤中，要学会的是：①成为专业市场营销人的基础准备；②市场营销区域的准备；③开发准物流客户的准备。

（2）接近物流客户。

好的接近客户的技巧能带来好的开头。这个步骤中，要注意的是：①直接拜访物流客户的技巧；②电话拜访客户的技巧；③销售信函拜访的技巧。

（3）进入市场营销的主题。

掌握好的时机，用能够引起物流客户注意以及兴趣的开场白进入销售主题，让销售人员的销售有一个好的开始。这个步骤中，要学会的是：①抓住进入销售主题的时机；②开场白的技巧。

（4）调查询问。

调查的技巧能够帮销售人员掌握客户目前的物流现况，好的询问能够引导销售人员和客户朝正确的方向进行市场营销工作。同时，销售人员通过询问能找到更多的资料，支持销售人员说服客户。在这个步骤中要注意的是：事前调查；确定调查项目；向谁做事实调查；采用何种调查方法；调查重点；开放式询问技巧；闭锁式询问技巧等。

（5）说明和陈述。

在这个步骤中，要学会的是：①区分物流产品特性、优点、特殊利益；②将特性转换为利益的技巧；③物流服务建议的陈述及技巧。

（6）物流业务缔结。

与客户签约缔结，是市场营销过程中最重要的环节，除了最后的缔结外，同时必须专精于销售时每一个市场营销过程的缔结。每一个销售过程的缔结都是最终的缔结的引导。在这个步骤中，要注意以下方面：①缔结的原则；②缔结的时机；③缔结的七个技巧，分别是利益汇总法、“T”字法、前提条件法、成本价值法、询问法、“是的”法以及哀兵策略法。

【思考与练习】

● 基本训练

□知识题

一、阅读理解

1. 简述企业采购的流程。

2. 采购管理的内容包括哪些？

3. 物流企业运输系统包括哪些基本要素？

4. 简述仓储作业的流程。

5. 配送与运输有什么区别？

6. 影响物流配送的因素有哪些？

7. 如何实现配送合理化？

8. 包装有何作用？

9. 简述装卸工艺设计的步骤。

10. 简述物流企业的营销策略。

二、知识应用

1. 判断题

（1）接受货物标志着一次采购工作的完整结束。（　）

（2）距离经济的特点是每单位距离的运输成本随运输距离的增加而增加。（　）

（3）定期控制法的特点之一是每次订货批量是确定的。（　）

（4）配送就是送货。（　）

（5）包装的主要目的是保护物品不受损伤。（　）

2. 选择题

（1）采购管理最基本的目标是（　）

A. 提供企业所需的物资和服务　　B. 努力降低成本

C. 使存货和损失降到最低　　D. 保持并提高自己的产品或服务质量

（2）SRM 指的是（　）

A. 客户关系管理　　B. 供应商关系管理

C. 供应链管理　　D. 采购管理

（3）灵活性强，可实现“门到门”运输的运输方式是（　）

A. 铁路运输　　B. 公路运输

C. 水路运输　　D. 航空运输

（4）下列哪种配送方式可以帮助用户实现保险储备为零的零库存（　）

A. 定时配送　　B. 定量配送

C. 定时定量配送　　D. 即时配送

（5）JIT 采购又叫做（　）

A. 电子商务采购　　B. 供应链采购

C. 准时化采购　　D. 订货点采购

□技能题

1. 参观一家综合物流企业，请企业专家介绍本企业各项物流作业活动的管理情况。

实训目的：结合实际，了解企业在采购管理、运输管理、仓储管理等各方面的具体情况。

实训要求：熟悉物流企业在实际操作过程中的业务流程，管理方法。

2. 学生就参观情况结合本章所学知识写一篇体会。

实训目的：通过写体会来加强对物流企业作业管理的理解。

实训要求：首先必须熟悉物流企业的各项作业活动，然后就企业的现状能够提出自己的看法，如提出在管理方法和手段上的改进措施。

• 案例分析

奥康，物流运作三个“零”

奥康集团是国内一家大型皮鞋制造商，目前正朝着企业经营三个“零”的方向发展：物流管理零库存、物流运营零成本、物流配送零距离。

（1）物流管理零库存。

2004 年以前，奥康在外地加工生产的鞋子必须通过托运部统一托运到温州总部，经质检合格后方可分销到各个省级公司，再由省级公司向各个专店和销售网点进行销售。没有通过质检的鞋子需要重新打回生产厂家，修改合格以后再托运到温州总部。这样一来，既浪费人力、物力，又浪费了大量的时间，加上鞋子是季节性较强的产品，错过上市最佳时机，很可能导致这一季的鞋子积压。

经过不断探索与实践，奥康运用将别人的工厂变成自己仓库的方法来解决这一问题。在外地生产加工的鞋子，只需总部派出质检人员前往生产厂家进行质量检验，质量合格后生产厂家就可直接从当地向各营销点发货。这样，既节省大量人力、物力、财力，又可以大量减少库存甚至保持零库存。

（2）物流运营零成本。

奥康提出的物流运营零成本并非是物流运营不花一分钱，只是通过一种有效的运营方式，极大限度地降低成本，提高产品利润。

对皮鞋行业而言，如果能抢先对手一星期上货、一个月出货，就意味着抢先占领了市场。如果你的产品慢对手一步，就会形成积压。积压下来的鞋子将会进行降价处理，如此一来，利润减少，物流成本加大。实在处理不掉的鞋子，将统一打回总部，二次运输成本随之产生，物流成本也就在无形之中增加了。奥康将一年分为 8 个季，鞋子基本上做到越季上市。一般情况下，在秋季尚未到来的半个月前，秋鞋必须摆上柜台。为此，奥康在广州、米兰等地设立信息中心，将国际最前沿的流行信息在第一时间反馈到温州总部。这样就可以做到产品开发满足市场需求，减少库存、增加利润。

（3）物流配送零距离 。

以最短的时间、路程对产品进行配送。传统的库存管理主要通过手工做账与每月盘点的方法来实现，但面对当今市场高速运行、皮鞋季节分化日益明显的态势，不能及时清晰对库存结构及数量作出准确的反应，就会在企业的运营中出现非常被动的局面。有时你的库存处于警戒线后，你必须在一个月后，经过全国大盘点后才可以得知，而这时，当你想进行调整的时候已经有些晚了。

为此，奥康开始采用ERP系统。着手建立了全国营销的分销系统，每个分公司、办事处均与总部联网，信息沟通、反馈及处理全部在电脑上操作完成。现在，无论到奥康全国任何一个分公司、办事处的任何一台电脑上，都可以了解到公司产品的库存总数、当天销售、累计销售、某一类型产品的数量及尺码，总部对一些畅销品种就能马上作出反应，调货工作能够迅速完成。促进了总部的决策活动与全国物流整体把握，把全国物流风险降低，提高整体的经济效益。

资料来源：精品学习网（http：//www. 51edu. com/wls/fudao/wlal/1685720. html）。

问题：为了减少库存，奥康集团都采用了哪些方法和手段？

• 综合实训

实训项目：物流作业流程优化

1. 实训目的

（1）通过本项目实训，使学生了解物流作业流程。

（2）能结合企业实践分析当前流程的合理性。

（3）能站在新的管理理念、技术的基础上，看到其局限性，并在此基础上进行优化。

2. 实训内容

（1）在综合性物流企业实习。

（2）熟悉物流企业各项物流活动的作业流程。

（3）对作业流程进行分析，找出问题，并提出优化与改进方案。

3. 实训要求

（1）对实习企业物流流程调查，按现状要求，绘制作业流程图。

（2）认真考察物流企业，对照所学知识分析，并绘制改进后作业流程图。

（3）撰写实践报告和实训报告幻灯片。

（4）5~6人为一组，相互讨论。

（5）实习结束后一周内完成。

（6）实践报告完成后设课堂讨论课，相互交流实训经验。

4. 注意事项

（1）物流作业管理的活动环节多，要注意组内的分工协作。

（2）虚心向企业工作人员学习求教。

（3）在企业期间遵守各项规章制度，注意劳动安全。

第六章　物流企业的设施设备管理

☞学习目标：

• 知识目标

◎了解现代物流企业设施与设备的类型、特点；
◎熟知物流企业设施选址的影响因素、常用的选址方法；
◎熟知仓库平面布置原则、配送中心平面布置流程；
◎掌握物流设备寿命周期及全寿命周期管理的含义；
◎掌握物流设备磨损的规律和对应的补偿方法；
◎掌握物流设备的保养、点检、修理、更新和技术改造的基本知识。

• 技能目标

◎能用因素评分法进行单一设施选址；
◎能用作业相关图法对一般配送中心进行平面布置；
◎掌握常用物流设备的保养、点检、修理、更新和技术改造的方法。

【引例】

NIKE 公司：先进物流系统缔造运动商品王国

NIKE 公司用世界级的物流水准来响应市场需求，通过对物流系统的改造，缔造了一个运动商品王国。公司非常注重物流系统的建设，时刻关注国际先进物流技术的发展，及时对自身物流系统进行升级。NIKE 公司的物流系统在 20 世纪 90 年代初就已经非常先进，近年来更得到了长足的发展，可以说，其物流系统是一个国际领先的、高效的配送系统。NIKE 公司的物流网络遍布全球，在美国就有 3 个配送中心。在田纳西州孟菲斯市的配送中心创建于 1983 年，是当地最大的自由配送中心。在这里，NIKE 公司建成了三层货架的仓库，并安装了新的自动补货系统，使公司能够在用户发出订单后 48 小时内发货。公司在亚太地区生产的产品通过海路经西海岸送达美国本土，再利用火车经其铁路专用线运送到孟菲斯，最后运抵 NIKE 公司的配送中心。

NIKE 公司认识到，当物流条件改变时，公司在战术和战略上也要进行相应的改变。在孟菲斯配送中心，当某一两个因素使配送需求超出其承受能力的时候，NIKE 公司会及时制定新的策略。“我们抛弃了 1980 年的仓库技术，采取了最新的技术，包括升级的仓库管理系统（WMS）和一套新的物料传送处理设备。我们需要提高吞吐能力和库存控制能力，同时要尽力从自动化中获取效益。”NIKE 公司孟菲斯作业主管 Mark Dennington 说道。

孟菲斯配送中心增加了4个存储区、1个新的收货系统和长达21公里的传送带。为了搬运重量大的货箱，还增加了一个翻板式分拣机。同时，配送中心采用了实时仓库管理系统，用手持式和车载式无线数据交换器，使无纸化分拣作业成为可能。此外，NIKE公司不断巩固其在亚洲市场的配送基础。在日本，公司设计了世界上最先进的设施，这种设施可以满足日本未来7年销量增长的需要。由于日本的地价高，他们计划建造高密度的配送中心，这就需要采用先进的配送中心控制系统——ASRS。

2000年，NIKE公司开始在其电子商务网站www. NIKE. com上进行由公司直接到消费者的产品销售，并且增加了提供产品详细信息和店铺位置的功能。为了支持此项新业务，UPS环球物流实现了NIKE公司从虚拟世界到消费者家中的快速服务。美国，NIKE公司成为UPS的最大客户。UPS在路易斯维尔的仓库里存储了大量的NIKE产品，每隔一小时完成一批订货，并将这些产品装上卡车运到机场。这样一来，NIKE公司不仅节省了开支，而且加速了资金周转。

NIKE公司对部分物流业务实行外包，其中的一个物流合作伙伴是MENLO公司。该公司是美国一家从事全方位合同物流服务的大型公司，其业务范围包括货物运输、仓储、分拨及综合物流的策划与管理。NIKE公司还对其原有的物流系统进行了改造，以适应新的业务需求。无论从工作效率还是从服务水平上说，NIKE公司的物流系统都是非常先进而高效的。其战略出发点就是一个消费地域由一个大型配送中心服务，尽量获得规模化效益。此外，NIKE公司还非常注重物流技术的进步，通过采用新科技和科学管理来降低物流成本，提高工作效率。

这一案例表明：现代物流企业的高效率作业，需要大量的物流设备，尤其是现代化的设备，物流设施设备是物流企业的重要资产，也是物流活动的物质基础，如何对设施进行合理地选址和布置、采用何种技术、配置何种设备、如何对各类设备进行正确管理，都是物流企业管理中非常重要的问题，这些也是本章学习的主要知识。

第一节　物流企业设施

物流设施是进行物流活动的基础，也是物流水平和现代化程度的重要标志，对于现代物流的发展，促进现代化大生产、大流通具有十分重要的作用。

随着现代物流的蓬勃发展，物流基础设施也在不断地发展和创新，其内容也越来越丰富。物流基础设施包括以下三大类型。

（1）物流节点。如仓库、物流中心、铁路货运站、港口堆场、机场货运站等。

（2）物流线路。连接上述物流节点的公路、铁路、航线、管道等运输线路都是物流线路。

（3）物流基础信息平台及通信设施。它包括公共物流信息平台和专用物流信息平台等，能提供各种物流信息服务。

我国物流企业的设施主要有以下三种类型：

（1）储存型的仓库。如储备仓库等。

（2）流通型的仓库。如货物中转站、配送中心、流通加工中心等。

（3）企业的物流信息平台。

物流设施作为企业投入较大的固定资产，其建设是否合理，将在较长时期内影响企业的运营成本和效益。因此，对物流企业设施的选址、设施内部布置等作出合理的规划就显得尤为重要。本节将重点讨论物流企业设施管理中，设施选址与设施布置的问题。

一、物流企业设施选址

设施选址，顾名思义，就是要给设施确定合适的地理位置。

物流设施是整个物流网络的关键节点，是连接上游和下游的重要环节，起着承上启下的作用，并且物流设施的建设与运营需要耗费大量的资源。因此，物流设施的选址十分重要。

科学、合理地设施选址不仅可以有效地节约资源、降低物流成本，优化物流网络结构和空间布局，还可以提高物流经济效益和社会效益，确保提供优质服务，是实现集约化经营、建立资源节约型物流至关重要的一步。

1. 选址的类型

（1）单一设施的选址。单一设施选址是指独立地选择一个新的设施地点，其运营不受企业现有设施网络的影响。

（2）设施网络选址。设施网络中的新址选择比单一设施选择问题更复杂，因为在这种情况下决定新设施的地点位置时，还必须同时考虑到新设施与其他现有设施之间的相互影响和作用。如果规划得好，各个设施之间会相互促进，否则就会起到负面作用。

设施选址时，到底是单一设施选址还是网络选址，需要依据具体情况而定。

2. 选址的步骤

设施选址时，需要确定设施的数量、地理位置、规模，并规划各设施服务的市场范围等。

选择设施的地理位置时，一般步骤如下。

第一步：确定一个地区。即选择哪一个地区设置设施，沿海还是内地，南方还是北方，在哪座城市等，具体位置还要选择在城市中心、农村还是城市郊区。

城市中心、农村或城市郊区各有其优缺点，而城郊同时具有城市和农村的优点，如现代交通和通信较发达，地价相对便宜，周边人口密度相对较小等，所以越来越多的物流设施考虑设在城郊。

第二步：选择若干个适当的地点。地区选定以后，具体选择哪一片土地，作为设施的位置，这就要针对企业的特点，深入地分析各种影响因素，如物流市场需求、交通设施、周边环境等多方面因素（具体的影响因素分析见本节“3. 选址的影响因素”）。然后针对各种因素进行主次排列，权衡取舍，拟定 3 到 5 个初步的候选地址方案。必要时，还需征询一些专家的意见。

第三步：方案评价，作出取舍。对初步拟定的候选方案进行详细评价。评价方法可用因素评分法、重心法、线性规划——运输法等（这些方法将在本节“4. 设施选址的方法”中介绍），将会得出各个方案的优劣程度的结论，或找到一个方案优于其他方案，这样就可选定最终方案。

3. 选址的影响因素

物流企业设施选址的影响因素很多，概括起来主要有五大类。

(1) 经营环境因素。

①优惠的物流政策。物流设施所在地区有没有优惠的物流产业政策，对物流产业进行扶持，这对物流企业的经济效益将产生重要影响。

②劳动力条件。数量充足和素质较高的劳动力条件也是考虑因素之一。

③商品特性。运营不同特性商品的物流设施最好能分别布局在某地区的不同区域。

(2) 基础设施状况。

①交通条件。物流设施必须具备方便的交通运输条件，靠近交通枢纽，如紧临港口、交通主干道、铁路编组站或机场，最好有两种以上运输方式相连接。

公路运输是物流设施供配货的主要货运方式，是否靠近交通便捷的干道进出口是主要考虑因素之一。由于我国地域大，铁路的运力强、费用低，同时水运也有运输成本低的优势，因此，大规模的物流设施最好靠近铁路、港口。

②公共设施状况。物流设施的所在地，要求道路、通信等公共设施齐备，有充足的供电、水、热、燃气的能力，且场区周围要有污水、固体废物处理能力。

(3) 经济因素。

①建筑和物流费用。建筑费用包括地价、设施建筑费用等。物流费用包括该设施到上下游客户之间的运输费、配送费等，大多数物流设施选在接近物流服务需求地，例如接近大型工业区、商业区，以便缩短运输距离，降低运费费用等。

②顾客服务水平。现代物流能否实现准时运送是服务水平高低的重要指标，因此，在物流设施选址时，应考虑到企业期望达到的顾客服务水平，给客户快速满意的物流服务。

(4) 自然环境因素。

①气象条件。物流设施选址过程中，主要考虑的气象条件有温度、风力、降水量、无霜期、冻土深度、年平均蒸发量等指标。例如露天堆场在选址时，就需要避开风口，因为在风口处会加速露天堆放商品的老化。

②地质条件。物流设施是大量商品的集结地，如某些重量很大的建筑材料堆码起来，就会对地面造成很大压力。如果物流设施地面以下存在着淤泥层、流沙层、松土层等不良地质条件，会在受压地段造成沉陷、翻浆等严重后果。所以，土壤承载力要达到要求。

③水文条件。物流设施选址需远离容易泛滥的河川流域、上溢地下水的区域等，要认真考察近年的水文资料，地下水位不能过高，洪泛区、内涝区、故河道、干河滩等区域绝对禁止使用。

④地形条件。物流设施应地势高亢、地形平坦，且应具有适当的面积与外形。若选在完全平坦的地形上是最理想的；其次选择稍有坡度或起伏的地方；对于山区陡坡地区则应该完全避开。在外形上可选长方形，不宜选择狭长或不规则形状。

(5) 其他因素。

①土地资源利用。物流设施的规划应贯彻节约用地、充分利用国土资源的原则，物流设施通常占地面积较大，周围还需留有足够的发展空间。为此地价的高低对布局规划有重

要影响。此外，物流设施的布局还要兼顾区域与城市规划用地的其他要素。

②环境保护要求。物流设施的选址需要考虑保护自然环境与人文环境等因素，尽可能降低对城市生活的干扰。对于大型转运枢纽，应适当设置在远离市中心的地方。

③周边状况。物流设施是火灾重点防护单位，不宜设在易散发火种的工业设施（如木材加工、冶金企业）附近，也不宜选择在居民住宅区附近。

物流设施的选址应综合运用定性与定量相结合的方法，在全面考虑以上影响因素的基础上作出决策。功能完善、位置适宜的物流设施必将对物流企业的发展起到重要作用。

【知识链接 6-1】

物流中心选址时的注意事项

1. 不同类型物流中心选址时的注意事项

（1）转运型物流中心。转运型物流中心大多经营倒装、转移或短期储存的周转类商品，大多使用多式联运方式，因此一般应设置在城市边缘地区的交通便利的地段，以方便转运和减少短途运输。

（2）储备型物流中心。储备型物流中心主要经营国家或所在地区的中、长期储备物品，一般应设置在城镇边缘或城市郊区的独立地段，且具备方便的水陆运输条件。

（3）综合型物流中心。这类物流中心经营的商品种类繁多，根据商品类别和物流量选择在不同的地段。例如与居民生活关系密切的生活型物流中心，若物流量不大又没有环境污染问题，可选择接近服务对象的地段，但应具备方便的交通运输条件。

2. 经营不同商品的物流中心选址时的注意事项

（1）果蔬食品物流中心。果蔬食品物流中心应选择入城干道处，以免运输距离拉得过长，商品损耗过大。

（2）冷藏品物流中心。冷藏品物流中心往往选择屠宰场、加工厂、毛皮处理厂等附近，此外有些冷藏品物流中心会产生特殊气味、污水、污物，而且设备及运输噪声较大，对所在地环境造成一定影响，故多选择城郊。

（3）建筑材料物流中心。通常建筑材料物流中心的物流量大、占地多、有严格的防火等安全要求，应选择城市边缘对外交通运输干线附近。

（4）燃料及易燃材料物流中心。石油、煤炭及其他易燃物品物流中心应满足防火要求，选择城郊的独立地段。在气候干燥、风速较大的城镇，还必须选择大风季节的下风位或侧风位，特别是油品物流中心选址应远离居住区和其他重要设施，最好选在城镇外围的地形低洼处。

4. 设施选址的方法

（1）单一设施的选址方法。

单一设施选址常用方法有：因素评分法、重心法等。

因素评分法适用于有多个候选方案时，对方案的比较和评价。因素评分法的具体步骤如下。

①列出一组影响选址决策的因素；

②对每一因素赋予一个权重，以反映这个因素在所有因素中的重要程度；

③对所有因素的打分设定一个共同的取值范围，一般是1~10，或1~100；

④将每一个备选地址，对所有因素按设定范围打分；

⑤将各个因素的得分与相应的权重相乘得到权值，并把所有因素的权值相加，即得到每一个备选地址的最终得分；

⑥选择具有最高总得分的地址作为最佳的选址。

【案例分析 6-1】

某物流中心用因素评分法选址

某物流中心选址时，有备选地址A、B、C三个，现在需要用因素评分法，确定最佳位置。假定对选址决策的影响因素进行分析后，得到五项主要影响因素如表6-1中第二列所示。

分析：首先，需要对每一项主要影响因素赋予权重。对影响因素赋予权重的一般经验是：

经营环境的权重系数一般是0.3~0.5，这是进行物流中心选址时考虑的主要因素；

基础设施状况因素的权重系数一般是0.2~0.4，该因素仅次于经营环境，应在物流中心选址评价时占较大的权重；

经济因素的权重系数一般是0.2~0.4；

自然环境因素的权重系数一般是0.1~0.3。在备选地址自然环境条件相差不大的情况下，可将该权重设置得小一些，否则应大一些。

其他因素的权重系数要视具体情况而定，一般在0.1~0.2。

对该物流中心选址的影响因素赋予权重，如表6-1所示。然后针对每项影响因素，对三个备选地址一一评分（必要时请专家评分），这里采用取值范围1~100，即每项最高为100分。评分结果如表6-1所示。

表6-1　**物流中心选址影响因素的权重和评分**

选址影响因素	权　重	备选地址		
		A	B	C
经营环境因素	0.3	90	60	80
基础设施状况	0.3	100	80	100
经济因素	0.2	80	90	60
自然环境因素	0.1	80	80	80
其他因素	0.1	70	80	80

各备选地址的最终得分计算如下：

地址A得分计算：0.3×90+0.3×100+0.2×80+0.1×80+0.1×70=88。同理计算地址B得分为76，地址C得分为82。

取得分最高的地址，故最佳选址为 A 处。

运用因素评分法时应注意：在计算过程中可以感觉到，由于权重的设置和方案得分依靠人的主观判断，如果判断有误差就会影响评分数值，以至于影响最后的决策。因此应用此方法时，应尽量减少主观性的误差。

重心法也可称为地理重心法，在为待建设施选址时，它通常只考虑待建设施到现有设施之间的运输费用最少，并且将运输费用简单看成是运输量、运输距离以及运输费率的乘积。

它常用于中间仓库位置的选择，例如由一个仓库向多个销售点送货等情况。通过重心法找到的位置，可以使总运费最少。

用重心法进行计算时，首先需要建立一个坐标系，在坐标系中标出各个现有设施的位置。实际运用时，可以利用地图确定各现有设施的位置，并将一个坐标重叠在地图上，确定各现有设施的坐标值。然后，根据其纵横坐标值和运输量、运输费率，利用公式计算出待建设施的位置。

假设待建设施到现有设施之间，货物运输费率是相等的。那么重心法的公式是：

$$x_0 = \frac{\sum x_i w_i}{\sum w_i}, \tag{6-1}$$

$$y_0 = \frac{\sum y_i w_i}{\sum w_i} \tag{6-2}$$

公式中：

x_0—— 重心的 x 坐标；

y_0—— 重心的 y 坐标；

x_i——第 i 个现有设施的 x 坐标；

y_i——第 i 个现有设施的 y 坐标；

w_i——运到第 i 个地点的货物量。

最后，求出的重心的坐标值所对应的地点即为待建设施的地点。

【案例分析 6-2】

确定仓库的位置

现需要新建一个仓库，给 P_1、P_2、P_3、P_4 四个销售点供应物品，需要用重心法确定仓库的位置。

假设 $P_i(x_i,\ y_i)$（$i=1,\ 2,\ 3,\ 4$）为第 i 个销售点的位置；w_i（$i=1,\ 2,\ 3,\ 4$）为第 i 个销售点的需求量，单位为吨。

各销售点在坐标系中的坐标和需求量如表 6-2 所示。

表 6-2　**各销售点的坐标和需求量**

x_1	y_1	x_2	y_2	x_3	y_3	x_4	y_4
10	60	60	70	20	20	65	20
$w_1=2000$		$w_2=1200$		$w_3=1800$		$w_4=1500$	

分析：首先在坐标图上标出各销售点的位置，同时假设 $P_0(x_0，y_0)$ 为仓库的位置，如图 6-1 所示。

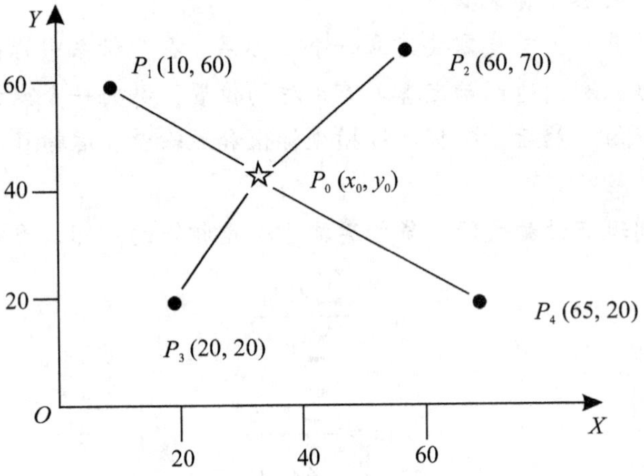

图 6-1　各销售点的坐标

然后用公式（6-1）和（6-2）计算重心 $P_0(x_0，y_0)$ 的坐标，即为仓库的位置。计算过程如下：

$$x_0=\frac{10\times2000+60\times1200+20\times1800+65\times1500}{2000+1200+1800+1500}=34.7$$

$$y_0=\frac{60\times2000+70\times1200+20\times1800+20\times1500}{2000+1200+1800+1500}=41.5$$

故仓库的位置为坐标图上（34.7，41.5）点处。

利用重心法计算选址位置时，要注意它存在几点假设条件，它把实际问题简单化了。它主要的假设如下：

①只考虑了运输成本，忽略了在不同地点建设仓库所需的成本的差异等。

②它把运输成本看成运输距离、运输量和运输费率的乘积，并且假设由仓库到各销售点，货物的运输费率是相等的，而实际上不是这样的。

③它假设仓库到各销售点之间的路线为直线，而实际运输所采用的路线不可能都是直线。

④没有考虑未来收入和成本的变化。

需要注意的是，用重心法求得的地址是否适合新建物流设施，还需要综合考虑其他多方面因素来决定。

设施网络中的新址选择往往不仅要决定新设施的地点位置，还必须同时考虑添加新设施后，整个网络的工作任务重新分配的问题，以达到整体运营效果最优的目的。

例如，某市场区域内原有若干个仓库，现在由于需求的增加，需要再新建一个仓库，那么就要考虑新建仓库之后，整个区域内的运输任务如何进行重新分配，如果只单独考虑新设施，不考虑它与现有设施之间的联系，那么得到的方案，对整个公司而言可能不是最佳的。

设施网络选址的方法主要有线性规划——运输法、模拟法等。

二、物流企业设施布置

1. 仓库的平面布置

仓库是物流企业最主要的设施。仓库的平面布置是对仓库的各个组成部分，如库房、辅助建筑物、办公设施、库内道路等，进行全面合理的安排和布置。仓库平面布置是否合理，将对仓储作业的效率、储存质量、储存成本和仓库盈利目标的实现会产生很大影响。

(1) 影响仓库平面布置的因素。

①仓库的专业化程度。仓库储存商品的种类越少，则仓库的专业化程度就越高；相反，仓库储存商品的种类越多、越杂，则仓库的专业化程度就越低。各种商品性质不同，装卸搬运方式和存储方法也会有所区别，对仓库平面布置的要求也不同，因此，仓库的专业化程度越高，布置越简单，反之越难。图 6-2 和图 6-3 显示了两种不同专业化程度的仓库。

图 6-2　专业化程度较低的仓库

图 6-3　专业化程度较高的仓库

②仓库规模。仓储的规模越大、功能越多，则需要的设施设备就越多，设施设备之间的配套衔接就成为十分重要的问题，布置就越难，反之则越简单。

③环境设施、地质地形条件等。环境设施、地质地形条件越好，仓库平面布置越简单，反之越难。

（2）仓库平面布置的要求。

①仓库平面布置要适应仓储作业过程的要求，有利于仓储作业的顺利进行。

第一，仓库平面布置的物品流向，应该是单一的流向（如图 6-4 所示）。仓库内物品在入库、验收、储存直到出库作业，应该是按一个方向流动的，以减少仓库内的拥塞和混乱。

图 6-4　物品流向图

第二，最短的搬运距离，并尽量减少迂回、重复搬运等。

第三，最少的装卸环节。尽量减少在库物品的装卸搬运次数，如物品的卸车、验收、入库最好一次完成。

第四，最大限度地利用空间。物品储存时应合理储存并充分利用仓库容积，如高层货架可充分利用仓库的立体空间，高层货架如图 6-5 所示。

图 6-5　高层货架

②仓库平面布置要有利于提高仓储经济效益。要因地制宜，充分考虑地形、地质条件，利用现有资源和外部协作条件，根据设计规划和库存物品的性质，选择和配置合适的设施设备，以便最大限度发挥其效能。

③仓库平面布置要有利于保证安全和职工的健康。仓库建设时严格执行《建筑设计

防火规范》的规定，留有一定的防火间距，并有防火防盗安全设施，作业环境的安全卫生标准要符合国家的有关规定，有利于职工的身体健康。同时还要考虑防洪、排水标准和措施。

（3）仓库平面布置原则。

①根据物品特性分区分类储存，将特性相近的物品集中存放。

②重、大件物品、周转量大和出入库频繁的物品，宜靠近出入口，以缩短搬运距离，提高出入库效率。

③易燃的物品，应尽量靠外面布置，以便管理。

④有吊车的仓库，汽车入库的运输通道最好布置在仓库的横向方向，以减少辅助面积，提高面积利用率。

⑤仓库内部主要运输通道的宽度，一般采用双行道。

⑥仓库出入口附近，一般应留有收发作业用的面积。

⑦仓库内设置管理室及生活间时，应该用墙与库房隔开，其位置应靠近道路一侧的入口处。

2. 配送中心平面布置的流程和方法

配送中心平面布置的一般流程如图 6-6 所示。

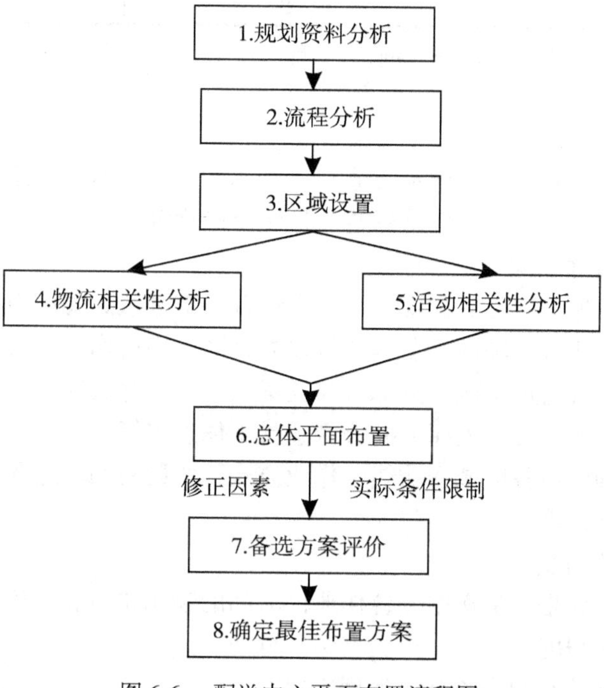

图 6-6　配送中心平面布置流程图

（1）规划资料分析。

①物品特性分析。物品特性是货物分类的重要参考因素，如按储存保管特性可分为干货区、冷冻区及冷藏区；按货物重量可分为重物区、轻物区；按货物价值可分出贵重物品

区及一般物品区等。因此，配送中心布置规划时首先要对货物进行物品特性分析，以区分不同的储存和作业区域。

②储运单位分析。储运单位分析就是考察仓库各个主要作业（进货、拣货、出货等）环节的基本储运单位。一般仓库的储运单位包括托盘（P）、箱子（C）和单品（B），而不同的储运单位，其配备的储存和搬运设备也不同。因此掌握物流过程中的单位转换相当重要。需要将这些包装单位进行分析。

在企业的订单资料中常常有各类出货形态，例如订单中有整箱或零散出货，也有两种类型同时出货。为了仓储区与拣货区得到合理的布置，必须将订单资料按出货单位类型加以分析，以正确计算各区域实际的需求。常见的储运单位组合形式如表6-3所示。

表6-3　**配送中心包装单位组合分析**

入库单位	存储单位	拣货单位
P	P	P
P	P，C	P，C
P	P，C，B	P，C，B
P，C	P，C	C
P，C	P，C，B	C，B
C，B	C，B	B

注：P——托盘、C——箱子、B——单品。

（2）流程分析。

这一步需要确定主要物流活动及其流程。配送中心主要作业包括入库、保管、拣选、配送等，有的还包括流通加工，如贴标签、包装及退货等。

（3）区域设置及面积确定。

这一步需要根据配送中心的主要作业，来设置内部区域。配送中心内部区域，一般包括三大类，即物流作业区、辅助作业区及行政办公区。物流作业区又可分为收货区、托盘储存区、立体库区、流通加工区、分拣区和发货区、设备存放区等。辅助作业区包括设备维修区等。行政办公区包括出入库的办公区、员工休息室等。

各区域面积的确定与各区域的功能、作业方式、所配备的设施和设备以及物流量等有关，应分别进行详细计算。

（4）物流相关性分析。

物流相关性分析就是对配送中心各作业区域间的物流路线和物流量进行分析，从而确定各区域的物流相关程度。

物流中心作业区域间的物流路线类型主要有：

①直线式：适用于出入口在库房两侧、作业流程简单、规模较小的物流作业。无论订单大小与配货品种多少，几乎所有货物均需通过库房全程。如图6-7（1）所示。

②双直线式：适用于出入口在库房两侧、作业流程相似但是有两种不同进出货形态或作业需求的物流作业。

③锯齿形（或S形）：通常适用于多排并列的库房货架区。

④U形：适用于出入口在库房同侧的作业，可依进出货频率大小安排接近进出口端的储区，以缩短拣货搬运路线，如图6-7（2）所示。

⑤分流式：适用于批量拣取后进行分流配送的作业。

⑥集中式：适用于将订单分割在不同区域拣取后进行集货的作业。

在分析物流流量时，需要汇总各项物流作业活动从某区域至另一区域的货物流量，作为分析各区域间货物流量大小的依据。若不同物流作业在各区域之间的货物搬运单位不同，则必须先转换为相同单位后，再合并计算其物流量的总和。

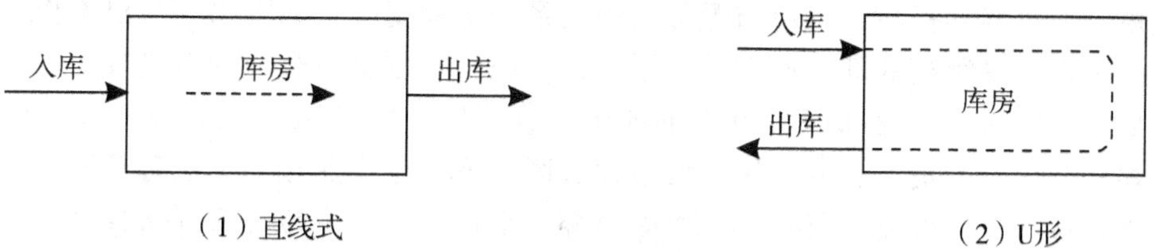

图6-7　物流路线类型图

（5）活动相关性分析。

除了物流作业区域外，物流中心内还有一些辅助作业区及行政办公区等功能区域。这些区域尽管本身没有物流活动，但与作业区域有密切的业务关系，故还需要对这些区域与作业区之间，进行业务活动相关性分析，确定各区域之间的密切程度。

一般相关程度高的区域在布置时应尽量紧邻或接近，如出货区与称重区，而相关程度低的区域则不宜接近，如库区与员工休息室等。在规划过程中应由规划设计者根据使用单位或企业经营者的意见，进行综合的分析和判断。

配送中心内部各区域间的物流相关性分析、活动相关性分析常用作业相关图法。

【知识链接6-2】

作业相关图法

作业相关图法是根据各区域之间的活动关系密切程度布置其相关位置，首先，将关系密切程度划分为A、E、I、O、U、X六个等级，其意义如表6-4所示。

表6-4　**关系密切程度表**

代　号	密切程度	代　号	密切程度
A	绝对重要	O	一般
E	特别重要	U	不重要
I	重要	X	不予考虑（或不能放在一起）

然后，列出导致不同关系密切程度的原因，填入表6-5中。

表6-5　　不同关系密切程度的原因

代　号	关系密切原因	代　号	关系密切原因
1	工作流程连续	4	人员接触频繁
2	共用场地	5	文件交换频繁
3	共用设备	6	其他

使用以上这两种资料，将待布置部门的关系密切程度一一确定出来，根据相互关系重要程度，按重要等级高的部门相邻的布置原则，便可安排出最合理的布置方案。

例如，某配送中心内部区域有以下8个：收货区、储存区、流通加工区、整箱分拣区、拆零分拣区、发货区、办公区和设备存放区。下面用作业相关图法对其进行布置。

分析：第一步，首先分析该配送中心内部8个待布置区域的关系密切程度，并画出各区域之间的作业相关图，如图6-8所示。

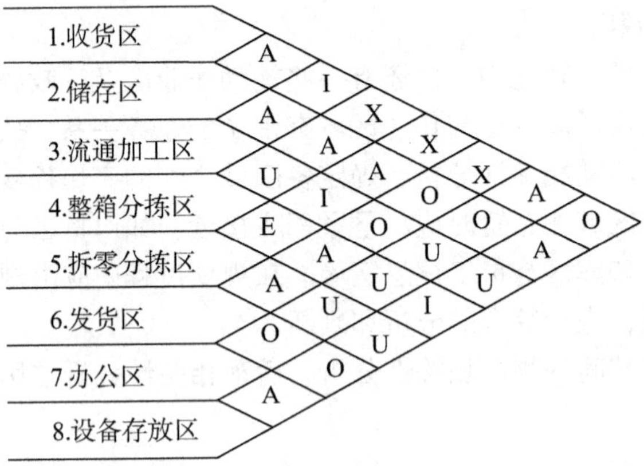

图6-8　作业相关图

列出关系密切程度分类，如表6-6所示（只考虑A和X）。

表6-6　　关系密切程度分类表

A	X
1-2，1-7	1-4，1-5，1-6
2-3，2-4，2-5，2-8	
4-6	
5-6	
7-8	

第二步，根据表6-5编制主联系族，原则是，从关系“A”出现最多的部门开始，如本例中的储存区，出现5次“A”，首先确定储存区，然后将与储存区关系密切程度为“A”的区域一一联系起来。

第三步，考虑其他关系为“A”的区域，如能加在主联系族上就尽量加上，否则就画出分离的子联系族。本例中，所有关系为“A”的区域都能加到主联系族上去。如图6-9所示。

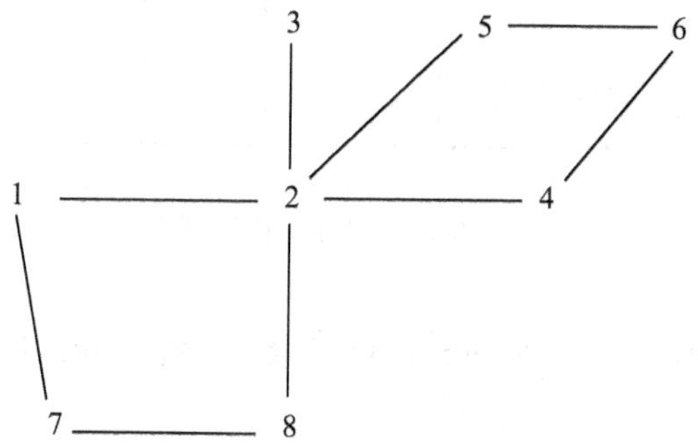

图6-9　主联系族

第四步，分析关系为“X”的区域，使它们不要联系在一起。

最后根据主联系族，对该配送中心内部相互关系最为密切的区域，应进行相邻布置。这是进行总体平面布置的主要依据。

（6）总体平面布置。

在分析了各区域之间活动关系密切程度之后，就要对配送中心的区域进行布置，布置方法有流程性布置法、活动相关性布置法等。

①流程性布置法。它是根据物流移动路线作为布置的主要依据，适用于物流作业区域的布置。首先在配送中心内，确定进货到出货的主要物流路线形式，并完成物流相关性分析。在此基础上，按作业流程顺序和关联程度配置各作业区域位置。其中，可将面积较大且长宽比例不易变动的区域先置入建筑平面内。

②活动相关性布置法。它是根据各区域的活动相关表进行区域布置。首先选择与各部门活动相关性最高的部门区域先行置入规划范围内，再按主联系族上的关联关系和各区域间的关联程度，依次置入布置范围内。

在【知识链接6-2】中，根据得到的各区域之间的主联系族，用活动相关性布置法布置所有区域，可得到总体平面布置方案，如图6-10所示。

进行总体平面布置时，还应对配送中心内通道进行布置，确定通道的位置和宽度。仓库内通道一般有主干通道、一般作业通道、辅助通道等。其宽度的大小受搬运设备类型、货物尺寸、作业方式、货物进出库批量等因素影响。一般主干通道宽3~6米，一般作业通道宽3米，人行通道宽0.75~1米。

配送中心的区域布置可以用绘图方法直接绘成平面布置图；也可以将各功能区域按面积制成相应的卡片，在总面积图上进行摆放，以找出合理方案；还可以采用计算机辅助平

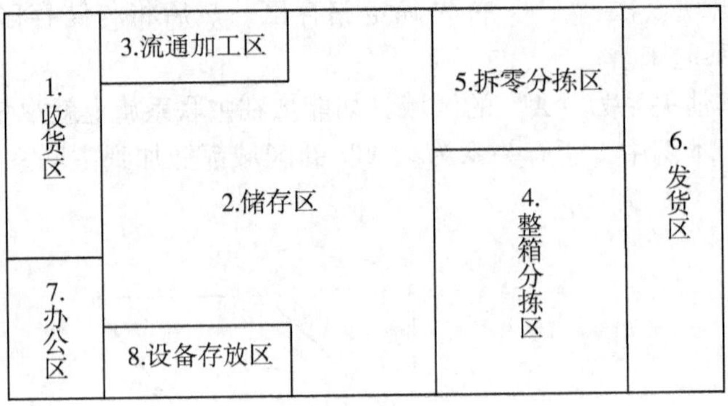

图 6-10　总体平面布置图

面区域布置技术进行平面布置。平面布置可以做出几种方案，最后通过综合比较和评价选择一个最佳方案。

(7) 方案评价与修正和调整。

经由上述的规划分析，得到了配送中心总体平面布置图，最后还应根据一些实际限制条件进行必要的修正与调整。这些影响因素包括：

①库房与土地面积比例：库房建筑比率、容积率、绿地与环境保护空间的比例限制等。

②库房建筑的特性：建筑造型、长宽比例、柱位跨度、两高限制或需求等。

③法规限制：土地、建筑法规、环保、卫生、安全相关法规、劳动法等。

④交通进入限制：交通出入口及所在区域的特殊限制等。

⑤其他：如经费预算限制、政策因素等。

第二节　物流企业设备管理

一、物流企业设备及其管理概述

物流设备在物流活动中起着非常重要的作用，它们的发展极大地减轻了人们的劳动强度，提高了物流作业的效率和质量，降低了物流成本，也促进了物流的快速发展。同时现代物流业的高速发展对物流设备也有着更高的要求。

1. 现代物流设备的类型

现代物流设备，按照其功能分类，主要有以下几种类型。

(1) 物流仓储设备。仓储，即对物品进行储存、保管，仓储在物流系统中起着缓冲、调节、集散和平衡的作用，是物流系统的一个中心环节。

物流仓储设备包括各种类型的货架（托盘货架如图 6-11 所示）、叉车、室内搬运车、堆垛机、出入库输送设备（如图 6-12 所示）、分拣设备、商品质量检验设备、商品保管养护工具以及计算机仓储管理系统和监控系统等。

这些设备可以组成自动化、半自动化或者机械化的仓储系统，完成对物料的储存、搬运、分拣等作业。

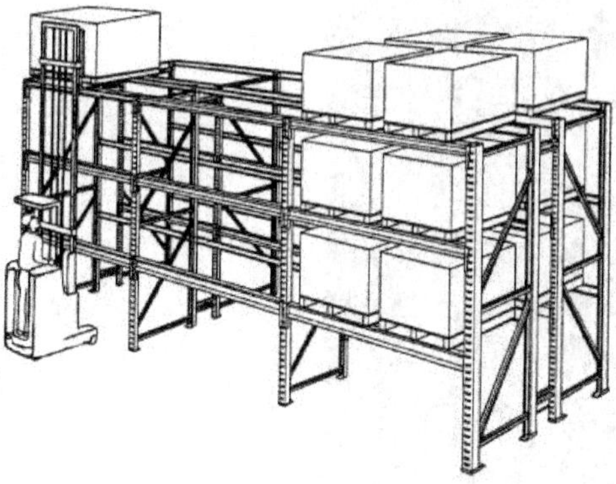

图 6-11　托盘货架

图 6-12　出入库输送设备

（2）运输设备。在物流活动中，运输始终处于核心地位，运输设备必须作业效率高、灵活快捷并安全可靠，同时尽可能运输成本低，环境污染小。

根据运输方式的不同，运输设备可分为公路运输载货汽车、铁路货车、货运船舶、空运设备、管道运输设备等。对于一般的物流企业而言，拥有一定数量的载货汽车是可能的，而其他运输设备必须有相应的社会公共设施的支持才能运行。图 6-13 即是适合城市配送用的厢式货车。

（3）起重机械。起重机械是不可缺少的物料搬运设备，起重机械包括千斤顶、起重葫芦、桥式起重机、臂架类起重机、装卸桥等。图 6-14 即是一种常用的桥式起重机。

图 6-13　厢式货车

图 6-14　桥式起重机

（4）输送机械。输送机械是按照规定路线，输送散状物料或成件物品的设备，是现代物料搬运系统的重要组成部分。主要有带式输送机（如图 6-15 所示）、斗式提升机、埋刮板式输送机等。

图 6-15　带式输送机

（5）流通加工机械。它是完成流通加工作业的专用机械设备，主要有切割机械与包装机械两大类。切割机械有金属、木材、玻璃、塑料等原材料切割机械；包装机械有充填机、罐装机、捆扎机、裹包机、贴标机、封口机、真空包装机、多功能包装机等。

（6）集装单元器具。主要有集装箱（如图 6-16 所示）、托盘（如图 6-17 所示）、周转箱等。货物经过集装和组合包装后，提高了搬运活性，便于储存、装卸搬运、运输，便于实现物流作业的机械化、自动化、标准化。

图 6-16　集装箱

图 6-17　托盘

（7）物流信息技术设备。现代物流系统中，广泛应用了现代信息技术设备，如条码技术设备、射频技术设备、GPS 系统设备等。

条码技术设备包括条码生成、扫描、识读等设备。商品或货物上的条形码信息，通过条形码阅读器阅读后，可以迅速、准确地把条码信息录入计算机，实现信息的自动登录、自动控制、自动处理等功能。可用于条码扫描的无线手持终端如图 6-18 所示。

图 6-18　无线手持终端设备

2. 现代物流设备的特点

物流设备是物流技术水平高低的主要标志，现代物流设备体现了现代物流技术的发展。现代物流设备的特点主要有以下几点。

（1）物流设备的发展呈现“四化”趋势，即连续化、大型化、高速化、电子化。大大提高了物流效率。如物流输送设备实现了输送过程的连续化，运输设备越来越大型化，运输速度越来越快，自动化立体仓库、自动分拣机、智能式搬运车等设备的发展体现了物流设备电子化、信息化的广阔前景。

（2）物流设备的社会化程度越来越高，设备结构越来越复杂，并且从研究、设计、生产直至报废的各环节之间相互依赖，相互制约。

（3）物流设备中以能源密集型居多，能源消耗大。同时现代物流设备投资和使用费用十分昂贵，是资金密集型的。因此提高设备管理效益对物流企业来说非常重要。

3. 现代物流设备管理

物流设备管理是以物流设备为管理对象，追求设备综合效率，应用一系列理论、方法，通过一系列技术、经济、组织措施，对物流设备寿命周期全过程的科学型管理，包括从规划、设计、正确选择设备、正确使用设备、维护修理到更新改造全过程的管理。

设备运动过程可分为两种状态，即设备的物资运动形态和资金运动形态。设备的物资运动形态，是指设备从研究、设计、制造或从选购进厂验收投入生产领域开始，经使用、维护、修理、更新、改造直至报废退出生产领域的全过程，对这个过程的管理称为设备的技术管理；设备的资金运动形态，包括设备的最初投资、运行费用、折旧、收益以及更新改造的措施和运用等，对这个过程的管理称为设备的经济管理。

现代物流设备管理，既包括技术管理，又包括经济管理，设备的技术管理与经济管理是有机联系、相互统一的。

4. 物流设备选择原则

物流设备的选用，应根据物流作业的需要，因地制宜。结合作业场地、货物的种类、特性、货运量大小、运输车辆或船舶的类型、运输组织方法、货物储存方式、各设备在物流系统中的作用等，考虑是自行设计、制造还是购置，并进行技术经济论证，以选择最优方案。物流设备的选择原则如下：

（1）符合货物的特性。货物的物理、化学性质以及外部形状和包装千差万别，在选择装卸机械时，必须与货物特性相符，以确保作业的安全和货物的完整无损。

（2）适应物流量的需要。物流设备的作业能力应与物流量的大小相适应，应选择投资较少、作业能力恰当的设备。

（3）各类物流设备之间的衔接和配合是否协调。

（4）物流设备的经济性和使用性。选择物流设备时，各设备应操纵灵活，维修保养方便，有较长的使用寿命，使用费用低，消耗能源少，生产率高，辅助人员少等。

（5）应具有超前性和富余量。随着物流需求及物流技术的飞速发展，在选择设备时，应有长远考虑，使它们能满足不远将来的变化，适应经济的发展，这也是减少投资提高适应性的一个有效途径。

二、物流设备的全寿命周期管理

1. 设备寿命周期的含义

设备的寿命周期是指设备从最初的调查研究开始直到报废为止的整个过程，它包括调查研究、设计、制造、购买选型、购置、安装调试、运转、维修、更新报废等环节。其中调查研究、计划、设计、制造的环节称为设备寿命的前半生；购买选型、购置、安装调试、运转、维修、更新报废等环节称为设备寿命的后半生。

2. 设备寿命周期费用

设备寿命周期费用是指设备一生的总费用，它包括从设备的研究、设计、制造、安装调试、使用、维修、改造直到报废的全过程产生的费用之和，可以看成主要由以下几部分组成，即购置费、维持费、报废处理费和残值。

其中购置费，对于外购设备包括调研、招标、购置、运输、安装、调试等全部费用；对于自制设备则包括设备规划、设计、制造、安装、调试等费用。

维持费包括设备使用时的维护保养费、维修费、能源消耗费、操作工人工资等。

设备寿命周期费用的公式为：

寿命周期费用=购置费+维持费+报废处理费-残值

3. 寿命周期利润

与寿命周期费用相对应，设备使用过程中会给企业创造效益或收益。这种收益减去寿命周期费用，即为寿命周期利润，公式如下：

寿命周期利润=收益-寿命周期费用

4. 设备的全寿命周期管理

（1）全寿命周期管理的含义。

设备的全寿命周期管理是现代设备管理中的一个非常重要的观点，设备寿命的前、后半生，即制造（或购买、选型）与使用之间是紧密联系的，是相互依存、相互制约的。

设备全寿命周期的管理目标就是要追求全寿命周期利润的最大化，也就是说，既要考虑寿命周期费用最小化，又要追求收益最大化，最终实现寿命周期利润最大化。这一理念不仅可以用在前期管理，而且渗透到整个设备寿命周期中。

（2）设备全寿命周期管理的三个阶段。

① 前期管理阶段。设备的前期管理包括规划决策、计划、调研、设计、制造、购置，直至安装调试、试运转的全部过程。在购置新设备时，不能贪图价格便宜，而要同时考虑到设备购置后的一系列其他费用。不能只考虑设备寿命中某一阶段（制造、采购、使用、维修）的经济性，更要十分注重设备购置费和使用费总和的最经济。设备购置价格最便宜，不一定整个寿命周期费用最低，而寿命周期费用最低并不等于该设备最好，还应考虑设备全寿命周期所发挥的效益的大小。

②运行维修管理阶段。此阶段主要是防止设备性能劣化而进行的日常维护，包括保养、检查、监测、诊断以及修理、更新等管理，其目的是保证设备在运行过程中经常处于良好技术状态，并有效地降低维修费用。

③报废及更新改造管理阶段。设备的全寿命周期管理不仅体现在设备一生管理的三个阶段，还体现在它是企业现代管理中一个不可分割的重要组成部分，因为在很大程度上，企业装备（设备）决定着企业的生存和发展。因此企业现代化管理中不可忽视设备管理工作，并使全寿命周期管理与专业管理相结合。

三、物流企业设备的使用管理

1. 物流设备的合理使用

物流设备使用寿命的长短、生产效率的高低，在很大程度上受制于设备的使用是否合理、正确。正确使用，可以在节省费用的条件下减轻设备的磨损、保持其良好的性能和应有的精度，延长设备的使用寿命，充分发挥设备的效率和效益。

设备的正确使用，是设备管理中的一个重要环节。具体应做好以下几项工作。

（1）做好设备的安装、调试工作。

设备在正式投入使用前，应严格按质量标准和技术说明安装、调试，安装调试后要经试验运转、验收合格才能投入使用。

（2）合理安排生产任务。

使用设备时，必须根据工作对象的特点和设备的结构、性能特点来合理安排生产任务，防止和消除设备无效运转。使用时，要严禁设备超负荷工作，要避免“大马拉小车”现象。

（3）切实做好设备操作人员的技术培训工作。

操作人员在上机操作之前，需做好上岗前培训，认真学习有关设备的性能、结构和维护保养等知识，掌握操作技能和安全技术规程等，经过考核合格后，方可上岗。必须严禁无证操作（或驾驶）现象的发生。

（4）建立健全一套科学的管理制度。

现代物流企业要针对设备的不同特点和要求，建立各项管理制度、规章制度和责任制度等。如持证上岗制、安全操作规程、操作人员岗位责任制、定人定机制、定期检查维护制、交接班制度以及设备档案制度等。

【知识链接 6-3】

某公司叉车管理制度

为规范企业管理，做好生产安全工作，特制订本制度。

一、安全管理

1. 定期对叉车司机进行安全教育（每周一次）。

2. 操作者必须持证上岗，严格执行《安全操作规程》，并对驾驶员进行年审，对叉车进行年检，在得到合格确认后方可继续驾驶和使用叉车。

3. 严格按公司机动车驾驶要求执行。

4. 每天做好叉车的点检工作（按点检表进行）保持叉车良好的工作状态。

二、维修、保养管理

1. 每周对车辆进行 2 次清洗，并检查油、电、刹车系统是否正常，定期更换齿轮油、更换液压油、电池充电、水箱加水。

2. 发现故障时由专人进行检修，如若不能排除故障，通知制造商或专业维修厂来进行维修，并做好记录。

三、叉车维修、平时停放的定置管理

1. 叉车维修必须在比较安全的位置进行（如车槽）。

2. 叉车的备用轮胎必须定置存放，应放置在方便取用和安全的地方。

3. 班后叉车的停放必须离开作业区域和仓库，尽可能不要露天放置并切断电源，拉上手刹，如场地不平则必须在车轮底下垫上三角垫木，以确保车辆不发生滑行，以免发生安全事故。

四、叉车交接

1. 不同班次，上下班时必须进行交接，填写交接表，让下一班人员知道叉车的状态，以确保安全。

2. 同班次不同叉车司机交接使用叉车时，必须进行口头交接，以确保安全。

3. 故障车维修完毕，维修人员与叉车司机必须进行交接，叉车司机进行试车，确认故障已排除后方可接车。

五、创造良好的设备作业条件和环境

保持设备作业条件和环境的整齐、清洁，并根据设备本身的结构、性能等特点，安装必要的防护、防潮、防尘、防腐、防冻、防锈等装置。有条件的还应该配备必要的测量、检验、控制、分析以及保险用的仪器、仪表、安全保护装置。这对精密、复杂、贵重设备尤为重要。

2. 设备的保养

设备在使用过程中，会产生技术状态的不断变化，不可避免地出现磨擦、零件松动、声响异常等不正常现象。这些都是设备故障隐患，如果不及时处理和解决，就会造成设备的过早磨损，甚至酿成严重事故。因此，只有做好设备的保养与维护工作，及时处理好技术状态变化引起的事故隐患，随时改善设备的使用情况，才能保证设备的正常运转，延长其使用寿命。

设备的保养维护应遵循设备自身运动的客观要求。其主要内容包括：清洁、润滑、紧固、调整、防腐等。目前，实行的比较普遍的是"三级保养制"，即日常保养、一级保养和二级保养。

（1）日常保养。日常保养由操作人员每天对设备进行的物理性保养。主要内容有：班前班后检查、擦拭、润滑设备的各个部位，使设备经常保持清洁润滑；操作过程中认真检查设备运转情况，及时排除细小故障，并认真做好交接班记录。

（2）一级保养。一级保养是以操作人员为主，维修人员为辅，对设备进行局部和重点拆卸、检查、清洗有关部位，疏通油路，调整各部位配合间隙，紧固各部位等。

（3）二级保养。二级保养是以维修人员为主，操作人员参加，对设备进行部分解体检查和修理，更换或修复磨损件，对润滑系统清洗、换油，对电气系统检查、修理，局部恢复精度，满足物流作业要求。

此外，物流企业在实施设备保养制度过程中，应该对那些已运转到规定期限的重点和关键设备，不管其技术状态好坏，作业任务缓急，都必须按保养作业范围和要求进行检查和保养，以确保这类设备运转的正常完好和具有足够的精确度、稳定性。

【知识链接 6-4】

货运车辆维修保养注意事项

货运车辆的保养非常重要，它会直接影响车辆的使用寿命，并间接影响车辆的安全保障。对此，我们特别整理了保养卡车的几大注意事项，与卡车司机一起分享：

将车开到一个相对平坦的地方，停稳后检查机油是否在油尺刻度的上限，同时一定要注意发动机底部不要漏油。

启动前要检查水箱中的水是否加满。为避免发动机水温过高，最好使用防冻液，这样也可以清除水垢。别忘记加满玻璃清洁剂，万一路上遇到下雨，清洁玻璃是必不可少的。

看一看刹车油的油面是否在油罐的中高位置，油色应十分清澈，要是发黑就应趁早更换。启动发动机，听喇叭声音是否正常。打开雨刷器，同时检查几个档位速度是否正常。调整轮胎和备用胎的气压。检查灯光，从车外的大灯、示宽灯、雾灯、刹车灯、牌照灯到倒车灯等都应仔细检查。

资料来源：中国联合物流网 http：//www. lianhe56. com.

3. 物流企业设备的检查

现代物流企业的设备检查是指对设备的运行情况、技术状态和工作稳定性等进行检查和校验，它是设备维修中的一个重要环节。

通过对设备的检查，可以全面掌握设备技术状态的变化和磨损情况，及时发现并消除设备的缺陷和隐患，找出设备管理中存在的问题，并对设备是否需要进行技术改造或更新提供可靠的技术资料和数据。

物流设备的点检制度，是一种现代先进的设备检查制度，“点”，即设备的关键部位或薄弱环节，“点检”，即是对设备的这些“点”进行经常性检查和重点控制。

实行点检制度，能使设备隐患和异常及时得到发现和解决，保证设备经常处于良好的状态。同时，减少设备维修的盲目性和被动性，掌握主动权，提高设备完好率和利用率，提高设备维修质量及总体效益。

设备点检可分为日常点检、定期点检、专项点检三类。

（1）日常点检。日常点检是由操作工人按规定标准，以五官感觉为主，每日对设备的关键部位进行技术状态检查和监视，了解设备在运行中的声音、动作、振动、温度、压力等是否正常，并对设备进行必要的维护和调整，检查结果记入日常点检卡中。

日常点检的作业内容比较简单，作业时间也较短，一般可在设备运行中进行。

（2）定期点检。定期点检的作业周期通常有半月、一个月、数月不等。定期点检由设备维修人员和专业检查人员根据点检卡的要求，凭感官和（或）仪器，定期对设备的技术状态进行全面检查和测定。

定期点检的检查作业，除了包括日常点检的工作外，主要是测定设备的劣化程度、精度和功能参数，查明设备异常的原因，记录下次检修时应消除的缺陷。定期点检的主要目的是确认设备的缺陷和隐患，定期掌握设备的劣化状态，为进行精度调整和安排计划修理提供依据。

（3）专项点检。专项点检是有针对性地对设备某些特定项目的检测，要使用专用仪器工具，在设备运行中进行。

（4）设备点检的实施。实施设备点检包括以下各项工作。

①确定点检点及点检路线。进行点检时首先需要确定检查哪些部位，每一个部位所要检查的项目以及检查各部位的顺序和路线。

为了防止漏检，通常规定出具体检查的顺序路线，还可以绘制出点检流程图，逐点检查。

检查项目就是各检查部位所要检查的内容，如将传动带定为检查点，其检查项目就应包括皮带老化情况、声响、张紧度等。确定检查项目时，还应考虑点检人员技术水平和检测工具配套情况等。

值得注意的是，随着设备使用时间的推移，有些寿命期较长的零件也开始劣化。因此，不同时间的点检，检查点也不尽相同。但每次点检的检查点一经确定，就不应随意更改。

②确定点检的方法和条件。根据点检的要求，确定各检查项目所采用的方法和作用条件，是用感官还是用检测仪器，是停机检查还是运行中检查等，检查方法和条件形成规范化的程序，一般不轻易改动。

③制定点检的判断标准。确定各检查部位及项目是否正常的判断标准，例如磨损量、偏角、压力、水温、油温等数量界限等，判定标准要明确地附在检查项目表内。

④确定点检周期。根据设备实际情况制定点检周期。

⑤确定点检人员并做好培训工作。所有检查任务都要确定点检的执行者和负责人。日常点检通常由操作人员负责，定期和专项点检通常由专业点检人员、专业技术人员、维修技术人员等参加。

设备点检对专业点检人员要求很高，应具有相当的专业知识和实际工作经验，为了点检取得良好的效果，有必要对点检人员进行培训，使其明确自己的职责，并熟练掌握点检技能等。

⑥ 编制点检表。为了保证各项检查工作按期执行，需将该检查期的各检查点、项目、周期、方法、检查记录等制成固定的表格，即点检表，供检查人员使用。

详细记录的点检表，是设备技术状态和安全状况分析的原始记录，是设备维修和安全管理中最重要的原始资料。

【知识链接 6-5】

某公司货运汽车维修保养、定期安全检查制度

一、实行定人、定车、定保养制度，驾驶员应经常对车辆进行清洗，保养，保持车辆的干净、整洁，始终保持良好的运行状态。

二、驾驶员应在每天出车前或出车后，尤其是长途运输前必须对车辆安全技术状况进行检查，带病车辆坚决禁止营运，经检查安全性能良好方能出行。

三、营运车辆每月 1~5 日必须到公司指定修理厂进行安全检查，缺席一次罚款 50~100 元。

四、安检前必须保持车辆内干净、整洁、漆皮完整，车牌，门徽，警语，资质证以及行车证件齐全，车证相符。

五、必须依法购置车辆保险，保证合法有效，不能脱期，弄虚作假。

六、必须配备灭火器、枕木、防滑链、铁锹、随车工具等安全用具。

4. 物流企业设备的修理

设备在运转、使用过程中，往往由于磨损、断裂、老化或腐蚀，使设备的某一部位或某些零件损坏。设备的修理就是修复和更换损坏的部位或零件，使设备的效能得到恢复。设备的修理工作十分重要，尤其到了设备寿命周期的后期阶段尤为重要。

设备修理可以分为大修、中修、小修三类。

（1）小修。小修是指工作量最小的局部修理。它通常只需在设备所在地点更换和修复少量的磨损零件或调整设备、排除障碍，以保证设备能够正常运转。

（2）中修。中修是指更换与修理设备的主要零件和数量较多的各种磨损零件，中修需对设备进行部分解体，通常由专职维修人员在设备作业现场或机修车间内完成。

（3）大修。大修是维修工作中规模最大，花钱最多的一种设备维修方式，它是通过对设备的全部解体，修理耐用的部分，更换全部损坏的零件，修复所有不符合要求的零部件，全面消除缺陷，以使设备在大修理之后，达到或基本达到原设备的出厂标准。

设备大修后，设备管理部门应检查验收，合格后办理交接手续。大修一般是由专职检

修人员进行。因为大修的工作量大、修理时间长、修理费用较高，所以进行大修之前要精心计划好。

在设备寿命周期内，对设备进行适度的大修理，一般在经济上是合理的。但是，长期无休止的大修理，却是不经济的。一方面，大修间隔期会随着修理次数的增加而缩小，另一方面，大修理的费用越来越高，从而使大修理的经济性逐渐降低，优越性不复存在，这时设备的整体更新将取而代之。

5. 物流企业设备的日常管理工作

设备的日常管理工作包括对设备进行分类、编号、登记以及调拨、事故处理、报废和日常养护等工作。

设备购进后，要根据设备的类别进行归类。然后进行编号，编号后进行逐项登记，即详细登记设备的名称、来源、生产单位、用途、技术参数及随主机附带的工具数量、安装地点等，并在使用过程中建立设备的技术档案制度。如果设备因故调出，则要在设备登记卡上详细记载设备的去向、所处状态、调出日期、交接地点及责任人等情况。

如果设备发生事故（或故障），操作人员和维修人员要分析事故（或故障）发生的原因，制定避免措施，并安排及时修复，使设备尽快恢复正常运转状态。

四、物流企业机械设备的更新和技术改造

1. 物流设备磨损的规律和补偿

（1）设备的磨损与补偿。设备磨损分为有形磨损和无形磨损两种。

①设备的有形磨损。设备在使用（或闲置）过程中发生的实体磨损称为有形磨损。有形磨损又分为机械磨损和自然磨损。

机械磨损是指设备在使用过程中，由于设备零部件的摩擦、振动、疲劳和腐蚀，致使设备发生磨损或损坏。

自然磨损是设备在闲置过程中，由于自然环境的作用及管理维护不善而造成的。通常表现为设备锈蚀、材料老化、功能下降等。

有形磨损会使设备功能的下降，及燃料、动力等费用的增高，维修费用上升，物流损失（货损与货差）及设备停工损失增加等。设备的有形磨损会降低其使用价值。

②设备的无形磨损。无形磨损是由于技术进步引起的原有设备技术上的陈旧与贬值。它不是一般物理意义上的磨损，表现为设备原始价值的降低。

无形磨损根据形成的原因也可分为两类：由于技术进步而使生产同种设备成本降低，价格下降，导致原有设备价值降低，是第Ⅰ类无形磨损。这种无形磨损的后果，只是现有设备的原始价值贬值，设备本身的技术特性和功能并未发生变化，故不会影响现有设备的使用。

由于技术进步，市场上出现了性能更完善、效率更高、消耗原材料和能源更少的新型设备，而使原有设备在技术上相对陈旧落后，导致原有设备相对贬值，这是第Ⅱ类无形磨损。它不仅可以使原有设备相对贬值，而且由于生产出来的产品成本过高，会使原有设备局部或全部丧失其使用价值。第Ⅱ类无形磨损虽然使设备贬值，但这种磨损越大，表明社会技术进步越快。

. ③设备的综合磨损

设备在使用期内，既要遭受有形磨损，又要遭受无形磨损，所以设备所受的磨损是双重的、综合的。两种磨损都会引起设备原始价值的贬值。

④设备磨损的补偿

要维持企业生产的正常进行，必须对设备的磨损及时进行补偿。由于设备遭受的磨损形式不同，补偿磨损的方式也不一样。补偿分为局部补偿和完全补偿。

修理是对有形磨损和无形磨损的局部补偿；完全补偿的方式则是更新，即用新设备更换旧设备。

更新也有两种形式：一种是原型更新，即用结构、性能完全相同的新设备更换旧设备，这是对原有设备有形磨损的完全补偿。另一种是新型更新，即用结构更先进、技术更完善、效率更高、性能更好的新型设备更换旧设备，这是对第Ⅱ类无形磨损的完全补偿，也是技术进步的表现之一，是目前设备更新的主要方式。

设备的磨损与对应补偿方式如表 6-7 所示。

表 6-7　**设备的磨损与对应补偿方式**

设备磨损的形式	补 偿 方 式
机械磨损	修理
自然磨损	更新
第Ⅰ类无形磨损	不影响使用，不需要补偿
第Ⅱ类无形磨损	更新、技术改造

（2）设备磨损规律。设备的有形磨损规律大致可以分为三个阶段，如图 6-19 所示。

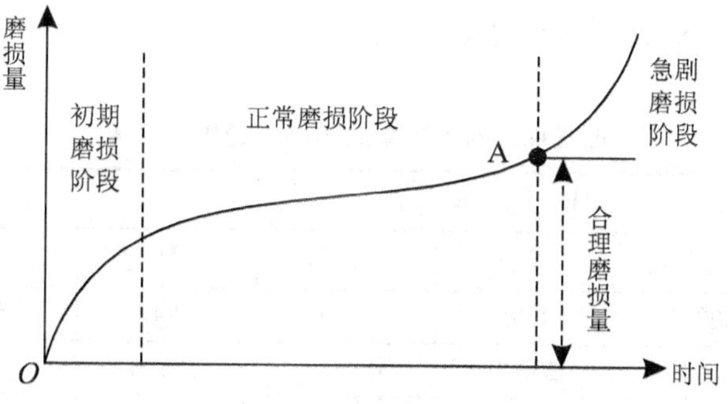

图 6-19　设备磨损规律示意图

第一个阶段：初期磨损阶段。又称磨合磨损阶段，或走合期。在这个阶段中，由于零件表面粗糙度、不平度等，在受力情况下迅速磨损，不同形状零件之间的相对运动也会发生磨损。这个阶段的主要特点是设备磨损快，时间短。

第二个阶段：正常磨损阶段。此阶段设备磨损的速度比较平稳、磨损缓慢。这时设备处于最佳的技术状态，设备的生产率、运转的稳定性、精确性最有保证。

第三个阶段：急剧磨损阶段。当零件磨损超过一定限度（如图 6-19 中 A 点为正常磨损阶段的终点），磨损率急剧上升，以致设备的工作性能明显下降。这就要求停止设备使用、及时进行修理。

设备的磨损有一定的规律，不同设备各个磨损阶段的时间不同，即使是同一型号、同一规格的设备，由于使用和维修不同，其损坏的时间也不尽相同。因此，掌握了设备的磨损规律，在磨损的不同阶段给予不同的养护和维修，就能使企业设备经常保持良好的技术状态。

2. 设备的更新决策

对一台物流设备来说，应不应该更新？应在什么时候更新？应该用什么样的设备来更新？这主要取决于更新的经济效果。适时更新设备，既能促进企业技术进步，加速经济增长，又能节约资源，提高经济效益。下面将分别介绍设备的两种不同更新类型的决策方法。

（1）设备原型更新的决策。

设备原型更新问题，可以通过分析设备的经济寿命进行更新决策，即在设备年平均费用最小时更新是最经济的。也就是说，设备原型更新问题也就是计算设备经济寿命问题。计算设备经济寿命的方法有低劣化数值法、面值法等。

（2）设备新型更新的最佳时机选择。

当市场上出现同类功能的新型物流设备时，选择旧设备的合理使用年限的原则是：当旧设备再继续使用一年的年费用（即旧设备的年边际成本）超过新型设备的最小年费用时，就应该立即更新。

【案例分析 6-3】

某物流配送中心有旧叉车一台，若要现在出售，预计市场价格为 4 万元，并估计还可以继续使用 4 年。目前市场上出现的新型叉车的价格为 10 万元。两种叉车的年经营费用及残值如表 6-8 所示，旧叉车的合理使用年限是多少呢？

表 6-8　**旧叉车与新型叉车的年经营费用及残值**　（单位：元）

使用年限（年）	旧叉车			新型叉车		
	年经营费	残值	年总费用	年经营费	残值	年总费用
1	30000	30000	44000	20000	75000	55000
2	35000	20000	45905	22500	56200	52050
3	40000	10000	47744	26000	43000	49862
4	45000	0	49528	29600	33000	48583
5				34000	21000	48697
6				38500	10000	46159
7				50000	1000	46458

从表6-7中旧叉车与新型叉车年费用可以看出，旧叉车使用3年时年费用超过了新型叉车的最小年费用，即47744元>46159元，因此，旧叉车的合理使用年限为2年，说明旧叉车只能再使用2年就应该更换为新型叉车。

3. 技术改造

物流设备改造是根据物流作业的需要，用现代科技和先进经验，对设备进行局部革新、改造，以改善设备性能，提高使用性能和设备的技术水平。

（1）物流设备改造的主要内容如下。

①改造或更新设备的动力装置。

②加装节能装置或改善耗能装置，降低能耗。

③增加安全装置或改造原机结构，提高设备安全性和环保性。

④改造或增加必要装置，扩充设备功能。

⑤对设备薄弱环节进行改造，提高可靠性和耐用性等。

⑥改进原机结构，更换某些装置或组成，统一机型，以利于维修和配件供应。

（2）设备改造应注重以下四个方面。

①提高物流效率和服务质量。设备经过改造后，要使原设备的使用性能和技术性能得到改善，提高效率或增加功能，使之达到或局部达到新设备的水平，满足物流运作的要求。

②提高设备运行安全性。提高设备对人身、物品的安全性，应进行针对性改造，防止人身伤亡、货物毁损事故的发生，确保安全。

③节约能源。通过设备的技术改造提高能源的利用率，大幅度的节电、节煤、节水，在短期内收回设备改造投入的资金。

④保护环境。有些物流设备对生产环境乃至社会环境造成较大污染，如粉尘污染、噪声污染等。要积极进行设备改造，消除或减少污染，保护环境。

（3）与更换新设备相比，设备改造的优点如下。

①设备改造是在原有设备的基础上来提高设备的性能，大大节约了投资。

②某些设备改造的周期短，比重新设计、制造或购置新设备所需时间短，见效快。

③设备改造的针对性和适应性较强，方便解决实际问题，需要什么就改什么，需要改到什么程度就改到什么程度，由企业自己决定。

④对进口设备的国产化改造和对闲置设备的技术改造，也有利于降低修理费用和提高资产利用率。

【案例分析6-4】

输送机的技术改造

某煤矿是20世纪80年代初建成投产的矿井，原煤输送一直采用DX4型强力胶带机。随着原煤产量逐年提高，原煤运输环节的瓶颈问题逐渐突显出来，为此，决定对输送机进行技术改造。他们采取加大功率、提高带速（改造驱动和控制单元）等方式对胶带机进行技术改造。

分析：改造内容包括（1）将原来2×500kW两机拖动改为3×500kW三机拖动，带速由2.5m/s提升至3.15m/s；（2）更换强力胶带，带强由2000N/mm提高到2500N/mm；（3）改造原电控系统。通过改造，使该矿井在短短10天之内，实现了运输能力的大大提升。

【思考与练习】

• **基本训练**

□知识题

一、阅读理解

1. 简述物流企业设施选址的影响因素有哪些？
2. 单一设施选址的方法有哪些？
3. 物流企业设施布置的主要目标是什么？
4. 配送中心平面布置的流程是什么？
5. 物流设备保养的类型和作用分别是什么？
6. 简述物流设备点检的含义和步骤。
7. 物流设备的磨损形式有哪些？分别采用什么样的补偿方式？
8. 与更换新设备相比，设备技术改造有哪些优点？

二、知识应用

1. 判断题

（1）物流企业设施选址的影响因素中，经营环境因素包括优惠的物流政策、劳动力条件、商品特性、交通条件等。（ ）

（2）用因素评分法对单一物流设施的选址时，它适用于有若干候选方案时，对方案的比较和评价。（ ）

（3）设施网络选址时，新址选择往往不仅要对其选址的多种影响因素进行分析，还必须同时考虑它与现有设施的联系和添加新设施后整个网络的运营。（ ）

（4）进行仓库平面布置时，仓库的专业化程度越高，储存商品的种类越少，布置越难，反之越简单。（ ）

（5）物流企业要建立一套科学的设备管理制度，如持证上岗、安全操作规程、操作人员岗位责任制等。（ ）

（6）设备在使用期内，既要遭受有形磨损，又要遭受无形磨损，所以设备所受的磨损是双重的、综合的。（ ）

（7）当零件磨损超过一定限度，正常磨损关系被破坏，磨损率急剧上升，以致设备的工作性能明显下降。（ ）

（8）设备更新有两种类型：一种是原型更新，另一种是新型设备更新。（ ）

2. 选择题

（1）某企业计划建两个配送中心，各自服务对应的市场范围，独立运营，这两个配送中心的选址问题属于（ ）

A. 单一设施的选址　　B. 设施网络选址　　C. 两者都不是

（2）不属于基础设施状况的是（　）

A. 是否靠近交通主干道　B. 该处地形平坦

C. 水、电、通信等公共设施齐备

（3）以维修人员为主，对设备进行部分解体检查和修理，更换或修复磨损件的保养是（　）保养

A. 日常　　B. 一级　　C. 二级

（4）物流企业的设备在使用过程中发生的实体磨损称为（　）

A. 无形磨损　　B. 有形磨损　　C. 综合磨损

（5）由操作工人按规定，以五官感觉为主，每日对设备的关键部位进行的检查是（　）

A. 人工点检　　B. 日常点检　　C. 定期点检

☐技能题

查阅资料，结合所学的知识，总结物流企业常用货运车辆的类型、企业的车辆管理制度、车辆保养的方法、技巧，写一篇1000字左右关于物流企业货运车辆管理的体会。

实训目的：要求学生了解典型物流企业设备——货运车辆的类型、企业的车辆管理制度、车辆保养方法等。

实训要求：多查阅资料，如专业书籍、杂志以及知名网站（物流设备网、物流知识网等），认真思考和分析，结合所学知识写体会。

● 案例分析

案例1：正泰集团的自动化立体仓库

正泰集团公司是中国目前低压电器行业最大销售企业。主要设计制造各种低压工业电器、部分中高压电器、电气成套设备、汽车电器、通信电器、仪器仪表等，其产品达150多个系列、5000多个品种、20000多种规格。“正泰”商标被国家认定为驰名商标。该公司2002年销售额达80亿元，集团综合实力被国家评定为全国民营企业500强第5位。在全国低压工业电器行业中，正泰首先在国内建立了3级分销网络体系，经销商达1000多家。同时，建立了原材料、零部件供应网络体系，协作厂家达1200多家。

一、立体仓库的功能。正泰集团公司自动化立体仓库是公司物流系统中的一个重要部分。它在计算机管理系统的高度指挥下，高效、合理地贮存各种型号的低压电器成品。准确、实时、灵活地向各销售部门提供所需产成品。并为物资采购、生产调度、计划制订、产销衔接提供了准确信息。同时，它还具有节省用地、减轻劳动强度、提高物流效率、降低储运损耗、减少流动资金积压等功能。

二、立体仓库的工作流程。正泰立体库占地面积达1600平方米（入库小车通道不占用库房面积），高度近18米，3个巷道（6排货架）。作业方式为整盘入库，库外拣选。其基本工作流程如下：

入库流程。仓库二、三、四层两端六个入库区各设一台入库终端，每个巷道口各设两个成品入库台。需入库的成品经入库终端操作员键入产品名称、规格型号和数量。控制系

统通过人机界面接收入库数据，按照均匀分配、先下后上、下重上轻、就近入库、ABC分类和原则，管理计算器自动分配一个货位，并提示入库巷道。搬运工可依据提示，将装在标准托盘上的货物由小电瓶车送至该巷道的入库台上。监控机指令堆垛将货盘存放于指订货位。库存数据入库处理分两种类型：一种是需操作员在产品入库之后，将已入库托盘上的产品名称（或代码）、型号、规格、数量、入库日期、生产单位等信息在入库客户机上通过人机界面输入；另一种是托盘入库。

出库流程。底层两端为成品出库区，中央控制室和终端各设一台出库终端，在每一个巷道口设有——LED 显示屏幕于提示本盘货物要送至装配平台的出门号。需出库的成品，经操作人员键入产品名称、规格、型号和数量后，控制系统按照先进先出、就近出库、出库优先等原则，查出满足出库条件且数量相当或略多的货盘，修改相应账目数据，自动地将需出库的各类成品货盘送至各个巷道口的出库台上，经电瓶车将之取出并送至汽车上。同时，出库系统在完成出库作业后，在客户机上形成出库单。

回库空盘处理流程。底层出库后的部分空托盘经人工叠盘后，操作员键入空托盘回库作业命令，搬运工依据提示用电瓶车送至底层某个巷道口，堆垛机自动将空托盘送回立体库二、三、四层的原入口处，再由各车间将空托盘拉走，形成一定的周转量。

三、立体库主要设施

托盘。所有货物均采用统一规格的钢制托盘，以提高互换性，降低备用量。此种托盘能满足堆垛机、叉车等设备装卸，又可满足在输送机上下衡运行。

高层货架。采用特制的组合式货架，横梁结构。该货架结构美观大方，省料实用，易安装施工，属一种优化的设计结构。

巷道式堆垛机。根据本仓库的特点，堆垛机采用下部支承、下部驱动、双方柱形式的结构。该机在高层货架的巷道内按 X、Y、Z 三个坐标方向运行，将位于各巷道口入库台的产品存入指定的货格，或将货格内产品到运出送到巷道口出库台。该堆垛机动性设计与制造严格按照国家标准进行，并对结构强度和刚性进行精密的计算，以保证机构运行平稳、灵活、安全。堆垛机配备有安全运行机构，以杜绝偶发事故。其运行速度为 4～80mm/min（变频调速），升降速度为 3/16mm/min（双速电机），货叉速度为 2～15mm/min（变频调速），通信方位为红外线，供电方式为滑触导线方式。

四、计算机管理及监控调度系统

该系统不仅对信息流进行管理，同时也对物流进行管理和控制，集信息与物流于一体。同时，还对立体库所有出入库作业进行最佳分配及登录控制，并对数据进行统计分析，以便对物流实现宏观调控，最大限度地降低库存量及资金的占用，加速资金周转。

在日常存取活动中，尤其库外拣选作业，难免会出现产品存取差错，因而必须定期进行盘库。盘库处理通过对每种产品的实际清点来核实库存产品数据的准确性，并及时修正库存账目，达到账、物统一。盘库期间堆垛机将不作其他类型的作业。在操作时，即对某一巷道的堆垛机发出完全盘库指令，堆垛机按顺序将本巷道内的货物逐次运送到巷道外，产品不下堆垛机，待得到回库的命令后，再将本盘货物送回原位并取出下一盘产品，依此类推，直到本巷道所有托盘产品全部盘点完毕，或接收到管理系统下达的盘库暂停的命令进入正常工作状态。若本巷道未盘库完毕便接收到盘库暂停命令，待接到新的指令后，继续完成盘库作业。正泰集团公司高效的供应链、销售链大大降低了物资库存周期，提高了资金的周转速度，减少了物流成本和管理费用。自动化立体仓库作为现代化的物流设施，对提高该公司的仓储自动化水平无疑具有重要的作用。

资料来源：http：//www.docin.com/p-572310790.html.

问题：

1. 根据本案例分析自动化立体仓库都有哪些设施？

2. 自动化立体仓库作为现代化的物流设施，对提高仓储自动化水平具有怎样重要的作用？

案例 2：家乐福配送中心的选址策略

“每次家乐福进入一个新的地方，都只派 1 个人来开拓市场。进台湾省家乐福只派了 1 个人；到中国内地也只派了 1 个人。”家乐福的企划行销部总监罗定中用这句令人吃惊不已的话介绍家乐福。他解释说，这第一个人就是这个地区的总经理，他所做的第一件事就是招一位本地人做他的助理。然后，这位空投到市场上的光杆总经理和他唯一的员工做的第一件事，就是开始市场调查。他们会仔细地去调查当时其他商店里有哪些本地的商品要出售，哪些产品的流通量大，然后再去与各类供应商谈判，决定哪些商品会在将来家乐福店里出现。一个庞大无比的采购链，完完全全从零开始搭建。

这种进入市场的方式粗看难以理解，但却是家乐福在世界各地开店的标准操作手法。这样做背后的逻辑是，一个国家的生活形态与另一个国家生活形态经常是大大不同的。在法国超市到处可见的奶酪，在中国很难找到供应商；在台湾省十分热销的槟榔，可能在上海一个都卖不掉。所以，国外家乐福成熟、有效的供应链，对于以食品为主的本地家乐福来说其实意义不大。最简单、有效的方法，就是了解当地；从当地组织采购本地人熟悉的产品。

1995 年进入中国市场后，家乐福在短时间内便在相距甚远的北京、上海和深圳三地开设了大卖场，这些卖场各自独立地发展出自己的供应商网络。根据家乐福自己的统计，从中国本地购买的商品占了商场所有商品的 95% 以上，仅 2000 年采购金额就达 15 亿美元。

家乐福这个“空降兵”的落点注定是十字路口，因为 Carrefour 的法文意思就是十字路口，而家乐福的选址也不折不扣地体现这一个标准——所有的店都开在了路口，巨大的招牌 500 米开外就可以看得一清二楚。而一个投资几千万的生意，当然不会是拍脑袋想出的店址，其背后精密和复杂的计算，常令行业外的人士大吃一惊。

根据经典的零售学理论，一个大卖场的选址需要经过几个方面的测算：第一，商圈内的人口消费能力。中国目前并没有现成的资料如 CIS（人口地理系统）可资利用，所以店家不得不借助市场调研公司的力量来收集这方面的数据。有一种做法是以某个原点出发，测算 5 分钟的步行距离会到什么地方，然后是 10 分钟步行会到什么地方，最后是 15 分钟会到什么地方。根据中国的本地特色，还需测算以自行车出发的小片、中片和大片半径，最后是以车行速度来测算小片、中片和大片各覆盖了什么区域：如果有自然的分隔线，如一条铁路线，或是另一个街区有一个竞争对手，商圈的覆盖就需要依据这种边界进行调整。然后，需要对这些区域进行进一步的细化，计算这片区域内各个居住小区的详尽的人口规模和特征，计算不同区域内人口的数量和密度、年龄分布、文化水平、职业分布、人均可支配收入等等许多指标。家乐福的做法还会更细致一些，根据这些小区的远近程度和居民可支配收入，再划定重要销售区域和普通销售区域。第二，需要研究这片区域内的城市交通和周边的商圈的竞争情况。如果一个未来的店址周围有许多的公交车，或是道路宽敞，交通方便，那么销售辐射的半径就可以大为放大。设在上海的大卖场都非常聪明，例如，家乐福古北店周围的公交线路不多，家乐福就干脆自己租用公交车定点在一些固定的小区间穿行，方便这些离得较远的小区居民上门一次性购齐一周的生活用品。

当然未来潜在销售区域会受到很多竞争对手的挤压，所以家乐福也会将未来所有的竞争对手计算进去。传统的商圈分析中，需要计算所有竞争对手的销售情况，产品线组成和单位面积销售额等情况，然后将这些估计的数字从总的区域潜力中减去，未来的销售潜力就产生了。但是这样做并没有考虑到不同对手的竞争实力，所以有些商店在开业前索性把其他商店的短处摸个透彻，以打分的方法发现他们的不足之处，比如环境是否清洁，哪类产品的价格比较高，生鲜产品的新鲜程度如何等，然后依据这种精确的调研结果进行具有杀伤力的打击。

当然一个商圈的调查并不会随着一个门店的开张大吉而结束，家乐福自己的一份资料指出，有60%的顾客在34岁以下，70%是女性，有28%的人步行，45%通过公共汽车而来。所以很明显，大卖场可以依据这些目标顾客的信息来微调自己的商品线。能体现家乐福用心的是，家乐福在上海的每家店都有小小的不同。在虹桥门店，因为周围的高收入群体和外国侨民比较多，其中外国侨民占到了家乐福消费群体的40%，所以虹桥店里的外国商品特别多，如各类葡萄酒，各类奶酪和橄榄油等，而这却是家乐福为了这些特殊的消费群体特意从外国进口的。南方商场的家乐福因为周围的居住小区比较分散，在商场里开了一家电影院和麦当劳，增加自己吸引较远处的人群的力度。青岛的家乐福做得更到位，因为有15%的顾客是韩国人，干脆就做了许多韩文招牌。

商品的高流通性才是大卖场真正的法宝。相对而言，大卖场的净利率非常低，一般来说只有2%~4%，但是大卖场获利不是靠毛利高而是靠周转快。而大批量采购只是所有商场的商品高速流转的集中体现而已。而体现高流转率的具体支撑手段，就是实行品类管理（category management)，优化商品结构。根据沃尔玛与宝洁的一次合作，品类管理的效果使销售额上升32.5%，库存下降46%，周转速度提高11%。而家乐福也完全有同样的管理哲学。据罗定中介绍，家乐福选择商品的第一项要求是要有高流通特性。比如，如果一个商品上了货架却卖得不好，家乐福就会把它30厘米的货架展示缩小到20厘米。如果销售数字还是上不去，陈列空间再缩小10厘米。如果没有任何起色，那么宝贵的货架就会让出来给其他的商品。家乐福这些方面的管理工作全部由电子计算机来完成，由POS机实时收集上来的数据进行统一的汇总和分析，对每一个产品的实际销售情况、单位销售量和毛利率进行严密的监控。这样做，使得家乐福的商品结构得到充分的优化，完全面向顾客的需求，减少了很多资金的搁置和占用。

涉及具体营运的管理，罗定中特意用“retailis detail”这句简洁无比的英语来解释。以生鲜食品为例，流转的每一个过程点都要加一个控制点，从农田里采摘上来，放在车上，放在冷库里，放到商场货架，第一批顾客采购了以后，还要进一步整理。所有的这一切，都需要对一些细节进行特别的关注。家乐福在这方面发展了一套非常复杂的程序和规则。例如，对于食品进油锅的时候油温是多少度，切开后肉类保鲜的温度是多少度，多长时间必须要进行一次清理货架，商品的贴标签和商品新鲜度的管理，都有详详细细的规定，以确保自己"新鲜和质量"的卖点不会走样变形。为了使制度能够被不折不扣地执行，员工的培训也完全是从顾客的角度出发的，让员工把自己当成消费者来进行采购，结果当他们看到乱成一团的蔬菜，自己也不愿意买，终于对管理制度有了深刻的理解。

资料来源：http：//www. chinadmd. com/file/xwxi3tvtwzciorpxzxtsuvus_1. html.

问题：家乐福选址的策略主要体现在哪几个方面？

• 综合实训

综合实训项目

实训目的：通过实训，使学生运用所学知识，去思考和评价某些现有的物流设施的选址、内部布局是否合理，并熟悉物流设备的管理方法。

实训要求：

1. 先了解该仓库或配送中心的基本背景资料，包括主要经营的商品类型、规模、选址地点、历史情况等，为实地参观作准备。

2. 熟悉其平面布局，尽可能画出平面布局图。然后画出收货、验收、入库储存、拣选配货、送货和单据处理等作业流程。思考在该作业流程下，其平面布局是否合理。

3. 了解其设施设备的类型，并尽可能地认识各类物流设备，了解其设备管理制度，多向现场工作人员请教。分组讨论其在设备管理制度上有哪些优点和缺点，有哪些可以改进的地方。

4. 整个实训过程，要求学生认真细致地思考，能提出自己的看法。

背景资料 1：捷迅物流配送中心专门为某网上商城提供仓储、配送服务。顾客在网上订购商品后，由捷迅物流配送中心负责湖北及周边省市的配送。

该配送中心建立之初，有 3 处地址可供选择，各地址的主要费用和多种影响因素的评价，以及它们的权重如表 6-9 所示，试用因素评分法选择最佳地址。(费用的单位均为万元)

表 6-9　**选址因素比较表**

地址	地价	运输费用	能源费用	交通条件	劳动力条件	公共设施状况	周边状况
A	5000	150	180	一般	很好	很好	一般
B	3000	200	210	很好	较好	很好	较好
C	1000	180	250	较好	一般	一般	很好
权重	0. 2	0. 15	0. 15	0. 2	0. 1	0. 1	0. 1

背景资料 2：该配送中心作业时使用设备情况如下。

(1) 商品入库。进货验收后，用手持终端扫描该商品的条码，并用 WMS（仓库管理系统）进行登记，同时发出是否能入库的指示。如果可以入库时，工作人员将货物堆放在空托盘上，并扫描该托盘的条码进行登记。在入库登记处理后，工作人员用手动叉车或电动叉车将货物搬运至货架储存。货架有托盘货架和普通的层格式货架。

(2) 商品拣选。拣选人员用手动叉车、手推车以及周转箱，根据订单进行拣选和配货。

(3) 商品包装。拣选结束后，进行合适的包装，有两台半自动打包机负责打包。

(4) 商品配送。包装完成后，分类送到等待运输的车辆上进行配送。

该公司在设备的使用中，很注重设备安全性能的检测和维修，实施了“以点检制度为核心的设备管理模式”，希望将故障消灭在萌芽阶段。但是由于实施点检的人员多是操作人员，对设备的技术不够熟悉，因此经常不能及时发现故障隐患。

该公司还实施了设备的日常管理制度，如在使用过程中建立设备的技术档案，以及操作人员的交接班制度。但通常在设备发生故障后，存在多个操作人员都不愿承担责任的情况，因不能及时找到责任人，导致修理拖延时间长，设备使用效率低。

为提高物流效率，2010 年该公司购买了一套自动分拣设备。但是购买后发现由于规模、技术等原因不能有效使用，出现了手工分拣成本低于自动分拣成本的情况。因此，该设备被闲置起来。

请说出该配送中心所使用到的物流设备的类型，并针对该公司物流设备管理的现状，根据所学知识进行分析，并提出措施。

第七章　现代物流企业的人力资源开发与管理

☞**学习目标：**

• 知识目标

◎了解我国物流企业人力资源管理的状况，物流人员招聘的要求，物流企业的薪酬和福利；

◎明确物流人力资源培训的内容，工作分析的含义及内容，绩效考评的方法；

◎熟知物流企业人力资源规划的内容，工作分析的实施过程，人员招聘的方式；

◎掌握物流企业人力资源需求预测方法，工作说明书的编制。

• 技能目标

◎能够进行物流企业人力资源需求预测；

◎能够编制物流企业工作岗位说明书。

【引例】

万国物流是一家在国内开展以储、运一体化为主要内容的第三方物流服务公司，于1997年成立，服务范围包括运输、仓储、货物配送、资讯、理货、包装、保税仓管理等综合服务。目前公司有员工600余人，主管级以上员工的数量为130人，占公司总人数的21%；经理级以上中高层管理人员的比例为10%。学历分布的状况是，研究生毕业员工占到2%，本科生占到24%，大专生占到38%，中专生占到36%。

万国物流的培训分析一般由培训组牵头，以一年一次的频率进行，主要进行工作分析和员工个人分析。其中，工作分析主要参照各部门总监的意见，以确定下一年的培训课程为目的；而员工个人分析则通过由培训主管向全体员工发放培训需求调查表，调查表涉及培训的课程名称，包括通用类、管理类、业务类等。员工可以根据个人需要选出自己选定的课程后交给培训主管。培训主管收集反馈后经由各部门讨论，确定出培训课程，同时根据财务部给定的预算编排年度培训计划。

培训的课程包括三类：管理类课程，主要与管理层的管理活动有关，包括沟通技巧、团队合作、时间管理等。专业类则包括与各职能部门的业务活动相关内容，如物流运作常识、客户服务、信息管理等。通用类课程即全体员工都需要广泛掌握的知识、技能等，包括企业概况、人事制度、安全知识、计算机应用技能、外语等。

资料来源：姚裕群：《人力资源开发与管理案例》，长沙：湖南师范大学出版社，2007年版。

这个案例表明：除了运输工具、仓储设施设备、资本、无形资产等企业资源以外，人力资本也是物流企业重要的资源。物流企业需要的各类专业人员多，素质要求从低到高，多数物流企业的办事机构地域分布广，这些都导致物流企业的人力资源管理不同于一般的生产企业或商业企业。在传统物流向现代物流转变的过程中，物流企业尤其要注重人员的转变，包括思想观念、业务能力、知识和技能等方面的转变，而这些都依赖于物流企业先进的人力资源管理去实现，具体包括人力资源的规划、物流工作岗位的工作分析、员工的招聘、培训和开发、薪酬和福利等。

第一节　物流企业人力资源管理概述

一、我国物流企业人力资源管理状况

1. 物流企业人力资源管理的内涵

物流企业人力资源管理，是指对物流企业人力资源进行有效开发、合理配置、充分利用和科学管理的制度、法令、程序和方法的总和。它贯穿于人力资源的整个运动过程，包括人力资源规划，工作分析，员工的招聘选拔、培训开发、绩效考核、薪酬激励等。

2. 我国物流企业人力资源管理现状

我国注册的物流企业中相当一部分为中小型物流企业，人力资源管理制度极不规范，在一定程度上局限了物流企业的发展。物流企业人力资源管理现状大致可以概括为以下几个方面：

（1）人力资源规划不完善。

由于物流行业的综合性强、操作性强，所涉及的领域十分广阔，对人才的知识结构、技能素质要求高。近几年物流行业的快速扩展，对物流人才尤其是高级复合人才的需求始终困扰着众多物流企业。多数物流企业忽视人力资源的规划，以至于每年都希望招到高素质人才，却每年都处于被动地位。因此，物流企业应提前做好科学的人力资源规划，合理安排人力资源结构，避免在用人时出现无人可用的境地。

（2）招聘选拔效果不理想。

目前，我国物流行业人才的状况是物流劳动力市场滞后于行业的发展。高级物流人才的缺乏，人才跳槽现象越演越烈。物流企业招聘程序不完善，招聘方法简单，造成招聘来的人员不能与职位很好的契合，为日后人员流失埋下隐患。此外，一些企业对物流人才的岗位分析做得不够科学、细致，造成招聘来的人员不合适。物流基层职位的要求并不高，人员供应量大，挑选余地大，于是常常选择能力高于职位需求的人员，而中高层职位要求较高，人员供小于求，往往因找不到合适的人才而降低要求。

（3）员工培训实施不到位。

很多物流企业不能有效地实施员工培训。首先，观念意识上的漠视和矛盾心理。认为跑运输、装箱搬卸货物等都是体力活，根本不需要培训。其次，物流企业一般分散在各地，分公司数量众多但人数有限，使得在分公司培训的方式行不通，而若将各分公司同一级人员全部集中培训，则因地域分散差旅费过高而难以成行。所以，物流企业培训始终面临着成本困扰。另外，培训过程形式化。只注重对员工技能培训，忽视职业道德、物流知

识及思想观念的培训，这与物流企业在用人上的急功近利有很大关系。

（4）绩效考核不实际。

与制造业相比，物流企业的工作内容、工作方式不同，员工的岗位相对分散，对员工的管理难度加大，使得物流企业人力资源管理进行绩效考核往往流于形式。

（5）薪酬结构跟不上行业的快速发展。

首先，薪酬激励效果不明显。员工收入主要靠基本工资维持，薪酬只处于“保障地位”的水平或者略低，其激励作用并没有真正有效发挥；其次，薪酬等级的论资排辈。国内物流企业员工薪酬等级的确定主要依据行政级别、人员工龄和职称等要素，缺乏对岗位重要性、所需专业知识结构和经验及其市场价值的反映，没有将员工薪酬与个人绩效相结合；再次，对员工福利的忽视。物流企业忽视了员工的基本福利，从业人员临时打工的心态较严重，没有职业安全感和对物流企业的归属感。

二、物流企业人力资源规划

1. 物流企业人力资源规划的概念

物流企业人力资源规划是在预测未来的组织任务和环境对组织要求以及完成这些任务和满足这些要求而提供人员的管理过程。物流企业处于竞争激烈的外部环境中，人力资源需求和供给的平衡难以自动实现，因此就要分析供求的差异，并采取适当的手段调整差异，只有通过人力资源规划的职能，才能确保组织在生存发展过程中对人力的需求。目前，物流人才需求主要包括三个层次，如图 7-1 所示，其中高级人才需求占 10%，中级层次的人才需求占 20%，基础层的物流需求人员占 60%～70%。

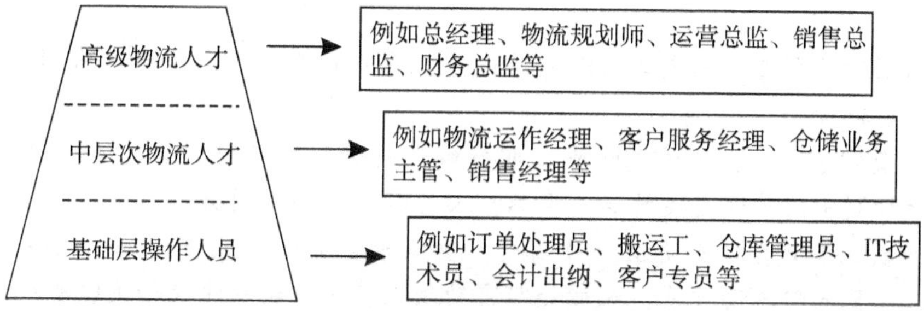

图 7-1 物流人才需求层次图

从绝对需求数量上来看，对基础的操作人员需求量最大，但是这个层次的从业人员替代性也大，因此，物流行业真正匮乏的还是具有多方面知识背景、资深行业经验的复合型高层物流管理类和技术类人才。物流企业要确保实现人力资源的最佳配置和动态平衡，就需要重视人力资源规划，预测人力资源需求和供给，起草供需匹配计划，做好执实施监控，最后评估规划。

物流企业做好人力资源规划要注意几点。

（1）从组织的目标与任务出发，人力资源的质量、数量和结构符合其特定的生产资料和技术条件发展的要求。例如，UPS 在上海设立转运中心，增加美国飞往中国的货运航班，由此带来市场扩大、客户不断增长的需求，在此之前，UPS 需要扩大在华的员工队伍，在中国招聘的重点领域覆盖市场营销、供应链解决方案、工程技术、系统维护诸方面的人才，具体人数视业务量而定。

（2）得到和保持一定数量具备特定技能、知识结构和能力的人员，并充分利用现有人力资源。比如侧重于项目运作模式的物流企业，需要获得和保持相当数量的可以完成规划、设计物流方案的物流项目经理和物流规划专员；又如仓储型物流企业对仓管员、理货员和叉车工会有较大的需求。

（3）预测企业组织中潜在的人员过剩或人力不足。如果一个运输企业考虑在某个城市设立办事机构，则货运主管是急需的人员，其他如单证员、客服人员等人力也要备足。

（4）建设一支训练有素，运作灵活的人才队伍，使人力资源与未来组织发展各阶段和未知环境的动态适应。物流企业一开始可能只是个传统的运输企业或者仓储企业，随着企业的发展，涉足领域越来越多，从运输到仓储，配送、流通加工，客户对服务质量的要求越来越高，从只要把货送到，到要求精确的交货时间，从国内物流到国际物流，这些都需要物流企业有一支能够符合发展各阶段对人力资源需求的人才队伍。

【小思考 7-1】

物流企业人力资源规划包括哪些内容？

物流企业的人力资源规划大致包括以下内容：

（1）总计划：人力资源总计划陈述人力资源计划的总原则、总方针、总目标。

（2）职务编制计划：陈述企业的组织结构、职务设置、职务描述和职务资格要求等内容。

（3）人员配置计划：人员配置计划陈述企业每个职务的人员数量，人员的职务变动，职务人员空缺数量等。

（4）人员需求计划：通过总计划、职务编制计划、人员配置计划可以得出人员需求计划。需求计划中应陈述需要的职务名称、人员数量、希望到岗时间等。

（5）人员供给计划：人员供给计划是人员需求计划的对策性计划。主要陈述人员供给的方式、人员内部流动政策、人员外部流动政策、人员获取途径和获取实施计划等。

（6）教育培训计划：包括教育培训需求、培训内容、培训形式、培训考核等内容。

（7）人力资源管理政策调整计划：计划中明确计划期内的人力资源政策的调整原因、调整步骤和调整范围等。

2. 物流企业人力资源需求预测

物流企业人力资源需求量的预测是根据企业发展的要求，对将来某个时期内企业所需员工的数量进行预测。预测的基础是企业发展规划和年度预算，同时要考虑预测期内劳动生产率的提高、机械化、自动化水平的提高等变化因素。常用的预测方法有以下几种。

（1）经验估计法。

经验估计法就是利用现有的资料，根据有关人员的经验，结合本企业的特点进行预测。可以采用“自下而上”的方式，例如某物流企业下属分公司根据所在地域的客户数量和规模，向上级主管提出相应数量的市场开发人员和客户服务人员的数量和要求。“自上而下”的预测方式就是先由物流企业经理拟定出物流企业总体的用人目标和建议，然后由各级部门自行确定用人计划。当物流企业的业务范围和业务量比较稳定，人员需求变动不大时可以采用这种方法。

（2）比例趋势分析法。

这种方法通过研究历史统计资料中的各种比例关系，如某仓储企业发现，某仓库里一个管理者（如仓储主管）管理 8 个仓库管理员最佳，因此依据将来仓库管理员增加数就可以预测管理者（如仓储主管）的需求量。这种方法简单易行，关键就在于历史资料的准确性和对未来的情况变动估计的准确率。

（3）工作研究预测法。

这种方法就是通过工作研究（包括动作研究和时间研究），来计算完成某项工作或某件产品的工时定额和时间定额，并考虑到预测期内的变动因素，确定物流企业的职工需求。比如规模一定的仓库需要多少个叉车工就可以据此方法确定，又如客服人员数量的确定等。

【知识链接 7-1】

UPS 的人才需求

物流企业是以向客户提供物流服务为主要经营内容，由于客户需求的多样化，决定了物流企业需要多方面的人才。以全球快递巨头 UPS 的人才需求为例，随着其在中国的网络建设和业务范围的拓展，计划未来几年的新员工数将以年均约 20%的速度增长。其在中国的主要人才需求有四类：

第一类是市场营销人才，这是出于扩大市场份额的需要；

第二类是技术人员，他们可以确保为客户研发的解决方案能够具体落实；

第三类是专业的工程师，包括为客户建立解决方案的工程师以及公司内部的工程师，以便和服务供应商进行沟通、交流并组织培训；

第四类是管理人才，由于公司运作系统的庞大，还需要专业人士来确保公司内部的高效运作。

3. 物流企业人力资源供给计划

物流企业的人力资源保障问题是人力资源计划中应解决的核心问题，只有有效地保证了对企业的人力资源供给，才可能进行更深层的人力资源管理与开发。

人力资源供给分析包括人员的流入预测、流出预测、人员的内部流动预测、社会人力资源供给状况分析、人员流动的损益分析等。一般包括以下几方面的内容：

（1）分析企业目前的职工状况，如职工的部门分布、技术水平、工种年龄构成等。例如综合性物流企业有运输、仓储、客服、市场等部门，每个部门的地理分布可能不同，仓储部门比较集中，而运输部门可能分散在全国各地，各个部门员工的技术水平状况，年龄分布等。

(2) 分析企业目前职工流动的情况及其原因，预测将来职工流动的态势，以便采取相应的措施避免不必要的流动，或及时给予替补。物流业的人员流动应该说还是相当频繁的，比如掌握客户资源的揽货人员跳槽频繁，对物流企业人力资源管理而言，重要的是要把握住流动的态势，及早采取措施，以免产生被动。

(3) 分析企业员工的职业发展规划状况。如职工的提拔和内部调动的情况，保证工作和职务的连续性。比如基层的仓管员和单证员，有没有晋升的可能性和途径。

(4) 分析企业员工的工作满意状况。如分析工作条件（如作息制度、轮班制等）的改变和出勤率的变动对职工供给的影响。有些物流企业为客户提供7×24小时服务，这样的服务对客户而言当然满意，但企业内部员工是否对此有抵触心理，这都需要进行调查和分析。

(5) 分析物流企业职工的供给来源和渠道，职工可以来源于物流企业内部（如富余职工的安排、职工潜力的发挥等），也可来源于物流企业外部。

(6) 了解物流行业人力资源的供求状况和发展趋势。尤其是高级复合型物流人才的供求状况。

4. 人力资源规划的综合平衡

掌握了物流企业人力资源的供给和需求状况后再进行人力资源的供需平衡，这是企业人力资源规划工作的核心和目的所在。企业人力资源供给与需求的不平衡有三种类型，即人力资源不足、人力资源过剩和两者兼而有之的结构性失衡。

人力资源的供给不足主要出现于企业的经营规模扩张和新经营领域的开拓时期。现阶段我国许多物流企业普遍存在这一现象，原因是物流企业发展迅猛造成物流人才的缺口很大。如物流企业新增服务网点，或者从运输扩大到仓储，服务领域从国内延伸到国际都可能会带来人力的供给不足。补充的途径有外部招聘、内部晋升、人员接任计划、技术培训计划等。另外物流企业的人力资源管理出现重大问题也可能导致人力资源不足，比如中高级人才的流失，这是一种不正常的现象。

人力资源过剩状况主要发生在行业整体萧条期或者企业经营萎缩期。比如2008年的经济危机导致众多从事国际物流的企业业务量急剧下滑，企业难以维持以往的人力规模，由此出现人力资源过剩。一般的平衡办法有退休、辞退和以降低薪资为代价的工作分享等。

我国绝大多数由传统型的仓储、运输、货代企业转型而来的物流企业，普遍存在结构性失衡的现象：一方面物流专门管理人员严重缺乏；另一方面，一般管理人员或基层作业人员冗余。对这一矛盾进行平衡的办法一般有技术培训、人员接任、晋升和外部补充等。

三、物流企业工作分析

1. 工作分析的含义及内容

工作分析是指对某特定的工作作出明确的规定，并确定完成这一工作所需要的知识技能等资格条件的过程。通俗地讲，工作分析就是要通过一系列科学的方法，弄明白该职位的工作内容（该职位是做什么事情的）和职位对员工的素质要求（什么样的人来做这些事情最适合）。

下面以物流企业中“仓储主管”一职为例，说明工作分析的内容。

表 7-1　　　　对“仓储主管”一职的工作分析内容

		实　　例	说　　明
工作描述	工作名称	仓储主管。隶属于物流经理，同级别的还有采购主管、货运主管；仓储主管又是仓储管理的负责人，下属包括仓储管理员、商品保管员等	主要说明这项工作的专门名称或代号，便于对各种工作进行识别、分类以及确定组织内外的各种工作关系
	工作内容	组织指导材料、成品入库、仓储、出库等环节的工作，编制相应台账，并报送财务部和生产部。具体包括： 1. 根据公司的生产销售能力，确定原材料及产品的标准库存量 2. 及时与生产部和市场部沟通，保证生产用原材料的库存供给和市场部发送产品所需的库存供给 3. 定期编制采购物品的入货台账、退货台账及库存台账，报送财务部和生产部 4. 定期编制产品入库、出库及库存台账，送生产部和财务部 5. 组织人员保证材料库及成品库的仓储环境，确保库存产品或材料的材质不变 6. 制定并实施材料库及成品库的管理制度和管理方法 7. 完成上级交办的其他工作	对所要完成的工作任务、工作责任、使用的原材料和机器设备、工作流程、与其他人的正式工作关系、接受监督以及进行监督的性质和内容等方面进行的描述
	工作条件	工作场所：办公室 环境状况：基本舒适 危险性：基本无危险，无职业病危险（如属于易燃易爆有毒物品仓库，有一定的危险性）	对工作地点的温度、湿度、光线、噪音、安全条件、地理位置、屋内或室外等工作条件和物理环境的说明
	聘用条件	基本工资+奖金，有全勤奖、绩效奖、工龄工资、养老保险、优秀员工奖	对工作时数、工资结构、支付工资的方法以及福利待遇等方面的描述
工作规范	一般要求	教育背景：储运专业大专以上学历 培训经历：受过仓储管理、财会知识、产品知识等方面的培训经验：3 年以上仓储工作经验	指从事该项工作所需的一般要求，包括年龄、性别、学历、工作经验等
	技能技巧	1. 熟悉物资采购程序 2. 了解运输方式及其特征 3. 熟悉物流管理业务流程 4. 熟练操作办公软件	从事该项工作所需的技能技巧
	心理要求	态度 1. 积极进取，责任心强 2. 很强的自我约束力，独立工作和承受压力的能力 3. 高度的工作热情，良好的团队合作精神	从事该项工作所需的心理性要求，包括事业心、合作性、观察力、领导能力、组织能力、沟通能力等

【小思考 7-2】

6WIH 工作分析公式是什么?

外国的人事心理学家从人力资源管理的角度出发，提出了一个非常容易记忆的 6W1H 工作分析公式，从 7 个方面对工作（职务）进行分析：

· Who：谁来完成这项工作分析；
· What：这项工作具体做什么事情；
· When：工作时间的安排；
· Where：工作地点在哪里；
· Why：他为什么工作（工作的意义是什么）；
· for Who：他在为谁工作；
· How：他是如何工作的。

2. 工作分析的实施过程

物流企业在进行工作分析时，需要统筹规划，分阶段、按步骤进行。以一个物流中心为例介绍其实施的六个步骤：

步骤一，确定目的。物流中心进行工作分析可能用于对工作进行描述，也可能是用来确定薪酬，因此在进行工作分析之前，一定要明确工作分析的目的，也就是明确工作分析的信息将用于人力资源管理的哪一方面。

步骤二，收集信息。物流中心的组织结构图、工作流程图等资料和信息会对工作分析有很大帮助。在职位分析之前，对这些背景信息应有充分的了解。

步骤三，选择职位。物流中心的职位比较多，并且有很多类似的职位，因此应选择典型职位进行工作分析。典型职位应该是对公司比较重要、比较稳定、没有频繁的变化、能够尽可能代表更多类似的职位。物流中心的典型职位可以是采购经理、采购专员、物流经理、仓储主管、仓库管理员、货运主管、理货员等。

步骤四，进行分析。确定物流中心的典型职位以后，就可进行职位分析。为提高信息的可靠性，应该对职位功能进行全方位评价，以仓储主管为例，除仓储主管本人外，还可从其上级（如物流经理），同事（如货运主管），下属（如仓库管理员），几个关联的职位了解该职位信息。

步骤五，核对信息。通过工作分析搜集到相应信息以后，由任职者和任职者的上级对所搜集的信息进行核对和确认。例如由仓储主管和其上级物流经理进行信息核对。

步骤六，撰写说明书。所搜集的信息经核对无误后，就可以为仓储主管撰写职位说明书了。采用同样的方法完成其他典型职位的职位说明书以后，在整个物流中心内可以推动大家去撰写非典型职位的职位说明书。最后，形成物流中心的岗位责任说明书体系。

【案例分析 7-1】

某物流公司某年度工作分析的实施程序

某物流公司某年度工作分析主要分为四个阶段进行，即准备阶段、实施阶段、结果形成阶段和应用反馈阶段（见表 7-2）。

表 7-2 某物流公司某年度工作分析实施程序

阶段	主要工作
准备阶段 （4 月 10 日—4 月 20 日）	1. 对现有资料进行分析研究 2. 选择待分析的工作职位 3. 选择工作分析的方法 4. 设计调查用的工具 5. 制订总体的实施方案
实施阶段 （4 月 21 日—5 月 21 日）	1. 召开员工大会，进行宣传动员 2. 向员工发放调查表、工作日志表 3. 实地访谈和现场观察
结果形成阶段 （5 月 22 日—6 月 1 日）	1. 对收集所得信息进行归纳与整理 2. 与有关人员确认信息 3. 编写工作说明书
应用反馈阶段 （6 月 2 日—6 月 10 日）	1. 将工作分析所得结果反馈给员工和其直接主管 2. 获取他们的反馈意见 3. 对工作说明书的内容进行调整和修改

3. 工作分析的结果

工作分析的结果就是形成工作说明书，它是以标准的格式对岗位的工作特征及任职者的资格条件进行规范化描述的文件。利用工作说明书，员工可以了解他们工作的任务，明确其工作职责范围。比如一个新进的仓库管理员在阅读了工作说明书后，就会清楚他的工作内容和职责范围。

【知识链接 7-2】

工作说明书的内容

一份完整的工作说明书应包括以下几项内容（见表 7-3）：

（1）工作概况。包括工作的名称、编号、工作所属部门、职务等级、编写日期等项目。

（2）工作说明。主要包括责任范围及工作要求、机械设备及工具、工作条件与环境等。

（3）资格条件。指出担任此工作的人员应具备的基本资格和条件，如教育水平、经验、培训、性别、年龄、身体状况、知识、技能等。

表 7-3 某企业物流经理的工作说明书

职位名称	物流经理	职位代码		所属部门	物流中心
职　　系		职等职级		直属上级	仓储主管
薪金标准		填写日期		核 准 人	

职位概要：

组织管理物流与仓储，实现物流顺畅的目标。

工作内容：

- 控制送货和仓储成本以符合公司目标
- 管理物流供应商以使货物送达目标客户手中，并不断提升客户服务水平保证日常操作顺畅有效
- 提供实时管理和作业报告，保持计算机系统和手工操作系统数据精确
- 保持实际存货 100%精确
- 安置、组织并调动整个团队充分执行目标要求的任务
- 确保区域层面上的最优组合

任职资格：

教育背景：

◆ 管理类或其他专业本科以上学历

培训经历：

◆ 受过项目管理、生产作业管理方面的培训

经　　验：

◆ 4 年以上仓储和物流管理经验，有外商投资企业工作经验优先

技能技巧：

◆ 熟悉物流管理业务流程，有丰富的流程管理技能

◆ 熟练使用计算机及办公软件

◆ 英语说写良好

◆ 良好的沟通能力

态　　度：

◆ 具有一定的计划、组织、协调能力和团队协作精神

◆ 积极的工作态度，愿意承受高强度的压力

工作条件：

工作场所：办公室及仓库

环境状况：舒适

危 险 性：基本无危险，无职业病危险

直接下属________________　间接下属________________

晋升方向________________　轮转岗位________________

资料来源：田源：《物流管理概论》，北京：机械工业出版社，2011 年版。

第二节　物流企业员工管理

一、物流企业员工的招聘

在进行招聘之前，首先要明确各个岗位对人员的要求。

1. 对物流岗位的要求

（1）知识技能水平。

物流人员除了必须拥有基本职业道德、学习能力和有良好的文化素质及心理素质外，对不同层次的物流行业专业人才也有不同的知识和技能方面要求（见表7-4）。

特别针对物流管理人员，还要有分析问题、解决问题和组织管理的才能。具备严谨周密的思维方式、团队合作和奉献精神、信息技术的学习和应用能力、异常事故和应急作业的处理能力、物流质量的持续改进能力。

表7-4　**不同层面的物流人才知识结构水平**

	相关知识	专业技能要求
高级 物流人才	现代经济贸易、国际通关知识和物流系统化管理理论	通晓外语、掌握现代网络信息技术，能从事物流软件开发并进行物流规划设计
中级 物流人才	仓储和运输管理、营销与组织管理、进出口贸易业务流程、电子商务、商品配送和成本核算等相关知识	保障物流运作的顺利进行、改进物流运作流程、控制物流成本
基层 物流员工	物流业务活动基础知识，如物流标准术语、物流基础英语、物流系统和安全管理基本知识	具有现代物流服务理念，能利用现代专业化物流设备、设施对货物装卸、运输、配送、代理等业务流程熟练进行操作

（2）教育水平。

在物流企业中，担任企业中高层重要岗位的管理者一般都具有多年的物流行业从业经验。由于我国物流教育起步较晚，因此，他们虽拥有较长时间的物流工作经验，却很少接受过系统正规的物流专业理论方面的学习，随着全球一体化和信息技术水平的提高，以及我国在物流人才教育培养方面的投入，对物流人员的教育水平将会有更高的要求，未来物流人才岗位层次与教育水平的匹配将有可能出现下面趋势，如图7-2所示。

2. 人员招聘的方式

由于物流人才需求具有层次性，加之高级物流人才的现实状况，物流企业招聘人才形式不可单一，对不同的物流人才需求，要采用不同的招聘形式，一般来讲，主要包括以下几种形式（见表7-5）。

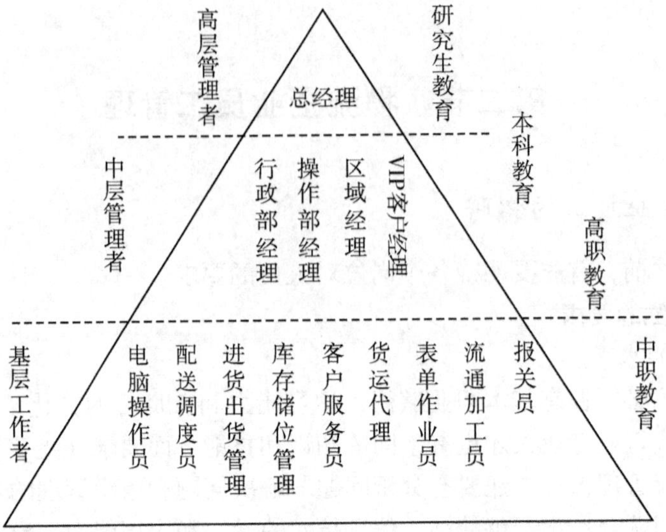

图 7-2　岗位层次与教育水平匹配

（1）外部招聘。

外部招聘就是物流企业根据先前制定的标准和程序，从企业外部选拔符合空缺职位要求的员工。具体招聘方式有广告媒介、院校预定、人才交流、猎头公司招聘、互联网招聘等。

物流企业中一般员工的招募录用多是通过人才招聘会进行的。物流企业某些关键性职位需要稀缺性人才时，现有员工可能不具备胜任空缺职位所需要的知识、经验，物流企业就有必要利用各种人才中介机构甚至猎头公司推荐。有的物流企业与大学建立稳定、持续发展关系，培养关键人才，为公司储备各个层次的下一代领导者。如宝供物流就设立了“宝供奖学金”用以奖励那些在学校中对物流作出突出贡献的学生，让其物流专业的学生定期到企业实习，为企业将来的人才资源引进打下基础。

（2）内部招聘。

内部招聘是指物流企业内部成员的能力和素质得到充分确认之后，被委以比原来责任更大、职位更高的职务，以填补企业中由于发展或其他原因而空缺了的管理职务。具体招聘方式有提拔晋升、工作调换、工作轮换、人员重聘等。

表 7-5　**两种招聘方式的优劣比较**

招聘方式	外部招聘	内部招聘
优势	1. 具备难得的“外部竞争优势” 2. 有利于平息并缓和内部竞争者之间的紧张关系 3. 能够为组织输送新鲜血液	1. 有利于调动员工的工作积极性 2. 有利于吸引外部人才 3. 有利于保证选聘工作的正确性 4. 有利于被聘者迅速开展工作
劣势	1. 外聘者对组织缺乏深入了解 2. 组织对外聘者缺乏了解 3. 对内部员工积极性造成打击等	1. 可能会导致组织内部“近亲繁殖”现象的发生 2. 可能会引起同事之间的矛盾等

3. 知名物流企业的招聘实例

（1）UPS 的人才招聘。

企业文化，是 UPS 选择人才的基点。招聘时，UPS 尤其看重应聘者诚实正直的品格和团队合作精神。它认为，知识不够可以在实践中学习，而品格和个性是文凭无法取代的。UPS 喜欢工作态度积极的人，然后才是考察他的经历、团队精神、灵活性（愿意从事不同的工作）。UPS 公司认为，如果候选人的团队精神很差，即便是受过很好的教育，并且人很聪明，却不会被公司录取。因为这些人尽管自身能力很强，但无法取得较好的业绩，最终将会被企业淘汰。为了找到真正能够与组织特征相匹配的人选，UPS 设计了严格的招聘程序，每个新人必须通过"目测""心测"关、试用关和行为科学测试关，这为稳定雇佣关系的形成以及组织对员工的长期投资打下了良好基础。同时，UPS 倡导内部晋升，鼓励员工与公司共同成长。大多数高级管理人员是从货运司机等一线岗位提拔上来的。在 UPS，员工被鼓励从事不同部门的工作，拓展视野，以便将来承担重任。员工们感受到，UPS 提供给他们的不仅仅是一份工作，更是一份可以长期发展的事业。

当然，公司也会为员工提供适合的职位和适当的工作氛围。在录用员工时，公司会广泛了解员工对工作的期望，尽量满足员工的工作意愿，给他们提供适宜的工作。真正做到人尽其职，才尽其用。

（2）FedEx 的员工招聘。

FedEx 公司从最初的招聘环节就开始紧抓人力资源的质量了。公司招聘时，非常注重应聘者的服务意识，看看该应聘者是否真正适应公司的企业文化。因此，招聘过程中，应聘者除了要通过一般的技能考核之外，还会接受心理和性格方面的测试。此外，员工的个性与工作态度也很可能直接影响到他在公司未来的发展。

（3）宝供物流的人才招聘。

宝供物流作为国内知名的第三方物流企业，自公司成立以来便坚持广纳贤才，吸引从业时间长，在家电、快速消费品、零售行业等积累了丰富行业物流经验的管理人才。宝供物流非常重视从校园招聘应届毕业生，要求毕业生品学兼优，身体健康，热爱物流行业，对物流行业有一定的了解，并致力于在物流行业发展，积极乐观，吃苦耐劳，愿意从基层做起，能服从全国范围内的工作地点安排或工作调动（通常是录用后统一安排于广州参加培训与轮岗见习，三个月后在广州、上海、合肥、苏州、南京、沈阳、北京、成都、西安等地安排定岗）。

宝供物流的招聘方向与专业见表 7-6。

在校园的招聘流程：

校园宣讲会 → 现场笔试 → 小组面试 → 一对一面试 → 通知录用 → 签署协议

宝供的宣讲会是播放约 35 分钟的视频，包含企业文化、企业发展、培训情况、招聘流程等。宣讲结束后填申请表然后马上进行一个小时的笔试。考题分为行政能力测试、智力测试、写作三部分。

如果笔试通过，就进入小组面试。小组面试是以小组讨论的形式进行，人数多达 15 人。面试题目是有关于客户服务的案例分析。大约 40 分钟的讨论结束后 HR 已经心里有数了。小组面试通过后进行的是一对一面试，通过的话就会收到录用通知，最后签订协议。

表 7-6　　　　　　　　　　**宝供物流校园招聘的专业与方向**

需求方向	招聘专业
运作管理类（仓储/运输）	物流管理、物流工程、工业工程、交通运输、工商管理等物流方向专业
销售类	物流管理、市场营销、工商管理等专业
信息管理类	计算机科学与技术、信息管理、计算机应用、电子商务等 IT 专业
物流投资管理类	经济学等相关专业
其他管理类	工商管理、财务管理、企业管理、人力资源管理等相关专业

备注：条件优秀者专业限制可放宽

（4）马士基物流招聘流程。

第一轮是笔试，先是情商测试，不限时间，主要是别人对自己的评价和自己对别人的评价；然后是 10 分钟 50 道题的智商测试；

第二轮是中译英和英译中的两篇文章，限时 30 分钟，然后是部门主管用英文面试，大概 15 分钟；

第三轮是部门经理面试，主要是用英文问一些问题，大概 15 分钟；

第四轮是人力资源主管面试，先填一份入职审批表，然后用中文问一些问题，大概半个小时。

【知识链接 7-3】

物流管理人员的聘用要求

物流企业的管理人员可分为高层管理人员、中层管理人员和基层管理人员，对不同层次的人员有不同的聘用标准，表 7-7 是对物流管理人员的聘用基本要求：

表 7-7　　　　　　　　　　**物流管理人员的聘用基本要求**

结构层次	知识能力要求
高层管理人员	一般通晓外语、现代经济贸易和物流系统化管理理论，掌握现代网络信息技术，能从事物流软件开发并进行物流规划设计
中层管理人员	应掌握除传统的储存和运输管理、营销与组织管理等知识和技能外，还应重点掌握进出口贸易业务流程、电子商务、商品配送和成本核算等相关知识和操作方法
基层管理人员	应具有现代物流服务理念，能利用现代专业化物流设备、设施对货物装卸、运输、配送、代理等业务流程进行熟练操作

二、物流企业员工培训与开发

物流企业应本着全员培训和重点培训相结合的原则，采用重点培训的策略，优先培训最关键、最急需的人才。从物流长远发展来看，我国物流企业在重点培训一线员工的业务技能以适应高增长的运量需求的同时，尤其要重视对管理人员展开培训。

1. 确定培训目标

企业进行培训的最终目标是增强核心竞争力。作为培训工作开展的第一步，培训目标的确立应从物流企业员工特点入手，针对企业的发展战略、企业文化与市场竞争态势，并配合企业发展战略决策和员工职业发展需求。

表 7-8　**物流企业培训目标**

管理层次及岗位	培训的目标
操作人员	了解物流行业的基本知识，掌握本岗位职责和作业所需的技能和技巧；较强的责任心和团队协作意识
初级管理人员	了解物流行业的基本知识，掌握本岗位职责和作业所需的技能和技巧；具有相当的专业技术和专业知识；具有一定的创造性和进取精神
中级管理人员	具有较高的物流专业知识和专业技术，能从自己负责的部门工作全局着想，顾及各部门之间的协调合作；具备营销能力和独挡一面、处理应急事件的能力
高层管理人员	了解国内外物流行业的发展现状和先进理念、技术；能对物流企业的发展战略或货主企业的物流发展提出针对性的建议；具有全局观和领导能力；开发系统思考和开拓创新的能力

2. 物流企业的培训计划

（1）关键能力的培训。

由于物流企业对管理岗位的能力结构有特殊要求，对员工的能力要求是多方面的，除了外语和经贸等专业能力外，团体和合作性的工作成为组织结构的突出特点。执行层工作人员特别需要在承担责任、独立工作和自主决定方面的能力。现代物流人才的培养要注重这种能力结构的变化。

（2）加强对员工基础知识和广度知识的培训。

增加员工的基础知识和广度知识可以提高员工的服务质量，如当顾客、货主向员工询问有关货物、价格等问题时，员工就可以给顾客全面、细致的答复，从而令顾客满意；可以增强员工处理问题的能力，如当一线员工直接和顾客、货物打交道时，便能及时发现问题进而提出创造性的解决办法，而对管理人员而言，更能依据形势及商业信息迅速捕捉货源并采取有效的营销手段。

（3）重视对管理人员的培训。

物流企业应本着全员培训和重点培训相结合的原则，既要实施全员培训，提高全体员工的知识素养，保证企业以最大的速度发展；又要根据战略发展的需要，优先培训最关键、最急需的人才，在大力培训一线员工的业务技能以适应高增长运量需求的同时，重点加强对管理人员的培训。

3. 物流人力资源的培训内容

物流人力资源培训的内容十分广泛，包括如下几点。

（1）运输、保管、装卸、配送系统、库存系统、集装系统等物流基本活动和物流基本管理方面的知识。课程有物流基础、物流管理等。

（2）相关法律、物流机械、运费制度等知识。课程有经济法、公路运输条例等。

（3）物流信息处理、物流组织结构、生产和销售结构、本公司商品特性等有助于提高物流效率所需的知识。课程有物流信息系统、企业物流管理、物流管理组织、市场营销等。

（4）为推进物流合理化和提高物流战略地位所需的物流成本分析、物流系统设计、物流战略规划等方面的知识。课程有物流系统工程、国际物流、物流成本管理、物流战略策划等。

4. 培训效果评估

培训评估是对培训进行评价，它依据培训目标，对培训对象和培训本身作一个价值判断。最常用的培训课程评估模式是由威斯康星大学的柯兰纳教授提出来的，因此这种评估模式就被称为“柯氏模式”。这个评估培训效果有以下四个不同层次（见表 7-9）。

表 7-9　**物流企业培训评估**

层次	标准	物流企业培训评估实例
1	反应	例如利用访谈法、问卷调查法测定；受训者是否喜欢此次培训？培训师是否出色？此次培训是否有帮助等
2	学习	书面测试、操作测试、情景模拟等方法可以测定受训者比以前了解更多物流知识，物流岗位操作技能等
3	行为	通过上级、同事、下级、客户等对受训者的业绩进行评估，如主动性是否增强，员工是否可以提供顾客全面、细致的物流服务质量等
4	结果	通过送货出错率、运输里程率、销售量、利润、成本、员工流动率等进行测定，衡量物流企业绩效是否发生变化

【案例分析 7-2】

日本某企业物流培训体系的制定

物流培训课程的目的	培 训 内 容
1. 物流基础：了解物流基础知识及协调一致完成物流业务的意义	物流的重要性、任务、市场的供需情况，物流管理、销售服务、物流机制、规则、集成物流思想等
2. 物流改革：培训物流业务改革意识，提高技术水平	物流改革的必要性、方法（QC、IE、VE）改革经验交流

续表

物流培训课程的目的	培 训 内 容
3. 物流系统设计：培养物流系统设计意识，提高技术水平	物流系统设计的必要性、方法、经验交流
4. 物流函授讲座：通过自学弥补集中学习的不足	物流改革基础，新物流管理、新物流管理实践
5. 物流成本、管理成本：学习物流成本管理系统	为提高物流效率、正确确定物流水平而进行的成本管理
6. 物流信息系统：学习物流信息系统的机制及其使用方法	供需计划模拟模型法、接受订货、发货、接收支付、运费计算、销售计算、供需信息管理等系统
7. 高级物流：理解物流动向、部门战略应当解决的问题	物流动向及存在的问题，其他公司的物流动向，部门战略研究，物流业务考察
8. 物流战略策划：学习物流战略策划方法	物流战略策划的必要性、方法，物流战略策划实训，经验交流
9. 物流部门工作：加强共同完成业务工作的伙伴间的交流	研究本地区的物流目标、方针、计划、物流业务方面存在的问题，讨论、制定行动计划，交流思想、观点
10. 物流专门资格考试辅导讲座：学习掌握物流体系的专门知识和技术	物流技术管理师或国际物流管理师资格考试辅导讲座
11. 海外物流考察：创造充实业务知识、扩大视野的机会	考察地点临时选定，应选择各种各样的考察场所以扩大视野
12. 部门干部研究会：创造研究物流动向和部门战略课题的机会	部门战略课题研究

资料来源：菊池康也：《物流管理》丁立言译，北京：清华大学出版社，1999 年版。

三、物流企业员工绩效考评

1. 绩效考评概述

企业通过绩效考评可以获得员工工作的真实信息，通过沟通反馈改善绩效水平，提高员工素质，同时考核信息也为企业人事管理决策提供了重要依据。企业具有层级性，不同层级员工因其岗位职责、知识技能的不同，为企业创造的价值也会不同，因此，宜采用不同的考核办法以期达到激励员工的目的。如表 7-10 所示：

高层管理人员所做决策的正确与否直接影响到企业的发展。目前，对该层级的绩效考评更多的是从财务指标进行考核，涉及股东回报率、净资产收益率、利润等指标。也就是说，对高层管理人员的考核更多地注重与企业运营相关的指标。此外，影响这些可量化的目标达成的影响因素还包括高层管理者的能力和素质，如管理能力、领导能力、决策力等。

表 7-10　　不同层级员工绩效考评权重

员工层级	考核内容	权重（%）
高层管理者	财务改进	50
	业绩改进	30
	能力素质	20
中层管理者	业绩测评	70
	综合素质	20
	满意度	10
普通员工	上级考评	60
	部门内其他员工	40

中层管理人员位于高层管理人员和基层人员之间，贯彻高层管理人员的命令、指示计划，对基层员工布置工作任务。业绩考核是考核中层管理人员的重要方面，例如物流企业的销售部门，作为向顾客直接销售物流服务产品的部门，销售经理需要对采用何种销售渠道、针对不同顾客提供何种物流方案作出正确的选择。

对普通员工来说，主要考核的是任务完成情况，例如货物安全送达率、正点运输率等行为层的考察，另外，还有态度（积极性、协作性、纪律性）、能力（学习能力、理解力、开拓能力）等方面的考核。通常都是由上级和部门内部其他成员来共同考核这一层级员工的绩效水平。

2. 绩效考评的方法

绩效考评的方法很多，常用的有平衡计分卡、360 度绩效考核、KPI 关键指标考核法、目标管理等，管理者可以根据组织的实际情况灵活运用。这里仅介绍平衡计分卡。

平衡计分卡（Balanced Score Card，BSC）是一种将传统的财务指标分析与非财务指标分析相结合来评价组织绩效的方法，它从财务、学习与发展、内部管理（或流程），以及客户四个方面来考察企业，它平衡了财务指标和非财务指标、平衡了短期指标和长期指标、平衡了多方利益团体的利益。

下面以物流企业调度人员为例说明平衡计分卡的应用。调度人员绩效考评模型（见图 7-3）及指标详细说明如下：

指标解释及标准确定：

（1）财务指标。

①成本控制率。此处所指的成本率指某考核期内总运费与总物流收入的比值。一般以月为考核期。在年度预算中，各月的标准成本率都有规定。当此指标数字小于 90%时，该项指标不得分。

成本控制率＝标准成本率/当月成本率

指标计算者：此指标由调度经理助理计算。

②积载控制率。积载率指某一天所配送货物的体积与配送该批货物所用车辆容积之和

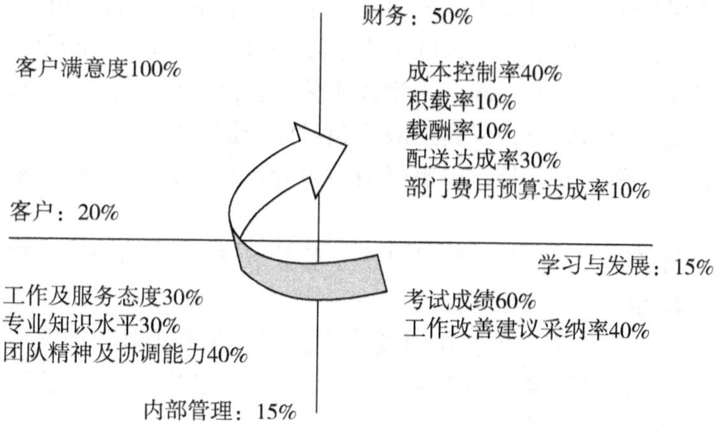

图 7-3　调度人员绩效考评模型图

的比值。在预算中有月标准积载率的规定。该指标小于 0.8 时，该项指标不得分。以每月的日平均数作为考核依据。

积载控制率=当日积载率/标准积载率

指标计算者：此指标由调度经理助理计算。

③载酬控制率。载酬率指每一天所用车辆出车的总体积与所出车次的比值。在预算中有标准载酬率的规定。以每月的日平均数作为考核依据。该指标小于 0.8 时，该项指标不得分。

载酬控制率=当日载酬率/标准载酬率

指标计算者：此指标由调度经理助理计算。

④配送达成控制率。配送达成率指每天配达的出货单数与需要配送的出货单总数的比值。在年度预算中，各月的标准配送达成率都有规定。当此指标数字小于 0.8 时，该项指标不得分。以每月的日平均数作为考核依据。

配送达成控制率=配送达成率/标准配送达成率

指标计算者：此指标由调度经理助理计算。

⑤部门费用预算达成率。此指标指考核期内该部门所花实际费用与预算中该部门费用的比值。该部门所花实际费用由财务处统计提供，该部门费用预算在年度预算中有所体现。

部门费用预算达成率=考核期部门费用/考核期部门费用预算

指标计算者：此指标由各部门主管助理从财务人员那里获取年度预算及考核期内部门总费用及明细，然后计算该指标数值。

（2）学习与发展的指标。

①考试成绩达标率。每月公司要进行内部标准作业流程考试，由人力资源部组织出题、考试、评分。以考核期内的平均值作为考核依据。

考试成绩达标率=实际考试成绩/试卷总分

指标计算者：此指标由人力资源部相关人员计算该指标数值。

②工作改善建议采纳率。由于物流公司是一个严格要求流程的公司，因而标准作业流程的合理性、可行性、全面性都对公司的工作起至关重要的影响。因而员工可以提出标准作业流程的改善建议给部门主管，部门主管找相关人员进行讨论是否可行。只要有一条被采纳就获得此项考核的全部分值。最高上限不超过此分值的两倍。

工作改善建议采纳率的得分是：没有采纳不得分，只要有一项被采纳得满分，三项被采纳得满分 2 倍。

指标计算者：此指标由各部门主管助理由主管处获取信息并计算该指标数值。

（3）内部管理指标。

此指标由工作态度及表现、专业知识及能力、团队精神及协调沟通三方面的评分构成，满分为 100 分。本部门同事（约占部门人员 20%）、主管及工作关联部门的员工（由人力资源部指定）根据相关表格共同进行评价。

内部管理指标=最后得分/调查表满分

指标计算者：此考核由人力资源部组织，各部门主管指定人员配合，考核指标的数值由人力资源部统计计算。

（4）客户指标。

客户满意度。客户在配送过程中如果发现出货资料异常等情况，一方面通过客服进行处理，有时也直接找调度人员进行联系。因而调度人员的服务也直接影响着客户对公司的印象。人力资源部与相关部门共同制定《客户满意度调查表》，每月由人力资源部同该部门主管协商从公司客户名单中的抽取一定数量的客户将客户满意度调查表传给这些客户进行调查并回收问卷进行统计，并将统计结果送交相关部门一份备存。最后将所有客户的平均分作为该项考核指标的得分。

客户满意度=平均分/一份问卷的满分

指标计算者：此考核由人力资源部组织并计算数值。

（5）考评体系分值的确定。

此绩效考评体系的满分为 100 分。

考核指标所负担的满分值=100×考核维度所占权重×考核指标在该维度中所占权重

考核指标实际得分=考核指标所负担的满分值×考核指标数值

（6）考评周期及执行者。

考评周期：每月一次。

执行者：由部门经理助理向相关数据的提供者要数据并计算考评得分后送交人力资源部。

人力资源部就某个岗位的绩效考核维度抽查。并形成对该部门经理助理的一项考核指标。

四、物流企业薪酬与福利管理

1. 报酬与福利

报酬与福利都是激励员工的重要手段。合理而具有吸引力的报酬与福利不但能有效地激发员工的积极性，促进员工努力去完成组织的目标，提高组织的效益，而且能在人力资源竞争日益激烈的环境中吸引和保留住一支素质良好且具有竞争力的员工队伍。

（1）报酬。

报酬主要包括工资和各种形式的奖金，而工资又是最重要的部分。工资是依据员工的技能、工作强度、责任、工作条件和实际工作贡献，分配给个人的报酬。我国物流企业的工资形式主要有计时工资、计件工资、奖金和津贴等。目前，我国物流企业实行的工资制度有技术等级工资制、岗位技能工资制、职务等级工资制、定级升级制度和晋级增薪、降级减薪的办法等。

（2）保险。

保险是社会保障的主要内容之一，它是物流企业为保护和增进员工身体健康，保障员工在暂时或永久丧失工作能力时的基本生活需要而建立的一种物质保障制度。

（3）员工福利。

员工福利是指物流企业主要依靠自己力量兴办集体福利和设施，提供个人福利补贴等，其目的是帮助员工解决生活中的困难，改善员工生活环境，保证员工正常和有效地进行劳动。

2. 面向不同层面人员的薪酬模式选择

高层管理人员在企业的组织层级结构中处于金字塔的塔尖，对企业的整体经营管理负责。中层管理人员主要侧重于对企业内部事务的管理和处置，他们是企业高层管理人员和基层员工之间信息沟通的桥梁。另外，物流企业的基层管理员工主要完成一些常规性的工作，工作的重复程度高，工作绩效较容易衡量，工作的结果通常只影响员工个人的业绩或是最多影响到某一业务单元的业绩，而对公司整体业绩的影响不大，因此，对不同层面人员的薪酬模式上选择是不同的，如表7-11所示：

表7-11 **不同层面管理人员的薪酬模式**

	薪酬制定的依据	主要薪酬模式	职位举例
高层管理人员	财务指标、业绩、能力	年薪制 股权激励	如市场总监、营运总监、IT总监等
中层管理人员	业绩、能力、行为	绩效工资 奖金	如业务主管、项目经理、部门经理
基层员工	行为、态度、岗位	岗位工资 奖金	如理货员、订单处理员、仓管员等

3. 紧缺物流人才的薪酬策略

对于物流行业紧缺的中高级物流人才，就要打破以往的传统，提供具有竞争性和多样化的薪酬体系，以期达到吸引人才、保留人才和激励人才的目的。

（1）竞争性。

应采取略高于其他企业的薪酬政策，以保证最大限度地吸引最优秀的人才为本企业服务。在确定各类、各级职务的薪酬水平时，要适当拉开差距，体现按贡献分配的精神，不断激励员工掌握新知识，提高业务能力，创造出更佳的业绩。如果物流内部不同类别、等级之间薪酬相差不大，也就是实行平均主义的分配，对员工难以构成吸引力。

（2）多样化。

利润分享。利润分享是企业在向员工支付了基本工资之外，再拿出一部分利润或超额利润向员工分配的制度。中小物流企业需要员工更高的参与积极性，这样才可以实现业绩上的突破，由于资金及规模等的限制，利润分享计划对于股权计划更适用。个人的绩效、所在部门的绩效、企业的整体绩效是紧密相关的，有助形成员工之间合作共赢的良好格局。

基于团队的薪酬。当奖金在团队内部以公平为基础加以分配时，团队更有效并表现出更多的助人行为。随着奖金规模的增加，团队的生产率和有效性方面也有某种显著的增加，而且当团队成员获得大团队绩效与团队奖金的有关信息以及团队的清晰目标时会产生更高的满意度。

【案例分析 7-3】

联邦快递（FedEx）的薪酬激励

FedEx 的薪酬激励形式就相当丰富。在 FedEx 公司，每个员工只要努力工作就会有受奖励的机会。FedEx 设立了相当多的奖项用以表彰那些业绩卓越的公司员工。其中几种比较主要的奖励有：

祖鲁奖：用来奖励超出标准的卓越员工表现；

开拓奖：给每日与客户接触、给公司带来新客户的员工提供额外奖金；

最佳业绩奖：对贡献超出目标的团队提供一笔奖励现金；

金鹰奖：奖给那些由客户或公司管理层提名表扬的优秀员工；

明星/超级明星奖：这实际上是“最佳工作表现奖”，获奖者可获得相当于自身薪水2%~3%的一张支票。

此外，FedEx 公司还有一个最受员工欢迎的节目，就是联邦快递所有的飞机都以员工的孩子来命名。员工们为了将他们宝贝儿子或女儿的名字喷涂在飞机上，就事先把自己宝宝的名字交给公司，每次增加新飞机时就会以抽签决定用哪个宝宝命名飞机。弗雷德·史密斯说：“善待员工，并让他们感受到公司真诚的关怀，便会得到全球一流的服务态度。”

分析：薪酬与福利都是物流企业激励员工的重要手段。物流企业应该根据自身的特点设置富有特色的激励制度，比如根据不同工作岗位工作内容不一样，设置不同的奖项；重视对客服人员和团队的奖励等。

【小思考 7-3】

物流企业的员工福利薪酬和晋升制度

对于物流企业来说，员工福利薪酬的设计要满足公平、合理和激励三种条件，同时也要考虑到自身的经营模式、赢利水平和市场人力成本的状况。一般情况下薪酬的设计包括底薪制和佣金制两种方式，如表 7-12 所示。

表 7-12　**底薪制和佣金制特点比较**

比较项目	底薪制度	佣金制度
薪酬组成	薪酬＝底薪+红利/业务竞争奖金	薪酬＝完成的业务量/价值×提成率
特点	•员工能预先知道自己的收入，雇主的人事费用固定且可预测 •底薪制可鼓励员工开发长期客户，提高服务质量 •指派员工任务时，争论的情形较少，而且有较高的忠诚度	•员工收到的奖励最大 •员工只重视眼前较容易完成的工作量及数量大的项目，常常忽略较难完成或者产量较少的任务，如送货员往往只愿意完成路程较远或者送货量较大的订单 •不同员工的收入可能会有较大差距，从而会产生不公平的感觉 •员工的收入随业务量的变动而有较大的波动
使用场合	以常规固定作业为主的工作	以销售、发展业务为主的工作

员工晋升制度一方面是为有能力、有技术的人才提供施展才华的平台；另一方面也是激励员工的一种有效的途径。配送中心常见的员工晋升途径有两条：管理路径和技术路径。

资料来源：蓝仁昌：《物流企业运行管理》，中国物资出版社，2011 年版。

【思考与练习】

• 基本训练

□知识题

一、阅读理解

1. 物流企业人力资源管理的含义？
2. 简述物流企业人力资源需求的预测方法。
3. 什么叫工作分析？工作分析包括哪些内容？
4. 工作说明书包括哪些内容？
5. 物流企业人员招聘有哪些要求？
6. 物流企业人员培训的内容有哪些？
7. 何谓平衡计分卡？

二、知识应用

1. 判断题

（1）物流企业的人力资源规划必须同企业的战略目标联系起来。（　）

（2）工作分析的结果就是形成工作说明书。（　）

（3）不管什么岗位，物流企业都应该招聘高学历、高职称的人才。（　）

（4）制定培训计划首先要确定培训目标。（　）

（5）对物流企业高层管理人员来说，主要考核的是任务完成情况。（　）

2. 选择题

（1）根据有关人员的经验，结合本企业的特点进行人才需求预测，这是（　）

A. 经验估计法　　B. 比例趋势分析法　　C. 工作研究预测法

（2）工作规范中将从事某项工作所需的观察力、组织能力、沟通能力等作为（　）

A. 一般要求　　B. 生理要求

C. 心理要求　　D. 特殊要求

（3）工作分析过程中有时要选择典型职位，典型职位应该（　）

A. 该职位对公司比较重要　　B. 该职位经常发生变化

C. 能代表更多类似的职位　　D. 该职位比较稳定

（4）物流企业内部招聘的方式有（　）

A. 提拔晋升　　B. 猎头公司招聘

C. 工作调换　　D. 工作轮换

（5）工作改善建议采纳率属于平衡计分卡中的哪个指标？（　）

A. 财务指标　　B. 学习与发展指标

C. 内部管理指标　　D. 客户指标

□技能题

1. 查阅资料，写一篇约1000字的关于物流企业人力资源管理的体会。

实训目的：要求学生掌握物流企业人力资源管理的知识。培养学生发现问题并提出建设性意见的能力。

实训要求：认真思考，结合所学知识，能就其中的某个方面提出自己的看法。

2. 实地考察一个物流企业，深入了解企业的某一个工作岗位，编写一份该岗位的工作说明书。

实训目的；通过实地调查熟知该工作岗位的工作内容和任职资格，通过编写工作说明书，掌握工作说明书的编写要求、步骤和内容。

实训要求：仔细观察，虚心求教，认真听讲解；结合所学相关知识。

• 案例分析

某物流公司的人力资源管理

某大型物流公司的前身是某外轮代理公司，经营了数十年的以海运为核心的货轮代理业务。随着市场竞争日趋激烈，利润率也不断走低，为了保持竞争优势，集团公司决定整合物流资源，进行业务重大改革，将在东北地区与物流相关的28家子公司同中国某外轮代理有限公司合并，组建成"某物流有限公司"。成立后的新公司提出了"做精船代，做强货运，做大物流"的战略发展方针，并对原有的人力资源体系尤其是考核与薪酬作出了相应的改革，但由于相关制度制定仓促，不够科学透明合理，基础工作不够扎实耐心，引起了部分员工的不满和个别员工的强烈反对。公司针对存在的问题，同时为了系统提升人力资源管理能力，决定引入专业咨询公司，建立一套科学合理的人力资源管理制度和运作体制。

某管理咨询公司对该物流公司的历史、现状、公司战略、组织流程、人力资源状况与相关制度作了深入调研分析，并逐个对各部门开展了大量的访谈工作。发现公司存在国有企业的传统病，尤其是大锅饭、能进不能出、冗员繁多现象最为严重。人力资源管理也只限于一些日常的招聘、职称评定、劳动合同管理、人事档案管理、薪资核算等事务，对企业战略的影响以及和战略的联系都不明显。综合来讲，该物流公司人力资源存在以下问题。

首先，在规划与控制方面存在以下问题：招聘过程中业务部门不参与招聘面试，不能发挥其职能的优势；岗位描述过于简单；基础工作做得不扎实；部分部门存在人员结构不合理的情况，竞聘上岗的管理岗位没有任期的规定；没有实行定岗定编，老职工存在因人设岗的情况；没有退出机制，形成员工对企业的依赖；中层管理人员的管理技巧与技能缺乏；员工身份繁杂，有正式工、临时工、大集体混岗工，有借调人员、外派人员；部分专业人才缺乏，现有的人员素质不高，没有一定的人才储备。

其次，在培训与发展方面，主要问题有各部门普遍采用“师傅带徒弟的培训方式”，缺乏多样化、系统性和连续性；员工培训机会比较少，计划的实施力度不强；员工的职业发展通道缺乏，没有辅助员工拟定职业发展规划；专业化分工太高，缺乏轮岗机制，缺乏多面手。

在考核与评价方面，主要问题有业务部门有财务指标的考核，综合管理部门没有考核；考核指标没有细化到科室和个人，没有形成压力传递机制；考核与薪酬没有联系，单纯为考核而考核；缺乏员工考核，完全靠员工自觉；预算（目标、费用）制定得不科学。

在综合激励方面，存在工资定级标准不明确；分配机制体现不出工作量及工作业绩，与贡献不对称；缺乏奖惩规定，奖惩目的不明确；分配方式及机制单一。

管理咨询公司在开展细致深入的诊断工作之后，对该物流公司人力资源管理能力的提升，明确提出三步走的战略方针，第一步：进行工作分析，优化岗位说明书，作为人力资源管理的基础依据，并进行岗位评价；第二步：建立科学的绩效管理体系和薪酬体系；第三步：优化、补充、改善各项制度、政策、方法，向全公司推广实施以价值为导向的管理理念，积极促进员工观念改变。

在第一阶段，项目小组逐个走访各个部门，进行了细致的工作分析，撰写了各岗位的工作职责说明书，系统梳理了各岗位的基本信息、岗位设置目的、工作关系、岗位职责、工作权利、工作责任、任职资格、关键绩效指标等信息，为招聘、工作指导、培训、考核、晋升以及岗位评价等人力资源工作的展开提供了坚实的基础。在此基础之上，对各岗位的职责类别进行了合理分类，制定出了多维度的岗位评价标准，并依据此标准，对岗位价值进行了综合评价。

在第二阶段，项目小组设计了以公司总体目标为核心的各部门和岗位的考核指标及评价体系，设计了基于岗位价值的薪酬体系，制定了将考核结果与薪酬等激励挂钩的激励制度，并制定了考核、薪酬管理流程。

在第三阶段，项目小组对人力资源管理的方案进行了讲解，方法传授，并对价值理念、管理原则进行了宣传和释疑。并在宣传、培训，推广实施过程中，调整、补充了有关制度、方案。

资料来源：王道平、李建立：《物流项目管理》，北京：北京大学出版社，2012 年版。

问题：

1. 该物流公司的人力资源部分存在哪些问题？

2. 你认为该物流公司还可以从哪些方面提高自己的人力资源管理？

• 综合实训

实训项目：物流企业人力资源管理实训

1. 实训目的

（1）能够制定物流企业的人力资源规划。

（2）能够对物流岗位进行工作分析。

（3）熟悉物流企业的人员招聘程序和要求。

（4）能够编制物流企业的人员培训计划。

（5）能够设计物流企业员工绩效考评的方法。

2. 实训内容

（1）实地考察某一物流企业，深入了解该企业的人力资源管理。

（2）分析企业的人力需求和供给状况，为该企业制定人力资源规划。

（3）拟定人员招聘的要求和程序，通过角色扮演，模拟企业的人员招聘过程。

（4）针对企业某个岗位进行工作分析，并编写岗位说明书。

（5）根据企业的实际情况，用平衡计分卡进行绩效考评。

（6）为该物流企业拟定一份本年度的员工培训计划。

3. 实训要求

（1）以 5~6 人为一组，进行合理分工，每人应有明确任务。

（2）认真考察企业，熟悉其人力资源管理的制度、方法和手段。

（3）结合所学知识认真完成实训内容。

（4）认真进行角色扮演等实训并撰写实训报告。

（5）实训报告完成后设课堂讨论课，相互交流实训经验。

4. 注意事项

（1）人力资源管理涉及内容多，要注意组内的分工协作。

（2）虚心向企业工作人员学习求教。

（3）在企业期间遵守各项规章制度，注意劳动安全。

第八章　物流企业的财务运作

☞**学习目标：**

• 知识目标

◎了解财务运作的含义和内容；
◎掌握筹资概念、筹资渠道和方式；
◎掌握投资概念和种类；
◎掌握筹资决策和投资决策分析方法；
◎了解物流企业财务分析的依据；
◎熟悉财务分析的各种指标；
◎掌握财务分析的方法。

• 技能目标

◎能分析筹资方案的可行性；
◎运用投资决策方法参与投资决策；
◎了解财务分析方法，看懂财务分析报告。

【引例】

中远物流开展货权质押业务合作

中远物流与光大银行签订了“总对总合作协议”，双方将货（动产）质押授信、仓单质押、买方信贷、开证监管等方面开展全国性的业务合作。据悉，近年来，光大银行下大力气对贸易融资产品进行优化和整合，并于近期推出了“阳光供应链”品牌，为客户的结算及融资业务提供全方位的解决方案。未来光大的货权质押业务将主要与中原物流合作展开。

以“物流公司+银行”的供应链金融模式在中国尚不多见，但已吸引众多行业巨头目光。除UPS外，中国物资储运公司、DHL、宅急送，甚至花旗银行等金融企业均寄希望在物流金融领域有所作为。“物流+资金流”模式的商业前景，虽为众物流公司所见，但是从目前来看，国内物流公司还难以从中分得一杯羹。近些年来，虽然中国的中小物流企业取得了长足的发展，但与大型物流企业相比，产业进入时间晚，其本身仍有许多不利因素，具体表现在：

一是财务制度不健全，企业信息透明度差，导致其资信不高。据调查，中国中小企业50%以上的财务管理不健全，许多中小企业缺乏足够的经财务审计机构承认的财务报表和良好的连续经营记录。另据有关调查，中国中小企业60%以上信用等级是3B或3B以下，而为了规避风险，银行新增贷款的80%都集中在3A和2A类企业。

二是中小物流企业缺乏可用于担保抵押的财产。中小物流企业的资产负债率一般都较高，大部分财产都已抵押，导致申请新贷款抵押物不足。

三是一些中小物流企业管理水平和经营者素质较低，信用意识淡薄，当经营出现困难时，不是在改变产品结构、加强经营管理、开辟市场上下功夫，而是想方设法拖欠贷款利息，这不仅给金融机构信贷资金安全造成很大的威胁，而且极大地降低了企业的信誉度。

资料来源：http：//www. gdwlhy. com. cn/only_ news_ info. aspx？id=258&newsid=1172.

该案例表明：筹资渠道和方式有很多，但适用于中小型民营物流企业的却很少。原因在于中小物流企业财务运作与管理方面存在诸多问题。但国内的大型企业可与银行合作解决资金困难，如新推出的“物流公司+银行”的供应链金融模式。

物流企业财务运作是指在特定财务环境制约下，物流企业选择一定财务体制，遵循一定的原则，运用一定财务操作手段和方法以实现既定财务目标的一系列财务行为的总和。财务运作是一系列财务行为的总称，可分为投资运作、筹资运作、分配运作等。

第一节　物流企业筹资管理

在物流企业发展过程中，需要不断地从内部和外部筹措物流企业所需要的资金。筹资管理是物流企业根据经营需要，通过一定的渠道，运用筹资方式经济有效地筹集资金的财务行为。其目的是为了满足物流企业资金需求，降低资金成本，减少相关风险。

一、物流企业筹资渠道与方式

1. 物流企业筹资渠道

物流企业筹资渠道是指筹措资金来源的方向与途径，体现着资金的源泉和流量。物流企业主要有以下几种筹资渠道。

（1）国家财政资金。

通过直接向物流企业投入形成所有者权益和以银行贷款的方式向物流企业投入以形成物流企业的负债，具有利率低、使用时间长的特点。

（2）银行贷款。

银行信贷资金是各类物流企业筹资的重要来源。银行贷款方式灵活多样，可以适应各类物流企业债务资金的需要。

（3）非银行金融机构资金。

非银行金融机构资金包括信托投资公司、保险公司、证券公司、租赁公司、企业集团的投资基金等。它们所提供的各种金融服务，包括信贷资金投入、物资融通及为物流企业承销证券等。

（4）其他企业资金。

其他企业资金主要是物流企业与其他企业之间相互投资的资金及在购销业务中通过物

流企业的商业信誉取得的资金占用，如赊销等。

（5）居民个人资金。

通过向社会公众发行股票或债券的方式吸引居民的个人闲散资金。个人资金可对物流企业进行投资，从而形成物流企业的资金来源。

（6）物流企业内部形成的资金。

物流企业内部形成的资金指资本公积金、盈余公积金和企业未分配利润的方式在物流企业内部形成的资金。这是物流企业内部形成的筹资渠道，无需通过一定的方式筹集，只是在物流企业内部转移即可。

2. 物流企业筹资方式

筹资方式是指筹措资金时所采取的具体方法和形式，体现着资金的属性。物流企业筹资方式主要有以下几种方式。

（1）吸引直接投资。

直接投资是指物流企业在物流活动过程中，投资者或发起人直接投入物流企业的资金。这部分资金一经投入，便构成物流企业的资本金。该筹资方式是非股份制物流企业筹集权益资本的重要方式。

（2）发行股票筹资。

发行股票筹资是物流股份有限公司按照物流公司章程依法发售股票筹资形成物流公司股本的一种方式。这种方式以股票为媒介，仅适用于股份制物流公司，是物流股份公司取得权益资金的基本方式。股票具有无期限性、风险性、流通性、参与性的特点。

【知识链接 8-1】

表 8-1　**普通股筹资的优缺点**

优点	（1）普通股筹资的风险较小。因为普通股没有固定的到期日，不用承担固定的股息。当企业没有盈利或盈余不足时，也可以不分配或少分配股利 （2）普通股筹资比优先股或债券筹资的限制少，因而有利于增加企业经营的灵活性 （3）普通股的发行，可以提高企业的知名度 （4）普通股发行，可降低企业的资产负债率，改善企业的资本结构，提高企业的信用水平
缺点	（1）普通股筹资的资金成本最高，因为普通股的发行费用较高，且股利要从税后盈余中支付 （2）发行普通股增加新股东，通常会分散企业的控制权，增加企业被收购的风险 （3）发行普通股使更多的股东分享企业盈余，降低了原股东的收益 （4）发行股票，特别是上市后，由于得到社会的关注，企业的商业机密容易泄露，成为证券交易市场的炒作体裁

（3）发行债券筹资。

发行债券筹资是物流企业按照债券发行协议，通过发售债券直接筹资的方式。在我国，上市公司（其所发行的证券被允许在证券交易所公开交易的公司称为上市公司）被允许以发行债券的方式筹集资金，其他类型的企业则不允许。企业债券具有期限性、偿还性、风险性、利息率固定等特征。

【知识链接 8-2】

表 8-2　　债券筹资的优缺点

优点	（1）债券筹资的成本比股票筹资的成本低。这是因为债券发行成本较低，债券利息在税前支付 （2）债券筹资不会影响企业的管理控制权 （3）债券资金具有财务杠杆作用
缺点	（1）债券筹资的风险很高。因为债券有固定的到期日，并要支付固定的利息。一旦企业不能支付到期的本息，债权人有权提出要求企业破产 （2）债券筹资的限制条件很多，降低了企业经营的灵活性

（4）银行贷款筹资。

银行贷款筹资是物流企业按照借款合同从银行等金融机构借入款项的筹资方式，适用于各类物流企业。

【小思考 8-1】

银行贷款筹资的优缺点有哪些?

优点：融资速度快；手续简单；筹资弹性大；筹资成本低；具有财务杠杆作用。
缺点：筹资风险较高；限制条件较多；影响企业经营的灵活性；筹资数量有限。

（5）租赁筹资。

租赁筹资是物流企业按照租赁合同租入资产从而筹集资金的特殊筹资方式。通过租赁方式租入资产形成物流企业的债务资金，主要有融资性租赁和经营性租赁。两种租赁方式的比较如表 8-3 所示。

表 8-3　　两种租赁方式的比较

项　　目	经 营 租 赁	融 资 租 赁
租赁目的	取得租赁资产使用权	融通资金
租赁期	较短	较长，寿命期的$\frac{3}{4}$
中途撤销合同	可以	不可以
设备维护保养责任	出租方	承租方
租金	较高	较低
计提折旧	出租方	承租方
租赁期满，设备处置	退回出租方	退回、续租、留购

（6）商业信用筹资。

商业信用是物流企业在资金紧张的情况下，为保证经营活动的连续进行，采取延期支付购货款和预收销货款而获得短期资金的一种方式。如物流运输企业和货代企业长期形成良好合作关系，因此货代企业往往会给物流运输企业“放账”，保证它的正常运转。

【小思考 8-2】

上述各种筹资方式中，哪些可为物流企业获得长期债务资金，哪些为物流企业筹集短期资金？

答：发行债券、租赁筹资可为物流企业获得长期债务资金；商业信用筹资通常是为物流企业筹集短期资金；而银行借贷筹资方式既可为物流企业筹得长期资金，也可为物流企业筹得短期资金。

（7）留存收益筹资。

留存收益筹资是指物流企业将留存收益转化为投资的过程。将物流企业经营所实现的净收益留在物流企业，而不作为股利分配给股东，其实质为原股东对物流企业追加投资。

【知识链接 8-3】

物流企业筹资的创新尝试

在诸多的金融创新尝试中，物流企业联手基金公司已是目前规模物流企业欢迎的一种合作形式。基金公司与物流企业合作主要采取“股权融资”。相当于物流企业让出少量股权，以此挣得资金支持。基金公司不需要物流企业提供任何抵押，也不会控股。基金公司是纯粹的财务投资者，配合物流企业开展渠道整合的工作，如组织管理建设、战略制定建议等，使物流企业逐渐成为行业的领先者。如果有可能的话，基金公司会协助物流企业上市，在双赢后，基金公司退出。

物流公司与基金公司合作后，物流企业将获得无形价值。一是银行一旦确认基金公司介入物流企业，就会调高对该物流企业的信用评级。同时，可贷额度还会增加两倍以上；二是在物流企业筹资后，如果有需要，基金还会为物流企业通过灵活的融资抵押形式在银行安排财务成本较低的长期贷款，主要采用应收账款、固定资产组合等抵押方式。

【案例分析 8-1】

宅急送的新型筹资手段

模式 1：以应付账款为抵押，与工商银行合作保理业务。因为宅急送跟其他大型生产企业的保理业务有区别，不仅宅急送的应收账款很分散，而且账期很短，操作起来有各方面的障碍。因此宅急送就想到了将这项保理业务的范围扩大到应收账款池的模式，就是把所有的应收账款的这部分资产做成一个池子。这种方式等于盘活了企业原来处于闲置状态的资产。

模式 2：利用宅急送发票抵押担保这种模式来做融资，这种方式适用于物流企业。

分析：民营物流企业最大的瓶颈不是资源，也不是人才，而是资金。既然从银行贷款非常难，那么民营物流企业必须寻找自己的融资渠道，走曲线融资之路。

【小思考 8-3】

`上述几种主要的筹资方式中，哪几种属于权益资金筹集？哪几种属于负债资金筹集？

答：吸收直接投资、股票筹资、留存收益筹资属于权益资金筹集。银行贷款筹资、发行债券筹资、商业信用筹资、租赁筹资均属于负债资金筹集。

3. 筹资渠道与筹资方式之间的关系

筹资渠道反映物流企业资金的来源与方向，即资金从何而来；筹资方式反映物流企业筹资的具体手段，即如何取得资金。但在实际筹资的具体过程中，筹资渠道和筹资方式之间有密切的关系。一定的筹资方式可以适用于多种筹资渠道，也可能只适用于某一特定的筹资渠道。同一渠道的资金也可能采取不同的筹资方式取得，两者的对应关系如表 8-4 所示。物流企业筹资时，应注意两者的合理搭配，以提高资金的利用率。

表 8-4　**筹资渠道与筹资方式的对应关系表**

筹资渠道 / 筹资方式	吸收直接投资	发行股票	利用留存收益	银行借款	商业信用	发行债券	融资租赁
银行信贷资金				✓			
其他金融机构资金	✓	✓		✓		✓	✓
其他企业资金	✓	✓			✓	✓	✓
居民个人资金	✓	✓				✓	
国家财政资金	✓	✓					
企业自留资金	✓		✓				

二、物流企业筹资决策分析

1. 资本成本分析

资金成本也称为资本成本，是指物流企业为筹措和使用一定的资金而付出的代价。这种代价包括两个部分：一是用资费用，即物流企业在使用资金的过程中付出的代价，如向投资者支付的报酬、向债权人支付的利息等；二是筹资费用，即物流企业在整个筹资过程中为获得一定量的资金而付出的代价，如付给债券代销单位的佣金、印刷费、广告费、注册费、手续费等。

资金成本率是指物流企业为筹措和使用一定量的资金而付出的用资费用与筹得的资金之间的比率，其计算公式如下：

$$资金成本率=\frac{用资费用}{筹资总额-筹资费用}\times 100\% \tag{8-1}$$

$$资金成本率=\frac{用资费用}{筹资总额\times（1-筹资费用率）}\times 100\% \tag{8-2}$$

一般情况下将物流企业的资金来源划分为四大要素：债务（包括债券及其他长期负债）、优先股本、普通股本和留存收益。

2. 筹资风险衡量

筹资活动管理不当会使筹集资金的使用效益具有很大的不确定性，由此产生筹资风险。并且还存在由于利率波动而导致物流企业筹资成本加大的风险。除此之外，物流企业还面临着筹资时效、筹资数量、各种工具选择的风险以及丧失偿债能力的风险，因此，物流企业就必须借助相关的财务分析方法对不同的风险进行衡量。

3. 资本结构优化

资本结构优化就是指物流企业通过筹资手段，使物流企业的资本结构达到最优资本结构状态的决策过程。物流企业要么是股权筹资要么是债务筹资，物流企业赖以正常运作的资本来源构成中股权资本和债权资本的比例关系形成物流企业的资本结构。最优的资本结构即一个最优的债务——股权比例，使得物流企业的筹资成本最小，价值最大。

第二节　物流企业投资管理

一、物流企业投资的概念

物流企业投资是指物流企业投入财力，以期望在未来获取收益的一种行为。在市场经济条件下，物流企业能否把筹集到的资金投放到收益高、回收快、风险小的项目上去，对物流企业的生存和发展是十分重要的。

【知识链接 8-4】

投资的动机

从物流企业投资动机的层次高低上可将其划分为行为动机、经济动机和战略动机三个层次。投资是物流企业的重要职能之一，它既规定了筹资的目的，又决定了经营的方向和规模。因此，可以说投资最简单的动机就是出于物流企业的本能。经济动机就是要取得收益，获得资金增值，这是投资的核心目的。开拓市场、控制资源、防范风险等则属于层次比较高的战略动机。

从投资的功能上也可将投资动机划分为以下四种类型：一是获利动机，即通过投资取得更大收益；二是扩张动机，即通过投资扩大物流企业的经营规模或范围，甚至开拓新领域；三是分散风险动机，即通过投资为暂时闲置的资金寻求出路，以便分散持有资金的风险；四是控制动机，即通过投资取得对其他企业或实体的控制权，以便取得控制物流环路中的上游资源或下游市场。

【小思考 8-4】

投机是否就是投资？

答：投机是投资的一种特殊形式。

二、物流企业投资的分类

1. 按投资与生产经营的关系划分

按投资与生产经营的关系划分投资可分为直接投资和间接投资。直接投资是指把资金投入于生产经营性资产，以便获取利润的投资。间接投资又称证券投资，是指把资金投入于证券等金融资产，以便取得股利或利息收入的投资。

2. 按投资期限的长短划分，投资可分为短期投资和长期投资

短期投资又称为流动资产投资，是指能够并且准备在一年以内收回的投资。长期投资则是指一年以上才能收回的投资，主要指对库房、设备等固定资产的投资，也包括对无形资产和长期有价证券的投资。

短期投资具有投资期限短、变现能力强、周转快、波动性大等特点。一般来说，长期投资的回收期长、耗资大、变现能力差，并且将在较长时期内持续影响物流企业的经营，因而它比短期投资具有更大的风险。

3. 按投资投放的方向划分

按投资投放的方向划分，投资可分为对内投资和对外投资。对内投资又称内部投资，是指把资金投在物流企业内部，购置物流企业内部各种物流活动所需各种资产的投资。对外投资，是指物流企业将其所拥有的资产直接投放于其他企业或购买各种证券形式的投资。

【小思考 8-5】

对内投资和对外投资是属于直接投资，还是属于间接投资？

答：对内投资都是直接投资，对外投资主要是间接投资，也可以是直接投资。

4. 按投资对象的形态划分

按投资对象的形态划分，投资可分为实体投资和金融投资。实体投资是指物流企业投资于具有物质形态的实物资产和不一定具有物质形态的无形资产的投资活动。金融投资是指物流企业投资于金融资产或金融工具的投资活动。

5. 按投资的内容不同划分

按投资的内容不同划分，投资可以分为固定资产投资、无形资产投资、开办费投资和流动资金投资等多种形式。无形资产投资是指物流企业为取得或创立特定无形资产（如专利权、专有技术等）所发生的投资。无形资产投资与固定资产投资既有不同之处也有相同之处。不同之处在于无形资产投资的投入方式通常是一次完成。相同之处是两者都必须在物流企业投产后分期陆续以折旧或摊销的方式实现回收。

开办费投资是指物流企业自依法成立之日起到正式建成投产之日止所发生的不属于固

定资产、无形资产和流动资金投资的其他递延性投资。开办费投资的投入方式只能是分次投入，但回收是一次完成的。因为按现行制度规定，开办费投资不需要分期摊销，而是在投产之日一次全额计入费用。

三、物流企业投资决策分析的一般方法

1. 非贴现的投资决策分析方法

（1）投资回收期法。

投资回收期法，又称还本期限法，是指全部收回投资所需要的时间。时间越短，则投资方案的风险越小，反之越大。

回收期的具体计算方法，因投资方案每年的现金净流量的不同而有所不同，当投资方案每年的现金净流量相等时，

$$投资回收期=\frac{原始投资额}{年净现金流量} \tag{8-3}$$

当每年的投资现金净流量不相等时，其回收期应按累计现金净流量计算，即累计现金流量等于原始投资所需要的时间就是回收期。

【案例分析 8-2】

计算项目投资回收期

某物流企业欲投资 10 万元购买物流设施设备，预计使用年限为 5 年，报废无残值，按直线法计提折旧。该项目预计每年可实现净利 16000 元，计算该项目投资回收期。

投资物流设施设备各年现金流量如表 8-5 所示。

表 8-5　**投资物流设施设备项目各年现金流量情况表**　（单位：元）

项　目	年　限					
	0	1	2	3	4	5
各年计提折旧额		20000	20000	20000	20000	20000
各年净利		16000	16000	16000	16000	16000
现金净流量	100000	36000	36000	36000	36000	36000

分析：其中：物流设施设备年折旧额 = 10000/5 = 20000（元）

该物流企业投资设施设备各年的现金净流量 = 净利 + 折旧 = 16000+20000 = 36000（元）

则投资回收期 = 100000/36000 = 2. 78（年）

【知识链接 8-5】

投资回收期指标的优缺点

优点：计算简便，可从一定程度上反映物流企业投资方案的变现能力及风险大小。

缺点：没有考虑投资回收以后的现金流量，偏重于对投资变现能力的考虑，而没有根据投资方案的整体效益来评价和分析投资方案的优劣，没有考虑资金的时间价值。

（2）投资收益法。

通过计算投资方案的平均现金净流量或净利润与原始投资额的比值来确定获利水平，以确定投资方案的优劣。即：

$$投资收益率=\frac{年现金净收益}{投资总额}\times 100\% \tag{8-4}$$

当投资收益率低于预期期望的投资收益率时应放弃投资方案。

【案例分析 8-3】

判断投资项目可行性

在案例分析 8-2 的资料中，如果该物流企业预期投资报酬率为 20%，判断该投资项目是否可行？

分析：根据公式，$投资收益率=\frac{年现金净收益}{投资总额}\times 100\%=\frac{16000}{100000}\times 100\%=16\%$

因 16%<20%，由此可以判断该投资项目不可行。

【知识链接 8-6】

投资收益法的优缺点

优点：计算简便，能在一定程度上反映投资所产生的盈利水平，比投资回收期法更客观、全面。

缺点：没有考虑资金时间价值，忽略了不同时间收益的差异，没有考虑投资的回收，容易导致决策的失误。

2. 贴现分析评价法

贴现分析评价法，是指考虑货币时间价值的分析评价方法，亦被称为贴现现金流量分析技术，主要包括净现值法、现值指数法、内含报酬率法等。

（1）净现值法。

净现值是指特定方案在项目计算期内，按一定贴现率折算的各年现金净流量的代数和，即现金流入现值与现金流出现值之间的差额，也可以表示为未来报酬的总现值和初始投资额的差额。所用的贴现率可以是物流企业的资金成本，也可以是物流企业所要求的最低报酬率。

①当营业期内各年现金净流量相等时，净现值的计算公式为：

$$净现值=年现金净流量\times 年现金现值系数-投资额现值 \tag{8-5}$$

②当营业期内各年现金净流量不相等时，净现值的计算公式为：

$$净现值=\sum(经营期内某年现金净流量\times 该年的复利现值系数)-投资额现值 \tag{8-6}$$

净现值如大于零，说明投资收益总和大于投资总额，该投资方案为可行；净现值等于或小于零，则该投资为不可行。

【案例分析 8-4】

净现值法判断方案可行性

根据案例分析 8-2 的资料，假定资金成本为 15%，要求的最低投资报酬率为 20%，试用净现值法判断该方案是否可行？

分析：按照资金成本计算的净现值为

$$NPV=36000\times(P/A,\ 15\%,\ 5)-100000=36000\times3.3552-100000=20787.2$$

按最低报酬率计算的净现值为

$$NPV=36000\times(P/A,\ 20\%,\ 5)-100000=36000\times2.9906-100000=7661.6$$

从计算结果可以看出，用资金成本和最低报酬率计算的该投资项目的净现值均大于零，这说明该物流企业投资物流设施设备不仅可以补偿资金成本，同时还可以达到并超出最低报酬率的要求，方案切实可行。

【知识链接 8-7】

净现值指标的优缺点

优点：考虑了时间的资金价值，能科学反映投资项目的真正经济价值；考虑了项目计算期内的全部现金净流量，体现了流动性与收益性的统一；考虑了项目投资的风险性。

缺点：当不同项目投资额不同、投资期限不同时，难以确定投资项目的优劣；无法直接反映项目的实际投资收益率水平；整个项目计算期内现金流量的测算及贴现率的确定较为困难。

（2）现值指数法。

如果两个方案的投资总额不相等，则不宜用净现值进行比较，而宜用现值指数比较。现值指数是投资方案未来现金流入总金额的现值同现金流出现值的比值。

$$\text{现值指数}=\frac{\text{未来报酬（收入或现金流入）的总现值}}{\text{初始投资额（总流出现金的现值）}} \tag{8-7}$$

通常，当现值指数大于 1 时，方案可行，且现值指数越大，方案越优。此方法与净现值法的区别在于：采用现值指数法弥补了净现值法难以正确评价投资额不同的各备选投资方案优劣的不足，因而使用范围比较广泛。

【案例分析 8-5】

现值指数法判断方案可行性

根据案例分析 8-2 的资料，当资金成本为 15% 时，试根据现值指数法判断方案的可行性。

分析：该投资项目的现值指数=（36000×3.3552）/100000=1.21

现值指数1.21>1，说明该项目投资报酬率大于资金成本，方案可行。

【知识链接8-8】

现值指数法的优缺点

优点：不仅具备了净现值指标的优点，同时也弥补了净现值指标在投资额不同的方案中难于抉择的缺陷，现值指数能从动态的角度反映项目投资的投入产出比。

缺点：与净现值指标相似，难以确定贴现率，不能反映实际的投资报酬率。

（3）内含报酬率法。

内含报酬率是指可以使未来现金流入现值（报酬）恰好等于未来现金流出现值时的贴现率，或者说是使投资方案的净现值为零时的贴现率。内含报酬率法是根据方案本身内含报酬率来评价投资方案优劣的一种方法。内含报酬率大于资金成本率，则该方案可行，且内含报酬率越高方案越优。

第三节　物流企业财务分析与评价

物流企业财务分析与评价是指通过对物流企业的财务报表和管理会计报告所提供的数据信息进行加工、处理和比较，以分析物流企业过去的财务状况和经营成果以及未来前景，从而为物流企业及各有关方面进行经济决策，提高资产管理水平提供重要依据。

一、物流企业财务分析与评价的依据

1. 资产负债表

资产负债表反映物流企业经过一段时间的经营后，期末所有资产、负债和所有者权益数额及其变化情况，反映的是时间点的概念。资产负债表呈左右结构，其中资产在左，负债在右，并且左右两边最后一行的总计所显示出的数字金额必须相等的。这种平衡关系一般可用如下会计方程式：资产=负债+所有者权益表示。

表8-6　资产负债表

编制单位：××××单位　　2014年12月31日　　单位：元

行次	资产	期末余额	期初余额	行次	负债和所有者权益	期末余额	期初余额
1	流动资产			1	流动负债		
2	货币资产	66000	60720	2	短期借款	22000	11000
3	交易性金融资产	55000	11000	3	交易性金融负债		
4	应收票据	11000	55000	4	应付票据	5500	4400
5	应收账款	62700	41800	5	应付账款	12650	9900

续表

行次	资产	期末余额	期初余额	行次	负债和所有者权益	期末余额	期初余额
6	预付款项	7150	4400	6	预收款项	7400	7700
7	应收利息			7	应付职工薪酬	2200	1100
8	应收股利			8	应交税费	15950	14850
9	其他应收款	1650	550	9	应付利息		
10	存货	8800	11000	10	应付股利		1100
11				11	其他应付款	3300	1100
12	一年内到期的非流动资产			12	一年内到期的非流动性负债	5500	3850
13	其他流动资产	4400	2200	13	其他流动负债		
14	流动资产合计	216700	186670	14	流动负债合计	74500	55000
5	非流动资产			15	非流动负债		
16	可供出售金融资产			16	长期借款	44000	60500
17	持有至到期投资	23000	300	17	应付债券	33000	22000
18	长期应收款			18	长期应付款	5500	5500
19	长期股权投资	32000	8000	19	专项应付款		
20	投资性房地产			20	预计负债	2500	
21	固定资产	111870	82500	21	递延所得税负债	1000	2000
22	在建工程	4400		22	其他非流动负债		
23	工程物资			23	非流动负债合计	86000	90000
24	固定资产清理	3300	9900	24	负债合计	160500	145000
25	生产性生物资产			25	所有者权益（或股东权益）		
26	油气资产			26	实收资本（或股本）	110000	110000
27	无形资产	7700	7700	27	资本公积	10000	9000
28	开发支出			28	减：库存股		
29	商誉			29	盈余公积	95370	22000
30	长期待摊费用	2200	3300	30	未分配利润	25300	8470
31	递延所得税资产			31	所有者权益	240670	149470
32	其他非流动资产		107800				
33	非流动资产合计	184470	294470				
34	资产总计	401170		32	负债和所有者权益总计		

2. 利润表

利润表又称损益表，是反映物流企业一定会计期间经营成果的报表，是会计报表三大主表之一。该表是按照各项收入、费用以及构成利润的各个项目分类分项编制而成的。常见的利润表结构主要有单步式和多步式两种。在我国，企业利润表采用的是多步式结构（其格式如表 8-7、表 8-8 所示），分为正表和补充资料两大部分。

表 8-7　　　　**利　润　表**　　　　（单位：万元）

项　目	本期金额	上期余额
一、营业收入	2886	3020
减：营业成本	2503	2644
营业税金及附加	28	28
销售费用	20	22
管理费用	40	46
财务费用	96	110
资产减值损失		
加：公允价值变动权益		
投资收益	24	40
二、营业利润	223	210
加：营业外收入	17	10
减：营业外支出	5	20
三、利润总额	235	200
减：所得税费用	75	64
四、净利润	160	136

表 8-8　　　　**利润分配表**　　　　（单位：万元）

项　目	上年实际	本年累计
一、净利润	160	136
加：年初未分配利润	700	730
其他转入	-40	-54
二、可供分配的利润	820	812
减：提取盈余公积	40	34
应付利润	50	28
三、未分配利润	730	750

3. 现金流量表

现金流量表是会计报表的第三大主表，是以收付实现制为编制原则，汇总说明物流企业在报告期内经营活动、投资活动及筹资活动所带来的现金流量变动情况的会计报表，它是根据物流企业的资产负债表、利润表和利润分配表换算而成（见表8-9）。

现金流量表能够说明一定期间内现金流入和流出的原因，反映物流企业偿债能力；同时有助于分析物流企业投资和理财活动对经营成果和财务状况影响。

表8-9　**现金流量表**　（单位：元）

项目名称	第一季度	第二季度
一、经营活动产生的现金流量		
销售商品，提供劳务收到的现金	4000	5000
收到的税费返还	8000	9000
收到的其他与经营活动有关的现金	50000	60000
现金流入小计	62000	74000
购买商品、接受劳务支付的现金	20000	10000
支付给职工及为职工支付的现金	5000	4000
支付的各项税费	6000	2000
支付的其他与经营活动有关的现金	1000	2000
现金流出小计	32000	18000
经营活动产生的现金流量净额	30000	56000
二、投资活动产生的现金流量		
收回投资收益所收到的现金	200000	150000
取得投资收益所收到的现金	18000	50000
处置固定资产无形资产其他资产收到的现金净额	10000	40000
收到的其他与投资活动有关的现金	8000	7000
现金流入小计	236000	247000
构建固定资产无形资产其他资产支付的现金	100000	50000
投资所支付的现金	50000	3000
支付的其他与投资活动有关的现金	2000	100000
现金流出小计	152000	153000
投资活动产生的现金流量净额	84000	94000
三、筹资活动产生的现金流量		
吸收投资收到的现金	200000	300000

续表

项目名称	第一季度	第二季度
借款所收到的现金	50000	1000000
收到的其他与筹资活动有关的现金	30000	130000
现金流入小计	280000	530000
偿还债务所支付的现金	2000	50000
分配股利润或偿付利息支付的现金	100000	50000
支付的其他与筹资活动有关的现金	50000	52000
现金流出小计	152000	152000
筹资活动产生的现金流量净额	128000	378000

二、物流企业财务分析与评价的指标体系

1. 偿债能力分析与评价

（1）流动比率。

流动比率指物流企业流动资产与流动负债的比率。

$$流动比率=\frac{流动资产}{流动负债} \tag{8-8}$$

它反映了流动资产对流动负债的保障程度，即单位负债相对应地有多少流动资产做后盾。其比率越高，表明物流企业的偿债能力越强。从债权人的角度来讲，对收回债权越有利和越有保障。一般流动比率为200%比较合理。

（2）速动比率。

速动比率是指物流企业速动资产与流动负债的比率。物流企业的速动资产是指物流企业在短期内可以迅速转化为现金的资产，包括现金、股票、有价证券和应收账款等。其计算公式为

$$速动比率=\frac{速动资产}{流动负债} \tag{8-9}$$

由于存货一般要花费几个月的时间去处理，才有可能换回现金，所以存货不是速动资产。一般认为：速动比率应达到100%左右比较合理。过高会造成资金闲置和浪费。

【案例分析 8-6】

流动比率和速动比率的计算

某物流企业2013年末流动资产总额为2100万元，其中存货900万元，待摊费用50万元，流动负债总额1000万元，计算物流企业流动比率和速动比率并作简要分析。

分析：$流动比率=\frac{流动资产}{流动负债}=\frac{2100}{1000}=2.1$

$$速动比率=\frac{速动资产}{流动负债}=\frac{2100-900-50}{1000}=1.15$$

以上计算结果表明，该物流企业流动比率和速动比率均超过一般公认标准，反映该物流企业有较强的短期偿债能力。

（3）资产负债率。

资产负债率是物流企业负债总额与资产总额的比率。其计算公式为：

$$资产负债率=\frac{负债总额}{资产总额}\times100\% \tag{8-10}$$

资产负债率是衡量物流企业总负债的资产保障程度的。从物流企业债权人的角度看，此指标越小越好，但从物流企业的角度看，此指标高表明物流企业活力充沛，但负债高，物流企业的再筹资能力会降低。

（4）产权比率。

产权比率亦称为负债与股东权益比率，是负债总额与所有者（股东）权益总额的比率。其计算公式为：

$$产权比率=\frac{负债总额}{所有者权益} \tag{8-11}$$

它反映的是物流企业股东每单位权益承担着多少负债，其比率越高，股东的权益越不稳定和无保障。

（5）利息保障倍数。

利息保障倍数也称为利益所得倍数，是物流企业经营业务的收益与物流企业的总利息费用之间的比率，是反映物流企业在一定盈利条件下支付债务利息的能力。其计算公式为：

$$利息保障倍数=\frac{息税前盈余}{利息费用} \tag{8-12}$$

此指标越高，则物流企业支付利息的能力越强，贷款越好贷。

2. 营运能力分析与评价

（1）存货周转率。

存货周转率是指物流企业一定时期内的销售成本与平均存货的比率。其计算公式为：

$$存货周转率（次数）=销售成本/平均存货 \tag{8-13}$$

$$平均存货=（存货年初数+存货年末数）/2 \tag{8-14}$$

$$存货周转天数=360/存货周转次数 \tag{8-15}$$

$$存货平均占用额=（期初存货余额+期末存货余额）/2 \tag{8-16}$$

在正常情况下，存货周转率越高，说明存货周转越快，存货利用效果好，营运资金用于存货的余额就越小。

（2）应收账款周转率。

应收账款周转率是指物流企业赊销收入净额与应收账款平均余额的比率，是反映物流企业应收账款回收速度和管理效率的指标，该指标越高越好。其计算公式为：

应收账款周转率（次）＝销售收入净额/平均应收账款余额　（8-17）

其中：

销售收入净额＝销售收入－销售折扣与折让　（8-18）

【案例分析 8-7】

应收账款周转率和分析

某物流企业 2012 年末、2013 年末、2014 年末应收账款余额分别为 200 万元、220 万元和 250 万元，2013 年、2014 年赊销收入净额分别为 1008 万元和 1175 万元。计算 2013 年和 2014 年应收账款周转率并进行简要分析。

分析：2013 年应收账款周转次数 $=\frac{1008}{(200+220)/2}=4.8$（次）

2013 年应收账款周转天数 $=\frac{360}{4.8}=75$（天）

2014 年应收账款周转次数 $=\frac{1175}{(220+250)/2}=5$（次）

2014 年应收账款周转天数 $=\frac{360}{5}=72$（天）

以上计算结果表明，该物流企业 2014 年度应收账款周转率比 2013 年有所改善，周转次数由 4.8 次提高到 5 次，周转天数由 75 天缩短为 72 天，这不仅说明了物流企业的资金营运能力有所增强，而且对流动资产的变现能力和周转速度也会起到一定的促进作用。

（3）流动资产周转率。

流动资产周转率是指销售收入和流动资产平均余额的比率，反映的是全部流动资产的利用效率，该指标越高越好。其计算公式为：

流动资产周转率（次数）＝销售收入净额/平均流动资产总额　（8-19）

流动资产周转期（天数）＝平均流动资产总额×360/销售收入净额　（8-20）

（4）总资产周转率。

总资产周转率也称总资产利用率，是销售收入与资产总额的比率。其计算公式为：

总资产周转率＝销售收入净额/平均资产总额　（8-21）

它反映物流企业全部资产的使用效率。

3. 获利能力分析与评价

（1）资本金利润率。

资本金利润率是指物流企业税后利润净额与资本金总额（在工商管理处注册的资金总额）的比率。其计算公式为：

$$资本金利润率=\frac{利润总额}{资本金总额}\times 100\% \quad (8-22)$$

它反映的是物流企业资本金的获利能力。

（2）资产报酬率。

资产报酬率是指物流企业利润总额同利息之和与资产平均总额的比率。其计算公式为：

$$资产报酬率=\frac{利润总额+利息}{资产平均总额}\times100\% \tag{8-23}$$

把利息作为物流企业资产报酬的部分是因为它也是物流企业负债资本增值的一部分，只是它被支付给了债权人。该指标的高低反映了物流企业资产的数量、结构及对资产的经营管理水平和投资能力。

（3）销售毛利率。

销售毛利率是指物流企业在一定时期内毛利与销售收入的比率。计算公式为：

$$销售毛利率=\frac{销售收入-销售成本}{销售收入}\times100\%=\frac{毛利}{销售收入}\times100\% \tag{8-24}$$

销售毛利率表示销售收入扣除销售成本后，有多少钱可以用于各项期间费用和形成盈利。销售毛利率是物流企业销售净利率的最初基础，没有足够大的毛利率便不能盈利。

（4）成本费用利润率。

成本费用利润率是指税后利润净额与成本费用总额的比率。其计算公式为：

$$成本费用利润率=\frac{利润额}{成本费用额}\times100\% \tag{8-25}$$

它反映了物流企业付出与所得的关系。指标比率越高，说明物流企业为获得收益而付出的代价越小，物流企业的获利能力越强。

【案例分析 8-8】

财务指标的计算

某物流企业 2014 年度资产负债简表如表 8-10 所示：

表 8-10　**某物流企业资产负债简表**

资　　产	金额（万元）	负债与所有者权益	金额（万元）
现金	300	应付票据	250
应收账款	600	应付账款	550
存货	800	应付工资	100
待摊费用	300	长期借款	1000
固定资产净额	3000	实收资本	2500
		未分配利润	600
总计	5000	总计	5000

该公司 2014 年销售收入净额为 15000 万元，净利润为 1800 万元，要求计算：流动比

率、速动比率、负债率、产权比率；

分析：$流动比率=\frac{流动资产}{流动负债}=\frac{2000}{900}=2.22$

$速动比率=\frac{速动资产}{流动负债}=\frac{1200}{900}=1.33$

$资产负债率=\frac{负债总额}{资产总额}\times 100\%=\frac{1900}{5000}=38\%$

$产权比率=\frac{负债总额}{所有者权益}=\frac{1900}{3100}=61.3\%$

三、物流企业财务分析的基本方法

任何财务分析方法的选择都要根据分析的目的而定，物流企业财务分析的基本方法有三种。

1. 比率分析法

比率分析法是利用会计报表及有关财会资料中两项相关数值的比率，揭示物流企业财务状况和经营成果的一种分析方法。比率指标主要有三类，第一类为构成比率，用以计算某些经济指标的各个组成部分占总体的比重；第二类为效率比率，用以计算某项经济活动中所需与所得的比例；第三类为相关比率，用以计算具有相关关系指标的比率。

2. 比较分析法

比较分析法是通过某项财务指标与性质相同的指标评价标准进行对比，揭示物流企业财务状况和经营成果的一种分析方法。比较分析法有三种形式，一是实际指标与计划（定额）指标比较；二是本期指标与上期指标或历史最好水平比较，了解物流企业经营活动的发展趋势和管理工作的改进情况；三是本物流企业指标同国内外先进物流企业指标比较，可以找出与先进物流企业之间差距，推动本物流企业改善经营管理。

【小思考 8-6】

运用比较分析法进行分析时，有哪两种指标数值？

一是绝对数指标比较，说明数额差异，用于了解金额变动情况；二是相对数指标比较，说明百分率差异，用于了解变动程度。

3. 趋势分析法

趋势分析法是利用会计报表提供的数据资料，将各期实际指标与历史指标进行定基对比和环比，揭示物流企业财务状况和经营成果变化趋势的一种分析方法。趋势分析法的具体运用主要有三种形式：一是重要财务指标的比较；二是会计报表的比较；三是会计报表项目构成的比较。

【案例分析 8-9】

中远物流的财务精益化管理

中远物流财务管理工作，建立精益化财务管理的长效机制，充分发挥财务管理在公司经营和管理链条中的运营作用，初步建成了满足第三方物流业务和其他业务发展需要，适应境内境外双重监管体系要求的会计核算体系和财务管理体系。

（1）加强成本管理，强化预算控制：加强成本构成要素的分析控制；进一步强化预算的刚性控制机制；在条件成熟的重点物流项目中推进全面预算管理。

（2）统一制度规范，优化流程再造：规范全系统财务制度体系；以 SAP 上线为契机，对再造的流程进行实质检验；规范会计核算流程体系。

（3）结合 TMT 计划实施，持续推进精益管理：通过“TMT”计划的实施，对财务、商务以及具体业务人员进行了相关财务知识培训；针对物流业务专门制定 11 项财务制度；推进动态预算体系的建立，推行项目预算批复制。

分析：由于传统松散的财务运作，导致物流企业财务管理效率低下。中远物流通过采用预算控制、制度规范等推进财务精益管理，充分发挥了财务管理在物流企业经营中的重要作用。

【思考与练习】

• 基本训练

□知识题

一、阅读理解

1. 物流企业筹资渠道及筹资方式有哪几种？
2. 试比较普通股、债券筹资有哪些优缺点？
3. 什么是租赁筹资？租赁筹资有哪些类型？
4. 什么是物流企业的财务运作？它包括哪些内容？
5. 物流企业筹资决策应考虑哪些因素？
6. 物流企业财务分析与评价的依据是什么？
7. 物流企业财务分析与评价的指标有哪些？分别代表什么意义？

二、知识应用

1. 判断题

（1）其他企业资金主要是资金所有者通过资本公积金，盈余公积金和未分配利润等形式留在企业内部的资金，是所有者对企业追加投资的一种形式。（　）

（2）综合资本成本是以各种资本占全部资本的比重为权数，对各种来源的资本的成本进行加权平均计算，又称之为加权平均资本成本。（　）

（3）物流企业应将筹集到的资金尽快用于投资，以取得盈利，但任何投资都有不同程度的风险性，企业在投资时，不必认真分析影响投资决策的各种因素。（　）

（4）债券收益率是指债券的购买者在债券上的收益与他投入的本金之比。它主要受到债券利率、面值与实际价格的差额、还本期限等因素影响。（　）

（5）物流企业财务分析与评价按照分析的目的不同可以分为偿债能力分析与评价，获利能力分析与评价，营运能力分析与评价、发展趋势分析与评价和综合分析评价等。（　）

（6）速动资产流动性强、变现速度快，所以速动比率比流动资产更能精确地反映企业短期债务的偿还能力。（　）

2. 选择题

（1）负债资本又称（　），是企业依法筹集并依约使用，按期偿还的资金

A. 借入资金　B. 自有资本　C. 借出资金　D. 借入资金

（2）（　）主要是指银行及非银行金融机构之外的居民个人闲散资金

A. 国家财政资金　B. 银行贷款　C. 其他企业资金　D. 居民个人资金

（3）外国投资者及港、澳、台地区投资者投入的资金是（　）

A. 外商投资　B. 银行贷款　C. 国家财政资金　D. 居民个人资金

（4）按一定的利率，在一定的期限内，把货币资金提供给需要者的一种经营活动是（　）

A. 租赁筹资　B. 银行贷款　C. 发行股票　D. 吸引直接投资

（5）贴现的投资决策分析方法不包括（　）

A. 净现值法　B. 现值指数法　C. 内含报酬率法　D. 终值指数法

（6）（　）是指企业速动资产与流动负债的比率

A. 流动比率　B. 速动比率　C. 资产负债率　D. 产权比率

3. 多选题

（1）物流企业筹集资金总的要求是要分析评价影响筹资的各种因素，讲究筹资的综合效果，主要包括（　）

A. 确定资金需要量　B 控制资金投放时间表

C 选择资金来源渠道　D 确定合理资金结构

（2）权益资本又称自有资本，主要包括（　）

A. 资本公积金　B. 盈余公积金　C. 实收资本　D. 未分配利润

（3）物流企业筹资渠道主要包括（　）

A. 国家财政资金　B. 银行贷款　C. 其他企业资金　D. 居民个人资金

（4）物流企业筹资的方式有（　）

A. 吸引直接投资　B. 发行股票　C. 发行债券　D. 租赁筹资

（5）物流企业投资的方式分为（　）

A. 长期投资　B. 短期投资　C. 对内投资　D. 对外投资

□技能题

1. 某物流企业为筹集资金，计划发行债券 200 万元，票面利率 8%；优先股 200 万元，股利率 15%；普通股 100 万元，预计下一年的股利率为 20%，股利以每年 2% 的速度递增，筹资费用率为 5%。试计算此次筹资计划的加权平均资金成本（企业适用所得税税率为 33%）。

2. 某物流企业拟建设一家分公司，有三个投资方案可选择，设贴现率为 10%，有关

数据如下表所示：

年 份	A 方案		B 方案		C 方案	
	净收益	现金净流量	净收益	现金净流量	净收益	现金净流量
0		（20000）		（9000）		（12000）
1	1800	11800	（1800）	1200	600	4600
2	3240	13240	3000	6000	600	4600
3			3000	6000	600	4600
合　计	5040	5040	4200	4200	1800	1800

试计算净现值、净现值率、现值指数、内含报酬率，并分析方案的最优性。

3. 某物流企业需 1000 万元的投资额对固定资产投资，请提出筹集资金方案。

实训目的：对筹资方案进行论证并制定物流企业筹资计划书。

实训要求：利用筹资管理知识进行论证；计划书要目标明确、内容完整、理由充分、步骤严密、文字精练有条理。

4. 分析某物流企业的财务报表，计算存货周转率、应收账款周转率、流动资产周转率等指标并计算三年的变化趋势。撰写财务预测报告。

实训目的：通过了解物流企业的财务报表，加深对物流企业财务运作的认识。

实训要求：能够熟练运用财务评价指标、财务分析方法，报告阐述问题清楚，突出重点，结构合理，层次分明，条理清晰，逻辑性强。

• 案例分析

某物流公司的筹资方案的决策

某物流公司急需 1 亿元的资金用于某技术改造项目，为此，召开了由生产副总、财务副总、销售副总、某信托公司金融专家、某经济学教授、某大学财务学者组成的专家研讨会，讨论该公司筹资问题。

生产副总说：目前筹资的 1 亿元资金，主要是用于投资少、效益高的技术改进项目，这些项目在两件内均能完成建设并正式投产，到时将大大提高公司的生产能力和产品质量，估计这笔投资在改造投产的三年间可完全收回，所以应发行五年期的债券筹集资金。

财务副总说：公司自有资金比率为 40%，负债比率为 60%，这种负债比率在我国处于中等水平，如果利用债券筹集 1 亿元资金，负债比率将达到 64%，显然负债比率过高，财务风险太大，所以，不能利用债券筹资，只能靠发行普通股或优先股筹集资金。

金融专家认为：目前我国资本市场不够完善，投资者对股票投资还没有充分认识，再加上今年股市的“扩容”速度过快，因此，在目前条件下要发行 1 亿元普通股是很困难的，发行优先股还可以考虑，但根据目前的利率水平和生产情况，发行时股息不能低于

16.5%，否则无法发行。如果发行债券，因要定期付息还本，投资者的风险较小，估计以12%的利率便可顺利发行债券。

经济学教授认为：目前我国经济正处于改革开放的大好时期，在进行筹资和投资时应考虑这一因素，不能盲目上马，后果将不够理想。

销售副总认为：将来一段时期内销售量不成问题，这是因为公司这几年销售情况一直很好，业务涉及全国大部份省市，所以市场经营环境变化不会对公司业务造成很大的影响。

财务副总还认为：公司属于股份制企业，目前所得税税率为3‰，税后资金利润率为16%，若这项技术改造项目上马，由于采用了先进设备，投产后预计税后资金利润率将达到18%，所以技术改造项目应付诸实施。

财务学者认为：以16.3%的股息发行优先股不可行。因为发行优先股所花费的筹资费用较多，把筹资费用扣上以后，预计利用优先股筹集资金的资金成本将达到19%，这已高于公司税后资金利润率1%，所以不可行。但若发行债券，由于利息可在税前支付，实际成本在9%左右。他还认为，目前我国正处于通胀时期，利息率比较低，这时不宜发行较长时期的负担较高的利息或股息。所以应先向银行筹借1亿元的技术改造贷款，期限为一年，一年以后，再以较低的股息率发行优先股股票来替换技术改造贷款。

财务副总听了财务学者的分析后，也认为按16.5%发行优先股，的确会给公司带来沉重的财务负担，但也不同意财务学者后面的建议，他认为，在目前条件下向银行筹措1亿元技术改造贷款几乎不可能，另外，通货膨胀在近一年内不会消除，要想消除通货膨胀，利息率有所下降，至少需要两年时间。金融学家也同意财务副总的看法，他认为一年后利息率可能还要上升，两年后利息率才会保持稳定或有望下降。

资料来源：王化成：《财务管理教学案例》，北京：中国人民大学出版社，2001年，第148~149页。

问题：

1. 归纳一下这次筹资研讨会上提出哪几种筹资方案？
2. 对会上的几种筹资方案进行评价。
3. 你若在场的话，听了与会同志的发言后，应该如何作出决策？

- **综合实训**

实训项目：物流企业的筹资和投资决策

1. 实训目的

（1）了解物流企业筹资管理；

（2）了解物流企业投资管理；

（3）了解物流企业财务分析与评价方法和指标；

（4）掌握筹资和投资的决策方法；

（5）熟练应用财务三大报表，对物流企业财务状况进行分析。

2. 实训内容

（1）实地参观物流企业；

（2）熟悉物流企业的财务运作；

（3）对物流企业的财务管理进行分析，发现问题，并提出优化和改进方案。

（4）某物流企业需投资1000万元至1500万元的项目，请设计筹资方案，请尽可能涉及多种筹资方式，并利用筹资管理知识对筹资方案进行论证，以支持或不断修正方案，并完成物流企业筹资计划书，计划书字数在1000字左右，目标明确、内容完整，理由充分，步骤严密。

另外，因项目计划更改，该物流企业将所筹集的部分资金用于该项目，另还剩余300万元的资金闲置，请为这300万元的闲置资金设计投资方案，并论证方案的可行性。

3. 实训要求

（1）以五到六人为一组，进行合理分工，每人应有明确任务；

（2）认真考察物流企业，熟悉其财务管理的制度、方法和手段；

（3）根据所学知识，对物流企业的财务运作现状进行分析；

（4）撰写实践报告；

（5）实践报告完成后设课堂讨论课，相互交流实训经验。

4. 注意事项

（1）要注意组内的分工协作；

（2）虚心向企业工作人员学习求教；

（3）在企业期间遵守各项规章制度，注意劳动安全。

第九章　物流企业服务质量管理

☞学习目标：

- 知识目标

◎了解质量的概念和质量管理的含义特点；
◎掌握物流质量及物流质量管理的内容；
◎了解 PDCA 的工作方法；
◎熟练掌握物流质量指标体系的建立使用；
◎能运用常用的物流质量管理统计工具解决现实问题；
◎了解 ISO9000：2000 的标准构成；
◎了解物流企业推行 ISO9002 标准的基本方法和途径；
◎了解物流企业质量管理体系的建立和运行。

- 技能目标

◎应用质量管理统计工具，PDCA 工作方法设计改进物流企业质量管理方案；
◎应用所学理论在物流企业推行质量认证。

【引例】

某物流仓储公司个性化物流服务质量

W 物流仓储公司是江苏一家中型的物流企业，成立于 2000 年，注册资金 2000 万元，总部在南京。该公司拥有自动化仓库一座，仓储面积达到 10000 平方米，拥有一万多个货位，库内有 24 小时监测的红外系统和自动报警喷淋装置等安全设施；拥有车辆 52 辆，社会加盟车辆 300 余辆，与某软件企业合作开发了物流信息管理系统，包括入库管理、出库管理、网上查询和网下任务下达等功能。

公司以“最优秀的物流服务商”为目标，主要提供专业仓储、分拣配送、公路运输、供应链管理、信息处理等现代物流整合一对一个性化解决方案和精心、专心、贴心、省心、安心的五心服务。随着市场的激烈竞争，W 公司不再满足现有的发展状况，公司需要拓展市场、改善服务朝综合性物流服务提供商方向发展。公司扩展壮大也因此带来服务质量问题，造成老客户流失，新客户抱怨。从公司发展的现有状况看个性化服务质量存在如下问题：

1. 对部分小客户不够重视。如 W 公司为节约运输成本，将一客户的货物与另一客户的货物拼装，导致一位客户货物未能按时送达。

2. 由于客户增多，库位需求量增大，货物种类增多，简单的货物分类管理不能满足现实要求，仓库内货物信息更新不及时、不准确。

3. 在配送方面，出现配送数量差异、品类差异、时间差异等情况有渐多趋势，客户投诉报怨增多。公司可用车辆少，只有公路运输，没有与其他公司合作或开展新运输方式。

4. 引导的先进技术设备工具等，物流人员不会操作或操作不熟练，造成物流作业水平的效率偏低、成本偏高。

5. 没有一套完整的服务质量评价标准和售后服务系统，不了解服务因素对服务质量的影响，服务质量的细节无标准可参考。未能根据市场情况对物流服务质量进行改进和调整。

该案例表明：物流企业的个性化服务可以根据客户的各种需求结合物流企业自身的资源特点提供特色服务、灵活服务、细节服务和特殊服务等。只有提高个性化服务的质量才能赢得更大的市场空间。我国物流企业的个性化服务处于发展初期，存在个性化服务项目少、服务质量差、服务质量评价不完整等问题，这些问题阻碍了物流个性化服务质量的提高。如何提高物流企业的个性化服务质量，是目前物流企业的难题之一。

第一节　物流企业质量管理概述

质量管理是为适应时代的要求而不断变化的产物。随着物流企业所处环境条件的变化，质量管理的内容也发生了很大变化，质量管理活动的范围从处理索赔扩大到检查业务、改进工序、保证质量等。物流企业在物流服务各阶段，其服务质量的好坏，决定着物流企业能否在激烈的市场竞争中生存和发展，故物流企业必须要实施质量管理。

一、物流企业质量及质量管理

1. 质量及物流质量

（1）质量。

质量是一组固有特性满足要求的程度，质量的含义有以下四点：

第一，质量不仅是指产品质量，也可以指某项活动或过程的工作质量，还可以是质量管理体系运行的质量。

第二，固有特性是产品、过程和体系的一部分，与产品本身不可分割，如运输速度、仓库的库容量等，而如产品的价格不是产品的固有特性，是人赋予的特性。

第三，质量最主要反映的是满足顾客要求的程度，而不是反映为特性总和，因为顾客要求的满足程度才是反映质量好坏的重要标准。

第四，质量的相对性，质量标准和质量要求因环境、地区、国家、消费者、时间等的不同而有差异和变化，因此产品应不断适应这种变化的要求。

（2）物流质量。

物流质量是物流活动本身固有的特性满足物流客户和其他相关要求的保障。物流质量是物流企业服务管理的核心内容，物流质量的好坏直接关系到物流整体的绩效水平。物流质量通常包括以下几个方面：

①物流对象的质量。

物流对象是具有一定质量的实体，具有合乎要求的等级、尺寸、规格、性质、外观等质量特性。这些质量是在生产过程中形成的，物流过程在于转移和保护这些质量，最终实现对用户的质量保证。因此，对用户的质量保证既依赖于生产，又依赖于流通。现代物流过程不单是消极地保护和转移物流对象，还可以采用流通加工等手段改善和提高商品的质量。由此，物流过程在一定程度上说就是商品质量的“形成过程”。

②物流工作质量。

物流工作质量是物流各环节、各工种、各岗位的具体工作质量。为实现总的服务质量，要确定具体的工作要求，以质量指标形式确定下来则为工作质量目标，这是将物流服务总质量目标分解成各个工作岗位可以具体实现的质量，是提高服务质量所做的技术、管理、操作等方面的努力。因此，需强化现代物流管理，建立科学合理的管理制度，充分调动员工积极性，不断提高物流工作质量。

③物流工程质量。

物流工程质量是指物流系统运作中支撑物流活动的要素的系统性质量，由人员、设备、材料、方法、测量器具和环境等共同决定，包括人员素质、体制因素、设备性能、工艺方法、计量与测试和环境等因素的稳定性。

优良的物流质量是在整个物流过程中形成的。要想能事前控制物流质量，必须对影响物流质量的诸因素进行有效控制。提高工程质量是进行物流质量管理的基础工作，提高工程质量，就能做到“预防为主”的质量管理。

很明显，工程设施的水平和质量．可以从根本上决定物流的水平和质量。例如采用大型集装箱联运系统之后，就基本杜绝了物流过程中单件货物的丢失。

④物流服务质量。

物流具有很强的服务性质，整个物流的质量目标就是其服务质量。而物流服务质量因不同顾客而要求各异，因而必须了解和掌握客户对物流服务的要求。其主要包括：商品质量的保持程度；流通加工对商品质量的提高程度；批量及数量的满足程度；配送额度、间隔期及交货期的保证程度；配送、运输方式的满足程度；成本水平及物流费用的满足程度；相关服务的满足程度。

物流服务质量或者物流客户质量与商品质量保证和改善一起，作为顾客直接感受到的服务质量，会对顾客评价物流质量产生决定性影响。

【小思考 9-1】

物流工作质量与物流服务质量的关系是怎样的？

物流工作质量和物流服务质量是两个关联但又不太相同的概念。物流服务质量水平取决于各个工作质量的总和，工作质量是物流服务质量的保证和基础。不断提高物流工作质量，物流服务质量也会有一定程度的保证。

【知识链接 9-1】

物流服务质量特征

物流服务质量是顾客感知的对象，例如，顾客在接受货物位移时，所感知的是物流服务；物流服务质量发生在物流服务生产和交易过程中，其特征具体表现在以下几个方面：

（1）从属性。由于客户企业的物流需求是以商流为基础，伴随商流而发生，因此，物流服务必须从属于客户企业物流系统，表现在流通货物的种类、流通时间、流通方式、提货配送方式都是由客户选择决定，物流企业只是按照货主的需求，提供相应的物流服务。

（2）即时性。物流服务是属于非物质形态的劳动，它生产的不是有形的产品，而是一种伴随销售和消费同时发生的即时服务。

（3）移动性和分散性。物流服务是以分布广泛、大多数是不固定的客户为对象，所以，具有移动性以及面广、分散的特性，它的移动性和分散性会使产业局部的供需不平衡，也会给经营管理带来一定的难度。

（4）需求波动性。由于物流服务是以数量多而又不固定的顾客为对象，它们的需求在方式上和数量上是多变的，有较强的波动性，为此容易造成供需失衡，成为在经营上劳动效率低、费用高的重要原因。

（5）可替代性。物流服务的可替代性主要表现在两个方面：一是站在物流活动承担主体的角度看，产生于工商企业生产经营的物流需求，既可以由工商企业自身采用自营运输、自营保管等自营物流的形式来完成，也可以委托给专业的物流服务供应商，即采用社会化物流的方式来完成。二是站在物流企业提供的服务品种看，由于存在着公路、铁路、船舶、航空等多种运输方式，顾客可以在对服务的成本和质量等各种相关因素权衡之后，自主选择运输形式。因此，不同运输手段便会产生竞争，物流企业的竞争不仅来自同行业内的不同企业，还来自不同行业的其他企业。

（3）物流质量衡量。

如何衡量物流质量是物流企业管理的重点。物流质量的保证首先建立在准确有效的质量衡量上。大致说来，物流质量主要从以下三个方面来衡量：

①物流时间。

时间价值在现代社会竞争中越来越凸现出来，谁能保证时间的准确性，谁就能获得客户。由于物流的重要目标是保证商品送交及时，因此时间成为衡量物流质量的重要因素。

②物流成本。

物流成本的降低是物流企业获得利润的源泉。如果从物流业总体费用考虑，有关资料显示，物流费用占商品总成本的比例，从账面反映已超过 40%。由此可见，物流成本的降低也是节约社会资源的有效途径。

③物流效率。

物流质量直接影响了物流效率，物流是一项系统工程，物流对象、物流工作、物流工程和物流服务等质量都在作用于物流效率。如物流对象质量，关系到物流包装、装卸及配送等物流功能活动，也就影响到物流效率的提高。

对物流企业而言，物流效率是指物流系统能否在一定的服务水平上满足客户的要求，也是指物流系统的整体构建。对于社会来说，衡量物流效率是一件复杂的事情。因为社会经济活动中的物流过程非常复杂，物流活动内容和形式不同，必须采用不同的方法去分析物流效率。我们一般用物流相关行业的成本费用总和与 GDP 的比值来评价物流总体效率。

（4）物流企业物流质量评价指标体系。

物流质量管理关键就是对物流运作系统的考核，物流质量管理的不同环节，有不同的标准与考核指标，对于运输环节，可以从正点运输率、装载率和运力利用率等指标来考核。发展物流质量的指标体系对于控制和管理物流系统来说至关重要。

一般说来，物流服务目标质量指标包括物流工作质量指标和物流工程质量指标两个系列，以这两个指标为纲，在各个工作环节和各系统中又可以制定一系列“分目标”的质量指标，从而形成一个质量指标体系，如图 9-1 所示。具体质量指标计算如表 9-1 所示。

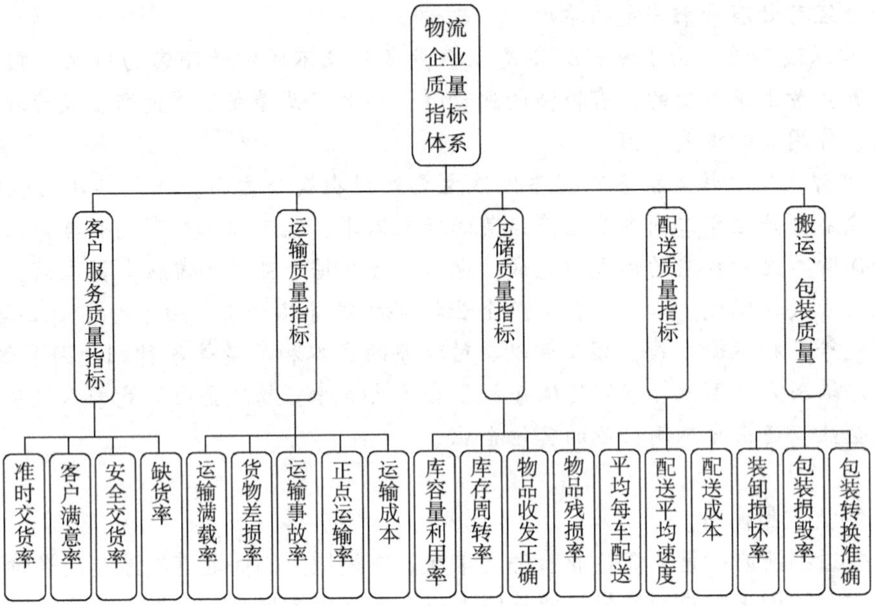

图 9-1　物流企业质量指标体系

表 9-1　**物流质量评价指标体系**

指标体系	主要指标
服务水平指标	服务比率 $=\dfrac{\text{满足要求次数}}{\text{用户要求次数}}\times100\%$
	缺货率 $=\dfrac{\text{缺货次数}}{\text{用户要求次数}}\times100\%$
满足程度指标	满足程度比率 $=\dfrac{\text{满足客户数量}}{\text{用户要求数量}}\times100\%$

续表

指标体系	主要指标
交货水平指标	$交货比率=\frac{按期交货次数}{总交货次数}\times 100\%$
交货期质量指标即交货及时性	交货及时指标=规定交货期-实际交货期
商品完好率指标	$商品完好率=\frac{交货时完好的商品}{物流商品总量}\times 100\%$
物流费用指标	$物流费用率=\frac{物流费用}{物流总量}\times 100\%$

2. 物流企业的质量管理

（1）质量管理。

质量管理是指在保证和提升质量方面的计划、组织、指挥和控制活动，如制定质量方针和质量目标，进行质量策划、质量控制、质量保证、质量改进工作等（见表 9-2）。

【知识链接 9-2】

表 9-2　**质量管理过程**

质量策划	质量控制	质量改进
1. 设定质量目标 2. 辨识顾客是谁 3. 确定顾客需要 4. 开发应对顾客需要的产品特征 5. 开发能够提供这种产品特征的过程 6. 建立过程控制措施，将计划转入实施阶段	1. 评价组织和过程的实际绩效 2. 将实际绩效与质量目标对比，发现偏差 3. 采取纠正措施，消除产品偏差的原因	1. 出改进的必要性 2. 做好改进的基础工作 3. 确定改进项目 4. 建立项目改进小组 5. 为小组提供资源、培训和激励，以便分析原因、设计纠正措施 6. 实施控制措施以巩固成果

【案例分析 9-1】

联邦快递：全天候的质量管理

世界级的夜间运输公司——联邦快递，每天运送超过 530 万件的包裹。为了完成任务，联邦快递必须动用 218000 名员工、69000 辆车和 652 架飞机全天候地工作。

对联邦快递而言，完成任务意味着眼睛盯着顾客期望的全天候质量管理。公司的目标很简单：100%顾客满意、100%准时交货，获得在世界各个位置运送货物的 100%准确信息。公司达成这些目标的一项利器是对质量管理的全面承诺。

联邦快递的质量管理涵盖了公司的所有作业，而且联邦快递执行一系列独立的战略，以支持其质量努力。通过质量行动团队设计工作流程以支持新产品和服务的提供，并建立了一组服务质量指标来确定顾客感知的主要范围。通过对这些指标的有效追踪，公司发行有关顾客满意目标达成情况的每周总结，且有一个服务质量指标团队针对这些指标所揭示的问题进行改进。联邦快递还有一些确保全面质量的特殊战略战术，例如，每晚公司都安排一架空飞机由俄勒冈的波特兰飞往孟菲斯，路线非常靠近联邦快递的几个机场，任何一架联邦快递的正常班机出现机械故障，空飞机可随时降落获取公司运送的包裹。

除了重视外部顾客之外，联邦快递也强化内部顾客与员工的结合。为了加强该意识，公司要求所有员工在与其他同事接触时，问自己如下的三个问题：你需要我为你做什么？你如何利用我所做的？我所做的与你所需要的之间有差距吗？

公司也为员工提供了许多东西，采用了“人-服务-利润”哲学。它认为，当人被放在第一位时，服务和利润就会随之而来。员工表彰在公司追求质量的过程中同样扮演着重要角色。每一季度联邦快递各部门都会评选部门的最佳质量成功案例，并参加全公司范围的竞争。参赛选手在公司的执行总裁、执行副总裁和其他高层管理者面前陈述其成功案例。参加决赛的团队中的每一位成员可获得一枚金质别针，在公司内部的电视网上与大家见面。

联邦快递的质量努力得到了回报，其准时交货水平已达到99.7%。公司获得了许多奖项。联邦快递CEO说：“得奖仅仅是对我们实践的认可。”显然，联邦快递仍会一如既往，全天候地继续它对质量改进的追求。

资料来源：http：//www.docin.com/p-114384526.html.

分析：质量管理一直以来是企业关注和重视的问题，创造了许多行之有效的管理方法。但是，质量管理是无止境的发展过程，需要企业在经营活动中不断追求，联邦快递公司在质量管理的方法和经验值得我们学习：第一，质量管理是日常管理工作，需要关注小地方，认真对待每一个问题，坚持不断改进。第二，质量管理需要不断更新观念和方法。面对企业市场环境变化，企业质量管理应有新的改变，才能实现企业质量管理目标。第三，协调企业内部各部门、各环节、各种资源要素之间的关系，形成企业高效有序的质量管理运行机制，协调企业外部的相关关系，为企业质量管理创造良好的发展环境。

（2）物流企业质量管理的含义、内容及特征。

物流企业质量管理（Logistics Quality Management）就是依据物流系统运动的客观规律，为了满足物流客户的服务需要，通过制定科学合理的基本标准，运用经济办法开展的策划、组织、计划、实施、检查和监督、审核等所有管理活动的总和。

物流企业质量管理内容主要包括质量保证和质量控制两个方面的内容。

质量保证是物流企业对用户来说的，就是要对用户实行质量保证。包括物流活动本身的质量管理、物流服务质量保证、物流工作质量保证和物流工程质量保证。其中，物流活动本身的质量管理，就是运输、保管、装卸、搬运、包装、流通加工、配送以及信息等各物流环节的质量管理。

【小思考 9-2】

质量保证是否等同于“保证质量”？

质量保证的内涵已不是单纯地为了保证质量，它不同于“保证质量”。保证质量是质量控制的任务，而“质量保证”则是以保证质量为基础，进一步引申出提供“信任”这一基本目的。

【案例分析 9-2】

中邮物流公司的质量服务保障体系的建立

为了保障物流项目的正常运作，中邮物流公司从几个方面拟定质量保障措施：

（1）服务质量承诺：配送准时率 95%；物品完好率 99.7%；配送签收信息反馈率 95%；客户满意率 98 % 。

（2）常规安全保障：①发货安全保障：中邮物流提供代包装服务，除此之外，丰富的内部作业组织管理经验和能力，以及对作业全过程的有效监控，使汽车配件的发货安全得到充分保障。②运输安全保障：中邮物流车型种类齐全，备有 3～20t 的各种汽车，火车邮箱内有专人负责看护，使货物在防雨、防水、防盗等安全方面得以保证。③人员保障：中邮物流拥有经验丰富的司机队伍，固定的运输线路、严格的运输载货标准，总结整理出一套切实可行的规章管理制度，多年的长途运输经验是中邮物流无重大交通事故的根本保障。④中邮物流可以为公司备件运输提供代办运输全程险服务。

（3）应急保障服务。应急保障体系为：①全天候服务：24 小时（包括节假日）；②待命服务；③某项目应急措施——邮政全网协作。

资料来源：www. baoku168. com.

分析：该案例说明了建立物流服务质量保障体系不仅可充分运用物流质量指标体系，而且也可以从物流对象、物流工程、物流工作、物流服务四个方面着手启用具体的保障体系。

质量控制是对物流企业内部来说的，是为保证某一工作、过程和服务的质量所采取的作业技术标准和有关活动。质量控制是测量实际的质量结果与标准进行对比，对某些差异采取措施的调节管理过程，它是质量保证的基础，质量控制的对象是物流诸功能的实施与管理活动。

物流企业质量管理具有系统性、全员参与性、目的性、科学性、综合性等特征。质量管理是一项系统工程，一个科学的质量目标应该是物流企业各个部门及人员的共同努力的方向。物流企业的业务涉及面广、环节众多、资源和人力的投入大，要加强质量管理就要求整个企业的各个环节、各种资源以及业务流程相互配合与协调。员工是物流管理活动的主体，也是物流管理活动的客体。物流企业、物流项目甚至是物流任务都必须通过组织内各职能、各层次人员参与实现和实施。顾客是物流企业服务的对象，也是物流企业得以生存的基础。质量管理以满足顾客需求为目标。质量目标的制订是一个科学的过程，应以基础数据为依据，以先进的管理理念为指导，以科学的技术为手段。影响物流质量的因素是复杂的、多变的。物流企业质量管理内容不仅包括物流对象本身的管理，还包括相关的工作质量、工程质量和服务质量。

二、物流企业全面质量管理

1. 全面质量管理的概念

全面质量管理（Total Quality Management，TQM），是指以质量为中心，建立在全员参与基础上的一种管理方法，其目的在于通过让顾客满意和本组织所有成员及社会受益而达到长期成功。物流企业全面质量管理是新时期对物流服务质量管理的要求，也是"全面质量管理"的理论和方法在物流活动中的运用，即将组织管理、专业技术和统计方法结合起来，建立一整套质量管理工作体系，对物流业务的质量进行全方位、全员及全过程的管理。

全面质量管理的特点是"三全"和"一多样"，即全面的质量管理、全过程的管理、全员参与的管理和质量管理方法多样化。

2. 全面质量管理的基本方法—PDCA 循环

（1）PDCA 循环的内容。

质量管理的基本工作方法是按计划、实施、检查、处理四个阶段不断循环运转。由于计划、实施、检查、处理的第一个字母分别是 P、D、C、A，故称 PDCA 循环，如图 9-2 所示。它是由美国质量管理专家戴明首先提出来的，故称戴明循环。它是物流企业质量保证体系运转的基本方式。

图 9-2　PDCA 循环

质量管理工作循环的内容有四个程序和八个步骤：

①计划阶段。

经过分析研究，确定质量管理目标、项目和拟定相应的措施。其工作内容可分为四个步骤：

第一个步骤：分析现状、找出存在的问题，确定目标；

第二个步骤：分析影响质量问题的各种原因；

第三个步骤：从影响质量的原因中找出主要原因；

第四个步骤：针对影响质量的主要原因，拟定措施计划。

②执行阶段。

根据预定目标和措施计划，落实执行部门和负责人，组织计划的实现。

第五个步骤：执行措施，实施计划。

③检查阶段。

检查计划实施结果，衡量和考察取得的效果，找出问题。

第六个步骤：检查效果，发现问题。

④处理阶段。

总结成功的经验和失败的教训，并纳入有关标准、制度和规定，巩固成绩，防止问题重新出现，同时，将本循环中遗留的问题提出来，以便转入下一个循环。

其工作步骤是：

第七个步骤：总结经验，把成功的经验肯定下来，纳入标准；

第八个步骤：把没有解决的遗留问题，转入下一个阶段。

PDCA 管理工作循环就是按照以上四个程序和八个步骤，周而复始地运转。

（2）PDCA 循环的特点。

质量保证体系按照管理循环运转时，一般有下列特点：

①整个物流企业质量目标计划和实施的过程是一个大的 PDCA 循环，各个车间、科室、班组甚至个人也要根据物流企业总的方针和目标，制订自己的工作目标和实施计划，并进行相应的 PDCA 循环。这样就形成了大环套小环的综合管理体系。上一级 PDCA 循环是下一级 PDCA 循环的依据，下一级 PDCA 循环是上一级 PDCA 循环的贯彻落实和具体化。因此，物流企业的大循环是靠内部各个环节的小循环来保证的，小循环又是由大循环来带动的。通过各级 PDCA 循环的不停转动，把物流企业各个环节、各项工作有机地组织在一个统一的体系中，保证总的质量方针目标的实现。如图 9-3 所示。

②管理循环每转一周就提高一步。管理循环如同爬扶梯一样，逐级升高，不停地转动，质量问题不断得到解决，管理水平、工作质量和产品质量就能达到新的水平。如图 9-4 所示。

③关键在于“处理”这个阶段。“处理”就是总结经验，肯定成绩，纠正错误，以利完善。为了做到这一点，必须加以“制度化”、“标准化”、“程序化”以便在下一循环进一步巩固成绩，避免重犯错误，同时也为快速地解决问题奠定了基础。

（3）PDCA 方法在物流企业中的应用。

某物流企业为了改变运输行车事故多的被动局面，围绕运输行车安全问题，开展了多次 PDCA 循环，一次循环上一个台阶，五年内将事故发生率降低到 5%。

该物流企业以“加强管理，提高运输行车安全的可靠性”为内容，开展第一次 PDCA 循环。总结了一年四季，风、雪、雨天各种情况下，运输途中各类人员特点，有针对性地

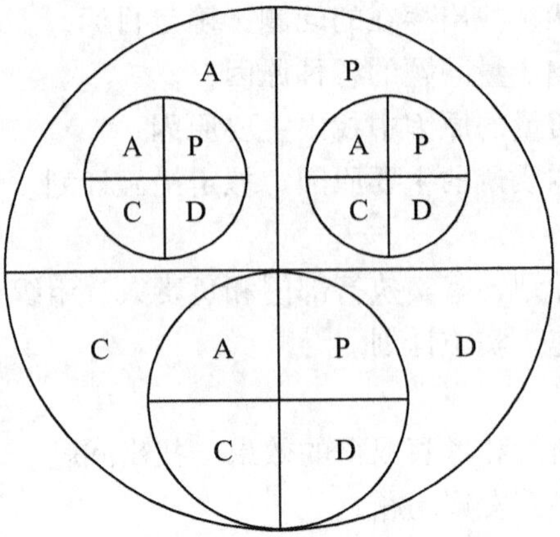

图 9-3 大环套小环

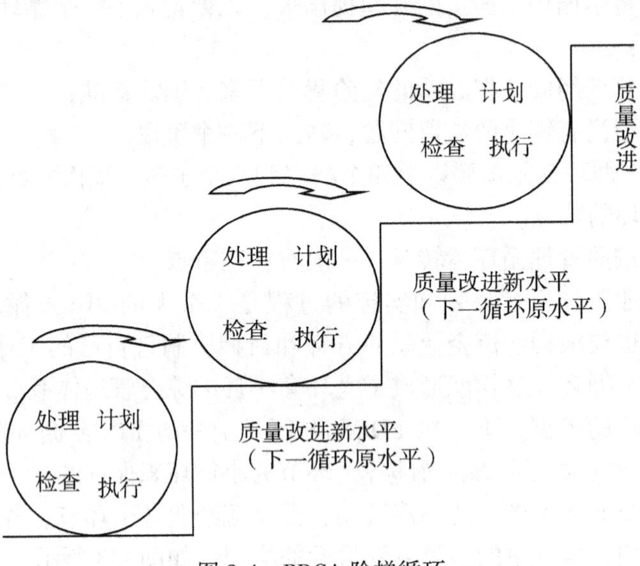

图 9-4 PDCA 阶梯循环

制定不同的行车安全措施。同时，认真抓好对驾驶员的安全教育，加强作业现场管理，增设车辆检查站，制定“安全运输系统控制流程图”，以运输标准化控制驾驶员安全运输，使循环期间物流公司无成灾事故。

此后，实行新交通规定违章记分，物流公司又招聘了新驾驶员，车队违章记分状况时有发生，针对新的问题，先后以“减少违章记分”，加强对新驾驶员的控制，保证安全运输行车为题，又开展了 PDCA 循环，及时制止了违章，控制了隐患，消除了成灾事故。

随着社会经济的发展，物流公司又实行综合评分计件奖，部分驾驶员摆不正安全与奖金的关系，违章和事故隐患又有抬头。该物流公司又以“掌握驾驶员心理，使安全行车达到预控”为题开展又一次 PDCA 循环，查出造成隐患的四个方面大小原因十多条，其中盲目追求奖金和带思想负担上车是造成事故隐患的主要原因，并针对这些原因采取对策，解除了驾驶员上车的后顾之忧，保证了安全运输。

随着物流企业改革进一步深化，驾驶员考核办法由综合记分奖改为单车承包责任制，新的变化，使运输行车工作又受到新的考验，因此，物流企业从全面提高驾驶员队伍素质入手，以研究运输安全行车规律为题，开展 PDCA 循环。几年期间，物流公司针对各个时期不同运输行车特点和存在的问题，在几次 PDCA 循环中，工作越做越细，效果越来越好，几年以来，未发生重大人身、设备事故，整个物流公司运输安全行车基本上达到了预控。

【案例分析 9-3】

JC PENNEY 公司质量管理创新

一、配送中心的基本情况

JC PENNEY 公司位于俄亥俄州哥伦布的配送中心，每年要处理 900 万种订货或每天 25000 笔订货。该中心为 264 家地区零售店装运货物，无论是零售商还是消费者的家，该配送中心都能做到 48 小时之内把货物送到所需的地点。哥伦布的配送中心有 200 万平方米设施，雇用了 1300 名全日制员工，旺季时有 500 名兼职雇员。JC 公司接着在其位于密苏里州的堪萨斯城、内华达州的雷诺以及康涅狄格州的曼彻斯特的其他三个配送中心成功实施了质量创新活动，能够连续 24 小时为全国 90%的地区提供服务。

二、质量管理创新

JC 公司感到真正的竞争优势在于优质的服务，管理部门认为，这种服务的优势应归功于 20 世纪 80 年代中期该公司所采取的三项创新活动：即质量循环、精确至上以及激光技术。

（一）质量循环：小改革解决大问题

JC 公司首先起动了质量循环活动，以期维持和改善服务水准。管理部门担心，质量服务的想法会导致管理人员企业简单地花点钱来“解决问题”。然而，代之这些担心的是经慎重考虑后提出的一些小改革，解决了工作场所中存在的一些主要问题，其中包括工人们建议创建的中央工具库，用以提高工作效率和工具的可获得性。

（二）精确至上：不断消除物流过程的浪费

精确至上的创新活动旨在通过排除收取、提取和装运活动中存在的缺陷，以提高服务的精确性。因此，提供精确的顾客信息和完成订货承诺被视为头等大事。显然，在该层次上讲求服务的精确性，意味着该公司随时可以说出来某个产品项目是否有现货，并且当有电话订货时，便可告知对方何时送货上门。该公司需要提高的另一个精确性与在卖主处提取产品有关。为了确保产品在质量和数量上的正确，JC 公司针对每次装运中的某个项目，进行质量控制和实际点数检查。如果存在着差异，将对订货进行 100%的检查。与此同时将对 2.5%的装运进行审计。订货承诺的完成需要把主要精力放在提高精确性上。为此该公司开始利用计算机系统进行协调，把订购商品转移到“转送提取”区域，以减少订货提取者的步行时间。

（三）激光扫描技术：用科技改进质量管理

第三项质量管理创新活动是应用激光扫描技术，以 99.9%的精确性来跟踪 230000 个存货单位的存货。JC 公司最初的密尔沃基的配送中心是用手工来处理各种产品项目的储存和跟踪的，接着便开始用计算机键盘操作代替手工操作，这一举动使产品项目的精确性接近了80%。而扫描技术则被看作是既提高记录精度，又提高记录速度的手段。但是，刚开始启动扫描技术时的结果并不理想，因为一系列的扫描过程需要精确的读取每一个包装盒子上的信息。然而，在某些情况下，往往需要扫描四次才获得一次读取信息。看来，JC公司需要一种系统，能够按每秒三次的速度，从任何角度读取各种包装尺寸的产品信息。于是，公司内部的系统支持小组优化了硬件和软件来满足这一目的。其结果是，该配送中心的四个扫描站耗资12000美元，削减了每个扫描站所需的16个键盘操作人员。

三、质量管理创新需要协调员工与技术的关系

JC公司需要要引进扫描技术的同时，还要保持其既得利益和改进结果。然而，该公司在埋单上的选择却是完美的。因为公司在大举扩展的同时将需要增加雇员。于是，该公司便告诉其雇员，技术进步将不会导致裁员。

资料来源：http：//wenku. baidu. com/view/f9a44f0d763231126edb116a. html.

分析：根据该案例，我们会得到以下几点启示：

1. 更新质量管理观念：让质量的小改革循环起来。提高管理水平是一个渐进的过程，是从小变到大变，从量变到质变的过程，该公司明确了重点，进行一系列小的质量改进工作，积少成多，积小成大，终于解决了主要问题。而且，这是效率高、成本低的质量管理改进方法。

2. 在过程中改善质量：追求精确至上的质量管理流程。把物流服务的精确性与物流运作的精确性结果起来，有机地融合到质量管理过程中，不断消除物流过程中的浪费与缺陷，不断优化物流过程的程序和运作方法，不断提升服务质量标准，追求质量是不断发展的。

3. 创新质量管理方法：应用现代技术增强质量管理能力。质量标准是不断发展的，质量管理同样需要发展，只有运用现代高新技术才能够有效地促进企业质量管理发展。

4. 协调企业人机矛盾：该质量管理过程反映了人机的矛盾情况，也借助企业发展的机遇比较好地解决了。

资料来源：http：//www. docin. com/p-453996962. html.

第二节　物流企业质量管理基本工具及技术介绍

一、质量分析与控制方法

在一些物流企业中总有一部分人，当工作中出了问题时，不是想办法解决问题，而是找借口推卸责任。我们经常听到这样的话："我这道工序难度大，而且老出问题，不是出错率高就是损失大，这对我太不公平了。""我已经尽力了，质量仍不过关，我有什么办法。""我们以前都这么做了，出了问题与我无关。"

企业要提高产品质量，就要清楚出现这些问题的原因是什么。往往有些问题不是一下子就能看出来，往往要根据生产数据、应用统计方法进行分析与控制。质量管理中应用的数理统计方法很多，有的涉及较深的数学理论和较难的运算方法，需要有专门训练的人才能熟练掌握。但对常用的方法，如果能熟练地加以运用，质量管理中的大部分问题可以得到解决。在物流企业质量管理中，这些常用的数据统计工具有统计分析表、分层法、排列

图、因果图、直方图、散布图和控制图等。

质量数据是质量管理的基础。在生产过程中，一切与产品质量有关的数据可以帮助我们了解产品的质量特性，认识产品质量内在规律，以便发现问题，分析原因，并采取相应的措施，解决问题，为保证产品质量提高提供依据。因此正确收集数据，并加以科学地整理和分析，是质量管理中不可缺少的重要环节。

1. 质量差异

生产实践表明，在同样的生产技术条件下，不同的工人所生产出来的产品都不可能绝对相同，其产品质量上总是存在差异，甚至同一个工人生产出来的两件以上的产品，在质量上总是不完全一样的。产品的各道工序波动误差就集中表现为产品的误差，这种误差就称为质量差异或质量波动。质量差异是客观存在的，只要是在规定的幅度范围以内，这种差异是允许的。如服装规格尺寸的正负公差就是承认质量的差异。影响产品质量的主要因素即质量因素有：原料（Material）、设备（Machine）、操作（Manipulate）方法、工艺（Method）、检测（Measurement）以及环境，主要指湿度和温度（Moisure and temperture），简称六 M 因素。使产品质量产生波动的有正常原因和异常原因。

（1）正常原因。又称为随机因素。这种因素的影响在大规模生产过程中不可能完全避免，一般允许在一定限度内存在，而且看作是正常的。例如原料质量的微小变化，温度湿度的波动等。如果把这些原因找出来，不但经济上不划算，而且事实上也不可能。因此，产品质量永远只能控制在一定的范围内，而不是一个点上。

（2）异常原因。又称为可控因素。由于这种原因可以使产品的某些质量特性发生比较突出的变化，这种变化一旦发生就不会自行消失。例如纺纱设备的罗拉弯曲、齿轮磨损、针布倒齿等。这些原因从技术角度看是可以消除和避免的，当产品质量出现差异较大时，必须找出原因并予以克服。

2. 质量数据的种类

（1）计量值数据。可以连续取值的数据叫计量值数据，所谓能连续取值是使用计量工具可以测出小数点，如 1. 1、1. 2、1. 12、1. 112 等。容量、时间、温度、使用寿命、强度、化学成分、强力等都是可以连续取值的，都是计量值。

（2）计数值数据。不能连续取值的数据叫做计数值数据。这类数据用计量工具测量只能得出整数，不能得到分数或小数。如车辆数、机器数、正点班次等，这类数据只能用不连续的，或者说是离散的形式来表示。因此，计数值数据的特点是不连续的整数。

3. 质量数据的来源及收集数据的目的

质量数据主要来自各道检验、测试环节和质量检验的原始记录，及入库单、废品单、翻修单、日产记录、投料单据等，这是质量管理的基础工作。收集质量数据的目的多种多样，概括起来，主要有以下几种：为掌握现状；为分析问题；为检查工作；为确定所要控制的主要因素；为判断服务质量等。

二、物流企业质量管理统计工具的应用

1. 排列图法

排列图又叫帕累托图，帕累托是意大利经济学家，有关收入分布的帕累托法则的首创

者。这一法则揭示了“关键的少数和次要的多数”的规律。这一法则后被广泛应用于各个领域，并被称为ABC分析法。美国质量管理专家把这一法则引入质量管理领域，成为寻找影响产品质量主要因素的一种有效工具。

排列图由两条纵坐标、一条横坐标、几个矩形和一条曲线组成。左纵坐标表示频数（件数、金额），右纵坐标表示频率（累计百分数），横坐标表示影响质量的各因素或项目，并按影响程度的大小从左到右排列。用直方形的高度表示各因素频数的大小，曲线表示各影响因素大小的累计百分数。通常将影响因素分为三类：A类，累计频率在0~80%之间，是主要影响因素；B类，80%~90%，次要因素；C类，90%~100%，一般因素。

【案例分析9-4】

某物流企业关于客户投诉原因的排列图分析

某物流企业在进行质量管理时，依据一定时间内的客户投诉原因时行统计。服务态度恶劣被投诉38次，送货延迟被投诉25次，有货损货差被投诉13次，服务种类过少，被投诉6次，其他原因被投诉3次，试分析其可能采取的改进措施。

第一：排列各种影响因素，计算其比率和累计比率，如表9-3所示。

表9-3　**某物流企业客户投诉原因统计表**

因素	投诉原因	投诉次数	投诉比率	累计比率
1	服务态度恶劣	38	44.7%	44.7%
2	送货延迟	25	29.4%	74.1%
3	有货损货差	13	15.3%	89.4%
4	服务种类过少	6	7.1%	96.5%
5	其他原因	3	3.5%	100%

第二：根据表9-3画出直方图，如图9-5所示。

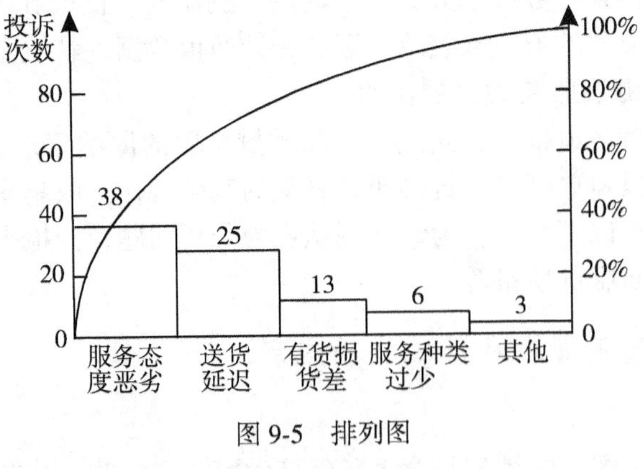

图9-5　排列图

最后，根据上述图表，确定客户投诉原因服务态度和送货延迟为 A 类因素，货损货差为 B 类因素，服务种类过少及其他为 C 类因素。

2. 直方图法

直方图法又称质量分布图法，是通过对测定或收集来的数据加以整理，来判断和预测运营过程质量不合格品率的一种常用工具。直方图法作为一种过程分析工具，在制造业的运用已取得极大的成功，在物流业中的运用尽管不够普遍，但随着物流的发展，将会被越来越多的人采用。

直方图是由直角坐标系中若干顺序排列的长方形组成。各长方形的底边相等，为测定值组距，各长方形的高为测定值落入各组的频数。正常生产条件下计量的质量特性值的分布大多为正态分布，从中获得的数据的直方图为中间高，两边低，左右基本对称的正态直方图。但在实际问题中还会出现另一些形状的直方图，如图 9-6 所示。

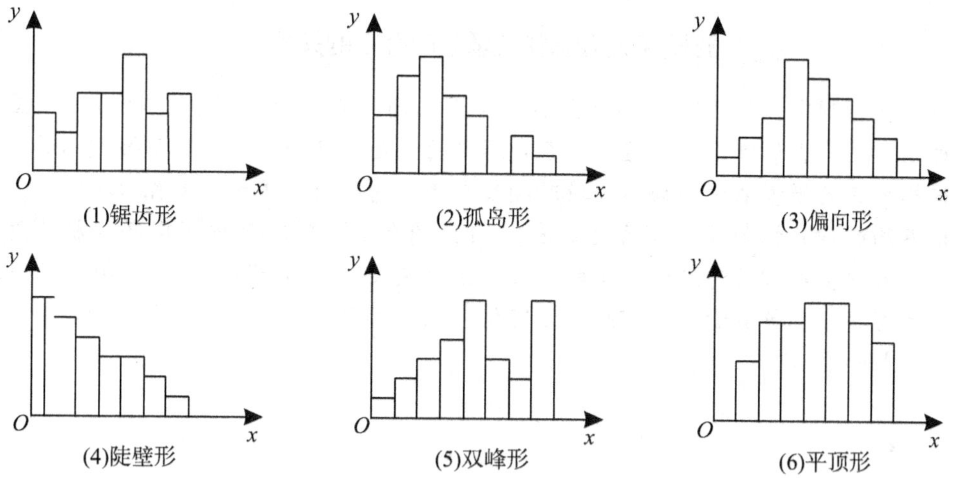

图 9- 6　常见的异常形状直方图

当观察到的直方图不是正态的形状时，需要及时加以研究，譬如出现平顶型时可以检查一下有无缓慢变化的因素，又譬如出现孤岛形时可以检查一下物流设备是否发生故障等，这样便于及时发现问题，采取措施，改进质量。

【小思考 9-3】

直方图法在物流企业质量管理中如何应用呢?

某物流企业对仓储中心装卸搬运的货损率进行统计，经过 20 天的统计，得到了仓储中心的货损率的原始数据。物流公司对这些数据作如下处理：

（1）将所得的货损率进行分组，将最小货损率和最大货损率之差这个区间均分成 7 或 9 个小区分；

（2）统计数据落在每个区间中的频数，在坐标图上用直方图表示出来；

（3）将直方图顶端的曲线平滑连接，直观看出该数据是否符合正态分布。

若不符合正态分布，则说明目前的人员、设备、环境或操作的方法不能满足物流企业对物流质量的要求，需要经过具体分析，在以上某个或多个方面进行加强质量管理。

3. 散布图法

散布图法又称相关图，是判断两个变量之间是否存在相关关系的分布状态图形。变量之间存在的关系有以下几种：①安全相关关系，可由一个确定的公式来表达；②相关关系，变量之间存在密切关系，但不能用一个变量的数值精确地求出另一个变量的值；③不相关。散布图就是用来发现和确认两组数据之间的关系并确定两组相关数据之间预期的关系，还可以通过确定两组数据、两个因素之间的相关性，寻找问题的可能原因。

【案例分析 9-5】

时间和社会总物流量之间存在的关系

在物流量预测中，关于时间和社会总物流量之间存在某种关系，可以用散布图来表示。通过散布图，我们可以确定这种关系是水平的还是线性的或是有季节性波动的，这样就可以选择合适的模型来预测今后一段时期某个年份的社会物流量。如图 9-7 所示，图中的点表示不同时期的社会物流量的大小值。（1）图表示一段时期内不同年度社会总物流量有随机性变化，在该段时期社会总物流量呈上升趋势，无季节性；（2）图表示一段时期内不同年度社会总物流量不仅有随机性变化，还同时在该段时期内社会总物流量具有上升趋势和季节性。

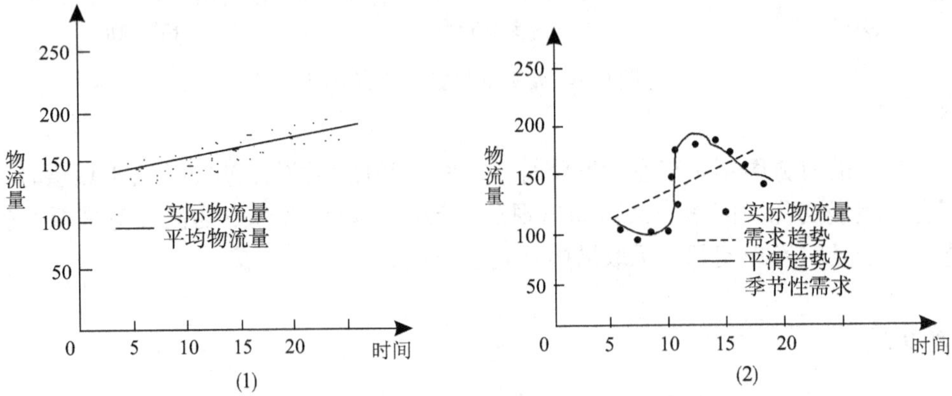

图 9-7 散布图

4. 因果图

所谓因果图，又叫石川图、特性要因图、树枝图、鱼刺图，表示质量特性波动与其潜在原因关系，亦即以图来表达结果（特性）与原因（要因）之间的关系。因果图如能做得完整的话，容易找出问题之症结，采取相应的对策措施解决质量问题。

因果图的应用程序为：

（1）简明扼要地规定结果，即规定需要解决的质量问题。

（2）规定可能发生的原因的主要类别。这时要考虑的类别因素主要有：人员、机器设备、材料、测量、方法和环境等。

（3）开始画图，把“结果”画在右边的矩形框中，然后把各类主要原因放在它的左边，作为“结果”框的输入。

（4）寻找所有下一个层次的原因，画在相应的主（因）枝上，并继续一层层地展开下去。一张完整的因果图展开的层次至少应有 2 层。许多情况下还可以有 3 层，4 层或更多层。

（5）从最高层次（即最末一层）的原因（末端因素）中选取和识别少量（一般为 3 至 5 个）看起来对结果有最大影响的原因（一般称重要因素），并对它们作进一步的研究，如收集资料、论证、试验、控制等。

【案例分析 9-6】

因果分析图在物流配送中的应用

某物流企业负责为某连锁经营企业每天配送日常生活用品，一段时间内，经统计，配送不能按时到达各连锁经营店，请绘制配送不能按时到达的因果分析图。

分析：配送不能到达可有三个大的方面原因，即顾客方面的原因、物流方面的原因、销售方面的原因。销售方面的原因可归结为信息原因和商品原因。而商品原因又可由商品库区不正确，或者商品无货或包装破损，信息方面的原因有可能是信息不完整或者信息错误造成。因果分析图见图 9-8。

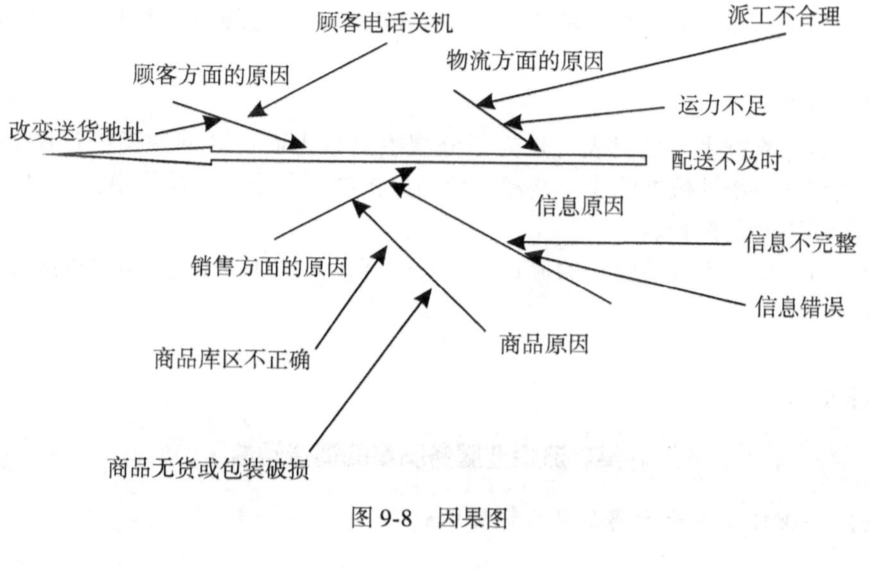

图 9-8　因果图

5. 分层法

分层法是质量管理中常用的整理数据的方法之一。所谓分层法，就是把收集到的原始质量数据，按照一定的目的和要求加以分类整理，将原先杂乱无章的数据和因素系统化和条理化，以便进行比较分析的一种方法。

分层时不能随意分，而是根据分层的目的，按照一定的标志加以区分，把性质相同、在同一条件下收集的数据归在一起，使同一层次内的数据波动幅度尽可能小，而层与层之间差别尽可能大，否则就起不到归类汇总的作用。

【案例分析 9-7】

分层法在物流公司货运责任事故中的应用

某物流公司某年度发生零担货运责任事故较多，损坏是零担货运责任事故中的一项主要因素，我们可以按责任部门进行分层。

表 9-4 **零担货物责任损坏事故按责任部门统计表**

责任部门	件 数	百分率（%）	累计百分率（%）
装卸	208	53.1	53.1
配送	118	30.1	83.2
仓储	38	9.7	92.9
包装	26	6.6	99.5
运输	2	0.5	100
合计	392	100	

分析：从上面的分层可以看出，在损坏事故中装卸部门的责任占一半以上，是最主要的，如果物流企业抓住了这个责任部门，对症下药，就可能解决一半左右的损坏事故。

6. 调查表法

调查表也称检查表或核对表，是为了分层收集数据而设计的一类统计图表。调查表法，就是利用这类统计数据收集、整理和精确分析的一种方法。操作中，可根据调查目的的不同，采用不同的调查表。

在物流行业中调查表最常见的形式是针对顾客设计的调查问卷，调查问卷是一种特殊的检查表。

【知识链接 9-3】

某物流企业服务质量的调查问卷

某物流企业服务质量的调查问卷见表 9-5。

表 9-5　　　　**第三方物流服务质量满意度问卷调查表**

第三方物流企业服务质量指标		金鹏物流有限公司	青松物流有限公司	百安物流有限公司
顾客营销性	企业外在形象			
	人员沟通质量			
可靠性	准时发货率			
	准确率			
	完好率			
	准时送货率			
响应性	订单释放数量			
	订购过程			
	误差处理			
创新性	流程			
	内容			

7. 控制图

控制图是一个简单的过程控制系统，其作用是利用控制图所提供的信息，把一个过程维持在受控状态，一旦发现异常波动，分析对质量不利的原因，采取措施加以消除，使质量不断提高，并把一个过程从失控状态变为受控状态，以保持质量稳定。

【案例分析 9-8】

控制图在物流企业准时送货率中的应用

控制图的横坐标是样本序号，纵坐标是产品的质量特性。图上通常画有 3 条平行于横坐标的平行线，自上而下分别是：上控制界限 UCL、中心线 CL 和下控制界限线 LCL，上控制界限和下控制界限统称控制界限。

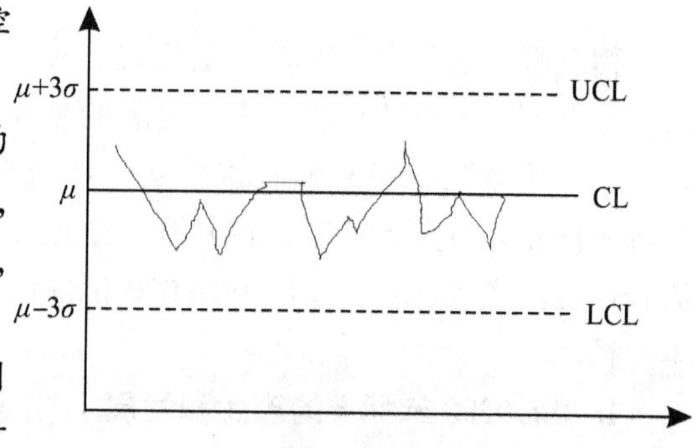

图 9-9　控制图

控制图应用中，一般把表示质量特性值的点描在图上。当点在上下控制界限线内部时，认为运营正常；当点越出上下控制界限线时，认为运营异常。

对于预备数据全部落入控制界限内的，则延长控制界限，进入过程的日常控制阶段；对于预备数据落入控制界限外的，则要针对这个数据的产品执行“查出异因、采取措施、保证消除、纳入标准、不再出现”，然后重新收集数据进行分析。

图中横坐标表示某一时点，纵坐标表示准时送货率，中心线表示准时送货率 90%，上控制界限高为 95%，下控制界限为 85%。图 9-9 显示某物流公司在一段时间内准时送货率情况。

8. 常用的其他质量管理工具

①流程图：将一个项目各个过程和工序（如检验过程、质量改进过程、服务提供过程等）的步骤用图的形式表示出来的一种图示技术。通过对项目的每一个过程中各个步骤之间关系的研究，找出可能存在故障的潜在原因，在进行项目质量策划时着重对这些环节进行研究和分析，事先制定方案，以避免质量缺陷或质量事故的发生。

②头脑风暴法：采用会议的方式，引导每个参加会议的人围绕某个中心议题发表个人独特见解的一种集体创造性的思维方法。

③水平对比法：又称标杆管理，就是将自己企业的产品、服务和过程质量与处于领先地位的竞争者进行比较，找出与对手的差距，提高质量改进的水平。

④对策表。也叫措施计划表。它既是实施的计划，又是检查的依据，是 PDCA 循环中 P 计划阶段第 4 步骤的产物。

⑤系统图：又称树图，是将某个质量问题与其影响要素之间的关系，或寻求达到目的与所采取的措施手段之间的关系通过一种树状图系统地展开，从而解决问题或达到目的。

⑥甘特图：又叫进度图、横道图，用于项目进度计划的管理。通过细分工作步骤，对应活动总时期，将每一项活动的计划时间段和实际时间段在图表上标示出来，作为控制项目进度的手段。

第三节　质量标准及质量管理体系

一、质量标准

物流服务过程中，容易发生各类事故，具有极大的风险性。事故发生有人为的责任因素，也有不可抗拒的自然因素，更多的是人为的责任因素。现代企业成功的管理经验之一是“以人为本”，ISO9000 标准就是为物流企业作业者提供统一的作业标准，对服务过程的每一作业环节实行控制，达到服务全过程零缺陷、零投诉的目的。一些通过了认证的物流企业运作实践证明，实施 ISO9000 标准认证，是物流企业确保服务安全，抵御风险的根本途径。

1. ISO9000 族标准的产生和发展

（1）产生。

ISO 即国际标准化组织，成立于 1947 年，其宗旨是：在全世界范围内促进标准化工作的发展，以便于国际物资交流和互助，并扩大在文化、科学和经济方面的合作。

在 ISO9000 出现之前各国有各自的质量管理标准，由于标准不一致，给不同国家、企业在技术合作、质量认证和贸易往来等方面带来困难。随着全球经济的发展，为了消除国际间的贸易障碍，需要有一种符合国际化的标准来满足各国对质量的要求，ISO9000 就是在这种时代背景下产生的。

ISO 于 1987 年正式发布了第一套质量管理和质量保证国际标准，这是借鉴了世界主要工业发达国家质量管理的方法、原则和程序而制定的，它标志着质量管理规范化、程序化的新高度。

（2）发展。

自 1987 年颁布以来，ISO 9000 系列标准被世界上 80 多个国家和地区共同采用，产生了良好的宏观经济效益和社会效益。我国也于 1988 开始采用 ISO9000 系列标准。2005 年 5 月 1 日，我国首个物流产业国家标准《物流企业分类与评估》实施，综合型物流企业具体评估指标可见表 9-6。

表 9-6 **综合型物流企业评估指标**

评估指标		级别				
		AAAAA 级	AAAA 级	AAA 级	AA 级	A 级
经营状况	1. 年综合物流营业收入/元	15 亿以上	2 亿以上	4000 万以上	800 万以上	300 万以上
	2. 营业时间	3 年以上	2 年以上		1 年以上	
资产	3. 资产总额/元	5 亿以上	1 亿以上	2000 万以上	600 万以上	200 万以上
	4. 资产负债率	不高于 75%				
设备设施	5. 自有/租用仓储面积/m^2	10 万以上	3 万以上	1 万以上	3000 以上	1000 以上
	6. 自有/租用货运车辆/辆	1500 以上	500 以上	300 以上	200 以上	100 以上
	7. 运营网点（个）	100 以上	50 以上	30 以上	10 以上	5 以上
管理及服务	8. 管理制度	具有健全的经营、财务和安全、技术等机构和相应的管理制度				
	9. 质量管理	通过 ISO9001：2000 质量管理体系认证				
	10. 业务辐射面	国际范围	全国范围	跨省区	省内范围	
	11. 物流服务方案与实施	提供物流规划、资源整合、方案设计、业务流程重组、供应链优化、物流信息化等方面服务			提供整合物流资源、方案设计等方面的咨询服务	
	12. 顾客投诉率（或顾客满意度）	≤0.05%（≥98%）	≤0.1%（≥95%）		≤0.5%（≥90%）	

续表

评估指标		级别				
		AAAAA 级	AAAA 级	AAA 级	AA 级	A 级
人员素质	13. 中高层管理人员	80%以上具有大专以上学历或行业组织物流师认证	70%以上具有大专以上学历或行业组织物流师认证		50%以上具有大专以上学历或行业组织物流师认证	
	14. 业务人员	60%以上具有中等以上学历或专业资格	50%以上具有中等以上学历或专业资格		40%以上具有中等以上学历或专业资格	
信息化水平	15. 网络系统	物流经营业务信息全部网络化管理			物流经营业务信息部分网络化管理	
	16. 电子单证管理	100%以上	80%以上		60%以上	
	17. 货物跟踪	90%以上	70%以上		50%以上	
	18. 客户查询	建立自动查询和人工查询系统			建立人工查询系统	

ISO9000 系列标准于 1994 年经过第一次修订，形成 1994（年）版 ISO9000 系列标准；2000 年经过完善修订，形成 2000（年）版 ISO9000 系列标准。经过修订的 ISO9000 系列标准由最初的五个标准增加到数十个。

2. ISO9000 族标准构成

ISO9000 族是指国际标准化组织质量管理与质量保证技术委员会制定的所有国际标准。ISO9000 族标准是 1987 年国际标准化组织制定颁布的国际通用的“质量管理和质量保证”系列标准，1994 年进行第一次修订，又于 2000 年修订颁布 ISO9000 族标准。

ISO9000 族标准指由 ISO/TC176 技术委员会所制定的标准、指南、技术报告和小册子。ISO9000 族现有四个核心标准，除此之外的文件均为“附属物”，应用者可根据需要参考。

ISO9000：2000 族标准总体构成如图 9-10 所示。

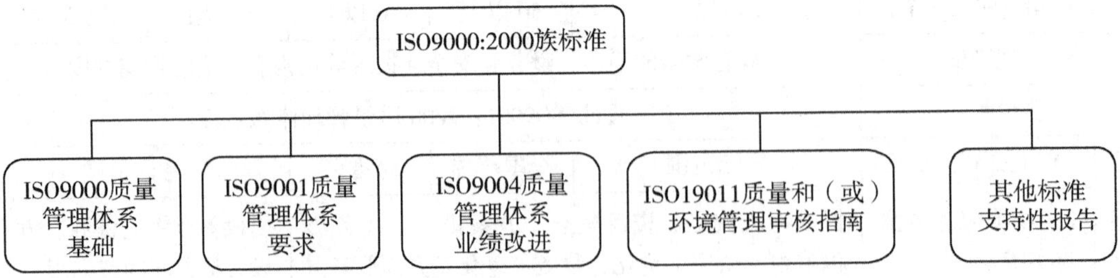

图 9-10　ISO9000：2000 族标准总体构成

ISO9000 由五个标准组成，即 ISO9000 至 ISO9004。ISO9000 是用于选择和使用

ISO9001、9002、9003 各项标准的指南；ISO9001 是从设计、开发、生产、安装到用户服务的质量保证模式；ISO9002 是生产、安装和服务的质量保证模式；ISO9003 是最终检验和试验的质量保证模式；ISO9004 是有关质量管理和质量体系要素的指南，为非合同环境下企业内部质量管理模式。对于物流企业，更适合在充分考虑需要、风险、费用、利益和适用范围的基础上取得除去设计开发阶段的 ISO9002 认证。

3. 物流企业推行 ISO9002 标准的途径

ISO9002 是物流企业达到质量管理和质量保证的能力。ISO9002 质量保证模式有 19 个要素。19 个要素构成完整的质量保证体系。质量保证体系各要素在实施中可全部采用，也可有选择地采用。

对于物流企业来说，实施 ISO9002 质量标准和认证工作是一项要求高、难度大、涉及面广、持续时间长的系统工程，具体方法和途径如下：

（1）物流企业要通过 ISO9002 标准认证要做好的工作。

①初步收集 ISO9002 需求，对物流企业现状进行粗略分析，找出物流企业经营和质量管理的弱点所在；

②针对已找出的弱点，确定所需工作及其成本；

③明确工作的主要程序及信息的流通渠道；

④制定物流企业特定的项目计划及时间进度。

（2）对物流企业基本情况进行分析研究，确定质量体系。

①针对物流企业特点，诠释所要达到的质量标准提出的要求；

②针对物流企业特性，仔细分析物流企业要达到标准所要经历的流程；

③明确定义物流企业经营和质量管理的弱点和想要达到的目标状况；

④明确定义所要采取的改进措施由谁负责；

⑤准备质量管理文件（手册、程序、工作指引）。

（3）编写质量体系文件。

仔细分析物流企业的瓶颈问题和解决方法，重新设计物流企业工作流程，在此基础上编写质量体系文件。编写质量体系文件是进行 ISO9002 质量体系认证的基础工作，也是最重要的工作。质量体系的文件主要包括质量手册、质量体系程序以及其他质量文件，编制的质量文件既要符合 ISO9002 标准，又要结合本企业的实际情况。编写文件时应着眼于全体员工的理解和接受能力，在不影响执行效果的前提下，尽量简化操作程序，减少文字条目，力求条理清楚，文字精练，好记易行。

（4）物流企业质量体系的初步运行。

把质量体系文件中的规定内容和设计的企业工作流程和措施办法分配到部门、专业和岗位进行实际运作，发现问题应及时纠正、修改、完善体系文件。在这个过程中要伴随培训，使员工能将明晰的操作程序和工作指引转化成实际运作办法，并与工作程序调整、措施改进同步进行。

（5）质量体系的注册认证和贯彻执行。

物流企业经过以上步骤，在确认自身的质量体系达到了质量保证模式标准的要求后，就要向认证机构提出认证申请，对企业质量体系运转情况进行预审，发现问题应采取对策给予纠正，然后向认证机构提出正式认证申请，经认证机构审查合格后，就获得了该机构颁发的质量体系认证证书，有效期一般为3年，每年要进行1至2次监督式审核，如发现重大问题，则有可能被暂停或取消认证资格。

【小思考9-4】

我国物流企业为什么要推行ISO质量管理体系认证?

推行ISO质量管理体系认证，可提升物流企业管理水平，降低企业成本，提高企业竞争力；也可使物流企业尽早融入国际市场，提高国内国际范围内的企业知名度；并且，也可增强物流企业在国内国际市场上的竞争力。

二、物流企业的质量管理体系

1. 质量管理体系

ISO9000将质量管理体系定义为："建立质量方针和质量目标并实现这些目标的体系。"物流企业质量管理体系是指物流企业内部建立的、为保证产品质量或质量目标所必需的、系统的质量活动。

2. 质量管理体系要素

整体上，质量职能活动分为管理职能、资源管理、产品实现以及测量、分析和改进四大类，它们构成了质量管理体系的四大要素。这四大要素又各自涉及若干具体要求，形成质量管理体系的子要素，如图9-11所示。

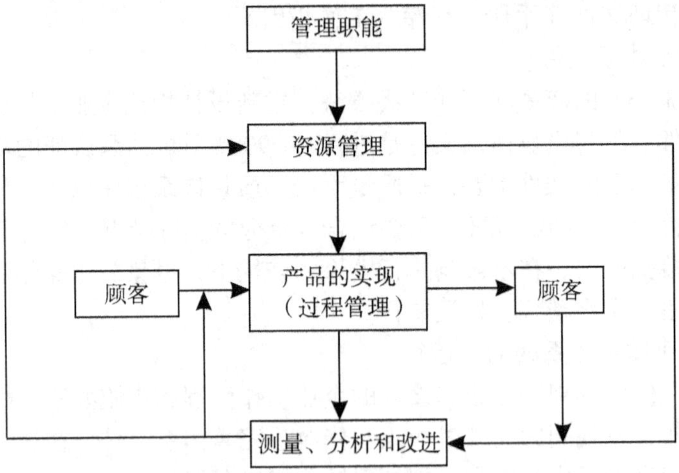

图9-11　质量管理体系要素及相互间的关系示意图

一个企业在建立其质量管理体系时，应结合自身的实际情况和顾客需要，选择和确定具体、适用的体系要素，并确定其采用程度，以便能对这些要素进行有效的控制。

3. 质量管理体系文件

质量管理体系文件是对质量管理体系各个方面的文字描述，是组织进行质量管理、衡量和考察组织质量保证能力的重要依据。质量管理体系文件主要包括质量手册、质量管理体系程序、具体作业的质量文件。质量手册、质量管理体系程序是通用文件，质量文件是专用文件。

4. 物流企业质量管理体系的建立和运行

按照IS09000标准建立或更新完善物流质量体系，通常包括以下几个阶段。

（1）建立物流企业质量管理体系框架，如图9-12所示。

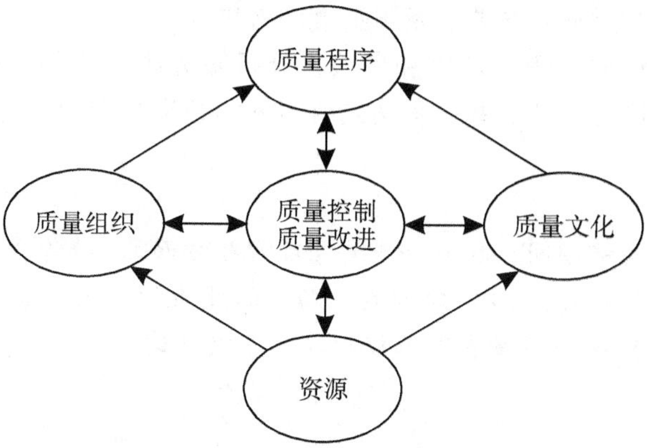

图9- 12　物流公司质量管理体系框架

（2）建立物流企业质量管理组织体系，如图9-13所示。

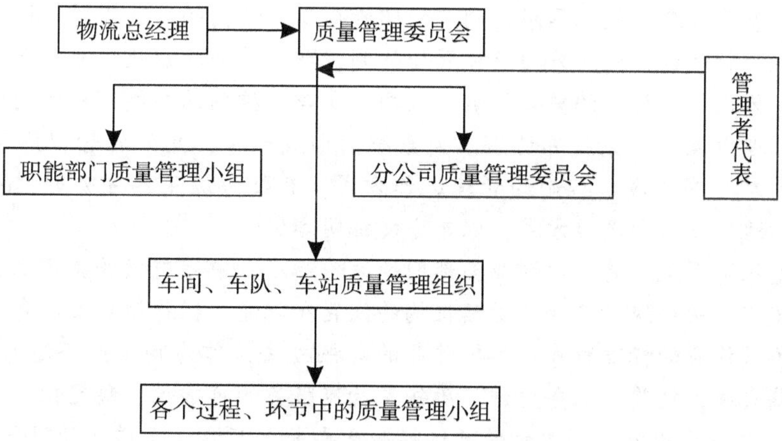

图9-13　物流公司质量管理组织体系

（3）明确物流服务质量环。

所谓物流服务质量环是指从识别顾客的服务需要直到评定这些需要是否得到满足的服

务过程各阶段中，影响服务质量相互作用活动的概念模式，是对物流服务质量的产生、形成和实现过程的抽象描述。包括市场过程、编撰服务简报过程、设计服务过程、服务提供过程、评价过程、服务绩效分析改进过程六个阶段。

（4）编制质量管理体系文件。

对于物流服务质量体系来说，所有的程序都必须形成程序文件，保证有章可循、有法可依。

（5）积极组织管理评审。

在质量管理体系运行的过程中，按各类体系文件的要求，监视、测量和分析过程的有效性和效率，做好文件规定的质量记录，持续收集、记录并分析过程的数据和信息，全面体现服务产品的质量和过程符合要求及可追溯的效果。

按文件规定的办法进行管理评审和考核，分析服务质量差距，应针对发现的主要问题，采取必要的改进措施，使这些过程达到所策划的结果和实现对过程的持续改进。

【小思考 9-5】

在质量管理体系实施期间，物流企业要处理哪些方面的问题？

答：物流企业应处理好：（1）短期效益与长远发展的矛盾；（2）质量体系认证前后的观念转变工作；（3）要把质量管理工作和绩效考核挂钩。

【案例分析 9-9】

中铁现代物流：强化科学管理，建立质保体系

中铁现代物流科技股份公司建立了一系列严密的管理体系，确保服务质量。

建立科学的法人治理结构。公司治理结构对企业的发展起着决定性的作用，规范的公司治理结构代表着合理的权属界限，明确的职责分工，流畅的沟通渠道等许多方面。目前中铁现代物流的管理运作模式采用总分管理体制，即：总部集权化、业务垂直化、网络区域化、效益一体化。将总部的整体协调、指挥、管理、控制的功能有机地划分为业务指挥协调、行政管理协调、财务结算协调三大系统，形成科学、高效的管理体系。通过实现“一个利润中心”、多级成本控制的管理运作方式，有效协调了各分公司、配送中心、配送协作部门的运作关系和调控方式，以充分发挥网络优势。

健全质量保证系统。为了规划业务部门的运作标准，中铁现代物流建立了规范化的业务运作管理流程，明确规定了业务管理机构的设置和职能、操作岗位及职责、作业分类及运作流程、各项作业的标准程序及各项作业的考核办法，作为物流业务运作的工作准则，通过对其正确实施，规范了业务运作，确保了物流服务的可靠性、稳定性。

2003 年 1 月，公司将各项要素的具体标准及要求，汇编成《质量管理手册》，在公司内全面实施，该手册要求每位员工都要树立明确的质量意识，都有质量职责。通过三个月的试运行，公司的质量管理体系一次性通过了中国船级社质量认证公司的质量管理体系认证。2004 年 3 月，公司总部新增设立业务管理部专门负责具体落实制订并贯彻《B 版质量管理手册》。质量管理体系的推行，使每项业务运作自始至终处于体系严密的质量跟踪

和控制之下，从而确保了运作质量，为中铁现代物流实现物流服务和管理的产业化、规模化提供了关键保证。

资料来源：http：//blog. sina. com. cn/s/blog_ 60c507e30100fhy7. html.

分析：该案例充分说明了物流企业质量管理体系的建立和运行过程。通过建立物流企业质量管理组织体系，确保质量管理在物流活动中的实施。并且通过作业标准化，确保物流服务水平。编制质量管理体系文件，使得每一项操作有章可依。

【思考与练习】

● 基本训练

□知识题

一、阅读理解

1. 什么是物流质量？其主要包括哪些？

2. 什么是物流企业质量管理？其主要内容包括哪些？

3. 物流质量通过哪几个方面进行衡量？

4. 什么是物流企业全面质量管理？

5. 物流企业质量管理常用的统计工具有哪些？

二、知识应用

1. 判断题

（1）物流的本质是服务，物流服务是物流企业生命的保证，它直接关系到物流企业在激烈竞争中的成败。（　）

（2）美国一些物流企业重视为顾客提供技术服务工作，把为提供及时的技术服务工作，作为竞争的一种重要手段。这属于物流服务质量的内容。（　）

（3）衡量物流质量的主要指标是根据物流管理最终目标确定的。（　）

（4）PDCA 循环具有大环套小环的特点。（　）

（5）我国目前尚未建立起适应物流发展和物流业务运作的技术标准和工作标准体系，物流非标准化设备、设施和行为仍然相当普遍。（　）

2. 单项选择题

（1）物流企业质量管理主要包括质量的（　）两个方面

A. 保证和控制　　B. 保证和手段　　C. 手段和控制　　D. 手段和控制

（2）（　）是质量保证的基础

A. 管理控制　　B. 环境控制　　C. 质量控制　　D. 财务控制

（3）下列哪项不属于物流企业质量管理的主要内容（　）

A. 物流服务质量　　B. 物流工作质量　　C. 物流工程质量　　D. 物流管理质量

（4）因果分析图又称（　）

A. 鱼刺图　　B. 花图　　C. 树叶图　　D. 鸟图

（5）PDAC 循环中 P 的含义（　）

A. 策划　　B. 实施　　C. 检查　　D. 处置

（6）下列哪项是检查阶段的工作步骤（　）

A. 找出主要原因　B. 制定措施计划　C. 按计划实施　D. 调查效果

3. 多选题

（1）物流质量包含（　）质量，因而是一种全面的质量观

A. 手段　B. 方法　C. 对象　D. 工作

（2）物流工程质量包括（　）的稳定性

A. 人的因素　B. 体制的因素　C. 设备的因素　D. 环境的因素

（3）质量管理体系标准包括（　）

A. GB/T19000—ISO9000　B. GB/T19001—ISO9001

C. GB/T19002—ISO9002　D. GB/T19004—ISO9004

（4）质量统计方法有（　）

A. 排列图标　B. 分层法　C. 调查表法　D. 直方图

□技能题

1. 收集某一物流企业的质量数据，利用质量统计工具进行分析，得出相应的结论，并提出相应的质量管理措施。

实训目的：通过和企业近距离接触和亲自动手测试数据，利用质量统计工具进行分析，进一步掌握质量统计分析工具的运用，并提高质量管理的能力。

实训要求：认真观察了解质量数据的收集过程，将课本所学知识用到实践中去。若有可能，自己亲自动手检测数据。收集完数据，利用所学方法进行统计分析，然后针对分析结果，以小组为单位进行讨论，得出解决问题的措施。

2. 某客运车站某月晚点班次数为98班，经分析晚点原因主要是：①驾驶员责任；②发车员责任；③车况不良；④道路阻塞；⑤气候不好，还有一些其他原因。试作排列图并分析。资料统计表如表9-7。

表9-7　**客运车站某月晚点班次表**

序号	原　因	频数（班次）	频率（%）	累计频率（%）
1	驾驶员责任	46	47	47
2	发车员责任	11	11	58
3	车况不良	30	31	89
4	道路堵塞	4	4	93
5	气候不好	3	3	96
6	其他原因	4	4	100
合　计		98	100	

实训目的：掌握排列图的制作与分析，以小组为单位进行讨论，得出解决问题的措施。

实训要求：学生认真分析提供的数据，认真作图。

● 案例分析

上海中远物流实施质量营销策略经验谈

上海中远物流有限公司于1995年通过质量管理体系认证，获得了ISO9002认证证书，是国内物流业界较早采用标准来规范质量管理的公司。公司已经建立了一套完整的质量管理体系。

（1）完善顾客满意监测系统。

2001年，上海中远物流的质量管理体系成功地从1994年版转向2000年版，并通过了认证。公司认为，既然已确立了以文件和记录管理为核心的系统质量管理方法，那么在此基础上建立以顾客为中心的质量管理体系更加容易做到。

要建立以顾客为中心的质量管理件系，首先要完善顾客满意状况的监测系统。于是公司提出了顾客满意度管理目标，明确了分公司质量管理重心向顾客满意和顾客忠诚管理转移。公司于2001年年底基本建立了顾客满意度测评体系，并形成以内部第三方掌控客户满意度的管理方式。2002年公司又提出了服务人性化、管理数字化的要求，在2001年的基础上建立了全面客户满意管理系统。在总部的牵头下，每年由专业第三方进行一次全面的顾客满意度调查，科学地获得顾客满意和不满意状况，进一步完善了客户满意监测系统。

（2）FORNELL CS客户满意调查理论模型的应用。

公司有三大类客户，即船代、货代和物流客户。目前，每年客户满意度调查委托第三方机构采用FOR—NEIL CS（客户满意测评模型）对客户满意度进行调查、计算和分析。结合公司具体的服务类别和性质。调查共分为六大块：顾客预期（如总体期望），感知质量（如总体满意度），感知价值（如价格水平、服务水平等），客户抱怨（如抱怨处理、抱怨途径等），客户忠诚（如继续合作、推荐其他公司等）等，通过各项调查后，再利用矩阵分析，总结出下一阶段改进重点。

除了采用第三方调查的方法，公司还采取客户拜访、内部第三方调查等方法来获得顾客满意与否的情况，从而找出导致顾客流失的原因，为服务的持续改进和发展决策提供科学依据。

（3）多渠道服务检测体系的建立。

通过客户满意调查活动的开展，公司逐步掌握了客户满意的基本情况，同时也让顾客了解公司坚持以顾客为中心进行质量管理的决心。公司认真地从客户的重要性、满意的离散情况等方面进行了分析，对客户意见较为集中的环节首先进行改进。

2004年6月，公司推出了服务“七不”规范，即要求员工对客户接待，主动不推诿；问讯答复，清晰不含糊；电话接听，热情不冷淡；进口换单，及时不拖拉；出口签单，延期不延误；预配放箱，迅速不耽误；商务结算，正确不错误。“七不”规范形成后，在公司内外部加强宣传，以达到内部监控、外部监督的效果。

在改进的过程中，公司逐步形成了多渠道的服务检测体系，对一线每种服务方式都进行有效的测量，如对电话服务、柜台服务、单证服务、效率情况等分别采用了不同的测量方式，并尽可能做到及时用量化的数据来反映服务变动情况。

(4) 活动质量管理体系文件。

客户需求的多样式、复杂性和不稳定性的发展趋势，使公司的文件体系变得越来越庞大，文件的有效性也越来越赶不上客户需求变化的脚步。在多渠道服务检测系统逐步完善后，为了能够建立快速的反应机制，使文件体系灵活起来，改革势在必行。

文件的改革主要集中在第三层文件，即所谓工作指导书或操作细则等方面。修改工作指导书要关注的问题是流程，且应从四个角度来重新审视流程和记录：工作流程是否存在过剩管理现象？是否存在约束员工操作效率的现象？是否存在职责不明确的现象？流程目标是否没有向员工明确？目前公司全面开展文件改革与流程再识别的活动，并确立了全新的改革原则。

(5) 质量管理体系下的质量营销策略。

上海中远物流作为一家以海运为依托，以配送为核心的物流服务公司，其服务质量更是对参与市场竞争有较大的支持力、亲和度、热情度、差错率、及时率、安全性、响应速度以及个性化服务，每一项质量内涵都直接影响着市场营销的结果。剥开形象、广告、宣传这些外延，公司看到的是隐藏在深处的质量内涵。确立以顾客为中心的质量管理体系，建立多渠道的服务检测系统，完善灵活的文件体系和快速反应机制，就是上海中远物流所看到的质量内涵。

在10年的不断持续改进中，上海中远物流不断创新，勇于实践。借助质量管理体系，在业务风险控制、客户服务改善、流程事例提升等方面，为大型物流企业综合管理水平的提升作出了表率，使质量管理体系真正成为企业经营发展的基石和保证。在众多的国内外物流企业中，上海中远物流在质量管理体系的应用和客户服务系统改进方面堪称中国物流行业的标杆。

一个企业要以质量求生存，以品种求发展，积极参与到国际竞争中去，就必须制订正确的质量方针和适宜的质量目标。作为企业生产与消费者之间的桥梁——物流，已成为全面质量管理的重要一环。

资料来源：《上海质量》2008年第8期。

问题：

1. 中远物流质量体系运行如何？
2. 为满足客户需求，中远物流公司采取了哪些措施？
3. 中远物流采取了哪些物流质量统计方法？

- **综合实训**

实训项目：物流企业的质量管理措施

1. 实训目的

(1) 了解物流企业质量评价常用指标有哪些，并学会指标的计算和运用；

(2) 了解和熟悉物流企业应用PDCA循环方法的八大步骤；

(3) 应用质量管理统计工具对物流质量进行分析；

(4) 了解物流企业推行ISO9002标准的基本方法和途径；

（5）分析物流企业质量管理措施。

2. 实训内容

（1）实地参观物流企业，熟悉物流企业的质量管理保障；

（2）运用物流服务质量指标，衡量物流企业物流质量水平；

（3）应用质量管理统计工具对物流企业的质量管理进行分析，发现问题，并提出优化和改进方案；

（4）调研与分析物流企业如何推行质量认证，并如何建立其质量管理体系。

3. 背景资料

某物流公司是一家货代公司，业务相对单一，作业流程也相对简单，其业务流程主要分两大部分：一是发运作业，另外就是到达作业。公司高管多多少少存在“重市场、轻管理”的思想观念，将精力大多投入到市场开发等具体业务环节，对于企业的管理，包括质量管理重视不够，该物流公司在运营过程中遇到不少问题，服务质量水平不能得到顾客的完全认同。请设计调查问卷调查该物流公司服务质量现状，并运用统计工具进行具体分析，提出改进措施，并且帮助该物流公司建立质量管理体质。

4. 实训要求

（1）以5~6人为一组，进行合理分工，每人应有明确任务；

（2）认真考察物流企业，针对各项物流活动，熟悉其质量管理的制度、方法和手段；

（3）根据所学知识，对物流企业的质量管理现状进行分析；

（4）撰写实践报告；

（5）实践报告完成后设课堂讨论课，相互交流实训经验。

第十章 综合类物流企业的信息管理

☞学习目标：

• 知识目标

◎了解物流信息的分类，电子物流的含义，条码技术的原理，物流信息系统的功能，EOS、POS的原理；

◎明确物流信息系统的概念及功能，物流信息技术的含义，EDI的工作流程；

◎熟知物流信息资源的含义及类型，电子物流的实施步骤，GPS、GIS在物流领域的应用；

◎掌握物流信息的概念，物流信息资源管理的内容，条形码的类别以及RFID技术的原理和运用。

• 技能目标

◎能够协助物流企业开展信息资源管理工作；

◎能够参与物流企业管理信息系统的开发。

【引例】

美的集团的EDI解决方案

美的的供应链伙伴群体十分庞大，上下游企业和合作伙伴众多，每年需要交换大量的单据。之前，美的是采用人工的方式实现对大量业务单据的接收、处理和发送，需要花费较长时间来完成单据的处理；同时，人工处理方式难免发生错误。为了满足美的与供应链合作伙伴之间的实时、安全、高效和准确的业务单据交互，提高供应链的运作效率，降低运营成本，美的利用提供企业级（B2B）数据自动化交互和传输技术，即EDI（电子数据交换）方案来解决这个问题。经过反复的筛选和比较，美的最终选择业界领先的供应链管理解决方案提供商为其提供EDI解决方案和技术支持。

经过几年的运转，先后接入伊莱克斯、北滘码头、中信保等业务合作伙伴，美的已经明显感到集成、开放、灵活的EDI应用所带来的效益：

首先，美的与业务伙伴之间的数据交互由过去的人工方式转变为完全的自动化，极大地提升了供应链的工作效率。

其次，为美的节省了过去人工处理方式下所产生的额外费用：

节省各类纸张费用；

节省电话、传真、邮递的费用；

节省打印、复印费用；

节省对数据收发、录用人员的管理费用。

第三，由于实行了无纸化和全自动操作，大大降低了人工处理过程中由于人为操作、纸张丢失等造成的出错率。出错率降低了，基本实现了无错化处理。

这个案例表明：除了以上这些即时的效益之外，EDI应用对企业全面提升竞争力有着深远的作用：随着越来越多合作伙伴被纳入EDI应用，整条供应链的运作效率大大提升，包括：企业运作效率地提升让企业更加轻松地扩展业务，并快速适应业务增长带来的数据交互工作的增加；由于供应链对请求响应速度提高，产品可以在最短的时间内被送达消费者手里；减少了人工方式下产生的错误，提升客户满意度；以更有竞争力的价格向下游供货，提高客户的忠诚度；提升企业形象，以高效、精准的工作方式赢得更多合作伙伴以及增强合作关系；为企业走向世界，和海外客户及合作伙伴建立良好关系奠定坚实的基础。

第一节　物流信息概述

一、物流信息的概念及种类

1. 物流信息的概念

物流信息是反映物流各种活动内容的知识、资料、图像、数据、文件的总称。物流活动环节多且始终处在变化过程中，所以伴随物流活动会产生大量的信息。物流信息的处理方法和手段便是物流信息工作的主要内容。

【小思考10-1】

数据、情报、消息等于物流信息吗?

物流数据、物流情报、物流消息等不能简单地等同于物流的信息。

物流数据是记录下来的可以鉴别的符号，是以数字、符号、图表、文字等对物流运动中的数量关系的客观描述。信息是对数据的解释，数据被处理后仍是数据。物流数据只有经过处理和解释，能够被人们接受和理解，才能成为物流信息。所以可以说，数据是构成信息的“原材料”，物流信息是经过处理后得到的“产品”。

物流情报是物流信息的一部分。物流情报是那些有一定目的性，具有很强的时效性，经过特殊方式和渠道加以传送的最新的情况报道。

物流消息是物流信息的外壳和形式，物流信息是物流消息的核心内容，物流消息中所包含的信息量大小是各不相同的。

2. 物流信息的种类

（1）按功能分类。

按信息产生和作用所涉及的不同功能领域分类，物流信息包括仓储信息、运输信息、加工信息、包装信息、装卸信息等。对于某个功能领域还可以进行进一步细化，例如，仓储信息分成入库信息、出库信息、库存信息、搬运信息等。

(2) 按环节分类。

根据信息产生和作用的环节，物流信息可分为输入物流活动的信息和物流活动产生的信息。

(3) 按作用层次分类。

根据信息作用的层次，物流信息可分为基础信息、作业信息、协调控制信息和决策支持信息。基础信息是物流活动的基础，是最初的信息源，如物品基本信息、货位基本信息等。作业信息是物流作业过程中发生的信息，信息的波动性大，具有动态性，如库存信息、到货信息等。协调控制信息主要是指物流活动的调度信息和计划信息。决策支持信息是指能对物流计划、决策、战略具有影响或有关的统计信息或有关的宏观信息，如科技、产品、法律等方面的信息。

(4) 按加工程度的不同分类。

按加工程度的不同，物流信息可以分为原始信息和加工信息。原始信息是指未加工的信息，是信息工作的基础，也是最有权威性的凭证性信息。加工信息是对原始信息进行各种方式和各个层次处理后的信息，这种信息是原始信息的提炼、简化和综合，利用各种分析工作在海量数据中发现潜在的、有用的信息和知识。

【知识链接 10-1】

物流信息的特点

(1) 广泛性。由于物流是一个大范围内的活动，物流信息源也分布于一个大范围内，信息源点多、信息量大，涉及从生产到消费、从国民经济到财政信贷各个方面。物流信息来源的广泛性决定了它的影响也是广泛的，涉及国民经济各个部门、物流活动各环节等。

(2) 联系性。物流活动是多环节、多因素、多角色共同参与的活动，目的就是实现产品从产地到消费地的顺利移动，因此在该活动中所产生的各种物流信息必然存在十分密切的联系，如生产信息、运输信息、储存信息、装卸信息间都是相互关联、相互影响的。这种相互联系的特性是保证物流各子系统、供应链各环节以及物流内部系统与物流外部系统相互协调运作的重要因素。

(3) 多样性。物流信息种类繁多，从其作用的范围来看，本系统内部各个环节有不同种类的信息，如流转信息、作业信息、控制信息、管理信息等，物流系统外也存在各种不同种类的信息，如市场信息、政策信息、区域信息等；从其稳定程度来看，又有固定信息、流动信息与偶然信息等；从其加工程度看，又有原始信息与加工信息等；从其发生时间来看，又有滞后信息、实时信息和预测信息等。在进行物流系统的研究时，应根据不同种类的信息进行分类收集和整理。

(4) 动态性。多品种、小批量、多频度的配送技术与 POS、EOS、EDI 数据收集技术的不断应用使得各种物流作业频繁发生，加快了物流信息的价值衰减速度，要求物流信息的不断更新。物流信息的及时收集、快速响应、动态处理已成为主宰现代物流经营活动成败的关键。

（5）复杂性。物流信息广泛性、联系性、多样性和动态性带来了物流信息的复杂性。在物流活动中，必须对不同来源、不同种类、不同时间和相互联系的物流信息进行反复研究和处理，才能得到有实际应用价值的信息，去指导物流活动，这是一个非常复杂的过程。

二、物流信息系统

1. 物流信息系统的概念

物流信息系统是指由人员、设备和程序组成的、为物流管理者执行计划、实施、控制等职能提供信息的交互系统，它与物流作业系统一样都是物流系统的子系统。

物流系统包括运输系统、储存保管系统、装卸搬运、流通加工系统、物流信息系统等方面，其中物流信息系统是高层次的活动，是物流系统中最重要的方面之一，涉及运作体制、标准化、电子化及自动化等方面的问题。由于现代计算机及计算机网络的广泛应用，物流信息系统的发展有了一个坚实的基础。计算机技术、网络技术及相关的数据库、条码技术、EDI 等技术的应用使得物流活动中的人工、重复劳动及错误发生率减少，效率增加，信息流转加速，使物流管理发生了巨大变化。

2. 物流信息系统的分类

按物流信息系统的功能分类：事务处理信息系统、办公自动化系统、管理信息系统、决策支持系统、高层支持系统、企业间信息系统。

按管理决策的层次分类：物流作业管理系统、物流协调控制系统、物流决策支持系统。

按系统的应用对象分类：面向制造企业的物流管理信息系统、面向零售商、中间商、供应商的物流管理信息系统、面向物流企业的物流管理信息系统、面向第三方物流企业的物流信息系统。

按系统采用的技术分类：单机系统、内部网络系统、与合作伙伴、客户互联的系统。

3. 物流信息系统的内容

物流信息系统根据不同企业的需要可以有不同层次、不同程度的应用和不同子系统的划分。例如有的企业由于规模小、业务少，可能使用的仅仅是单功能系统，而另一些企业可能就使用功能强大的多功能系统。一般来说，一个完整、典型的物流信息系统可由作业信息处理系统、控制信息处理系统、决策支持系统三个子系统组成。

（1）作业信息处理系统。

作业信息处理系统一般有电子自动订货系统（EOS）、销售时点信息系统（POS）、智能运输系统（ITS）等类型。

电子自动订货系统是指企业利用通信网络和终端设备以在线连接方式进行订货作业和订单信息交换的系统。及时准确地处理订单是 EOS 的重要职能。

销售时点信息系统是指通过自动读取设备在销售商品时直接读取商品销售信息，并通过通信网络和计算机系统传送至有关部门进行商品库存的数量分析、指定货位和调整库存以提高经营效率的系统。

智能运输系统是典型的发货和配送系统，它将信息技术贯穿于发货和配送的全过程，能够快捷准确地将货物运达目的地。

【小思考 10-2】

物流信息技术的发展趋势有哪些？

趋势之一：RFID 将成为未来物流领域的关键技术。

专家分析认为，RFID 技术应用于物流行业，可大幅提高物流管理与运作效率，降低物流成本。另外，从全球发展趋势来看，随着 RFID 相关技术的不断完善和成熟，RFID 产业将成为一个新兴的高技术产业群，成为国民经济新的增长点。因此，RFID 技术有望成为推动现代物流加速发展的新品润滑剂。

趋势之二：物流动态信息采集技术将成为物流发展的突破点。

在全球供应链管理趋势下，及时掌握货物的动态信息和品质信息已成为企业盈利的关键因素。但是由于受到自然、天气、通信、技术、法规等方面的影响，物流动态信息采集技术的发展一直受到很大制约，远远不能满足现代物流发展的需求。借助新的科技手段，完善物流动态信息采集技术，成为物流领域下一个技术突破点。

趋势之三：物流信息安全技术将日益被重视。

借助网络技术发展起来的物流信息技术，在享受网络飞速发展带来巨大好处的同时，也时刻饱受可能遭受的安全危机，例如网络黑客无孔不入地恶意攻击、病毒的肆虐、信息的泄密等。应用安全防范技术，保障企业的物流信息系统或平台安全、稳定地运行，是企业长期将面临的一项重大挑战。

（2）控制信息处理系统。

控制信息处理系统主要包括库存管理系统和配送管理系统。

库存管理系统负责利用收集到的物流信息，制订出最优库存方式、库存量、库存品种以及安全防范措施等。

配送系统则将商品按配送方向、配送要求分类，制订科学、合理、经济的运输工具调配计划和配送路线计划等。

（3）决策支持系统。

物流决策支持系统（LDSS）是为管理层提供的信息系统资源，是给决策过程提供所需要的信息、数据支持、方案选择支持。一般应用于非常规、非结构化问题的决策。但是决策支持系统只是一套计算机化的工具，可以帮助管理者更好地决策，但不能代替管理者决策。

三、电子物流

面对不断增强的国内外竞争和产业环境的不断变化，物流管理出现了一些新的挑战和难点：可视性不高、交货周期变短、客户订单机会损失增大、信息缺乏集中、不能快速响应市场、成本难以降低、库存过大、资金流转时间长等。这些问题的解决，需要依赖新的物流管理手段——电子物流。

1. 电子物流的概念与特点

（1）电子物流概念。

电子物流就是利用电子化的手段，尤其是利用互联网技术来完成物流全过程的协调、控制和管理，实现从网络前端到最终客户端的所有中间过程服务，最显著的特点是各种软件技术与物流服务的融合应用。

电子物流的主要功能包括发货仓库和在途的库存量的及时监控，运输货物在途状况的追踪查询，物流运送各个环节的自动预警机制和整个流程自动化的提高。

总之，电子物流就是将企业现有的 EDI（电子数据交换）、ERP（企业资源计划）、SCM（供应链管理）、CRM（客户关系管理）等有关系统中所产生的物流信息，在 Internet 上与综合物流服务的企业，以实时的、双向的数据交换方式，进行物流信息整合，借此提高物流效率和服务水平，创造新的附加值，如图 10-1 所示。

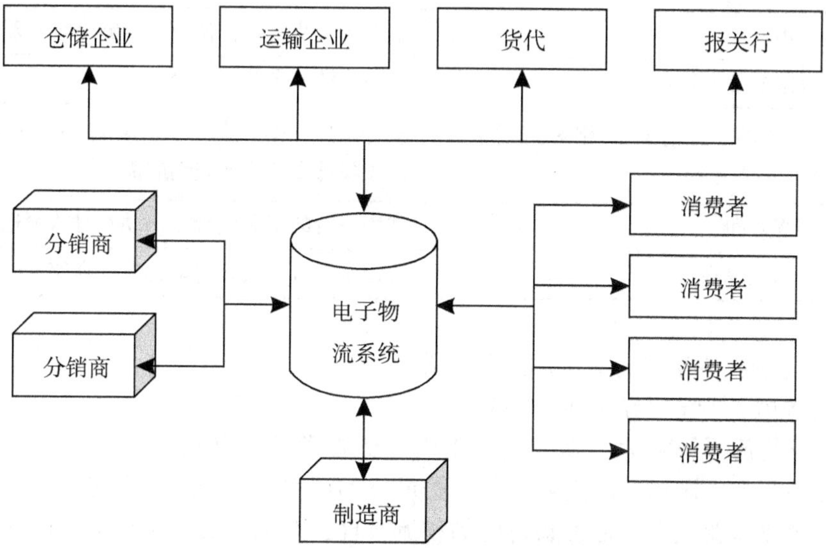

图 10-1　电子物流概念示意图

（2）电子物流的特点。

电子物流具有如下特点。

①电子物流的服务提供商所提供的一般都是综合性的物流服务，而且服务的范围比一般意义上的物流服务更为广泛，如物流咨询、方案制订等个性化服务。

②大量应用互联网、EDI 等现代技术手段，以实时、全方位、透明化的信息传递与共享，实现供应链物流的有效集成。

③能够随时根据用户的服务需求定制服务，提供柔性的、个性化的服务。

④跨平台地将各种软件进行集成，从战略规划、计划制订、运营管理、业务调度、客

户服务一直到各作业环节，全部集成到统一的平台上操作，提高了物流系统的效率。

传统物流与电子物流的性能比较如表 10-1 所示。

表 10-1　　**传统物流与电子物流的性能比较表**

传统物流	电子物流
仓库库存量信息不明	仓库库存量可追踪查询
高安全库存量与高库存保管费用	清楚掌握库存量，无需保持较高的安全库存量，同时节省无谓的库存保管支出
紧急出货次数及运输成本高	确实掌握安全库存量，能用一般托运方式出货
库存不足导致机会损失增大	确实掌握补货情况，避免库存不足的情况发生
货物在途状况不明	货物在途状况追踪查询
因信息不足所产生运输周期管理上的困难	提供支援决策所需的重要信息，能够评估不同路线、不同运输者的表现等
客户服务品质不佳	掌握运交货物所在位置，能够及时回复客户的询问
物流过程中有限的信息整合	自动化的整合共用平台
高度依赖人工式的手工作业与相对高的人工成本	整合客户、供应商、物流业者和运输商的物流系统，降低人工作业查询的需求
过长的查询回复时间	共用平台的信息整合可协助及时状况追踪查询
信息不准确，错误率高	将记录与查询流程自动化，提高信息的正确度

2. 实施电子物流系统的关键因素和步骤

（1）实施电子物流系统的关键因素。

实施电子物流系统实际上是一项基于供应链管理的信息化工程，不但要涉及企业内部，还要延伸至上下游相关的企业，甚至是最终的消费者。因此，要建设一个成功的电子物流系统，企业需要全方位地考察自己的物流管理，并且认真分析如下关键问题：

①组织结构：什么样的组织结构才能够最大限度地支持整个物流过程？

②生产制造：如何使制造与客户需求保持最大的同步？

③信息技术：建设什么样的信息系统来满足物流的管理和控制要求？

④供应商管理：如何协调与供应商的关系，改善管理并避免不必要的成本？

⑤渠道设计：如何与外部的贸易合作伙伴建立顺畅的物流体系？

⑥用户服务：如何建立销售渠道的关键性物流服务标准？

（2）实施电子物流系统的实现步骤。

电子物流实施过程通常都包括了如下的步骤或环节。

商务沟通（服务商选择）→业务咨询→应用服务→组织改造→IT 基础设施整合

①商务沟通阶段：主要是计划的管理与沟通。要与服务提供商、企业内各部门以及物

流链上相关的企业或消费者加强沟通、考察和关系的管理。

②业务咨询阶段：主要任务是处理和评估企业内的当前业务流程，确定改进方向和计划，评估风险和收益。

③应用服务阶段：主要任务是为确定、设计、整合满足物流链上各单位或部门需要的软件系统。

④组织改造阶段：主要任务是评估现有的组织能力，拟定沟通与训练计划，设计人力管理计划，改造管理方案和评估标准的确定。

⑤IT 基础设施整合：主要任务是评估物流企业各个单位的 IT 基础设施，进行差异分析，提供 IT 基础设施整合的计划、流程和实施计划。

第二节　物流企业信息技术管理

一、物流企业信息资源管理

1. 物流信息资源

（1）物流信息资源的含义。

狭义的物流信息资源是指能有效反映各种物流相关活动（包括直接物流活动、相关的其他活动）内容的知识、资料、图像、数据、文件的总称。广义的物流信息资源则是在狭义的物流信息资源的基础上，还包括与其紧密相连的机构、人员、设备、技术。本书研究的对象是指狭义的物流信息资源。

（2）物流信息资源的类型。

按照物流相关活动（包括直接物流活动、与物流活动相关的其他活动）的不同分为核心物流信息资源和外延物流信息资源。直接物流活动产生的信息资源称之为核心物流信息资源，核心物流信息资源可以分为运输、储存、包装、装卸搬运、流通加工、配送等信息资源类型；与物流活动相关的其他活动产生的信息资源称之为外延物流信息资源，外延物流信息资源可以分为采购、生产、销售等信息资源类型。

根据信息来源的不同可以分为企业内部物流信息资源和企业外部信息资源两大类。企业内部物流信息资源又可以分为操作层、知识层、战术层、战略层等信息资源类型，企业外部信息资源则可以分为供应链物流信息资源和社会物流信息资源。

各种物流信息资源类型见表 10-2。

2. 物流信息资源管理

（1）IRM 的含义。

信息资源管理（Information Resource Management，IRM）是为确保信息资源的有效利用，以现代信息技术为手段，对信息资源实施计划、预算、组织、分配、协调和控制的一种管理活动。IRM 是 20 世纪 70 年代末 80 年代初在美国出现的新概念，到 20 世纪 90 年代初，IRM 在理论研究和实践方面都已经走向成熟，其重要的表现是企业决策层里设立了专门负责信息资源管理的岗位——信息主管（Chief Information Officer，CIO）。

表 10-2　　　　物流信息资源的类型

<table>
<tr><th>分类标准</th><th colspan="3">物流信息资源类型</th></tr>
<tr><td rowspan="9">物流相关活动</td><td rowspan="6">核心物流信息资源</td><td>运　输</td><td>运输物品、运输工具、运输线路、运输费用</td></tr>
<tr><td>储　存</td><td>仓库、库存物品、出库、入库、库存分析</td></tr>
<tr><td>包　装</td><td>包装物品、包装单元、包装要求、包装费用</td></tr>
<tr><td>装卸搬运</td><td>装卸搬运设备、装卸搬运物品、装卸车计划</td></tr>
<tr><td>流通加工</td><td>加工物品、加工要求、加工时间、加工流程、加工费用</td></tr>
<tr><td>配　送</td><td>配送物品、分拣、配货、配送方式、配送路线</td></tr>
<tr><td rowspan="3">外延物流信息资源</td><td>采　购</td><td>采购计划、采购订单、收货、付款</td></tr>
<tr><td>生　产</td><td>生产计划、物料需求、成品入库</td></tr>
<tr><td>销　售</td><td>销售计划、销售合同、发货、收款</td></tr>
<tr><td rowspan="6">信息来源</td><td rowspan="4">内部物流信息资源</td><td>操作层</td><td>收货单、发货单、库存台账、派车单</td></tr>
<tr><td>知识层</td><td>专家决策知识、物流业务知识、工人技术和经验形成的知识</td></tr>
<tr><td>战术层</td><td>物流业务计划完成情况、库存费用控制、市场商情</td></tr>
<tr><td>战略层</td><td>物流战略计划、物流设施规划、经营业绩综合报表</td></tr>
<tr><td rowspan="2">外部物流信息资源</td><td>供应链</td><td>用户需求、用户库存、用户销售、供应商发货、供应商生产</td></tr>
<tr><td>社　会</td><td>物流政策法规、交通基础设施、社会车辆</td></tr>
</table>

【小思考 10-3】

IRM 的基本思想有哪些?

IRM 的基本思想包括:

(1) 信息资源 (Information Resources) 与人力、物力、财力和自然资源一样, 都是企业的重要资源, 因此, 应该像管理其他资源那样管理信息资源。IRM 是企业管理的必要环节, 应该纳入企业管理的预算。

(2) RM 包括数据资源管理和信息处理管理。前者强调对数据的控制, 后者则关心企业管理人员在一定条件下如何获取和处理信息, 且强调企业中信息资源的重要性。

(3) IRM 是企业管理的新职能, 产生这种新职能的动因是信息与文件资料的激增、各级管理人员获取有序的信息和快速简便处理信息的迫切需要。

信息资源管理的目标是通过增强企业处理动态和静态条件下内外信息需求的能力来提高管理的效益, 即追求"3E"——Efficient (高效)、Effective (实效) 和 Economical (经济)。

(4) IRM 的发展是具有阶段性的。共四个阶段, 即物理控制、自动化技术管理、信息资源管理和知识管理。可以用推动力量、战略目标、基本技术、管理方法和组织状态等因素进行比较。目前，我国的大部分企业尚处于前三个阶段，属于初中级水平阶段。

（2）物流信息资源管理的概念。

物流信息资源管理是把物流信息作为一种资源，为了使其得到有效利用，以物流信息技术为手段，对物流信息进行采集、处理、配置、共享、控制等的管理活动。

物流信息资源管理有别于一般的信息资源管理，具有如下的特征。

①强调物流信息是一种战略意义上的资源，具有巨大的经济价值和社会价值，必须从经济角度、社会效益角度对信息资源进行管理，并侧重信息资源的经济学发展和商业应用。

②强调物流信息资源管理不仅是对物流信息的管理，而且还必须综合考虑物流信息技术、设备等方面的因素和相关信息政策、法律等，并把它们有机结合起来。

③强调物流信息资源的战略管理和高层管理，即在物流战略决策、物流战略规划等高层次上发挥物流信息资源的作用，而不仅仅停留在物流操作运行层次和中间控制层次。

④强调物流信息资源管理不仅要对企业内部的物流信息资源进行管理，追求企业内部物流信息资源的最佳利用，更要对供应链中各企业之间的物流信息资源进行管理，实现基于供应链的物流信息资源的最佳共享。

（3）物流信息资源管理的层次。

物流信息资源管理可以分为三个层次的管理：企业内部物流信息资源管理、基于供应链的物流信息资源管理、社会物流信息资源管理（如图 10-2 所示）。企业内部物流信息资源管理侧重企业内部各部门之间物流信息的集成；基于供应链的物流信息资源管理注重供应链中企业间物流信息的共享与控制；社会物流信息资源管理则追求社会公共物流信息的交换与共用。

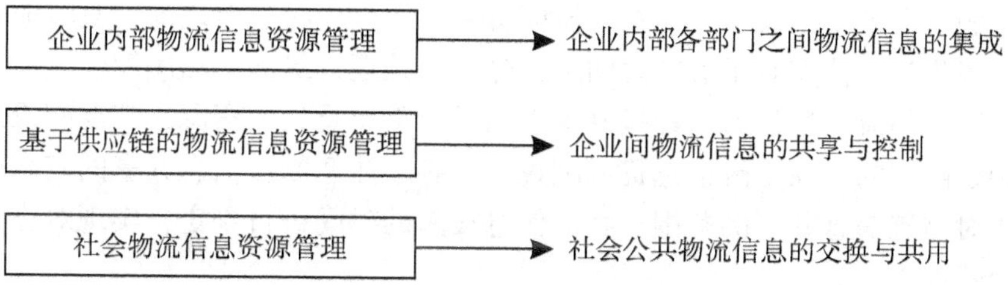

图 10-2　物流信息资源管理的层次

3. 物流信息资源管理的内容

（1）物流信息资源的采集。

物流信息采集技术主要包括人工采集和自动采集技术两大类，自动采集技术又包括条码技术（Bar Code）、射频识别技术（Radio Frequency Identify，RFID）、生物技术（Biological Methods）、多重技术（Multiple-technology）等。

各种物流信息资源采集技术的特点、优缺点如表 10-3 所示。

表 10-3　　物流信息资源采集技术的比较

	技术特点	优　点	缺　点
人工采集	手工操作	成本低	低效率和低效益；维护困难
条码技术	光电识别；一维和二维条码	容易使用；设备成本相对较低	工作量较大；速度相对较慢
射频识别技术	无线射频识别；被动式和主动式 RFID 标签	自动化程度高；效率高；准确率高	首次使用时的投资成本相对较高
生物技术	生物检测；基因识别	可靠；精确	高成本；低效率
多重技术	条码技术+射频识别技术；生物技术+射频识别技术	高可靠性；高精确度	高成本

（2）物流信息资源的配置。

通过对一定数量和种类的物流信息资源的合理配置，使整个物流过程的效益最大化，或者在达到企业运作目标的前提下，使物流信息资源的投入成本最小化。在物流信息资源配置中需要注意以下几点。

①准确性。物流信息的准确性对决策的正确与否有决定性的影响。特别是订单信息，不准确的订单信息常常使得企业生产决策受到影响。物流信息在传递过程中会出现失真现象，这可能是由物流信息人员的失误或者物流信息载体的错误造成的。因此，减少物流信息传递的失真，提高物流信息处理方法的科学性，是物流信息资源配置的一个重要任务。

②及时性。物流信息具有很强的时效性，过时的物流信息可能变得一文不值。物流信息资源配置的一个重要使命，就是在物流信息需要产生之时甚至之前，及时地将物流信息传递给信息接收者，使其有足够的时间进行分析、处理，最终作出决策。

③安全性。物流信息作为一种极易扩散而且有重要意义的资源，其泄露或损失对企业造成的影响是巨大的。在物流信息资源配置中，必须注意物流信息共享的安全性问题。企业或部门要对物流信息共享的范围、物流信息披露的时间进行判定，实现对物流信息保密程度的分级管理。

（3）物流信息资源的共享。

物流信息资源共享可以为供应链带来价值，但并不是供应链中所有的物流信息都可以共享，或者说，不同级别的物流信息在供应链中共享的范围和程度是不同的，这就是供应链物流信息的分级共享。

物流信息主要分为公开级、秘密级、机密级三种。在此基础上，供应链物流信息的共享等级可以分为非共享物流信息、企业内共享物流信息、企业间共享物流信息等。

非共享物流信息一般是机密级的物流信息，只能由企业相关部门自己掌握，不能共享给企业其他部门和供应链中的其他节点企业。企业内共享物流信息一般是秘密级的物流信息，可以在企业内各部门之间进行传递，不能共享给供应链中的其他节点企业。企业间共享物流信息一般是公开级或者秘密级的物流信息，通过企业间共享，能保证供应链战略的顺利实施，企业对于这类物流信息负有产生和主动传递的责任。公开级物流信息一般可以在供应链中所有节点企业间共享，不会对企业的利益形成损害；而秘密级物流信息一般只能在供应链中的个别节点企业间进行共享，必须进行恰当的授权，若授权不当或信息泄露会对企业的利益造成影响。

（4）物流信息资源的控制。

物流信息控制是指对传递的物流信息进行全程跟踪与控制，以确保物流信息的安全和可靠，并对物流信息共享的效果进行评估、监督和效果反馈，以保证物流信息的共享达到预期的目标和处于可控状态中。

根据对物流信息的特点及要求的分析，物流信息资源控制的关键要素包括“4W1H”。“4W1H”是What、When、Where、Who和How五个英文单词的缩写，其含义如下：

①what：是指信息的具体内容。在物流信息控制中要明确信息的所有者（或生产者）能够生产什么样的信息，应该生产什么样的信息，即对信息原始内容的控制，从而保证生产的信息是必要的、充分的。而且还要明确信息使用者需要什么样的信息，其所需信息是否是合理的、必需的和在其授权范围内的。

②When：是指与信息相关的时间因素，如控制信息最早产生时间、最迟产生时间，最早获取时间、最迟获取时间，最早处理时间、最迟处理时间，信息评估周期、信息保密时限等。通过对物流信息相关时间属性的控制，可以确保信息的及时性和有效性，同时还可以平衡信息管理与信息成本之间的关系。

③Where：是指与信息位置相关的因素，包括信息产生的地点或作业环节、信息存储的位置、信息传播的渠道。对位置因素的控制可以使信息的采集和存取变得方便快捷，在需要收集和使用信息时可以迅速定位到信息产生的源头和存储的位置；对信息位置因素的控制可以保证信息的可追溯性，一旦信息发生错误或丢失，可以通过位置信息快速找到问题的根源并重新获取信息；另外对信息存储位置和传播渠道的控制可以确保信息的安全性，避免或减少信息的非授权访问、不当扩散和泄露，使信息始终处于可控状态下。

④Who：是指信息的生产者、所有者、管理者和使用者。明确信息控制中的各种角色，可以分清权责，便于信息的使用和开发管理。在物流信息控制中，信息的生产者负责信息的采集和初级加工，对信息生产者的控制可以保证信息采集的及时性和可靠性；信息的所有者负责信息的分级和使用授权，对信息所有者的控制可以保证信息的合理分级和授权；信息的管理者负责信息的安全保障和存取控制，对信息管理者的控制可以提高信息管理的水平，确保信息和信息系统处于良好状态；信息的使用者是物流信息的受益者，对使用者的控制和授权可以使信息发挥最大的效用，避免信息被滥用和泄露。

⑤How：是指与信息控制相关的各种手段。信息的控制手段指信息的采集方法（人工还是自动化）、信息存储方式（纸面还是电子化）、信息存取的授权方式（需要授权还是无需授权）、信息的传递方式（口头还是网络）、信息的共享策略（全面共享还是部分共享）等。对控制手段的选取会直接影响到信息控制策略的制订和控制效果的产生。

“4W1H”从信息自身、信息的来源和去向、信息管理中的各种角色、信息管理的手段等方面分析了影响信息控制的因素，为在供应链环境下制订物流信息的控制方法和策略奠定了基础。

二、物流信息技术

1. 物流信息技术的含义

物流信息技术，简单点说，就是运用于物流各环节中的信息技术。根据物流的功能以及特点，物流信息技术包括计算机技术、网络技术、信息分类编码技术、条码技术、射频识别技术、电子数据交换技术、全球定位系统（GPS）、地理信息系统（GIS）等。

物流信息技术是物流现代化的重要标志，也是物流技术中发展最快的领域，从数据采集的条形码系统，到办公自动化系统中的微机、互联网，各种终端设备等硬件以及计算机软件都在日新月异地发展。同时，随着物流信息技术的不断发展，产生了一系列新的物流理念和新的物流经营方式，推进了物流的变革。在供应链管理方面，物流信息技术的发展也改变了企业应用供应链管理获得竞争优势的方式，成功的企业通过应用信息技术来支持它的经营战略并选择它的经营业务。通过利用信息技术来提高供应链活动的效率性，增强整个供应链的经营决策能力。

2. 条码技术

条码技术是一种自动识别技术，具有输入速度快、准确率高、成本低、可靠性强等优点。在物流企业管理中，利用条码技术可以对物品进行自动识别和描述物品的信息，从而解决了数据录入和数据采集的瓶颈问题，极大地满足了现代物流流量大和高速化的要求，从而大幅度提高了物流效率、降低了物流的成本，同时提高了物流的管理水平。条码是实现 POS 系统、EDI、电子商务、供应链管理的技术基础，是物流管理现代化重要技术手段。

（1）条码技术的概述。

条形码是由一组规则排列的条、空以及对应的字符组成的标记，黑色的“条”指对光线反射率较低的部分，白色的“空”指对光线反射率较高的部分，再加上条与空格宽度不同，就能使扫描光线产生不同的反射接收效果，再经光电转换成不同的电脉冲，这些电脉冲就是信息。

【知识链接 10-2】

二维条形码

在水平和垂直方向的二维空间存储信息的条形码，称为二维条形码（2-dimensional bar code）。

与一维条形码一样，二维条形码也有许多不同的编码方法，或称码制。就这些码制的编码原理而言，通常可分为以下三种类型。

1. 线性堆叠式二维码

是在一维条形码编码原理的基础上，将多个一维码在纵向堆叠而产生的。典型的码制如：Code 16K、Code 49、PDF417 等。

2. 矩阵式二维码

是在一个矩形空间通过黑、白像素在矩阵中的不同分布进行编码。典型的码制如：Aztec、Maxi Code、QR Code、Data Matrix 等。

3. 邮政码

通过不同长度的条进行编码，主要用于邮件编码，如：Postnet、BPO 4-State。在许多种类的二维条形码中，常用的码制有：Data Matrix，Maxi Code，Aztec，QR Code，Vericode，PDF417，Ultracode，Code 49，Code 16K 等，其中：

* Data Matrix 主要用于电子行业小零件的标识，如英特尔（Intel）的奔腾处理器的背面就印制了这种码。

* Maxi Code 是由美国联合包裹服务（UPS）公司研制的，用于包裹的分拣和跟踪。

* Aztec 是由美国韦林（Welch Allyn）公司推出的，最多可容纳 3832 个数字或 3067 个字母字符或 1914 个字节的数据。

（2）条形码的码制。

码制即指条形码条和空的排列规则，常用的一维码的码制包括 EAN 码、39 码、交叉 25 码、UPC 码、128 码、93 码及 Codabar（库德巴码）等。不同的码制有它们各自的应用领域：

①EAN 码：是国际通用的符号体系，是一种长度固定、无含义的条形码，所表达的信息全部为数字，主要应用于商品标识。

②39 码和 128 码：为目前国内企业内部自定义码制，可以根据需要确定条形码的长度和信息，它编码的信息可以是数字，也可以包含字母，主要应用于工业生产线领域、图书管理等。

③93 码：是一种类似于 39 码的条形码，它的密度较高，能够替代 39 码。

④交叉 25 码：只应用于包装、运输以及国际航空系统的机票顺序编号等。

⑤Codabar 码：应用于血库、图书馆、包裹等的跟踪管理。

（3）条形码符号的组成。

一个完整的条形码的组成次序依次为：静区（前）、起始符、数据符、中间分隔符（主要用于 EAN 码）、校验符、终止符、静区（后），如图 10-3 所示：

图 10-3　条形码符号的组成

①静区，指条形码符号的组成左右两端外侧与空的反射率相同的限定区域，它能使阅读器进入准备阅读的状态，当两个条形码符号的组成相距较近时，静区则有助于对它们加

以区分，静区的宽度通常应不小于6毫米（或10倍模块宽度）。

②起始/终止符，指位于条形码开始和结束的若干条与空，标志条形码的开始和结束，同时提供了码制识别信息和阅读方向的信息。

③数据符，位于条形码中间的条、空结构，它包含条形码所表达的特定信息。

构成条形码的基本单位是模块，模块是指条形码中最窄的条或空，模块的宽度通常以mm或mil（千分之一英寸）为单位。构成条形码的一个条或空称为一个单元，一个单元包含的模块数是由编码方式决定的，有些码制中，如EAN码，所有单元由一个或多个模块组成；而另一些码制，如39码中，所有单元只有两种宽度，即宽单元和窄单元，其中的窄单元即为一个模块。

（4）条形码阅读器。

条形码阅读器是用于读取条形码所包含的信息的设备，它的结构通常分为以下几部分：光源、接收装置、光电转换部件、译码电路、计算机接口。普通的条形码阅读器通常采用以下三种技术：光笔、CCD、激光，它们都有各自的优缺点，没有一种阅读器能够在所有方面都具有优势。

【小思考10-4】

条形码阅读器是怎样工作的?

答：条形码阅读器的基本工作原理为：由光源发出的光线经过光学系统照射到条形码符号上面，被反射回来的光经过光学系统成像在光电转换器上，使之产生电信号，信号经过电路放大后产生模拟电压，它与照射到条形码符号上被反射回来的光成正比，再经过滤波、整形，形成与模拟信号对应的方波信号，经译码器解释为计算机可以直接接收的数字信号。

（5）条形码在物流领域的应用。

条形码技术在物流中有较为广泛的应用，主要体现在以下几个方面。

①销售信息系统（POS系统）。在商品上贴上条形码就能快速、准确地利用计算机进行销售和配送管理。其过程为：对销售商品进行结算时，通过光电扫描读取并将信息输入计算机，然后输进收款机，收款后开出收据，同时，通过计算机处理，掌握进、销、存的数据。

②库存系统。在库存物资上应用条形码技术，尤其是规格包装、集装、托盘货物上，入库时自动扫描并输入计算机，由计算机处理后形成库存的信息，并输出入库区位、货架、货位的指令，出库程序则和POS系统条形码应用一样。

③分货拣选系统。在配送方式和仓库出货时，采用分货、拣选方式，需要快速处理大量的货物，利用条形码技术便可自动进行分货拣选，并实现有关的管理。其过程如下：一个配送中心接到若干个配送订货要求，将若干订货汇总，每一品种汇总成批后，按批发出所在条形码的拣货标签，拣货人员到库中将标签贴于每件商品上并取出用自动分拣机分货，分货机始端的扫描器对分货机上处于运动状态的货物扫描，一方面确认所拣出货物是否正确，另一方面识读货物条形码上的用户标记，指令商品在确定的分支分流，到达各用户的配送货位，完成分货拣选作业。

【知识链接 10-3】

条形码的优越性

与其他自动化识别技术相比，条形码技术具有如下的优越性：

（1）可靠准确。有资料表明键盘输入平均每 300 个字符有一个错误，而条码输入平均每 15000 个字符有一个错误。

（2）数据输入速度快。键盘输入，一个每分钟打 90 个字的打字员，1.6 秒可输入 12 个字符或字符串，而使用条形码，做同样的工作只需 0.3 秒，速度提高了 5 倍。

（3）经济便宜。与其他自动化识别技术相比较，推广应用条形码技术，所需费用较低。另外，条形码标签易于制作，对印刷技术设备和材料无特殊要求。

（4）灵活、实用。条形码符号作为一种识别手段可以单独使用，也可以和有关设备组成识别系统实现自动化识别，还可和其他控制设备联系起来实现整个系统的自动化管理。同时，在没有自动识别设备时，也可实现手工键盘输入。

（5）自由度大。识别装置与条形码标签相对位置的自由度要比光学字符识别（OCR）大得多。条形码通常只在一维方向上表达信息，而同一条形码上所表示的信息完全相同并且连续，这样即使是标签有部分残缺，仍可以从正常部分输入正确的信息。

（6）设备简单。条形码符号识别设备的结构简单，操作容易，无需专门训练。

3. EDI 技术

（1）EDI 的概述。

电子数据交换（Electronic Data Interchange，EDI）是指通过电子方式，采用标准化的格式，利用计算机网络进行结构化数据的传输和交换。它通过计算机通信网络将贸易、运输、保险、银行和海关等行业信息，用一种国际公认的标准格式，实现各有关部门或公司与企业之间的数据交换和处理。

构成 EDI 系统的三个要素是 EDI 软硬件、通信网络以及数据标准。一个部门或企业若要实现 EDI，首先必须有一套计算机数据处理系统；其次，为使本企业内部数据比较容易地转换为 EDI 标准格式，必须采用 EDI 标准；另外，通信环境的优劣也是关系到 EDI 成败的重要因素之一。

（2）EDI 工作流程。

一个典型的 EDI 工作过程及文件流程图如图 10-4 所示。

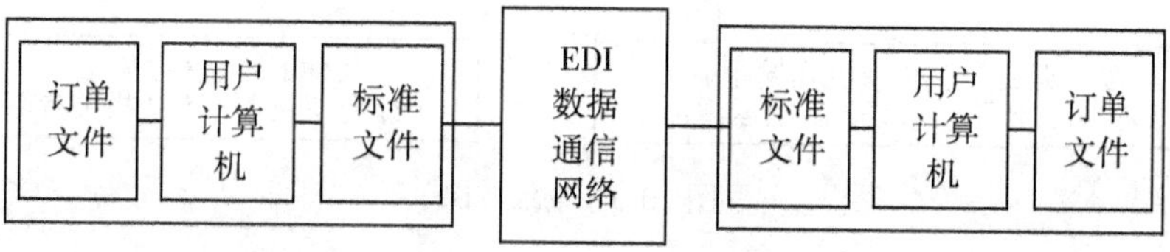

图 10-4　EDI 工作流程

①文件的结构化和标准化处理，就是用户将原始的纸面商业或行政文件，经计算机处理，形成具有标准格式的 EDI 数据文件。

②传输和交换，将标准的报文数据，经过 EDI 数据通信和交换网传送到对方用户的计算机系统。

③文件接收和自动处理，用户计算机接收到报文数据后，立即按特定的程序自动处理，还原出订单文件。

完整的 EDI 系统功能模型，如图 10-5 所示。

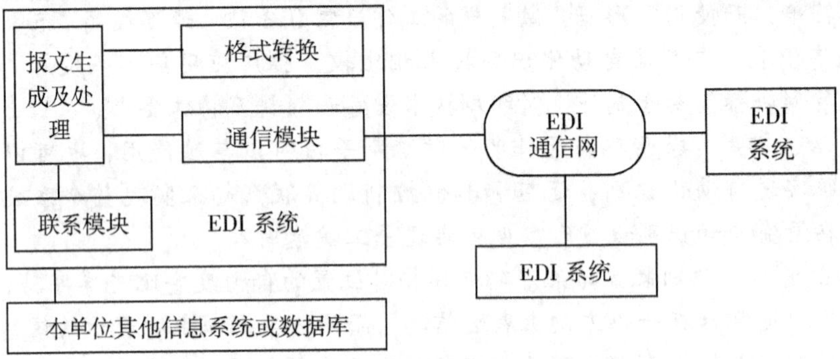

图 10-5　EDI 系统功能模型

（3）物流 EDI。

物流 EDI 是指货主、承运业主以及其他相关的单位之间，通过 EDI 系统进行物流数据交换，并以此为基础实施物流活动的方法。

EDI 最初由美国企业应用在企业间的订货业务活动中，其后应用范围由订货业务向其他业务扩展，在物流中也得到广泛应用。物流 EDI 的框架结构如图 10-6 所示。

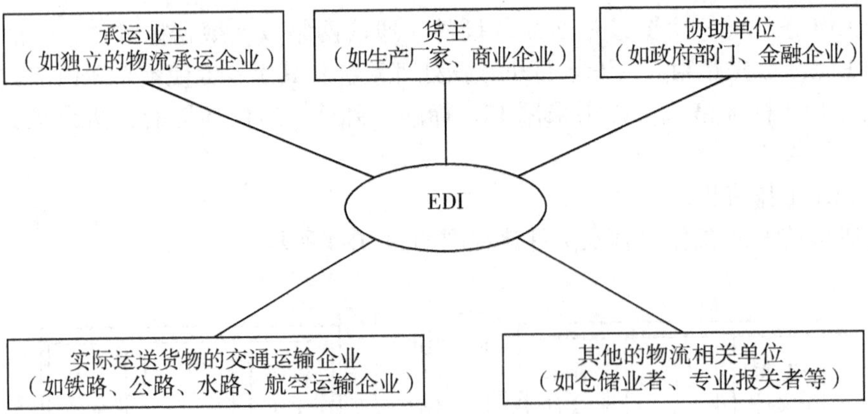

图 10-6　物流 EDI

物流 EDI 的参与单位由货主（生产厂商、贸易商、批发商、零售商等）、承运业主

（如独立的物流承运企业等）、实际运送货物的交通运输企业（铁路企业、水运企业、航空企业、公路运输企业等）、协助单位（政府有关部门、金融企业等）和其他的物流相关单位（如仓库业者、专业报关业者等）。

物流 EDI 的优点在于供应链组成各方基于标准化的信息格式和处理方法通过 EDI 共同分享信息，提高物流效率，降低物流成本。例如，对零售商来说，应用 EDI 系统可以大大降低进货作业的出错率，节省进货商品检验的时间和成本，能迅速核对进货和到货的数据，易于发现差错。

【知识链接 10-4】

EDI 在供应链管理过程中的应用

EDI 是一种信息管理或处理的有效手段，它是对供应链上的信息流进行运作的有效方法。EDI 的目的是充分利用现有计算机及通讯网络资源，提高贸易伙伴间通信的效益，降低成本。EDI 主要应用于以下企业：

制造业：JIT 即时响应，以减少库存量及生产线待料时间、降低成本。

贸易运输业：快速通关报检、经济使用运输资源，减少贸易运输空间、成本与时间的浪费。

流通业：QR 快速响应，减少商场库存量与空架率，以加速商品资金周转，降低成本。建立物资配送体系，以完成产存运销一体化的供应链管理。

金融业：EFT 电子转账支付，减少金融单位与其用户间交通往返的时间与现金流动风险，并缩短资金流动所需的处理时间，提高用户资金调度的弹性，在跨行服务方面，更可使用户享受到不同金融单位所提供的服务，以提高金融业的服务品质与项目。

EDI 应用获益最大的是零售业、制造业和配送业。在这些行业的供应链上应用 EDI 技术使传输发票、订单过程达到了很高的效率，而这些业务代表了它们的核心业务活动——采购和销售。

4. RFID 技术

（1）RFID 技术的概述。

射频技术（Radio Frequency Identification，RFID），即射频识别。常称为感应式电子晶片或近接卡、感应卡、非接触卡、电子标签、电子条码等。射频识别技术是一种非接触式的自动识别技术，它通过射频信号自动识别目标对象来获取相关数据。识别工作无需人工干预，可工作于各种恶劣环境。短距离射频产品不怕油渍、灰尘污染等恶劣的环境，可以替代条码，例如用在工厂的流水线上跟踪物体。长距离射频产品多用于交通上，识别距离可达几十米，如自动收费或识别车辆身份等。

（2）RFID 在物流企业中的应用。

鉴于射频识别技术的优势，RFID 技术已被广泛用于物流、交通运输、工业自动化、安全认证、身份识别等众多领域。最广泛的应用是在交通运输管理（汽车和货箱身份鉴别）、路桥收费、门禁保安、自动化生产和货物标签等方面。其他运用包括工具识别、人员监控、包裹和行李分类、车辆监控、物料跟踪和货架识别等。

①高速公路自动收费及交通管理。目前，我国的高速公路发展迅速，但是人工收费系统常造成交通堵塞。在高速公路中运用RFID技术，可有效地解决这个问题，它能在携带标签的车辆高速通过收费站的同时自动完成收费。如，香港的车辆自动识别系统——驾易通，采用的主要技术就是射频识别技术。装有电子标签的车辆通过装有射频扫描器的专用隧道、停车场或高速公路路口时，无需停车缴费，大大提高了行车速度。

②生产线自动化。在生产流水线上应用RFID技术可实现自动控制，提高了生产效率，改进了生产方式，节约了成本。例如，德国宝马汽车公司在装配流水线上应用射频技术，实现了由用户订制产品的生产方式。他们在装配流水线上安装RFID系统，采用可重复使用、带有详细的汽车定制要求的标签，在每个工作点都设有读写器，以保证汽车在每个流水线工作站上都能按定制要求完成装配任务，从而得以再装配出上百种不同款式和风格的宝马汽车。

③仓储管理。在仓储管理中应用RFID系统，实现了实时货位查询和货位动态分配功能，大幅度减少了查找货位信息的时间，提高了查询和盘点精度，大大加快了出、入库单的流转速度，从而大幅度提高了仓储运作与管理的工作效率，增强了信息处理能力，满足了现代物流管理模式下仓储管理系统的要求。使用远距离射频识别系统时，可在货物仓库的库区内设置一定数量的信号发射和接收装置，从而使得整个库区被覆盖在一个完整的控制网络之下。当携带有射频标签的货物（一般为大型和重要货物）进入射频天线工作区后，射频标签被激活，标签内的数据如：生产厂家、货品名称、数量、批号、发货地址和目的地址等，都通过标签上的发射天线被发射出去，系统的接收天线接收到此数据信号后通过传输线传送给阅读器，经阅读器解码和校验后输入到计算机中。通过这种方式，此商品的全部信息被计算机的数据库完整而准确地记录下来。只要货物不离开库区，不论其在库区内哪一个区域移动，该货物的所有信息均可在计算机的监控之下，如货物在库区中的位置、进入库区的时间、调出库区的时间等，计算机都有准确的记录。这种系统比传统的条形码管理方式更加方便、准确、快捷、灵活，同时也保证了货物的安全性。

5. GPS 技术

（1）GPS的概述。

全球定位系统（Global Positioning System，GPS）是利用分布在约2万公里高空的多颗卫星对地面目标的状况进行精确测定以进行定位、导航的系统，主要用于车辆、船舶和飞机的导航、对地面目标的精确定时和精密定位、地面及空中交通管制、空间与地面灾害监测等。GPS在物流领域可以应用于汽车自定位、跟踪调度，用于铁路运输管理，用于军事物流。

GPS系统与其他定位系统相比的主要特点如下。

①全球连续定位。该系统能为全球任何地点或近地用户提供连续的全球导航服务。

②定位精度高。GPS系统能为各种用户提供多维导航信息，即三维定位装置信息、三维速度信息和精确的时间信息。试验表明，定位误差低于10米，计时误差低于1μs。

③接近实时定位。该系统所需的定位时间极短，从开机冷启动到捕获到卫星，直至精

密定位，最长时间为 30 秒，而每次定位刷新时间只需 1 秒或 0.5 秒。

④抗干扰能力强。GPS 系统采用扩频调制技术和相关接收技术，从而使用户的接收机系统具有抗干扰能力强、保密性好等特点。

⑤被动性全天候导航。用户只要装备接收装置就可以接收系统的信号进行导航定位，不要求用户发射任何信号，因而体积小而灵活，这种被动式导航不仅隐蔽性好，而且可以容纳无限的用户。

（2）GPS 在物流信息管理中的应用。

GPS 以其全球性、实时性、全天候、连续、快速和高精度的特点，在物流领域得到日益广泛的应用，具体表现在以下几个方面。

①汽车定位。无线数据通信技术配合 GPS 定位技术，可以用于智能交通管理，对移动中的车辆进行实时的监控和调度。安装在车辆上的定位仪器可以实时获取车辆的位置信息，包括纬度、速度、方向等。通过车辆无线数据通信系统，将车辆的位置信息以短消息方式传送到指挥监控中心，并显示在电子地图上。同样，无线车辆终端也可以将指挥中心的命令传送到移动的车辆上，实现汽车的定位。

②跟踪调度。在运输中，利用移动计算机与 GPS/GIS 车辆信息系统互联，可使得整个运输车队在运行中都受到中央调度系统的控制。中央调度系统可以对车辆的位置、状况等进行实时的监控，利用这些信息对车辆进行优化配置和调遣，可极大地提高运输工作效率，同时也能够加强成本控制。另外，通过将车辆载货情况以及到达目的地的时间预先通知下游单位配送中心或仓库等，有利于下游单位合理地配置资源、安排作业，从而提高运营效率，节约物流成本。

③航运管理。在我国，GPS 最先应用于海洋运输的船舶导航。GPS 技术的应用能有效地改善航运行政管理，提升航运生产管理的科技含量，对加强水上安全管理、提升船舶安全意识，提高航运企业效益起到了积极的推动作用，从而促进航运行业生产力的发展。

④航空管理。GPS 在航空管理中的应用主要体现在航路导航、进场着陆及空中交通管制三大方面，包括洋区空域航路、内陆空域航路、终端区导引、进场/着陆、机场场面监视和管理、特殊区域导航等具体内容。

⑤铁路运输管理。我国铁路开发的基于 GPS 的计算机管理信息系统，可以通过 GPS 和计算机网络实时收集全路列车、机车、车辆、集装箱及所运货物的动态信息，可实现列车、货物追踪管理。只要知道货车的车种、车型、车号，就可以立即从近 10 万公里的铁路网上流动着的几十万辆货车中找到该货车，还能得知这辆货车现在何处运行或停在何处，以及所有的车载货物发货信息。铁路部门运用这项技术可大大提高其路网经营的透明度，为货主提供更高质量的服务。

⑥军事物流。在军事物流中，如后勤装备的保障等方面，GPS 地应用相当普遍，尤其是在美国，其在世界各地驻扎的大量军队无论是在战时还是在平时都对后勤补给提出很高的要求。在战争中，如果不依赖 GPS，美军的后勤补给就会变得一团糟。美军在 20 世纪末的地区冲突中就是依靠 GPS 和其他顶尖技术，来实现了强有力的、可见的后勤保障。

【知识链接 10-5】

中国北斗卫星导航系统

中国北斗卫星导航系统（BeiDou Navigation Satellite System，BDS）是中国自行研制的全球卫星导航系统。是继美国全球定位系统（GPS）、俄罗斯格洛纳斯卫星导航系统（GLONASS）之后世界上第三个成熟的卫星导航系统。北斗卫星导航系统（BDS）和美国GPS、俄罗斯GLONASS、欧盟GALILEO，是联合国卫星导航委员会已认定的供应商。

北斗卫星导航系统由空间段、地面段和用户段三部分组成，可在全球范围内全天候、全天时为各类用户提供高精度、高可靠定位、导航、授时服务，并具短报文通信能力，已经初步具备区域导航、定位和授时能力，定位精度10米，测速精度0.2米/秒，授时精度10纳秒。

2012年12月27日，北斗系统空间信号接口控制文件正式版1.0正式公布，北斗导航业务正式对亚太地区提供无源定位、导航、授时服务。

2013年12月27日，北斗卫星导航系统正式提供区域服务一周年新闻发布会在国务院新闻办公室新闻发布厅召开，正式发布了《北斗系统公开服务性能规范（1.0版）》和《北斗系统空间信号接口控制文件（2.0版）》两个系统文件。

2014年11月23日，国际海事组织海上安全委员会审议通过了对北斗卫星导航系统认可的航行安全通函，这标志着北斗卫星导航系统正式成为全球无线电导航系统的组成部分，取得面向海事应用的国际合法地位。

中国的卫星导航系统已获得国际海事组织的认可。

6. GIS技术

（1）GIS的概述。

地理信息系统（Geographical Information System，GIS）是多种学科交叉的产物，它以地理空间数据为基础，采用地理模型分析方法，适时地提供多种空间的和动态的地理信息，是一种为地理研究和地理决策服务的计算机技术系统。其基本功能是将表格型数据（无论它来自数据库、电子表格文件或直接在程序中输入）转换为地理图形显示，然后对显示结果浏览、操作和分析。其显示范围可以从洲际地图到非常详细的街区地图，显示对象包括人口、销售情况、运输线路和其他内容。

GIS是由计算机硬件系统、计算机软件系统、地理数据（或空间数据）、管理人员和用户组成的，其核心部分是计算机硬件和软件系统，空间数据反映了GIS的地理内容，而管理人员和用户则决定了系统的工作方式和信息表示方式。

计算机硬件系统。硬件的性能影响到处理速度，使用是否方便及可能的输出方式。包括计算机系统、数据输入设备、数据存储设备、数据输出设备、数据传输设备。

计算机软件系统。为了实现复杂的空间数据管理功能，GIS需要有与硬件环境相配套的多种软件功能模块。在软件层次上需要有系统软件、基础软件、基本功能软件、应用软件等多层次体系。根据GIS的功能可划分为计算机系统软件和基础软件、数据输入子系统、数据编辑子系统、空间数据库管理系统、空间查询与空间分析系统、数据输出子系统。

空间数据。空间数据是指以地球表面空间位置为参照的自然、社会和人文经济景观数据，可以是图形、图像、表格和数字等。GIS 的空间数据主要包括：实体在某个已知坐标系中的位置、实体间的空间位置、与几何位置无关的属性。

人员。人是 GIS 中最重要的组成部分。开发人员必须定义 GIS 中被执行的各种任务，开发处理程序。熟练的操作人员通常可以克服 GIS 软件功能的不足，但是最好的软件也无法弥补操作人员对 GIS 的一无所知所带来的副作用。

（2）GIS 在物流企业信息管理中的应用。

GIS 在物流领域得到日益广泛的应用，具体表现在以下几个方面：

①提供跟踪服务。通过运用 GPS 和 GIS，实时跟踪车辆、货物的运动，及时确定所在的准确位置，这项技术正在道路运输，特别是物流配送中得到越来越广泛的应用。车辆跟踪是通过全球移动通信网络的短消息服务，进行数据连接，车辆上安装的设备有 GPS 信号接收仪、一个调制解调器和一个呼叫控制器，而地面站由地面调制解调器和 GPS 工作站组成。通过空间的卫星通信能在 GPS 工作站的电子地图上显示出车辆当前的位置和当时的速度。监控中心在了解车辆目前的运行状况和所处的地理位置后，利用短消息或语音的方式对车辆进行合理调度，还能把车辆运行的轨迹在电子地图上进行回放。

②紧急情况下的路线安排。在时间紧迫的情况下，找出可替代的行车线路。在许多城市地区，由于交通情况复杂多变（如某路段上临时发生交通阻塞），适时地为司机提供更多的信息可以减轻交通拥挤，提高驾驶安全性并尽快达到目的。如对时间敏感的物料获取、加工和配送活动，一个基于 GIS、为时间紧迫型物流而设计的、在交通拥挤时能发出最短路径的决策支持软件系统，可凭借精确细致的临时解决方案，预测道路网的交通量，并根据货物的最迟到达时间和目的，找出车辆的最佳出发时间和行驶路线。

③仓库（超市）的合理选择。运用适当的软件，结合相应的空间和属性数据，如一个地区的人口、人均收入、年龄分布、驾车时间等，综合这几个图层，可以得出仓库或超市的最佳地址。

④综合物流分析。GIS 应用于物流分析，主要就是指利用 GIS 这种特有的强大的地理数据处理功能来完善物流分析工作。利用 GIS 在处理空间数据、多层分析、强大的地理图形和图形处理功能等领域的优势对物流过程相关数据进行深度分析，为物流过程参与各方提供决策依据。

7. 电子自动订货系统（EOS）

电子自动订货系统（Electric Ordering System，EOS）是零售业与批发业之间通过增值网或互联网和终端设备以在线联结（on-line）方式将各种信息从订货到接单，用计算机进行处理的系统。

EOS 系统并非单个的零售店与单个的批发商组成的系统，而是许多零售店与许多批发商组成的大系统的整体运作方式。EOS 系统基本上是在零售的终端利用条形码阅读器获取准备采购的商品条形码，并在终端机上输入订货资料；利用电话线通过调制解调器传到批发商的计算机中；批发商开出提货传票，并根据传票同时开出拣货单，实施拣货，然后依据送货传票进行商品发货；送货传票上的资料便成为零售商的应付账款资料及批发商的应收账款资料，并接到应收账款的系统中去；零售商对送到的货物进行检验后，便可以陈列与销售了。

EOS 按应用范围可分为企业内的 EOS（如连锁店经营中各个连锁分店与总部之间建立的 EOS 系统），零售商与批发商之间的 EOS 系统以及零售商、批发商和生产之间的 EOS 系统。EOS 的基本框架如图 10-7 所示。

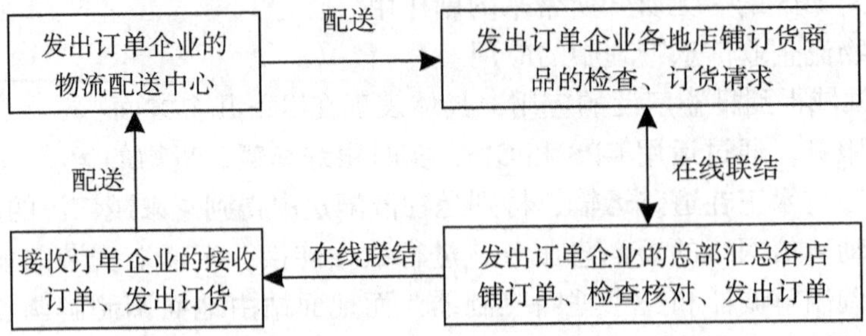

图 10-7　EOS 的基本框架

EOS 系统能及时准确地交换订货信息，它在企业物流管理中的作用如下。

（1）对于传统的订货方式，如上门订货、邮寄订货、电话、传真订货等，EOS 系统可以缩短从接到订单到发出订货的时间，缩短订货商品的交货期，减少商品订单的出错率，节省人工费。

（2）有利于减少企业的库存水平，提高企业的库存管理效益，同时也能防止商品特别是畅销商品缺货现象的出现。

（3）对于生产厂家和批发商来说，通过分析零售商的商品订货信息，能准确判断畅销商品和滞销商品，有利于企业调整商品生产和销售计划。

（4）有利于提高企业物流信息系统的效率，使各个业务信息子系统之间的数据交换更加便利和迅速，丰富企业的经营信息。

【小思考 10-5】

企业在应用 EOS 系统时应注意哪些问题？

答：企业在应用 EOS 系统时应注意：

（1）订货业务作业的标准化，这是有效利用 EOS 系统的前提条件。

（2）商品代码的设计。在零售行业的单品管理方式中，每一个商品品种对应一个独立的商品代码，商品代码一般采用国家统一规定的标准。对于统一标准中没有规定的商品则采用本企业自己规定的商品代码。商品代码的设计是应用 EOS 系统的基础条件。

（3）订货商品目录账册（Order Book）的制作和更新。订货商品目录账册的设计和运用是 EOS 系统成功的重要保证。

（4）计算机以及订货信息输入和输出终端设备的添置与 EOS 系统设计是应用 EOS 系

统的基本条件。需要制定 EOS 系统应用手册并协调部门间、企业间的经营活动。

8. 销售时点信息系统（POS）

销售时点信息系统（Point of Sale，POS）是指通过自动读取设备（如收银机）在销售商品时直接读取商品销售信息（如商品名、单价、销售数量、销售时间、销售店铺、购买顾客等），并通过通信网络和计算机系统传送至有关部门进行分析加工以提高经营效率的系统。POS 系统最早应用于零售业，以后逐渐扩展至其他如金融、旅馆等服务行业，利用 POS 系统的范围也从企业内部扩展到整个供应链。

商业 POS 系统分为硬件和软件两部分。

硬件是一个计算机网络系统，既可以是集中式的大系统，也可以用微型机连成局域网，这要视商场的规模、信息量、处理量和资金投入而定，但大致可分为以下三大组成部分：

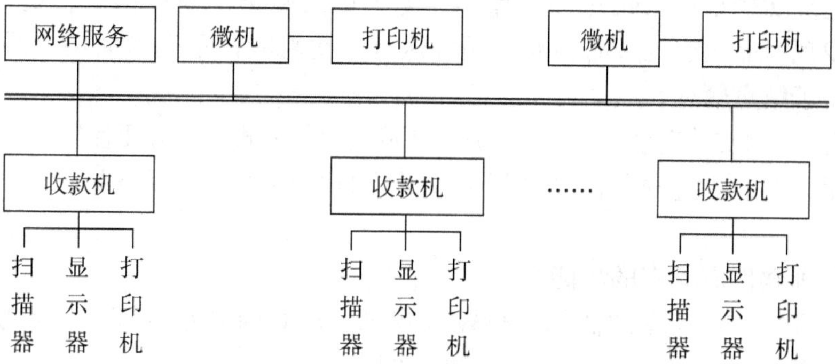

图 10-8　商业 POS 系统硬件组成示意图

①前台收款机，可采用具有顾客显示屏和票据打印机、条形码扫描器的 POS 机型。条形码扫描器可根据商品的特点选用手持式或台式，以提高数据录入的速度和可靠性。

②网络，目前我国大多数商场一般内部信息的交换量很大，而对外的信息交换量则很小，因此，计算机网络系统应采用以高速局域网为主、电信系统提供的广域网为辅的整体网络系统。

③硬件平台，大型商业企业的商品进、存、调、销的管理复杂，账目数据量大，且需频繁地进行管理和检索，选择较先进的客户机/服务器结构，可大大提高工作效率，保证数据的安全性、实时性及准确性。

软件系统是商业 POS 系统的核心部分，从根本上说，它仍属于管理信息系统（MIS）的范畴，MIS 的三个层次：操作层、管理层、决策层，对于商业 POS 系统同样适用，但人们更习惯把商业 POS 系统的软件分为前台和后台两个部分（见图 10-9）。

①前台销售系统应具有的功能。

日常销售，完成日常的售货收款工作，记录每笔交易的时间、数量、金额，进行销售输入操作。如果遇到条形码不识读等现象，系统应允许手工输入条形码号进行价格查询。

交班结算，进行交班收款员交班的收款小结、大结等管理工作，计算并显示出本班交

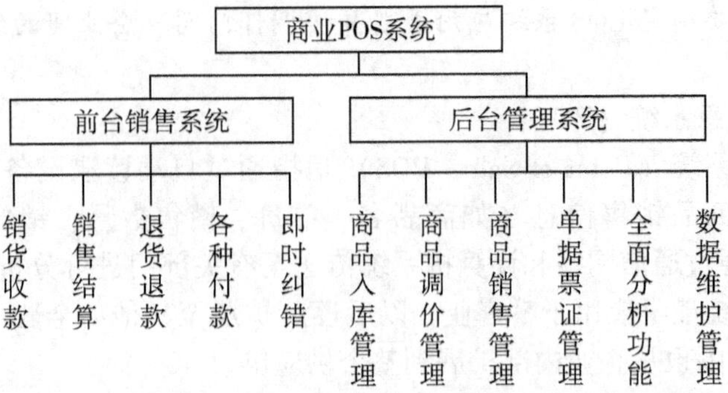

图 10-9 商业 POS 系统软件组成

班时的现金及销售情况，统计并打印收款机全天的销售金额及各售货员的销售额。

退货，退货功能是日常销售的逆操作。为了提高商场的商业信誉，更好地为顾客服务，在顾客发现商品出现问题时，允许顾客退货。此功能记录退货时的商品种类、数量、金额等，以便于结算管理。

各种付款方式可支持现金、支票、赊账等不同的付款方式，以方便各类不同的顾客要求。

即时纠错，在销售过程中出现的错误能够立即修改更正，保证销售数据和记录的准确性。

②后台管理软件应具有的功能。

商品入库管理，对入库的商品进行输入登录，建立商品数据库，以实现对库存的查询、修改、报表及商品入库验收单的打印等功能。

商品调价管理，由于某些商品的价格随季节和市场等情况而变动，本系统应能提供对这些商品进行调价的管理功能。

商品销售管理，根据商品的销售记录，实现商品的销售、查询、统计、报表等管理，并能对各收款机、收款员、售货员等进行分类统计管理。

单据票证管理，实现商品的内部调拨、残损报告、变价调动、仓库验收盘点报表等各类单据票证的管理。

报表打印管理，实现商品销售过程中各类报表的打印等管理功能。

完善的分析功能，POS 系统的后台管理软件应能提供完善的分析功能，分析内容涵盖进、销、调、存过程中的所有主要指标，同时以图形和表格方式提供给管理者。

数据维护管理，实现收款机、收款员的编码、口令管理，支持各类权限控制，具有对本系统所涉及的各类数据进行备份，交易断点的恢复功能。

三、物流企业管理信息系统

1. 物流企业管理信息系统的概述

物流企业管理信息系统由人员，计算机硬件、软件，网络通信设备及其他办公设备组成的人机交互系统，其主要功能是进行物流信息的收集、存储、传输、加工整理、维护和输出，为物流管理者及其他组织管理人员提供战略、战术及运作决策的支持，以达到组织的战略竞优，提高物流运作的效率与效益。

物流管理信息系统是建立在物流信息的基础上的，只有具备了大量的物流信息，物流信息系统才能发挥作用。在物流管理中，人们要寻找经济、有效的方法来克服生产和消费之间的时间距离和空间距离，就必须传递和处理各种与物流相关的情报，这种情报就是物流信息。它与物流过程中的订货、收货、库存管理、发货、配送及回收等职能有机地联系在一起，使整个物流活动顺利进行。

2. 物流管理信息系统的功能

物流管理信息系统是物流系统的神经中枢，它作为整个物流系统的指挥和控制系统，可以分为多种子系统或者多种基本功能。通常，可以将其基本功能归纳为以下几个方面：

（1）数据的收集和输入。

物流数据的收集首先是将数据通过收集子系统从系统内部或者外部收集到预处理系统中，并整理成为系统要求的格式和形式，然后再通过输入子系统输入到物流信息系统中。这一过程是其他功能发挥作用的前提和基础，如果一开始收集和输入的信息不完全或不正确，在接下来的过程中得到的结果就可能是实际情况完全相左，这将会导致严重的后果。因此，在衡量一个信息系统性能时，应注意它收集数据的完善性、准确性，以及校验能力和预防和抵抗破坏能力等。

（2）信息的存储。

物流数据经过收集和输入阶段后，在其得到处理之前，必须在系统中存储下来。即使在处理之后，若信息还有利用价值，也要将其保存下来，以供以后使用。物流信息系统的存储功能就是要保证已得到的物流信息能够不丢失、不走样、不外泄、整理得当、随时可用。要考虑到存储量、信息格式、存储方式、使用方式、存储时间、安全保密等问题。如果这些问题没有得到妥善的解决，信息系统是不可能投入使用的。

（3）信息的传输。

物流信息在物流系统中，一定要准确、及时地传输到各个职能环节，否则信息就会失去其使用价值。物流管理信息系统在实际运行前，必须要充分考虑所要传递的信息种类、数量、频率、可靠性要求等因素。只有这些因素符合物流系统的实际需要时，物流管理信息系统才是有实际使用价值的。

（4）信息的处理。

物流管理信息系统的最根本目的就是要将输入的数据加工处理成物流系统所需要的物流信息。数据和信息是有所不同的，数据是得到信息的基础，但数据往往不能直接利用，而信息是从数据加工得到，它可以直接利用。只有得到了具有实际使用价值的物流信息，物流信息系统的功能才算发挥。

（5）信息的输出。

信息的输出是物流管理信息系统的最后一项功能，也只有在实现了这个功能后，物流信息系统的任务才算完成。信息的输出必须采用便于人或计算机理解的形式，在输出形式上力求易读易懂，直观醒目。

这五项功能是物流管理信息系统的基本功能，缺一不可。而且，只有五个过程都没有出错，最后得到的物流信息才具有实际使用价值，否则会造成严重的后果。

3. 物流管理信息系统的功能结构

物流管理信息系统应包括的功能子系统有物品管理子系统、存储管理子系统、配送管理子系统、运输与调度子系统、客户服务子系统、财务管理子系统、人力资源管理子系统、质量管理子系统等（见图 10-10）。

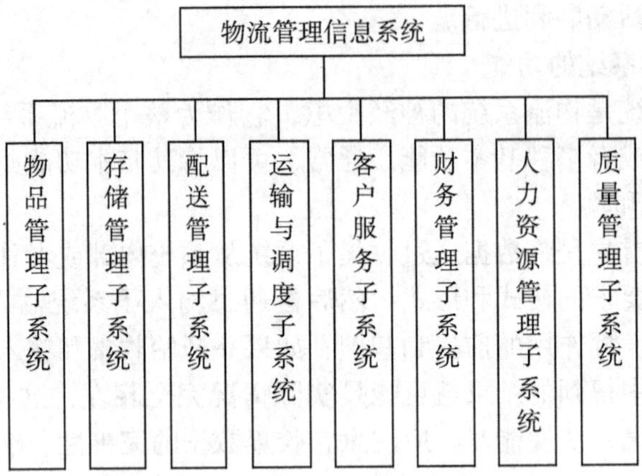

图 10-10　物流管理信息系统总体功能结构

下面将主要介绍物品管理子系统、存储管理子系统、配送管理子系统、运输与调度管理子系统和客户服务子系统的功能。

（1）物品管理子系统。

物品管理子系统覆盖的范围相当广泛，从物品的采购计划、审批、物品采购合同、合同执行情况的跟踪反馈，到物品到货入库、物品发货、结算与统计，全部都要通过这个物品管理子系统进行调度管理。

物品管理子系统由下列四个部分组成：采购计划管理、采购合同管理、物品出入库管理、物品进销存查询（如图 10-11 所示）。

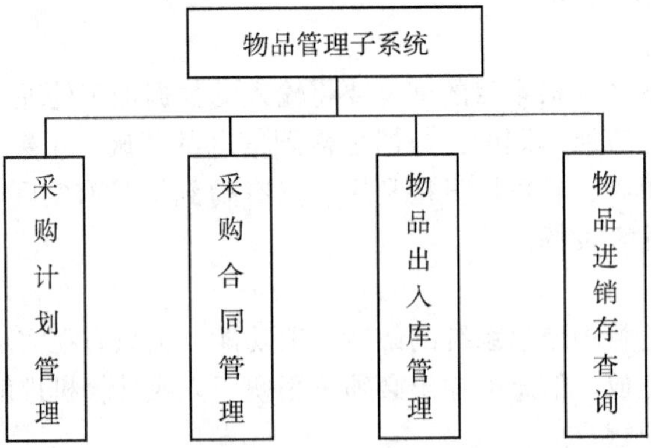

图 10-11　物品管理子系统

①采购计划管理。采购计划管理主要任务是用来产生物品采购计划，供物品采购者使用。主要功能有计划编制和选择、计划审核、查询修改及报表打印，根据需要对物品的采购进行合理安排，其中计划编制是辅助半结构化决策。

②采购合同管理。采购合同管理主要功能是用来管理物品及设备的采购合同。该模块有下列几个主要功能：合同生成、合同录入、查询修改、合同审核、合同处理及报表打印，可以完成全部合同的产生、输入、修改、查询、审核及打印等任务。对于合同的处理执行情况，应付款、已付款和未完成合同的各项统计可以做到一目了然。

③物品出入库管理。出入库管理含有单据录入、查询、修改、调整、统计报表输出、打印、自检以及月结算等功能。在物品入库后可以根据不同的物品属性，以及出入库条件进行查询和修改，同时可以对不同的库存情况进行及时调整，并且可以根据需要产生一些管理以及结算报表供打印输出或预览，一定时间后可以对指定日期前的数据进行结算，准确反映物品的价值和数量等。

④物品进销存查询。物品进销存查询功能提供物品管理子系统所覆盖业务的信息查询以及计划与完成情况的对比分析。

（2）存储管理子系统。

一般来说，存储管理子系统从功能结构上可分为四大功能，如图 10-12 所示。

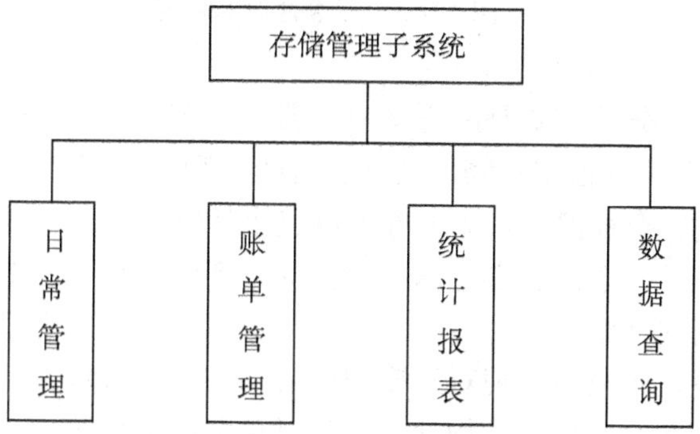

图 10-12 存储管理子系统

①日常管理。日常管理包括物品凭单录入管理、冲账管理、查询日常管理。如物品凭单录入管理、查询管理、物品估价调整管理、材料修理凭单管理，其中储存物品凭单一般由物品入库单、物品出库凭单、销售出库凭单、报废出库凭单、委托加工出库凭单、物品库存调整凭单等组成。

②账单管理。对仓库的使用资金账单进行管理，有利于领导和仓库管理人员了解并掌握仓库资金的调度。

③统计报表。管理人员可以统计各种物品的出入库及使用情况，并具有进一步了解仓库库存、仓库总账、损耗误差、物品活动及材料进货情况，以及统计各种材料的计划采购数量、实际库存数量和总的库存数量等操作的功能，并可完成相应的图形绘制和报表打印。

④数据查询。数据查询是对物品的消耗、库存数量和物品修理费支出的查询。可分别进行单一物品的消耗查询、各部门消耗物品的查询、各类物品消耗金额的查询、各类物品储备金额的查询、物品的明细库存查询、各部门支付物品修理费的查询。据此企业决策人员可以实时监控仓库的储备金额和各部门使用材料的情况，并及时、准确地对整个企业物品调度作出科学的决策。

(3) 配送管理子系统。

配送管理子系统的主要功能结构如图 10-13 所示。

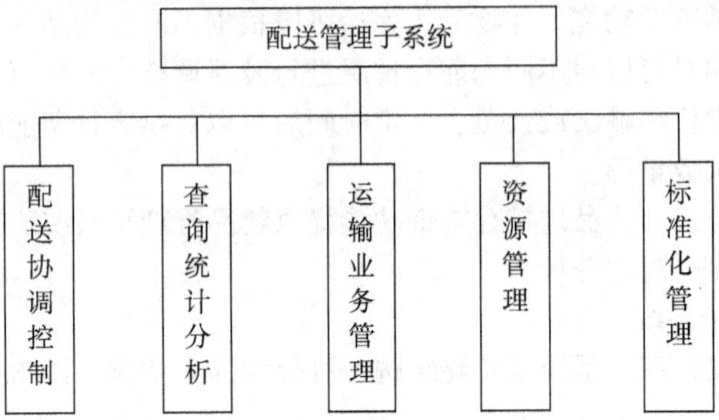

图 10-13　配送管理子系统

①配送协调控制。分拣配货是配送的独特要求，特别是在共同配送中（多个货主货物同时配送运输），系统将根据货物的品种、目的地顺序、货主要求送货时间等因素实现自动配载，选择最优行车线路，实时监控调度整个运输网络。

②查询统计分析。为总部、事业部、财务部等部门分级设立查询统计功能，可实时查看到整个配送中心的数据状况。

③运输业务管理。此模块实现对运输配送活动过程的管理。包括货主订单管理、为货物投保、车辆调度、在途监控、货物到达签收以及费用结算等。

④资源管理。配送中心各类数据信息的管理，包括合同、客户资源、运输人、车辆、司机信息的管理以及道路信息和运费的管理。

⑤标准化管理。此模块包括货物分类代码管理、货物基本信息、城市信息的管理以及岗位人员信息维护和费用名目的管理。

(4) 运输与调度管理子系统。

运输与调度管理子系统功能结构如图 10-14 所示。

①运输任务产生。根据起运地和到达地生成运输任务，对每一个承运公司生成运输任务交接单，同时打印装箱单、运单和运输标记，系统支持条形码输出。

②运输过程管理。对于未完成的运输任务进行状态更新，生成各种统计报表，同时记录每一单运费。

③服务结算。对每一个承运公司进行运费结算，生成结算报表。承运公司通过互联网查询本公司的运输费用结算信息。

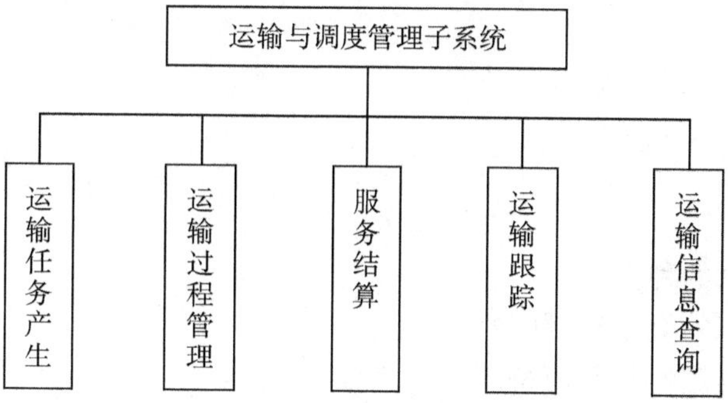

图 10-14　运输与调度管理子系统

④运输跟踪。利用 GPS 及 GIS 技术进行运输跟踪和车辆导航，全面跟踪车辆与货物的运输情况。

⑤运输信息查询。对所有的运输任务进行查询，包括该运输任务的货物细目、在运和到达状态、签收和运费等情况。

（5）客户服务子系统。

客户服务是物流公司和客户之间的接口和桥梁，也是物流公司进行采购、发货和运输的依据，它是现代物流的基本元素，也是物流企业提高服务水平和企业竞争能力的有效手段。客户服务子系统如图 10-15 所示。

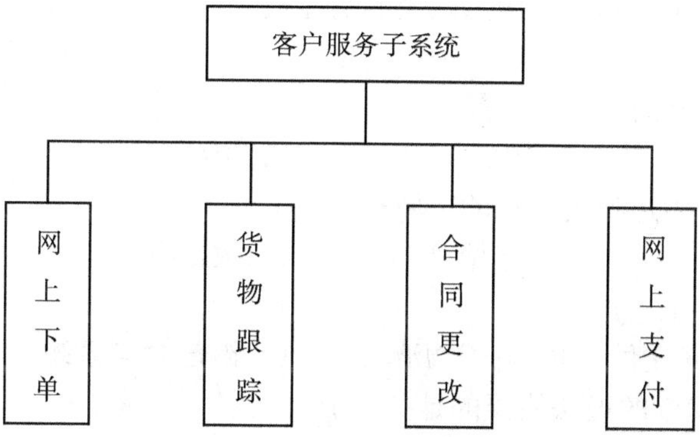

图 10-15　客房服务子系统

①网上下单。客户可以通过网络下单，将自己的物品需求品种、数量和时间发送给物流公司，同时物流公司也可以通过网络向供应商发出订货请求。

②货物跟踪。客户可以通过物流公司的网络实时跟踪自己的货物状态。

③合同更改。客户可以通过网络及时更改合同的内容，物流公司根据客户更改后的合同及时调整采购和运输计划，承运公司通过互联网对承运的运输任务进行状态更新。

④网上支付。物流公司可以通过网络与客户和供应商进行网上支付，客户也可以在网

上查询其费用。当然，网上支付还需要银行的配合和相应的法律、法规的支持。

【思考与练习】

● 基本训练

□知识题

一、阅读理解

1. 简述物流信息的种类。
2. 物流信息系统的类型有哪些？
3. 什么是电子物流？其有何特点？
4. 物流信息资源管理的内容主要有哪些？
5. 简述条形码技术在物流的应用。
6. 物流管理信息系统有哪些功能？
7. 请说出几种常用的物流信息技术。

二、知识应用

1. 判断题

（1）数据的收集和输入是物流管理信息系统其他功能发挥作用的前提和基础。（　）

（2）实施电子物流系统只需要关注物流企业内部即可，无需关注上下游相关企业。（　）

（3）在物流信息资源管理中，所有的物流信息都可以在供应链中共享。（　）

（4）条码技术是一种自动识别技术，即信息采集技术。（　）

（5）不同的物流企业其物流信息系统的功能模块也可以不同。（　）

2. 选择题

（1）信息资源管理的英文简称是（　）

A. SRM　　B. IRM　　C. CRM　　D. EDI

（2）条形码用于表达特定信息的区域是（　）

A. 静区　　B. 起始符　　C. 数据符　　D. 终止符

（3）EDI 指的是（　）

A. 电子转账支付　　B. 电子物流　　C. 销售时点系统　　D. 电子数据交换

（4）下列关于 GPS 的说法错误的是（　）

A. 全球连续定位　　B. 定位精度高　　C. 接近实时定位　　D. 容纳有限的用户

（5）需要地理空间数据为基础的信息技术是（　）

A. GPS　　B. GIS　　C. POS　　D. EOS

□技能题

1. 一个综合性物流企业需要开发信息管理系统，为其作一个功能模块方面的规划。

实训目的；通过功能模块的规划和设计，了解综合类物流企业的业务范围、物流环节以及企业管理模式，同时初步了解管理信息系统的开发步骤。

实训要求：可通过参观一个综合类物流企业，或上网搜集资料。要求设计出的功能模块层次清晰、结构合理，符合物流企业的实际状况。

2. 走访几家物流企业，了解物流信息技术的应用状况，撰写一篇报告。

实训目的：通过实地了解物流企业信息技术的应用状况，加深对物流信息技术的理解，能够就物流企业存在的问题提出建设性的意见。

实训要求：制定访问计划，有针对性地了解相关信息，了解企业在运用信息技术时存在的问题，结合所学知识，查阅相应的资料。

●案例分析

挪威服装公司使用 RFID 技术，提升库存准确度

北欧服装企业 MoN 近日在 13 家门店部署 RFID 技术，以更好管理库存。为期 6 个月两家门店试点项目提升了门店销量（不仅仅是贴标签产品）。今年晚些时候第 14 家门店也将部署这一技术。

这个 RFID 试点系统包括附着在男士衬衫和西服的标签以及安装在门店地板上的便捷读取器。该系统可提供 98%～99%的库存准确度，还减少了花费在人工盘点上的时间。MoN 供应链经理 Hans Petter Hübert 称，这个结果鼓舞了公司管理层，现在公司想要将系统使用扩展到其他领域。该公司正在一家门店测试电子防盗系统（出口安装固定式读取器）并计划在库房安装固定式读取器。

Hübert 称，他很早听说过 RFID 技术在零售店库存管理上的应用。去年在奥斯陆举办的 GS1 大会上，他和荷兰公司 Nedap 进行了一次相关方面的谈话。他说，MoN 使用 RFID 是件水到渠成的事情，公司需要迅速补充门店物品并保证库存的精确度。如果补货不及时，顾客便看不到他们所需的物品，进而引起营收下降。

公司还希望给线上客户提供门店提货的服务。目前，MoN 的线上买家无法从附近门店取货，部分原因是公司尚未寻找到一个保证库存充足的解决方案。公司认为当前库存准确度只有 75%～80%，因此公司不能保证顾客需要时有货。Hübert 称，目前行业平均库存准确度低于 70%，他相信 MoN 已经比大多数企业做得更好。

今年一月份，MoN 开始测试 Nedap 提供的解决方案，该方案包括一个手持读取器、一个装有 Nedap 软件的 iPod Touch 以及一个存储在云端的数据分析软件。Nedap 的挪威合作伙伴 Infratek 负责该系统的安装。

MoN 选择了奥斯陆及斯特林的两家门店作为试点商店。公司标记了两类商品：男生衬衫及西服。衣服内部附着标签，门店地板上的读写器则会捕捉这些标签的信息。

试点期间，员工每周两次使用手持读取器及 iPod 进行店内库存盘点。Nedap RFID 产品经理 Danny Haak，该读取器易于使用，取代了传统的笨重的手持读取器。读取器包括一个按钮，员工读取标签同时，数据会自动传到 iPod 上。Hübert 称，易用性是该读取器的最大卖点。他补充说，店内销售人员大多是年轻人，对 iPod 及蓝牙非常熟悉，因此整个操作过程也没有太大难度。

试点项目之前，这两家门店需要花费 30～40 小时的时间进行盘点。现在，整个盘点时间减少到了 15 分钟。

7 月初，MoN 打算将此系统扩展到另外 11 家门店。公司称，整个部署耗时几周，目

前 13 家商店都开始使用 RFID 技术进行库存盘点。Hübert 称，大多数情况下，库存的准确度都很高，员工只需每月两次进行一次复查。

同时，公司还将 RFID 的使用扩展到第三个服装种类：男士裤子。2015 年，MoN 还打算将该技术应用于童装、运动装、女装以及鞋类产品。

资料来源：RFID 世界网 http：//success. rfidworld. com. cn/2014_10/78275a5e2bdfbf63. html.

问题：

1. MoN 公司在采用 RFID 技术之前存在哪些问题？

2. 采用 RFID 技术之后，给该公司带来了哪些改善？

• 综合实训

实训项目：物流信息软件仿真实训

1. 实训目的

(1)使学生熟悉物流企业各个岗位职责，掌握物流信息传递中各个环节连接方法，熟悉物流信息和单据流程。

(2)根据需要将学生分成不同角色(仓管员、运管员、配送员、综合管理员)。

(3)准确进行物流信息传递。

(4)利用物流信息系统对仓储、运输和配送资源进行整合管理。

(5)训练学生使用电子计算机系统管理物流，为以后计算机化管理物流打下基础。

2. 实训内容

(1)使用一体化物流仿真软件。

(2)模拟运输协管员，对项下车辆管理，运输货物管理，根据预先设定的内容进行管理。

(3)模拟仓管员，对项下仓库货位管理，库存物资管理，根据预先设定的内容进行分析、控制。

(4)模拟配送管理员，对项下配送车辆管理，配送货物管理，配送地点管理，根据预先设定的内容进行决策和实施。

(5)利用物流仿真软件进行物流资源综合调度训练。

3. 实训要求

(1)要求在 4 课时内完成。

(2)一人一机。

(3)撰写实践报告

4. 注意事项

(1)相互之间模拟实际操作，各步骤之间结合紧密。

(2)最后结果相互进行对照。

(3)一次操作完成后，互换角色进行第二次操作。

第十一章　物流企业创新管理

☞学习目标：

- 知识目标
  - ◎理解创新的内涵及其在管理职能中的意义；
  - ◎理解物流企业创新系统；
  - ◎理解物流企业创新管理策略；
  - ◎了解创新的过程。
- 技能目标
  - ◎掌握物流创新服务各项知识；
  - ◎培养创新能力。

【引例】

发现“不拉马的士兵”

一位炮兵军官上任伊始，到下属部队视察情况。他在几个部队发现同样的问题：总有一名士兵自始至终站在大炮的炮管下面，纹丝不动。军官究其原因，得到的答案是：操练条例是这样要求的。军官回去查阅军事文献发现，炮兵的操练条例仍因循非机械化时代的规则。那个炮兵是负责拉住马的缰绳以便在大炮发射后调整由于后坐力产生的距离偏差，减少再次瞄准所需要的时间。现在大炮的自动化和机械化水平很高，已经不再需要这样一个角色了，但操练条例一直没有调整，因此才出现了“不拉马的士兵”。军官的发现使上级对条例作了符合实际的调整。

这一案例表明：因循守旧、墨守成规是管理的最大敌人。创新则是企业生机勃勃的根本和源泉。物流行业在我国的兴起时间并不很长，但物流企业却是鳞次栉比，如何在激烈的竞争中取得胜利？多方面创新才是生存的法宝。

第一节　物流企业创新管理概述

一、创新的基本内涵

“创新”这一概念，最早是由奥地利经济学家约瑟夫·熊彼特提出来的。他在1912

年出版的著作《经济发展理论》一书中首次阐述了“创新”的含义，指出：创新就是建立“新的生产函数”，即“企业家对生产要素的新组合”，也就是把一种从来没有过的生产要素和生产条件的“新组合”引入生产体系，从而引起生产方式的变革，形成一种新的生产能力。

创新不一定是全新的东西，旧的东西以新的形式出现或以新的方式组合，只要能带来资源配置效率的提高，都包含在熊彼特所定义的创新范畴之内。

【案例分析 11-1】

集装箱的发明

1931 年，18 岁的美国农村青年马尔科姆·麦克莱恩成为一名靠运输赚钱的卡车司机。麦克莱恩发现，装货和卸货耽误的时间实在太长了，把卡车上的货物挪到货轮里，得用人工拖车一趟一趟地来回跑，每辆汽车上的货物各不相同，包装更是五花八门，有箱、盒、桶、袋、包、捆等，运送上船后还要进行分类、堆放。

麦克莱恩想，如果改变货轮的某些部分，让大件的货物可以直接进入货舱；如果在码头将不同的货物分为固体和液体两类，分别装进大型的箱子里，再用起重机或拖车将大箱子直接放进船仓，装卸货物的过程将会大大缩短。而且，由于箱子的形状规整，箱子里的间隙可以充分利用，会大大提高运输船的容量。装得快，装得多，不就是运输要追求的效益吗？同样的道理，火车运输也应该改革。

这个问题他一想就是 20 年。在 20 年的艰苦创业中，麦克莱恩也从只有一辆卡车的个体户发展成为全美国最大的卡车运输公司。1955 年，麦克莱恩收购了一家小型石油运输公司，他开始对油轮进行改造，一年后，麦克莱恩的第一支，也是世界上第一支集装箱船队正式开航了，船队取名“理想 X 号”。但是，麦克莱恩的革新却遭到了保守的海运公司、火车运输公司的强烈反对。“理想”的航船没有能够乘风破浪。

麦克莱恩没有放弃。10 年后的 1966 年，麦克莱恩争取到一次机会，他的一艘集装箱货轮获得批准，前往荷兰。这一次走出国门的航行使人们认识到了集装箱运输的好处，它把货物在码头的装卸时间从几天压缩到几个小时，把从美国到欧洲的运输时间减少了 4 周，并且一艘船能够装载比原来多五倍的货物。一位卡车司机，运用“合—合”的集合思维，发明了集装箱现代化货物运输方法，使全世界的人大大受益。

分析：本案中麦克莱恩只是对过去的运输包装方式进行了创新，虽然很长时间才被认可，但最终取得了革命性的成功。它告诉我们：创新不仅仅是一种思维方式，还需要一种坚持的精神。

二、创新的内容

创新的内容包括以下几个方面。

（1）引进一种新产品，就是消费者还不熟悉的产品，或提供一种产品的新质量。

（2）采用一种新的生产方法，就是在有关的制造部门中未曾采用过的方法。这种新的方法并不需要建立在新的科学发现基础之上，可以是商业上处理一种产品的新的方式。

（3）开辟一个新的市场，就是使产品进入以前不曾进入的市场，不管这个市场以前是否存在过。

（4）获得一种原材料或半成品的新的供给来源，不管这种来源是已经存在的，还是第一次创造出来的。

（5）实行一种新的企业组织形式，比如造成一种垄断地位或打破一种垄断地位。

三、创新的基本类型

（1）渐进性创新。渐进性创新是指渐进的、连续的小创新。

（2）根本性创新，是指在观念上和结果上有根本突破性的创新，通常是指企业首次向市场引入的、能对经济产生重大影响的创新产品或技术。

（3）技术系统变革。这种创新将产生具有深远意义的变革，影响经济的几个部门，并伴随新兴产业的出现。

（4）技术经济范式变更。这种创新既伴随着许多根本性的创新群、又包含许多技术系统变革的创新。

（5）自主创新，是指企业通过自身的努力，依靠自身力量所进行的创新。

（6）模仿创新，是指企业在率先创新的示范影响和创新利益的诱导之下，通过合法方式学习、模仿别人的创新思路和创新成果，并在此基础上进行改进的一种创新形式。

（7）合作创新，是指企业与科研机构、高等院校及其他企业之间所进行的联合创新行为。

（8）主动创新，是指企业受到激励而产生的主动创新行为，表现为“我要创新”。

（9）被动创新，是指企业迫于外在压力，在生存和发展受到威胁时所从事的创新。

四、物流企业创新系统

1. 物流企业创新的含义

综合各种思想，我们认为物流管理创新就是将管理创新的思想与方法应用在物流管理的全部领域，具体地说明就是用新的更有效的物流资源整合方式，既可以使新的有效整合资源以达到企业物流目标的全过程管理，也可以是新的具体物流资源整合及目标制定等方面的细节管理。

2. 物流企业创新的战略意义。

（1）创新是物流企业适应不断变化的内外环境的需要。

从系统的观点来看，任何组织都是整个社会政治经济大系统中的一个子系统，而组织本身又是由更小的或更低一级的若干子系统组成的，因此组织的运行必然受到其内外环境的影响和制约。社会是不断向前发展的，而内外环境也在不断变化。具体来说，构成组织周围环境的社会、政治、经济、法律、文化、科技等宏观因素以及组织所服务对象的需求和喜好、竞争者的竞争策略和方式等微观因素都在不断变化。即使在某些时候周围环境变化对组织运行的影响不大，但组织自身的资源以及组织管理者和员工的思想观念及意识也在不断发生变化。组织要求得生存和发展壮大，就必须创新，与内外环境保持动态适应。

(2) 创新是物流企业维持自身生命活力的需要。

一个组织在社会上立足，是以对社会的贡献为前提的。社会之所以允许一个组织的存在。取决于这个组织能否为社会作贡献及作多少贡献。如果组织向社会作的贡献符合当前社会的需要，那么，组织的存在就具有合理性和必要性，组织的生命力就越强。对于新成立不久的组织，由于本身掌握的资源和对社会需要的了解有限，所能作的符合社会需要的贡献的能力也有限。

但随着知识的发展，不断成长于成熟，它对社会的认识不断加深，通过长期积累，组织所掌握的资源越来越丰富，利用资源的能力也越来越强，它所能作的贡献与社会的需要逐渐趋于一致。但随着组织规模的扩大，管理效率的下降，组织对社会环境的反应能力和速度下降，同时使组织内部运行效率降低，最终使组织跟不上社会的变化，其产品或服务不能满足社会所需，组织对社会的索取超过了它对社会的贡献。组织的存在就失去了合理性和必要性，它将逐步被新的组织所取代而消亡。

由此，组织的生命力取决于社会对组织贡献的需要程度和组织本身的贡献能力。而组织的贡献能力又取决于组织从社会获取资源、利用资源的能力以及组织对社会需要的认识能力。要增强组织的生命力就必须提高这些能力。然而，社会总是不断向前发展的，社会的需要也是不断变化的，社会对组织的要求也越来越高。此外，社会环境中能为组织所利用的资源也处于变化中。因此，组织只有通过不断创新，不断改变或调整获取和组合资源的方式，适应不断变化的社会需求以及资源供给，通过创新确保组织内部的资源转换功能及其效率，向社会提供新的质量更高的贡献，才能保证贡献符合社会需要，并使投入和产出比保持在合理的范围内，从而确保组织旺盛的生命力。

(3) 创新能够促进物流企业的自我发展。

在企业的生产全过程中，通过产品创新，企业可以提高产品质量，使产品更好地满足市场需求，使企业产品的竞争力提高，改善市场对企业的评价，从而改善现有市场条件。企业进行技术创新，可以研发适销对路的新产品，它给企业带来新的利润，占据市场有利地形，从而提高企业的市场竞争力。善于创新的企业，在市场中具有领先优势，能够左右产品的价格、市场规模等，从而使企业在市场竞争中处于主动地位。

(4) 创新是物流企业提高整体素质的根本途径。

创新可以提升企业的研发、生产、销售能力，从而提高企业的基本素质。企业通过组织创新和管理创新，可以提高企业对外适应能力，改善企业内部环境，并通过对外部环境的有效影响，改善企业的外部行为，提升企业的市场形象。

综上所述，创新对社会的发展有着举足轻重的影响。当今世界发达国家、新兴工业国家的创新实践表明：创新决定社会资源的利用效率，进而影响社会的资源配置方式，从而产生了任何其他因素难以比拟的对社会经济增长的推动力。创新既是企业和社会发展的动力，更是企业和社会发展的灵魂；创新既是企业文化和企业精神，也是企业经营战略和策略。

3. 企业创新系统的构成

企业创新系统的构成如图 11-1 所示。

技术创新：指生产技术的创新，包括开发新技术，或者将已有的技术进行应用创新。

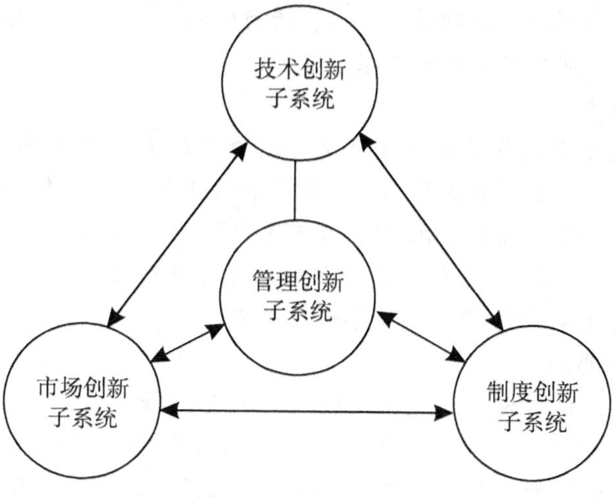

图 11-1 企业创新系统构成

科学是技术之源，技术是产业之源，技术创新建立在科学道理的发现基础之上，而产业创新主要建立在技术创新基础之上。

【知识链接 11-1】

技术创新：上海通用汽车的柔性化生产

在上海通用汽车 3 年的发展历程中，柔性化管理已经成为上海通用的一道亮丽风景。目前，中国几乎所有的汽车工厂都是采用一个车型、一个平台、一条流水线、一个厂房的制造方式。惟有上海通用是另类，上海通用最多可以一条线上共线生产四种不同平台的车型。这种生产方式就是“柔性化”生产方式，它在国内汽车企业里是绝无仅有的。柔性化生产能为厂家和消费者最直接带来的就是时间和金钱。上海通用的别克 GS、别克赛欧就是很好的证明。

上海通用，以柔性化生产线为基础，严格而规范的采购系统，科学而严密的物流配送系统，以市场为导向高度柔性化的精益生产系统以及以客户为中心的客户关系管理共同构成了其柔性化生产管理的支撑体系，使上海通用汽车成为 GM（通用公司）全球范围内柔性最强的生产厂家，形成了企业柔性化管理的经典范例。

上海通用的柔性生产管理绝不仅仅是生产线上柔性的制造技术，而是一个以客户为中心的，从采购、物流、工程、制造、质量到销售、服务的一个大概念的柔性与精益的理念。多年来，它已经成为上海通用企业的核心价值观，并深入企业经营管理的每一个环节。具体表现在：

1. 以市场变化为导向

市场竞争激烈，需求日趋多样，每一个消费者有自己对产品的嗜好，上海通用在激烈的市场竞争中，面对着千差万别的客户订单，“大规模、单一化”的生产模式受到越来越大的挑战，“多品种、小批量”的定制生产方式开始走俏。面对加入世贸之后更为激烈的制造业竞争，上海通用利用先进的信息技术，进行管理系统和生产流程的变革，推行柔性化生产管理，满足了不同用户多样化需求。

2. 精确无误的信息系统

“定制时代”，离不开充分的客户信息网络所传送的大量的市场信息。上海通用以客户关系管理系统为核心，全面打造全国信息采集和反馈系统，将单一的产品销售模式，改造成“物流、生产、销售、维修、配件、信息反馈”为一体的模式，完善产品客户和潜在用户信息收集渠道，并推行网上订购，为企业的柔性化生产管理打下了坚实的市场基础，并为将来的“定制生产”铺设“菜单传送渠道”。

3. 一体化的流程再造

生产模式的变革，是对企业管理体系和理念的全面提升。从过去的“生产什么就销售什么”逐步走向“按顾客的订单生产”，客户不仅是经营链的终端，更成为起点。上海通用按照柔性化生产管理的流程，对信息、物料、生产、销售、财务及技术等模块重新组合，以控制产品质量和缩短交货时间为目标，构筑新的经营管理体系，并加大对管理、生产、销售等部门的重整力度，让“以用户为中心”理念真正深入人心，为步入“定制时代”打造坚实的基石。

市场创新：是指企业从微观的角度促进市场构成的变动和市场机制的创造以及伴随新产品的开发对新市场的开拓、占领，从而满足新需求的行为。

【案例分析 11-2】

去和尚庙推销梳子

有四个营销员接受任务，到庙里找和尚推销梳子。第一个营销员空手而回，说到了庙里，和尚说没头发不需要梳子，所以一把都没销掉。第二个营销员回来了，销了十多把。他介绍经验说，我告诉和尚，头皮要经常梳梳，不仅止痒，头不痒也要梳，可以活络血脉，有益健康。念经念累了，梳梳头，头脑清醒。这样就销掉了一部分梳子。第三个营销员回来，销了百十把。他说，我到庙里去，跟老和尚讲，您看这些香客多虔诚啊，在那里烧香磕头，磕了几个头起来头发就乱了，香灰也落在他们头上。您在每个庙堂的前面放一些梳子，他们磕完头烧完香可以梳梳头，会感到这个庙关心香客，下次还会再来。这一来就销掉百十把。第四个营销员说了销掉了好几千把，而且还有订货。他说，我到庙里跟老和尚说，庙里经常接受人家的捐赠，得有回报给人家，买梳子送给他们是最便宜的礼品。您在梳子上写上庙的名字，再写上三个字“积善梳”，说可以保佑对方，这样可以作为礼品储备在那里，谁来了就送，保证庙里香火更旺。这一下就销掉了好几千把。

分析：本案中，第一个营销员纯粹是传统思维方式；第二个营销员思维打开了一点，考虑到了和尚的健康需求；第三个营销员思维比较开阔，考虑到了众多香客的需求；但第四个营销员既考虑了庙里的需求，又考虑了香客的更深需求，所以取得巨大的成功。启示：市场创新需要营销者完全抛开传统的思维，以一种更加创新的思维去面对市场。

制度创新：是指在人们现有的生产和生活环境条件下，通过创设新的、更能有效激励人们行为的制度、规范体系来实现社会的持续发展和变革的创新。所有创新活动都有赖于制度创新的积淀和持续激励，通过制度创新得以固化，并以制度化的方式持续发挥着自己的作用，这是制度创新的积极意义所在。

第二节　物流企业创新管理策略

一、物流企业创新管理概述

创新管理是组织的管理者先完成在观念上和理论上的超前跨越，并辅以组织结构和体制上的创新，确保整个组织采用新技术、新设备、新物质、新方法成为可能，通过决策、计划、指挥、组织、激励、控制等管理职能活动和组合，为社会提供新产品和服务。管理的创新是社会组织为达到科技进步的目的，适应外部环境和内部条件的发展变化而实施的管理活动。

包括经营管理创新、信息化应用创新和合作模式创新。创新管理的重点是搭建创新链。通常理解的研发是指由基础研究、技术研究、应用推广等一系列科技活动组成的链状结构，可称之为“研发链”。我们所认识的创新，则是指从创意到形成市场价值的全过程，既包括研发链，也包括“产业链”（产品—小试—中试—产业）和“市场链”（商品供应—流通—销售—服务）。这三条链形成一个有机的系统，可称之为“创新链”。在创新链中，环节间联结互动，链条间整合贯通，呈现出研发牵动产业、产业构建市场、市场引导研发的螺旋式推进态势。创新管理将创新链纳入管理范畴，在拓展科技发挥作用空间的同时，也契合了当今时代发展的要求。

创新的竞争形势催生科技管理模式变革。当今世界，决定国家综合实力的关键指标是国家的创新能力。在这种形势下，我国的科技工作必须肩负起三个重担：保持长期发展和持续提高质量效率的双重任务、开拓国际市场和满足国内消费需求的双重使命、提升传统产业和培育新兴产业的双重要求。这就需要研发、产业、市场等方面的全面支撑，科技管理工作也必须与长远、供应与需求、传统与新兴产业等多个层面进行部署。

科技管理应覆盖创新链的所有环节。进入 21 世纪，科技创新不断涌现且呈现出群体突破的态势，研发链被大大压缩，研发与创新其他环节的联结更加紧密，在很大程度上出现了市场决定研发的局面。这一状况使得对研发实施独立管理的意义相对弱化，而对创新链强化管理的需求则急剧上升。随着科技基础条件、资金、知识产权、信息等创新资源的社会化程度明显增强，科技项目的工程化、集成化趋势愈加显著，科技人才的流动化、国际化、团队化日渐突出，迫切要求科技管理覆盖整个创新链的所有环节。

为了保证各项物流职能的充分发挥，同时又降低物流成本、增加产品的价值和竞争力，许多企业开始创新物流观念，并应用现代物流技术将运输、仓储、包装、装卸搬运、采购等物流职能整合，通过一体化甚至集成化实现企业物流管理创新。实践证明，物流及物流管理创新，不但是企业的“第三利润源泉”、“经济领域未开垦的黑大陆”、“企业脚下的金山”，也是新时期企业管理的一个至关重要的课题。

二、物流企业创新管理思路

1. 物流经营创新

物流经营是为实现企业物流活动的市场价值而理顺各种关系的活动过程。现代企业要想在变化多端和激烈的市场竞争中生存和发展，必须在经营上形成创新，经营创新具体包括：

①新的物流经营方针及物流经营战略；

②新的物流经营理念及其推行；

③新的物流经营策略；

④物流资本营运新思路；

⑤产生物流经营新思路的方式方法；

⑥企业物流发展方式等。

2. 物流组织创新

现代企业的组织机构应是一个柔性的有学习能力的有机体。企业组织的创新主要包括：

①物流组织机构基本形式的发展；

②物流部门机构职责、权限的发展以及岗位设置与个人才能的发挥；

③集权分权的信访室；

④物流组织的柔性化设计与学习能力；

⑤物流组织系统的信息流程及网络的重构。

3. 物流管理方式创新

管理方式是企业资源整合过程中所使用的工具，直接涉及企业资源的有效配置。管理方式创新，主要有单一性的管理方式创新和综合性的管理方式创新。具体包括：

①新的领导方式与决策制度；

②物流人力资源管理方式的发展；

③新的物流管理手段，如信息技术进入管理导致的管理手段的革新；

④企业在生产、经营、服务过程中的物流管理技术与方法的发明创造。

4. 物流企业创新管理策略理论

（1）物流企业创新管理目标。

管理创新项目就是创新主体在创新时想要达到的最终结果。一般地说，创新目标应具有适当性、协调性和经济学、企业物流管理创新就必须坚持创造顾客价值的基本原则，借助现代信息技术手段，合理配置物流资源，强化物流供应链管理，优化服务质量，全方位物流服务，提升企业核心竞争能力，创造更多的价值。

（2）物流企业创新管理模式。

①网络管理模式创新。积极采用电子商务技术加强企业物流运作过程的物流信息网络和物流运作网络的建设，提供现代化、个性化、合理化的物流服务。

②供应链管理模式创新。扩展和强化企业物流运作的功能，将物流的范围延伸到服务领域，实现与企业经营活动的互相协作支持，形成一个布局合理、高效有序、物流功能一

体化的供应链管理体系。

③特色化物流管理模式创新。企业物流可充分利用物流网络系统，合理有效地配置物流资源，形成专门化、自动化、柔性化的物流运作服务体系

三、物流企业创新管理策略

物流企业创新管理策略包括共同化物流、第四方物流、绿色物流和全球化物流。

1. 共同化物流

共同化物流是指通过建立企业间的结合共同组建物流体系，来处理企业营运中有关物品流动的相关作业，解决单一企业对物流系统投资的不经济或低效率等问题。共同化物流与社会化物流不同，它是通过签订合同，为一家或数家企业（客户）提供长期服务。共同化物流系统对企业的好处是可以最大限度地利用有限资源，降低风险和运营成本，维持一定的物流服务水准，共同进货以获取规模效益，并尽快实现物流管理现代化。因此，共同化物流也是物流发展的一个新趋势。

【知识链接 11-2】

孟买家具及配件公司的共同物流

美国得克萨斯州的沃斯堡孟买家具及配件公司，近来想要成立一家服务于成千上万家零售店和网上商店的批发分公司，原计划利用其原有的物流网络来组织新的商业物流。但是孟买公司的物流副总裁很快就意识到：孟买批发分公司要想成功，就必须采用全新的物流方式。因为孟买公司的配送中心的设计是专门符合家具的存储和分拣配送的，而新成立的批发分公司所销售产品的性质和零售渠道和家具是完全不同的，他们必须要有能力履行位于不同地方的成千上万个客户的订单。由于服务的集约化以及运量的不同，他们几乎需要使用所有的运输方式，很多客户同时还要求采用特殊的条码和标签。

由于孟买配送中心初期并不具有灵活处理订单的能力，因此，他们打算寻求物流业务外包，但是新的批发分公司刚刚起步，未来发展如何还不能确定，因此与第三方物流物流公司签订长期的个体租用合同对其来说是一种冒险，因此孟买公司的总裁说："在我们不知道业务会做到多大时，我们需要更多的柔性。"于是综合各方面的因素，共同配送成为孟买批发分公司的首选。当年 10 月，孟买批发分公司选择了 usco 物流公司作为其物流服务商，共享其物流设施。他们之间的协议是一月一签约，并且是采用按件计费的收费方式。这样使得孟买批发分公司避免了支付人工、设备和设施等高额的管理费用，这同样给孟买公司更大的发展空间，并为他们的服务能力带来了更大的柔性。

随着客户订单的快速增长，对于不同客户订单的自动处理能力对于孟买公司的成功至关重要。而该能力恰恰是孟买公司的物流系统所不具备的，因此孟买批发分公司依靠 usco 物流公司来帮助公司实现订单履行程序的自动化，并提供帮助该公司建立为顾客定制的条形码和标签的技术支持。孟买批发分公司同样也把公司所有的外向运输交给了 usco 物流公司，这在一定程度上要比孟买公司自己与运输公司谈判签约所付的运费要低。

孟买公司的物流经理相信：共同配送与高的交付率和订单履行能力一起将帮助孟买公

司为客户提供优于其竞争对手的服务，更重要的是，这种更具竞争力的优势将帮助孟买批发分公司树立良好的服务品牌。

共同化物流的基本模式包括横向共同化物流和纵向共同化物流。横向共同化物流模式包括同产业的共同化物流、异产业的共同化物流和合作型共同化物流。

同产业共同化物流是指处于相同产业范围的生产经营企业，为了提高物流效率，通过配送中心或物流中心集中运输货物的一种物流组织方式。有两种具体形式：一是在企业各自分散拥有运输工具和物流中心的情况下，根据运输货物量的多少，采取委托或受托的形式开展共同化物流，亦即将企业物流数量较少的商品委托给其他企业来运输，而本企业运输数量较多的商品，则在接受其他企业委托运输的基础上实行统一运输，这样企业间相互实现了物流效率化。该方式比较适合在百货店企业中普遍使用。另一种形式是完全的统一化，即在开展共同化物流前，企业间就包装货运规格完全实现统一，然后共同建立物流中心或配送中心，共同购买运载车辆，企业间的货物运输统一经由共同的配送中心来开展。该形式主要适合家电企业和以经营冷冻食品为主的食品企业。同产业共同化物流的最大好处在于能提高企业间物流的效率，减少对物流固定资产的投资，更好地满足顾客企业降低成本的要求。但是，同产业企业共同化物流也存在缺陷，就是由于运送业务的共同化和物流信息的公开化。企业有关商品经营的机密容易泄露而产生对企业竞争战略制订与实施的不利影响。

异产业的共同化物流是指将不同产业范围的企业所产生经营的商品集中起来，通过配送中心或物流中心向顾客输送的一种物流组织方式。异产业共同化物流的商品范围比较广泛，可以分为三种具体形式：大型零售产业主导的异产业共同化物流：这是大型零售企业为了追求物流效率并保证物流活动能够满足各门店经营的要求，由指定供应商统一几种不同厂商的产品、进行集中管理、统一运输或配送的物流组织方式；批发企业主导的异产业共同化物流：由批发企业为骨干来组织设立以不同产业为基础的共同化物流中心或企业，对地域内小型超市、便民店等中小零售企业统一配送商品的物流组织方式；生产企业与批发企业联合主导的异产业共同化物流：为了实现高速高质的配送，并具有紧急配送的能力，又能有效降低成本，出现了由生鲜食品、快餐、蔬菜生产企业和批发企业共同出资建立物流中心统一开展物流配送活动的物流组织方式。

异产业共同化物流既能保证物流效率化，又能有效地防止企业信息资源的外流，并能充分发挥产业间的互补优势。存在的主要问题就是难以把握不同产业企业间物流成本的分担，因而在某种意义上增加了企业间的谈判成本。

合作型共同化物流是指由物流企业主导并统一集中货物，合作参与企业或批发企业将商品让渡给指定物流企业，再由物流企业实施配送的物流组织方式。该共同化物流组织方式的主要特征就是物流企业主导了货物和商品的组织管理和运输调度和配送活动。最大优点实行统一运费，削减了物流成本，促进了物流合理化。

纵向共同物流模式是指位于流通渠道不同阶段上的企业相互协调而形成合作性、共同化的物流管理系统，主要有批发商与生产商之间的物流协作和零售商与批发商之间的物流协作等形式。

批发商与厂商间的物流协作有两种形式：一是在厂商力量较强的产业，为了强化批发物流机能或实现批发中心的效率化，厂商自身代行批发功能，或利用自己的信息网络，对批发企业多频度、小单位配送服务给予支援；二是在厂商以中小企业为主、批发商力量较强的产业，由批发商集中处理多个生产商的物流活动。

零售与批发的协作则表现为：一是大型零售业建立自己的物流中心，批发商经销的商品都必须经由该中心，再向零售企业的各店铺进行配送。此外，与零售商交易的批发商数目尽可能减少，因此要求批发商从原来从事专业商品的经营转向多种类经营，零售企业物流中心订货、收货等手续得到简化；二是对于大型以外的中型零售企业来讲，它们不是自己建立物流中心，而是由批发商建立某零售商专用型的物流中心，并借此代行零售物流。这种方法对于中型零售企业来讲，既可以有效利用批发商所持有的物流 Know-how，又能享受省略本企业物流中心集配商品环节所带来的利益。

2. 第四方物流

按照国外的概念，第四方物流是一个提供全面供应链解决方案的供应链集成商。

第四方物流存在三种可能的模式。

（1）协同运作模型。

第四方物流和第三方物流协同开发市场，第四方物流向第三方物流提供一系列的服务，包括技术、供应链策略、进入市场的能力和项目管理的能力。第四方物流在第三方物流公司内协作，其思想和策略通过第三方物流这样一个具体实施者来实现，以达到为客户服务的目的。第四方物流和第三方物流一般会采用商业合同的方式或者战略联盟的方式合作。

（2）方案集成商模型。

在这种模型中，第四方物流为客户提供运作和管理整个供应链的解决方案。第四方物流对本身和第三方物流的资源、能力和技术进行综合管理，借助第三方物流为客户提供全面的、集成的供应链方案。第三方物流通过第四方物流的方案为客户提供服务，第四方物流作为一个枢纽，可以集成多个服务供应商的能力和客户的能力。

（3）行业创新者模型。

在行业创新者模型中，第四方物流为多个行业的客户开发和提供供应链解决方案，以整合整个供应链的职能为重点，第四方物流将第三方物流加以集成，向下游的客户提供解决方案。在这里，第四方物流的责任非常重要，因为它是上游第三方物流的集群和下游客户集群的纽带。

第四方物流无论采取哪一种模式，都突破了单纯发展第三方物流的局限性，能真正地低成本运作，实现最大范围的资源整合。因为第三方物流缺乏跨越整个供应链运作以及真正整合供应链流程所需的战略专业技术，第四方物流则可以不受约束地将每一个领域的最佳物流提供商组合起来，为客户提供最佳物流服务，进而形成最优物流方案或供应链管理方案。而第三方物流要么独自，要么通过与自己有密切关系的转包商来为客户提供服务，它不太可能提供技术、仓储与运输服务的最佳结合。

安达信所倡导的第四方物流概念认为，第四方物流供应商是一个供应链的集成商，它对公司内部和具有互补性的服务供应商所拥有的不同资源、能力和技术进行整合和管理，提供一整套供应链解决方案。其他的咨询公司也开始使用类似的服务，称之为“总承包商”或“领衔物流服务商”。

【知识链接 11-3】

埃森哲公司的第四方物流

在英国，埃森哲公司（ACTV）和泰晤士水务有限公司的一个子公司——Connect 2020，进行了第四方物流的合作。泰晤士水务是英国最大的供水公司，营业额超过 20 亿美元。Connect 2020 成立的目的旨在为供水行业提供物流和采购服务。Connect 2020 把它所有的服务外包给 ACTV，一家由埃森哲管理和运作的公司。ACTV 年营业额在 1500 万美元，主要业务包括采购、订单管理、库存管理和分销管理。目前的运作成果包括：供应链总成本降低 10%，库存水平降低 40%，未完成订单减少 70%.

在欧洲，埃森哲公司和菲亚特公司的子公司 New Holland 成立了一个合资企业 New Holland Logistics P. A，专门经营服务零配件物流。该公司由 New Holland 拥有 80%的股份，埃森哲占 20%的股份。New Holland 为合资企业投入了 6 个国家的仓库，775 个雇员，资本投资和运作管理能力。埃森哲方面投入了管理人员，信息技术，运作管理和流程再造的专长。零配件管理运作业务涵盖了计划，采购，库存，分销，运输和客户支持。在过去 7 年的总投资回报有 6700 万美元。大约 2/3 的节省来自运作成本降低，20%来自库存管理，其他 15%来自运费节省。同时，New Holland Logistics P. A 实现了大于 90%的订单完成准确率。

在美国，Ryder Integrated Logistics 和信息技术巨头 IBM 和第四方物流的始作俑者埃森哲公司结为战略联盟，使得 Ryder 拥有了技术和供应链管理方面的特长，而如果没有“第四方物流”的加盟这些特长要花掉 Ryder 公司自身几十年的工夫才能够积聚起来。

3. 绿色物流

（1）绿色物流的含义。

绿色物流（environmental logistics）是指在物流过程中抑制物流对环境造成危害的同时，实现对物流环境的净化，使物流资源得到最充分利用。它包括物流作业环节和物流管理全过程的绿色化。从物流作业环节来看，包括绿色运输、绿色包装、绿色流通加工等。从物流管理过程来看，主要是从环境保护和节约资源的目标出发，改进物流体系，既要考虑正向物流环节的绿色化，又要考虑供应链上的逆向物流体系的绿色化。绿色物流的最终目标是可持续性发展，实现该目标的准则是经济利益、社会利益和环境利益的统一。

绿色物流的概念：绿色物流是指以降低对环境的污染、减少资源消耗为目标，利用先进物流技术规划和实施运输、储存、包装、装卸、流通加工等物流活动。

绿色物流理念是以经济学一般原理为基础，建立在可持续发展理论、生态经济学理论、生态伦理学理论、外部成本内部化理论和物流绩效评估的基础上的物流科学发展观。同时，绿色物流也是一种能抑制物流活动对环境的污染，减少资源消耗，利用先进的物流技术规划和实施运输、仓储、装卸搬运、流通加工、包装、配送等作业流程的物流活动。

(2) 绿色物流的内容。

集约资源。这是绿色物流的本质内容，也是物流业发展的主要指导思想之一。通过整合现有资源，优化资源配置，企业可以提高资源利用率，减少资源浪费。

绿色运输。运输过程中的燃油消耗和尾气排放，是物流活动造成环境污染的主要原因之一。因此，要想打造绿色物流，首先要对运输线路进行合理布局与规划，通过缩短运输路线，提高车辆装载率等措施，实现节能减排的目标。另外，还要注重对运输车辆的养护，使用清洁燃料，减少能耗及尾气排放。

绿色仓储。绿色仓储一方面要求仓库选址要合理，有利于节约运输成本；另一方面，仓储布局要科学，使仓库得以充分利用，实现仓储面积利用的最大化，减少仓储成本。

绿色包装。绿色包装是物流活动的一个重要环节，绿色包装可以提高包装材料的回收利用率，有效控制资源消耗，避免环境污染。

废弃物物流。废弃物物流是指在经济活动中失去原有价值的物品，根据实际需要对其进行搜集、分类、加工、包装、搬运、储存等，然后分送到专门处理场所后形成的物品流动活动。

(3) 绿色物流实施策略。

树立绿色物流观念。观念是一种带根本性和普遍意义的世界观，是一定生产力水平、生活水平和思想素质的反映，是人们活动的指南。由于长期的低生产力，人们更多地考虑温饱等低层次问题，往往为眼前利益忽视长远利益，为个体利益忽视社会利益，企业因这种非理性需求展开掠夺式经营，忽视长远利益和生态利益及社会利益，进而导致来自大自然的警告。

推行绿色物流经营。物流企业要从保护环境的角度制定其绿色经营管理策略，以推动绿色物流进一步发展。

选择绿色运输。通过有效利用车辆，降低车辆运行，提高配送效率。例如，合理规划网点及配送中心、优化配送路线、提高共同配送、提高往返载货率；改变运输方式，由公路运输转向铁路运输或海上运输；使用绿色工具，降低废气排放量，等等。

提倡绿色包装。包装不仅是商品卫士，而且也是商品进入市场的通行证。绿色包装要醒目环保，还应符合 4R 要求，即少耗材（Reduction）、可再用（Reuse）、可回收（Reclaim）和可再循环（Recycle）。

开展绿色流通加工。由分散加工转向专业集中加工，以规模作业方式提高资源利用率，减少环境污染；集中处理流通加工中产生的边角废料，减少废弃物污染，等等。

搜集和管理绿色信息。物流不仅是商品空间的转移，也包括相关信息的搜集、整理、储存和利用。绿色物流要求搜集、整理、储存的都是各种绿色信息，并及时运用于物流中，促进物流的进一步绿色化。

(4) 开发绿色物流技术。

绿色物流的关键所在，不仅依赖绿色物流观念的树立、绿色物流经营的推行，更离不开绿色物流技术的应用和开发。没有先进物流技术的发展，就没有现代物流的立身之地；同样，没有先进绿色物流技术的发展，就没有绿色物流的立身之地。而我们的物流技术与绿色要求有较大的差距，如物流机械化方面、物流自动化方面、物流的信息化及网络化，与西方发达国家的物流技术相比，大概有10年至20年的差距。要大力开发绿色物流技术，否则绿色物流就无从谈起。

（5）制定绿色物流法规。

绿色物流是当今经济可持续发展的一个重要组成部分，它对社会经济的不断发展和人类生活质量的不断提高具有重要意义。正因为如此，绿色物流的实施不仅是企业的事情，而且还必须从政府约束的角度，对现有的物流体制强化管理。

一些发达国家的政府非常重视制定政策法规，在宏观上对绿色物流进行管理和控制。尤其是要控制物流活动的污染发生源，物流活动的污染发生源主要表现在：运输工具的废气排放污染空气，流通加工的废水排放污染水质，一次性包装的丢弃污染环境，等等。因此，他们制定了诸如污染发生源、限制交通量、控制交通流等的相关政策和法规。国外的环保法规种类很多，有些规定相当具体、严厉，国际标准化组织制定的最新国际环境标志也已经颁布执行。

（6）加强对绿色物流人才的培养。

绿色物流作为新生事物，对营运筹划人员和各专业人员的素质要求较高，因此，要实现绿色物流的目标，培养和造就一批熟悉绿色理论和实务的物流人才是当务之急。

【知识链接11-4】

日本的绿色物流

日本自1956年从美国全面引进现代物流管理理念后，下大力进行物流现代化建设，将物流运输业改革作为国民经济中最为重要的核心课题加以研究。把物流行业作为本国经济发展生命线的日本，从一开始就没有忽视绿色物流的重要意义，除了在传统的防止交通事故、抑制道路沿线的噪音和振动等方面加大政府部门的监管和控制外，还特别出台了一些实施绿色物流的具体目标，如货物的托盘使用率、货物在停留场所的滞留时间等，以此来降低物流对环境造成的负荷。

1989年，日本提出了10年内3项绿色物流推进目标，即含氮化合物排出标准降低3~6成，颗粒物排出降低6成以上，汽油中的硫成分降低1/10。1992年，日本政府公布了汽车二氧化氮限制法，并规定了允许企业使用的5种货车车型，同时在大都市特定区域内强制推行排污标准较低的货车。1993年，除了部分货车外，日本政府要求企业必须承担更新旧车辆、使用新式符合环境标准货车的义务。

另外，为解决地球的温室效应、大气污染等各种问题，日本政府与物流业界在控制污染排放方面积极实施在干线运输方面推动模式转换（由汽车转向对环境负荷较小的铁路和海上运输）和干线共同运行系统的建构，在都市内的运送方面推动共同配送系统的建构以及提倡节省能源行驶等。在2001年出台的《新综合物流实施大纲》中，其重点之一就是要减少大气污染，加强地球环境保护，对可利用的资源进行再生利用，实现资源、生态和社会经济的良性循环，建立适应环保要求的新型物流体系。

进入21世纪，物流业必将把有效利用资源和维护地球环境放在发展的首位，建立信息流与物质流循环化的绿色物流系统。目前，世界各国都在尽力把推广绿色物流作为物流业发展的重点，积极开展绿色环保物流的专项技术研究，促进新材料的开发和应用，进行回收物流的理论研究和实践，并积极出台相应的绿色物流政策和法规，努力为物流的绿色化和可持续发展奠定基础。

4. 全球化物流战略

（1）全球化物流的概念与特征。

所谓全球化物流，就是按国际分工协作的原则，依照国际惯例，利用国际化的物流网络、物流设施和物流技术，实现货物在国际问题的流动与交换，以促进区域经济的发展和世界资源优化配置，全球化物流是为跨国经营和对外贸易服务，使各国物流系统相互“接轨”，因而与国内物流系统相比，具有国际性，复杂性和风险性等特点：其特征有如下几点：

全球化物流涉及多个国家，系统的地理范围大；在国际间的经济活动中，生产、流通、消费三个环节之间存在着密切的联系，由于各国社会制度、自然环境、经营管理方法、生产习惯不同，一些因素变动较大，因而在国际间组织好货物从生产到消费的流动，是一项复杂的工作；全球化物流的风险性主要包括政治风险，经济风险和自然风险。

（2）全球化物流的发展趋势。

作为全球化的生产企业，在世界范围内寻找原材料、零部件来源，并选择一个适应全球分销的物流中心以及关键供应物资的集散仓库，在获得原材料以及分配新产品时使用当地现有的物流网络，并推广其先进的物流技术与方法。

生产企业与专业第三方物流企业的同步全球化，即随着生产企业全球化的进程，将以前所形成的完善的第三方物流网络也带入到全球市场。例如，日资背景的伊藤洋华堂在打入中国市场后，其在日本的物流配送伙伴伊藤忠株式会社也跟随而至，并承担了其配送活动。

国际运输企业之间的结盟，为了充分应对全球化的经营，国际运输企业之间开始形成了一种覆盖多种航线，相互之间以资源、经营的互补为纽带，面向长远利益的战略联盟，这不仅使全球物流更能便捷地进行，而且使全球范围内的物流设施得到了极大的利用，有效地降低了运输成本。

从全球化物流发展战略高度合理选择和布局国内，外物流网店，扩大国际贸易的范围、规模，以达到费用省、服务好、信誉高、效益高、创汇好的物流总体目标。

借助现代高新技术发展力量，采用先进的运输方式、运输工具和运输设备，加速进出口货物的流转。充分利用海运、多式联运方式，不断扩大集装箱运输和大陆桥运输的规模，增加物流量，扩大进出口贸易量和贸易额。同时，改进运输路线、减少相向、迂回运输。改进包装，增大技术装载量，多装载货物，减少损耗。

加强全球化物流管理，缩短进出口商品的在途积压。包括进货在途（如进货、到货的待验和待进等）、销售在途（如销售待运、进出口口岸待运）、结算在途（如托收承付中的拖延等），以便节省时间，加速商品和资金的周转。

加强国际国内物流的系统协作，在出口时，有条件要尽量采用就地就近收购、就地加工、就地包装、就地检验、直接出口的物流策略。

【知识链接 11-5】

海尔全球化品牌战略发挥核心作用

1. 品牌优势

海尔集团是世界白色家电第一品牌、中国最具价值品牌。目前海尔已发展成为大规模的跨国企业集团，2008 年海尔集团实现全球营业额 1190 亿元。

说起海尔的品牌优势，我们必须提到一个人，他就是海尔集团的首席执行官张瑞敏。他就像海尔的一面旗帜，在某些时候他就代表海尔。海尔集团在张瑞敏确立的名牌战略指导下，先后实施名牌战略、多元化战略和国际化战略，2005 年年底，海尔进入第四个战略阶段——全球化品牌战略阶段。创业二十多年的拼搏努力，使海尔品牌在世界范围的美誉度大幅提升。2009 年，海尔品牌价值高达 812 亿元，自 2002 年以来，海尔品牌价值连续 8 年蝉联中国最有价值品牌榜首。

2009 年海尔在中国市场家电行业品牌排行榜中依然以绝对优势排在第一位。对于大多数消费者来说海尔依然是他们最信赖的品牌，部分用户表示家里大部分家电都是海尔品牌。用户的认可是海尔最大的品牌优势。

2. 产品优势

海尔品牌旗下有冰箱、空调、洗衣机、电视机、热水器、电脑、手机、家居集成等 19 个产品，其中海尔冰箱、洗衣机还被国家质检总局评为首批中国世界名牌。

自 1984 年海尔集团的前身青岛电冰箱总厂成立至 1991 年的 7 年时间里，海尔在实施名牌战略过程中，坚持技术质量上的高起点，强化全员质量意识和产品质量意识，坚持技术进步，通过狠抓产品质量，创立了海尔冰箱名牌。

3. 服务优势

海尔以服务支撑品牌的能力是海尔成功的主要因素，这也是海尔核心竞争力。我们大家都接受过海尔的服务，非常优秀，非常专业。在这种优异和专业的背后是海尔精心培育的服务队伍。

海尔始终坚持“用户第一”的思想。海尔认为，名牌要靠用户和市场认可，名牌更要靠优良的服务来创造和维护。因此，海尔把售后服务看成创造名牌、宣传名牌、维护名牌、发展名牌的重要环节和首要领域。1996 年 6 月，海尔集团荣获美国优质服务科学学会颁发的“五星钻石奖”，这是亚洲家电行业第一家荣获此殊荣的企业。其核心内容是从产品的设计、制造到购买，以上门设计服务到上门安装，从产品使用到回访服务，不断满足用户新的要求，并通过具体措施使开发、制造、售前、售中、售后、回访各环节的服务制度化、规范化。这种国际星级服务细致到上门服务时先套上一副鞋套，干活时先在地上铺一块垫布，以免弄脏地面，服务完毕后，再用抹布把电器擦干净。

4. 渠道优势

在新经济时代，由于电子商务的发展，靠打价格战发展的经销商生存空间将越来越小，传统的搬箱子型经销商将会逐渐被淘汰出市场，为了实现海尔与渠道的双赢，海尔实行个性化营销，根据不同渠道的特点，进行专业化的分工。海尔为自己的“双动力”洗衣机的渠道代理商规划出了五个发展方向。

（1）物流商：拥有物流运作能力的代理商可以成为海尔在各个区域的物流配送商。

（2）渠道运营商：拥有自己的销售网络，有区域的渠道运营能力。

（3）服务提供商：拥有技术服务能力及服务网络。

（4）资源增值商：有资源整合及增值能力。

（5）零售商：有强大的最终用户销售能力

海尔将针对不同的代理，制定不同的代理政策，提供不同的支持。其渠道管理是严格的，每地区只设一家核心代理商，作为物流平台和服务中心，分区域控制，每大区的不同专卖标志和不同的抽奖，免去串货之忧，序列号提前记录。海尔规定了成为核心连锁加盟代理的条件，同时还实施了十四个渠道建设的举措。

第三节　物流企业服务创新

传统运输、仓储企业向第三方物流企业转变的重要标志，是企业能否为客户提供一体化物流服务，是否拥有结成合作伙伴关系的核心客户。从目前情况看，我国大部分物流企业仍然主要在提供运输、仓储等功能性物流服务，通过比拼功能服务价格进行市场竞争。要改变这种情况，一个重要方面就是超越传统物流服务模式，在服务理念、服务内容和服务方式上实现创新。

一、服务理念的创新

我国的物流企业大都是从运输、仓储等功能性服务契入物流市场的。要发展一体化物流，首先要认清一体化物流与功能性物流在服务性质、服务目标和客户关系上的本质区别，树立全新的服务理念。

1. 一体化物流服务的功能

根据美国物流管理协会（CLM）的定义，一体化物流是运用综合、系统的观点将从原材料供应到产品分发的整个供应链作为单一的流程，对构成供应链的所有功能进行统一管理，而不是分别对各个功能进行管理。第三方物流提供商是为客户提供多个物流服务，最好是将这些服务一体化的企业。可以看出，现代物流企业以一体化的物流服务为发展方向。一体化物流不是单纯提供运输、仓储、配送等多个功能性物流服务的组合，扮演物流参与者角色；而是需要将多个物流功能进行整合，对客户物流运作进行总体设计和管理，扮演的物流责任人角色。

由于物流功能之间存在成本的交替损益，因此，一体化物流服务不是简单地就功能服务进行报价，而是要以降低客户物流总成本为目标制定解决方案，并根据优化的方案进行整体服务报价。美国物流专家 Bob Delaney 将物流定义为“管理移动和静止的库存”，认为真正的物流节省来自于通过库存管理和控制来降低库存水平。比如将美国平均销售库存期从 1.37 个月降到 1.3 个月，就可以节省物流成本 250 亿美元。但功能性物流公司只专注于自己提供服务的运输、仓储等功能领域的成本降低；而不能从整个供应链的角度来

“管理移动和静止的库存”。因此，他们只能得到有限的成本节省，且很难持续；而不能提供优化整个或大部分供应链的物流解决方案，最多只是提供次优方案。

所以，一体化物流服务的市场竞争，实际上是物流解决方案合理性的竞争。物流企业在开发一体化物流项目时，必须对目标客户的经营状况、物流运作及竞争对手的情况等有透明的了解，根据物流企业自身优势找出客户物流可以改进之处，为客户定制物流解决方案。而要做到这些，物流企业必须不断研究目标市场行业的物流特点和发展趋势，成为这些行业的物流服务专家。

2. 一体化物流服务的目标

一体化物流服务的目标是全面提升客户价值。货主企业的不同管理者对第三方物流价值的理解各不相同。运营总监做出将企业物流运作外包给第三方物流的决策、常常只是依据第三方物流更具效率的服务价格与企业现有运作更高的成本之间的差别优势；市场总监则看重第三方物流在提升服务和兼而有之现有的新增市场的能力，以便提高销售额，与客户建立更好的长期关系；财务总监愿意看到设施、设备甚至库存等资产从企业财务平衡表上消失，释放资金用于更生产性的活动，即刻和不断改进企业的资产回收；信息总监则常常因能够利用第三方物流的系统与技术资源，避免自建系统不断升级带来成本和麻烦而高兴。

总体来看，物流外包可以使企业资源专注于核心竞争力，做更多自己擅长的，而将不擅长的交给第三方物流去做，使企业的物流总监可以不必拥有资源而能够控制物流动作的结果，并得到“一站式”物流服务。因此，物流企业在开发一体化物流项目时，一方面，不要简单地与客户或竞争对手比服务价格，而是要让客店全面了解物流服务所带来的价值；另一方面，要由企业高层管理人员与客户的物流总监或更高层管理人员商讨物流合作问题，以便于在物流价值方面达成共识。

【知识链接 11-6】

第三方物流对客户价值的提升

从 20 世纪 80 年代起，CLM 就一直在组织对企业物流绩效衡量和第三方物流价值的研究。根据最后的抽样调查，在过去两年里，第三方物流企业的客户物流成本平均下降 11.8%，物流资产下降 24.6%，订货周期从 7.1 天下降到 3.9 天，库存总量下降 8.2%，说明第三方物流服务能从多方面提升客户价值。

3. 一体化物流服务的客户关系

一体化物流服务是管理的服务，目标是全面提升客户价值。因此，目前发达国家第三方物流服务一般不按功能服务定价收费，而应该与客户分离物流合理化所产生的价值，因此，目前发达国家第三方物流服务一般不按功能服务定价收费，而是采用成本加成定价方法，即第三方物流提供商与客户达成协议，按物流成本的一定比例加价收费或收取一定的管理费。这样做的好处一是可以使第三方物流提供商减少对各功能服务分别报价的难度与风险，二是客户可以与第三方物流提供商一起来分析物流成本，从而对自己物流成本的了解更加清楚。

为了与客户及其供应链伙伴形成长期联盟关系，第三方物流提供商越来越重视数据管理与基于活动的成本管理，以提供及时、准确、全面、可操作的物流活动数据，用于客户物流系统的计划、调度、绩效衡量、成本计算和报价。第三方物流提供商常常与客户达成利益共享协议，以合理分离物流改革带来的确良效益。这一联盟还可以包括客户的供应链伙伴，即客户的上游供应商与下游客户可以参与对物流的改革并分享由此带来的收益。

虽然我国现有的物流服务还没有摆脱传统的以运输费、仓储费为指标的结算方式，但物流企业在开发一体化物流项目时，仍应避免与客户纠缠于就功能性服务收费进行讨价还价。要从客户物流运作的不足契入，与客户共商如何改进，让客户先认识到物流企业的服务能带来的好处，再商谈合理的服务价格。实际上，客户因为物流合理化而发展壮大，物流外包规模自然会相应扩大，双方合作的深度与广度也会随之增加，物流服务的收益和规模效益必然会提高，这就是双赢的合作伙伴关系。

二、服务内容的创新

物流企业要在一体化物流服务市场的激烈竞争中取得优势，就必须以客户为中心，充分发挥自身优势，在运输、仓储、配送等功能性服务基础上不断创新服务内容，为客户提供差异化、个性化物流服务。

1. 向增值服务延伸

传统物流服务是通过运输、仓储、配送等功能实现物品空间与时间转移，是许多物流服务商都能提供的基本服务，难以体现不同服务商之间的差异，也不容易提高服务收益。一体化物流服务则应根据客户需求，在各项功能的基本服务基础上延伸出增值服务，以个性化的服务内容表现出与市场竞争者的差异性。

运输的延伸服务主要有运输方式与承运人选择，运输路线与计划安排、货物配载与货运招标等，仓储的延伸服务主要有集货、包装、配套装配、条码生成、贴标签、退货处理等，配送的增值服务主要有 JIT 工位配送、配送物品的安装、调试、维修等销售支持等。增值服务实际上是将企业物流的领域由非核心业务不断向核心业务延伸。

【知识链接 11-7】

物流增值服务的相关资料

根据美国年度物流执行委员会调查，2002 年第三方物流收入 650 亿美元，比上年增长 6.9%；其中基于非资产的国内运输管理收入 195 亿美元；专用合同运输收入 90 亿美元，仓储及其增值服务收入 169 亿美元；物流软件收入 30 亿美元；可见基于非资产的增值服务是第三方物流服务收益的主要来源。而根据中国物流与采购联合会与 MERCER 公司对我国第三方物流市场 1999 年到 2001 年的收入进行分解发现，运输收入占 53%，仓储收入占 32%，而物流信息与增值服务收入只占 15%，说明我国的物流增值服务有很大的增长空间。

2. 向管理服务延伸

一体化物流服务不是在客户的管理下完成多个物流功能，而是通过参与客户的物流管理，将各个物流功能有机衔接起来，实现高效的物流系统运作，帮助客户提高物流管理水平的控制能力，为采购、生产和销售提供有效支撑。因此，在开发一体化物流项目时，要在物流管理层面的服务内容上做文章，包括客户物流系统优化、物流业务流程再造、订单管理、库存管理、供应商协调、最终用户服务等，从而为客户提供一体化物流解决方案，实现对客户的“一站式”服务。

【知识链接 11-8】

物流管理服务的成本节省

美国物流咨询公司研究发现，企业物流外包产生的成本节省取决于外包的一体化程度。如果企业只是简单地由第三方物流替代自营的物流功能，借助第三方物流的规模效应和运作专长，可预期取得0~5%的成本节省；如果企业利用第三方物流的网络优势进行资源整合。部分改进原有的物流流程；可预期取得5%~10%的成本节省；如果企业通过第三方物流根据需要对物流流程进行重组，使第三方物流服务延伸至企业整个供应链。可预期取得10%~20%的成本节省。

3. 向信息流、资金流服务延伸

物流管理的基础是物流信息，是用信息流来控制实物流，因而一体化物流服务必须在提供实物流服务的同时，提供信息流服务，否则还是物流功能承担者，而不是物流管理者。物流信息服务包括预先发货通知、送达签收反馈、订单跟踪查询、库存状态查询、货物在途跟踪、运行绩效监测、管理报告等内容。USCO 物流公司为 SUN 提供服务器维修零配件物流信息平台、使 SUN 及其 50 多个供应链伙伴实时共享订单、选货和库存信息，取得消除中间环节、缩短交货期、提高客户服务水平的效果，被称之为第三方信息提供商。

近年来，国外领先的第三方物流提供商在客户的财务、库存、技术和数据管理方面承担越来越大的责任，从而在客户供应链管理中发挥战略性作用。

投入已经成为第三方物流提供商区别于竞争对手的重要手段。与此同时，第三方物流提供商还通过提供资金流服务，参与客户的供应链管理，如 UPS 并购美国第一国际银行，将其改造成 UPS 金融部门，为其物流服务的客户提供预付货款、信用担保、代收货款等增值服务，以加快客户的资金流转，释放客户的库存战胜资本，降低客户的进出口关税，从而实现了为客户提供实物流、信息流与资金流“三流合一”的完整的供应链解决方案。

【知识链接 11-9】

中邮物流成功延伸服务范围

中邮物流在与世界著名化妆品企业雅芳的物流合作中，不仅提供了从产品库一直到专卖店的“端到端”物流服务，而且实现了中邮物流信息系统与雅芳信息系统的实时对接，还依托中国邮政绿卡系统和支付网关为雅芳提供网上代收货款服务，成为我国物流企业开创“三流合一”服务的成功案例。

三、服务方式的创新

与传统物流单一的功能性交易服务方式相比，一体化物流在服务方式上更具灵活性、长期性和交互性。根据美国佐治亚理工大学的调查，美国第三方物流合作30%采用风险共担与利益共享方式，21%采用成本共担方式，要根据客户要求，结合物流企业发展战略，与客户共同寻求最佳服务方式，实现服务方式的创新。

1. 长期合同服务

功能性物流服务通常采用与客户“一单一结”的交易服务方式，物流企业与客户之间是最短期的买卖关系。而一体化物流服务提供商与客户之间建立的是长期合作关系，需要与客户签订一定期限的服务合同，因而第三方物流又称为合同物流。

物流合同是第三方物流合同的基础，物流企业要特别重视与客户一起详细制定合同内容，包括服务性质、期限和范围，建立KPI，确定服务方式等。合同谈判中一些关键问题如KPI基准、服务费率、问题解决机制、保险与责任等，要有明确约定，否则容易引起纠纷，甚至断送双方的合作。

2. 实行协同运作

传统物流是作业层面的功能性服务，通常只需要单纯地按照客户指令完成服务功能。而一体化物流服务由于要参与客户的物流管理，运作与客户共同制定的物流解决方案，因而物流企业需要自始至终与客户建立有效的沟通渠道，按照项目管理模式协同完成物流运作。

【知识链接11-10】

提高协同运作的效果

据调查显示，客户不满意第三方物流的主要原因是服务商不能兑现服务与技术承诺，不能实现成本降低目标和缺少战略改进；人们一般把这些不足归结于合作伙伴的选择过程，但实际上，更多情况下问题出在没有管理好项目的实施。因此，在签订合同后，双方在互信的基础上，协同完成项目的实施至关重要。双方要各自设立项目经理，并在相关功能上配备相应人员；物流企业要详细了解客户的销售、财务、IT、人力资源、制造和采购等各个部门的需求，与客户共同制订详细的实施方案；双方实施小组要共同拟定绩效衡量指标以及奖惩办法，完善项目运作细节，物流是对例外情况的处理。在项目正式运行前，还应进行试运行，以发现和解决存在的问题。

为保障项目的顺利运行，物流企业应当建立与客户双方物流人员联合办公制度，或成立由双方物流人员联合组成的运作团队，以及时处理日常运作的问题。为了保证物流服务的质量，双方应共同商定绩效监测与评估制度，使合作关系透明化，通常应保持运作层每天的交流、管理层每月的绩效评估以及不定期的检查与年度评估。

3. 进行物流合作

传统物流企业一般是基于自己的仓储设施、运输设备等资产向客户提供功能性服务，而第三方物流提供商主要是基于自己的专业技能、信息技术等为客户提供管理服务，因而常常会根据客户的需求和双方的战略意图，探讨在物流资产、资金技术方面与客户进行合作，以取得双赢的效果。合作形式如下。

（1）系统接管客户物流资产：如果客户在某地区已经有车辆、设施、员工等物流资产，而物流企业在该地区又需要建立物流系统，则可以全盘买进客户的物流资产，接管并拥有客户的物流系统甚至接受客户的员工。接管后，物流系统可以在为该客户服务的同时为其他客户服务，通过资源共享以改进利用率并分担管理成本。如东方海外物流公司系统接管旺旺集团在杭州的仓库，将其改造为东方海外华东区域物流中心。

（2）与客户签订物流管理合同：与希望自己拥有物流设施（资产）的客户签订物流管理合同，在为客户服务的同时，利用其物流系统为其他客户服务，以提高利用率并分担管理成本。这种方式在商业企业的物流服务中比较常见，如和黄天百物流为北京物美商城提供的物流管理服务。

（3）与客户合资成立物流公司：第三方物流提供商对具有战略意义的目标行业，常常会根据客户的需求，与客户建立合资物流公司。既使客户保留物流设施的部分产权，并在物流作业中保持参与，以加强对物流过程的有效控制；又注入了第三方物流的资本和专业技能，使第三方物流提供商在目标行业的物流服务市场竞争中处于有利地位。这种方式在汽车、电子等高附加值行业较为普遍，如 TNT 物流与上海汽车工业公司合资成立上海安吉天地物流公司。

【思考与练习】

● 基本训练

□知识题

一、阅读理解

1. 创新包括哪些内容？

2. 如何打造物流企业创新管理系统？

3. 物流企业创新管理模式有哪几种？各有什么含义？

4. 分析几种物流企业创新管理策略？

5. 结合实际谈谈如何在物流服务方式上进行创新？

二、知识应用

1. 判断题

（1）系统的生命力取决于社会对系统贡献的需要程度和系统本身的贡献能力；而系统的贡献能力又取决于系统从社会中获取资源的能力、利用资源的能力以及对社会需要的认识能力。（　）

（2）鉴于创新的重要性和自发创新结果的不确定性，有效管理要求自发创新。（　）

（3）企业创新等同于技术创新。（　）

（4）生产过程的组织包括设备、工艺装备、在制品以及劳动在空间上的布置和时间上的组合。（　）

（5）产品是企业的生命。（　）

（6）要素的组合是从社会经济角度来分析企业系统中各成员的正式关系的调整和变革。（　）

（7）组织机构完全相同，但机构之间的关系不一样，也会形成不同的结构形式。（　）

（8）环境创新是指企业为适应外界变化而调整内部结构或行动。（　）

2. 选择题

（1）单项选择题。

①从下面哪个来看，可将创新分为系统初建期的创新和运行中的创新（　）

A. 创新的规模及创新对系统的影响程度　B. 创新与环境的关系

C. 创新发生的时期　D. 创新的组织程度

②在新的经济背景中，组织的目标必须调整为（　）

A. 企业利润最大化　B. 尽量满足社会需要

C. 通过满足社会需要来获取利润　D. 以上都不是

③要求企业根据市场需要的变化，根据消费者偏好的转移，及时地调整企业的生产方向和产结构，不断开发出用户欢迎的适销对路的产品，是（　）

A. 品种创新　B. 产品创新

C. 产品结构的创新　D. 技术创新

④企业技术创新的核心内容是（　）

A. 要素组合方法的创新　B. 产品创新

C. 要素创新　D. 人事创新

⑤以观念为基础的创新必须（　）组织才能给企业带来发展和增长的机会

A. 完全　B. 准确　C. 及时　D. 高质量

（2）多项选择题。

①从创新与环境的关系分析。可将创新分为（　）

A. 局部创新　B. 消极防御型创新　C. 积极攻击型创新　D. 整体创新

②企业技术创新主要表现在（　）

A. 市场创新　B. 要素创新

C. 要素组合方法创新　D. 产品创新

③要素创新包括（　）

A. 材料创新　B. 设备创新　C. 产品创新　D. 人事创新

④设备创新主要表现在（　）

A. 通过利用新的设备，减轻手工劳动的比重

B. 尽量使用设备，以降低成本

C. 将先进的科学技术成果用于改造和革新原有设备

D. 有计划的进行设备更新，使企业建立在先进的物质技术基础上

⑤企业制度主要包括（　）

A. 产权制度　　B. 经营制度　　C. 人事制度　　D. 管理制度

⑥创新的过程包括（　）

A. 寻找机会　　B. 提出构想　　C. 迅速行动　　D. 坚持不懈

⑦就系统的外部说，有可能成为创新契机的变化主要有（　）

A. 技术的变化　　B. 人口的变化

C. 宏观经济环境的变化　　D. 文化与价值观念的转变

⑧促进创新的奖酬制度应符合的条件有（　）

A. 奖励不能视作“不犯错误的报酬”

B. 注意物质奖励与精神奖励的结合

C. 奖励越多越好

D. 奖励制度要既能促进内部之竞争，又能保证成员间的合作

□技能题

1. 国内经济管理界所谓的“新理论”、“新概念”、“新模式”层出不穷，时髦但不持久，这个给许多力求取得卓越成绩的实际管理人员增加了无形的压力。这种现象在国外也同样存在，到底是管理实践确实需要这么多的“新东西”，还是管理理论界不甘寂寞，人为创新？对此，管理学界有很多争议，分组讨论你更同意哪种说法，并举例说明。

以下是其中的一些说法。

（1）在环境变化的情况下，不可能“一招鲜吃遍天下”，所以管理理论必须以这种方式推陈出新；

（2）管理模式需随经济变化而变，其形式与内涵均需作大幅度的调整，否则就会落后；

（3）管理要出奇制胜，这样才有可能让竞争对手无所适从，所以管理模式必须创新；

（4）万变不离其宗，管理的核心仍离不开如何建立选人、用人、育人、留人机制。

2. 查阅大型物流企业的知名网站，写出3~4个网址，对某一自己感兴趣的网页栏目的话题写一篇1000字左右物流企业创新管理的体会。

实训目的：对物流企业创新的含义以及物流企业管理创新的重要性有进一步认识。掌握一些物流企业创新管理的经验。

实训要求：认真思考，结合所学知识，用自己的语言写出自己关于物流企业管理创新的体会。

• **案例分析**

中远第三方物流管理创新案例

2002年，是我国第三方物流市场发生巨大变化的一年，一批超大型国有物流企业投身第三方物流市场，改变了市场格局，拉开了国有物流企业进军我国第三方物流市场的序幕，其中包括中远物流。中远物流缘于中远集团为了发展在航运及物流业的领先地位，2002年1月8日通过整合企业内部物流资源，成立了中远集团全资子公司中国远洋物流公司。通过此举措，公司优化了全球供应链管理，为客户提供全方位物流服务。中远物流

在细致考察市场需求和对自身实力分析的基础上，重点开拓了汽车物流、家电物流、项目物流和展品物流四大物流品牌。为客户提供高附加值服务，并着力建设铁路运输、驳船运输、城际快运和航空运输四大物流通道。在较短的时间内完善了“中远物流”的物流服务资源，建立了空运、城际快速运输、铁路运输、驳船支线等运输网络。目前该公司已稳居中国物流企业之首，在国内拥有300多个业务网点，有140多万平方米堆场、1200多台各式车辆、3000多台装卸设备，在全国居于领先地位。中远在1998年率先在中远车辆动态管理系统引进了卫星定位管理系统（GPS）。仓储采用了DC - NET库存管理系统，实现了现代物流管理。

作为以航运业为主的物流企业，主要依靠人工处理信息的传统处理手段已经不能满足全球业务的需要、大量的单据、数据，都需要在一定的数据平台上运作。集装箱运输具有特殊性，集装箱要送到客户手中，箱子要返回，还要从无货的地方调到有货的地方，管理和跟踪目标众多，路径复杂，传统处理手段是不可能实现资源的有效配置的，随着业务量的增加，此问题已经成为企业发展瓶颈。

为了解决这一问题，实现企业竞争战略目标，中远集团进行了一系列的管理创新。其主要举措是决定用信息管理系统来解决这个问题，中远集运在信息系统的管理上经过了引进国外软件、自主研发、购买IR IS - 2和二次开发等一系列的演进过程，然而最初的实施过程并不尽如人意。直到IR IS- 2系统引起了中远集运的关注，该系统是一个实时的业务跟踪系统，能将每个运作环节的关键数字都提取到系统中，时刻记录发生在全球各个角落、每个运作环节的事情。该套系统是全过程管理，从最初的订舱、中介货、航线设计、供应商，到码头、堆场、箱子的管理等。有了该系统中远集运就可以掌控全球各地的业务信息。但从1996年到2000年中远集团经营状况处于低谷，亏损非常严重，而该系统从购买到建设实施大约要花费10亿元人民币。企业面临着战略决策，集团高层就此事进行讨论，魏总裁认为就算中远没钱去造船，也要建设会对中远未来发展起到巨大作用的高效的信息系统。于是，为实现企业总体战略，企业作出了管理创新战略决策。终于，中远集运在2000年年底购买了这套全球集装箱运输信息集成系统（ IR IS - 2）。

该系统购买之后面临很多问题，包括如何具体实施、推广、如何让集团业务规范到系统中去？与之相适应的是相应的如何从体系结构、流程、技能等方面为管理创新战略提供支持。当时魏总提出，“人不行换人”，必须保证所有的事情跟着系统走，系统怎么做就怎么做。在集团高层的支持下，也面临着巨大的压力，中远集运从2001开始在全球的中远系统内实施这套IR IS - 2系统。

为了解决IR IS - 2系统在实施过程中出现的管理体制问题。中远集运作了一系列管理上的货运体制和代理体制改革。如中远货运原来与中远集运是中远集团下属的一个子公司，通过资产重组，在海外上市的时候将其纳入中远集运，成为中远集运的全资子公司。这样做的目标就是要将利润体现在一个点上，使总体利润最大化，适合系统的要求。中远集运还专门成立一个BPS（ business program system）部门来推动该系统的实施。BPS部门由集团年轻的业务精英组成，这些人员都是财务，箱管和港口等部门的业务骨干，他们年轻，学习能力强。BPS作为业务和IT之间的桥梁，它首先理解系统，理解数据和信息流，并将现行业务装到系统中来，然后同口岸实施相结合，调研结果再同系统对比，然后进行调整，来不断地满足客户的需要。到 2003 年，IR IS - 2 最终在中远集运取得了巨大成功。

长安大学物流与供应链研究所王文波整理。

问题：

1. 从中远物流的管理中理解创新管理的重要性。

2. 分析中远物流创新的思路和过程，谈谈其为何取得成功？

• 综合实训

物流服务创新

1. 实训目的

通过本项目的实训，使学生能够按照物流服务管理流程制定简单的物流服务策略，并具备利用客户关系管理来提高物流服务质量的能力。

2. 实训内容

上淘宝网向多个卖家发出购货信息，了解目前网上零售业常用的三种配送服务，并提交网上零售业配送服务分析报告。

3. 实训要求

（1）实训时间为 2 课时及课余时间；

（2）实训过程中要求学生独立完成实训任务；

（3）实训结束后要求学生独立完成并提交网上零售业配送服务分析报告（包括 A4 打印稿和电子稿）。实训报告内容包括网上零售业物流服务流程总结、网上零售业物流服务策略、客户关系管理应注意的问题、实训心得体会四部分；

（4）可相互讨论。

参考文献

[1] [美] 斯蒂芬·S·罗宾斯：《管理学》，黄卫伟等译，北京：中国人民大学出版社，1996 年。

[2] 何明珂：《物流系统论》，北京：高等教育出版社，2004 年。

[3] 马士华，林勇：《供应链管理》，北京：高等教育出版社，2006 年。

[4] 李伊松，易华：《物流成本管理》，北京：机械工业出版社，2007 年。

[5] 黄中鼎：《现代物流管理》，上海：复旦大学出版社，2008 年。

[6] 罗纳德·巴罗：《企业物流管理——供应链的规划、组织和控制》，王晓东，胡瑞娟等译，北京：机械工业出版社，2002 年。

[7] 唐纳德·鲍尔索克斯，戴维·克劳斯，比克斯比·库珀：《供应链物流管理》，李习文等译，北京：机械工业出版社，2004 年。

[8] 周三多，陈传明，鲁明泓：《管理学——原理与方法》，上海：复旦大学出版社，1999 年。

[9] 李虹：《物流企业组织结构创新与设计》，载《江苏商论》，2005 年第 5 期。

[10] 李敏，刘云：《基于流程的传统储运型物流企业组织结构研究》，载《交通企业管理》，2009 年第 1 期。

[11] 郑雄：《物流企业组织结构模式创新》，载《合作经济与科技》，2008 年第 6 期。

[12] 孙健：《海尔物流》，广州：广东经济出版社，2003 年。

[13] 郜振廷：《海尔物流创新模式：一流三网》，北京：中国时代经济出版社，2003 年。

[14] 丁立言，张铎：《物流企业管理》，北京：清华大学出版社，2000 年。

[15] 朱占峰：《物流企业管理》，武汉：武汉理工大学出版社，2000 年。

[16] 方虹：《物流企业管理》，北京：高等教育出版社，2000 年。

[17] 崔国成，黄雪峰：《现代物流企业管理》，武汉：武汉理工大学出版社，2008 年。

[18] 张根东：《管理学原理》，兰州：甘肃人民出版社，2008 年。

[19] 宋香去：《管理学原理》，北京：中国传媒大学出版社，2008 年。

[20] 沈默：《现代物流案例分析》，南京：东南大学出版社，2006 年。

[21] 赵涛：《物流企业经营管理：理论、案例、制度、实务》，北京：北京工业大学出版社，2006 年。

[22] 邓爱民，沈文：《国内外物流经典案例》，北京：人民交通出版社，2001 年。

[23] 沙丁：《“物流企业分类与评估指标”国家标准五月起实施》，载《中国储运》，2005 年第 6 期。

[24] [美] Ronald H. Ballou：《企业物流管理——供应链的规划、组织和控制》，王晓东等译，北京：机械工业出版社，2006 年。

[25] 彭云飞，邓勤：《现代物流管理》，北京：机械工业出版社，2009 年。
[26] 宋建阳：《企业物流管理》，北京：电子工业出版社，2005 年。
[27] 苏雄义：《企业物流总论——新竞争力源泉》，北京：高等教育出版社，2003 年。
[28] 查先进：《物流与供应链管理》，武汉：武汉大学出版社，2005 年。
[29] 缪兴锋，秦明森：《物流运筹学方法》，广州：华南理工大学出版社，2007 年。
[30] 钱智：《物流管理经典案例剖析——物流师培训辅导教材》，北京：中国经济出版社，2007 年。
[31] 甘永生：《物流企业战略定位分析浅谈》，载《交通企业管理》，2007 年第 5 期。
[32] 赖菲：《中小物流企业发展战略研究》，载《沿海企业与科技》，2008 年第 8 期。
[33] 黄永福：《论第三方物流企业的战略选择》，载《现代商贸工业》，2008 年第 11 期。
[34] 施国雷：《我国中小物流企业的竞争战略选择分析》，载《物流工程与管理》，2009 年第 2 期。
[35] 程艳霞：《动态环境下第三方物流企业竞争战略选择》，载《武汉理工大学学报——信息与管理工程版》，2005 年第 8 期。
[36] 彭岩：《物流企业管理》，北京：清华大学出版社，2009 年。
[37] 薛威，孙鸿：《物流企业管理》，北京：机械工业出版社，2008 年。
[38] 朱新民：《物流设施与设备》，北京：清华大学出版社，2007 年。
[39] 陈荣秋，马士华：《生产与运作管理》，北京：高等教育出版社，2005 年。
[40] 张红波，邹安全：《物流企业人力资源管理》，北京：中国物资出版社，2006 年。
[41] 张旭梅，伊辉勇：《物流信息管理》，重庆：重庆大学出版社，2008 年。
[42] 苏春玲：《现代物流信息技术》，北京：机械工业出版社，2008 年。
[43] 阮喜珍：《生产与运作管理实务》大连：东北财经大学出版社，2008 年。
[44] 朱占峰：《物流企业管理》，武汉：武汉理工大学出版社，2007 年。
[45] 严光伟：《物流与信息技术》，北京：中国经济出版社，2008 年。
[46] 阎子刚：《物流信息技术》，北京：高等教育出版社，2003 年。
[47] 张毅：《现代物流管理》，上海：上海人民出版社，2002 年。
[48] 姚月娟：《工作分析与应用》，大连：东北财经大学出版社，2007 年。
[49] 蒋祖星，孟初阳：《物流设施与设备》，北京：机械工业出版社，2005 年。
[50] 刘丹：《物流企业管理》，北京：科学出版社，2010 年。
[51] 徐维维：《物流财务管理存在的问题及对策》，载《交通财会》，2010 年第 1 期。
[52] 覃正宇：《控股公司财务运作若干问题研究》，载《西南财经大学学报》，2001 年第 5 期。
[53] 李先富：《企业集团财务运作若干问题研究》，载《西南财经大学学报》，2000 年第 5 期。
[54] 瘐安勤，杨明娜：《财务管理》，成都：电子科技大学出版社，2009 年。
[55] 杨春菁：《财务管理》，武汉：华中科技大学出版社，2007 年。
[56] 杨紫元，刘静中，李超：《财务管理》，开封：河南大学出版社，2007 年。
[57] 刘慧娟：《财务管理》，武汉：华中科技大学出版社，2007 年。

[58] 崔国成，黄雪峰：《现代物流企业管理》，武汉：武汉理工大学出版社，2008 年。
[59] 赵栓文，聂亦慧：《财务管理学》，西安：西北大学出版社，2007 年。
[60] 曲建科，杨明，五海蛟：《现代物流企业管理》，北京：中国经济出版社，2008 年。
[61] 俞明南，丁正平：《质量管理》，大连：大连理工大学出版社，2005 年。
[62] 于晓霖：《质量管理》，北京：中央广播电视大学出版社，2003 年。
[63] 龚益鸣：《质量管理》，上海：复旦大学出版社，2006 年。
[64] 李晓春，曾瑶：《质量管理学》第二版，北京：北京邮电大学出版社，2006 年。
[65] 崔国成，黄雪峰：《现代物流企业管理》，武汉：武汉理工大学出版社，2008 年。
[66] 杨晓菲：《基于顾客需求的物流企业质量管理研究》，载《西南交通大学学报》，2007 年第 4 期。